Ingeborg Clarus
Die Keltischen Mythen

Ingeborg Clarus

Die Keltischen Mythen

Albatros

Bibliographische Information der Deutschen Bibliothek
Die Deutsche Bibliothek verzeichnet diese Publikation
in der Deutschen Nationalbibliographie;
detaillierte bibliographische Daten sind im Internet
über http://dnb.ddb.de abrufbar.

Umschlaggestaltung: butenschoendesign, Lüneburg
Umschlagmotiv: J. W. Waterhouse, Tristan und Isolde, 1916
Printed in Germany
ISBN 3-491-96154-8
www.patmos.de

Inhalt

Einleitung

Erster Teil
Einige Grundthemen der keltischen Mythologie

Zweiter Teil
Der nordirische Sagenkreis aus Ulster

Dritter Teil
Der Finnzyklus des südirischen Sagenkreises

Vierter Teil
Keltische Sagen aus Wales

Einleitung

Die Mythen sind die
Träume der Völker.
Friedrich v. d. Leyen

Kulturgeschichtliche und archäologische Vorbemerkungen

Wer sich mit der Welt der Kelten beschäftigt, findet vor allem dreierlei Quellen vor, die ihm die Menschen und ihre Kultur nahebringen können. Dies sind für das Festland-Gebiet die Ausgrabungsfunde der Archäologen sowie die Berichte der Griechen und Römer, für das Insel-Gebiet (Irland und Wales) eine Fülle von Sagen.[1] Diese Quellen ergänzen sich gegenseitig. Die Berichte der antiken Autoren sind nicht von den Funden der Archäologen zu trennen und sollen daher mit ihnen gemeinsam dargestellt werden, um einen Eindruck von den Menschen zu vermitteln, die uns den reichen Sagenschatz überliefert haben, der uns in diesem Buch beschäftigen wird. Die Sagen sind im sechsten bis elften Jahrhundert nach der Zeitwende von Mönchen aufgeschrieben worden, die vielfach den alten Adelsgeschlechtern, dem Stand der Barden und Druiden angehörten. Sie waren also mit den früher nur mündlich überlieferten Traditionen vertraut, die aus einer Zeit stammten, da es verboten war, die druidischen Weisheiten des Stammes und der Religion aufzuschreiben. Warum das Verbot der schriftlichen Fixierung bestand, können wir nur vermuten, denn die keltischen Priester, die Druiden, waren der griechischen Schrift mächtig und hatten außerdem die später hinzugekommenen einfachen Zeichen der Ogham-Schrift zur Verfügung. Das Verbot kann den Zweck eines Schutzes der religiösen Geheimnisse gehabt haben, die nur den besonders dazu Vorbereiteten stufenweise zugänglich sein sollten. Es kann aber auch eine Eigenart des keltischen Wesens sein, dem jede Form einer lehrhaften Festlegung zuwider war. Diesem Phänomen werden wir in vielen Varianten begegnen; sein bildhafter Ausdruck sind die keltischen Flechtmuster, die nur unter Aufbietung großer Konzentration zu entwirren sind.

Die Aufzeichnungen der Mönche liegen als Schätze vor allem in der großen Sammlung des Trinity College in Dublin; noch längst sind nicht alle gälischen oder kymrischen Texte in eine heute geläufige Sprache übersetzt worden.

Wir wenden uns zunächst den Quellen der Archäologie und den Berichten der antiken Autoren zu. Die Namen und Werke der wichtigsten unter diesen griechischen und römischen Geschichtsschreibern sind in den Anmerkungen aufgeführt.[2]

Wer sind die Kelten? Sind sie ein Volk, eine Rasse, ein Staat, eine kulturelle und religiöse Gemeinschaft? Sprechen sie *eine* Sprache, und besitzen sie eine Schrift?

Manche Archäologen betonen, man dürfe von «Kelten» nicht vor 600 v. Chr. sprechen, weil man erst von dieser Zeit an kulturelle Zentren nachweisen kann. Damit ist die *Latène*-Zeit gemeint, die nach einem ersten Fundort der frühen keltischen Kultur am Neuchâtel-See in der französischen Schweiz ihren Namen hat. Andere Forscher möchten zumindest eine vorkeltische Zeit nicht ausschließen, in der das Eisen schon in Gebrauch war. Die Eisenzeit beginnt um 800 v. Chr. und wird für das keltische Kulturgebiet nach Funden auf einem vorgeschichtlichen Friedhof im Salzburger Land in Österreich *Hallstatt*-Zeit genannt. Noch früher läßt JOHN SHARKEY, ein vorzüglicher Kenner der keltischen Kultur, die Kelten auftreten: zwischen 1000 und 500 v. Chr., und zwar von den rheinischen Gebieten Mitteleuropas ausgehend als «eine deutlich ausgeprägte Gruppe von Sippen und Stämmen. Ihre Sprache, Religion, Gesellschaftsstruktur und Sitten unterscheiden sich von denen im mediterranen Süden, oder von solchen weiter östlich der Donau. Im großen und ganzen scheint es viele Gemeinsamkeiten zwischen den Kelten und indoeuropäischen Kriegergruppen zu geben, die ungefähr ein Jahrtausend zuvor die Zivilisation des Industales überrannt hatten[3].» Damit sind die Kelten als Indo-Europäer beschrieben, deren Wurzeln etwa noch einmal 1000 Jahre früher anzusetzen wären, also um 2000 v. Chr., in der Übergangsphase zwischen Kupfer- und Bronzezeit.[4]

Aber damit nicht genug. Wenn wir uns nach Irland, Schottland,

Schmuckseite aus dem Book of Durrow, um 675 n. Chr.

Wales und zur Bretagne wenden, wo heute noch Reste der alten keltischen Kultur zu finden sind, begegnen wir auf Schritt und Tritt den Zeugnissen der jungsteinzeitlichen Kultur, die in der Zeit zwischen 4000 und 2500 v. Chr. anzusetzen ist. Zwar haben die Menhire, Dolmen, Ganggräber und Steinkreise der Megalith-Kultur keinen keltischen Ursprung, doch wurden diese alten Kultplätze und ihre Überlieferungen von den Kelten angetroffen, und sie verbanden sich in oft schwer erkennbarer, manchmal auch deutlich faßbarer Weise mit ihrer eigenen Kultur.

Es gibt verschiedene Karten, auf denen eingezeichnet ist, wann einzelne Forscher die verschiedenen Kulturstufen der keltischen Entwicklung ansetzen und wann und wie vermutlich die Wanderungen stattfanden.[5]

Von den Archäologen können wir erfahren, zu welcher Zeit bestimmte «Leitfossilien» einer Epoche gefunden werden und wo sie vorwiegend nachgewiesen wurden. Wir können aus den Skelettfunden in den Gräbern auf Gestalt und Alter dieser Menschen der Vorzeit, aus den Beigaben auf ihre Lebensgewohnheiten und auf die Handelswege schließen, die sie benutzten. Nur im Hinblick auf das religiöse Brauchtum liefert uns die Archäologie in der Regel recht dürftige Hinweise.

Auf der beigefügten Karte sehen wir, daß das vermutliche Kernland der Kelten um 600 v. Chr. am oberen und mittleren Rhein und am Oberlauf der Donau lag. Von dort zog es sich nördlich bis ins südliche Böhmen hinein. Das ist das Gebiet der eigentlichen *Latène-Kultur.*

Als um 600 v. Chr. *Marseille* (Massilia) gegründet wurde, entdeckten griechische Kaufleute die Kelten als Handelspartner, die auf dem Schiffsweg die Rhône aufwärts über den Genfer See und über die Schweizer Seenplatte (Neuchâtel) erreichbar waren. Dies berichten Hekataios von Milet und vor allem Apollonios von Rhodos. Aus diesen Berichten läßt sich als «Land der Keltoi» ein Gebiet nordwestlich des Alpenbogens mit Ostfrankreich, Südwestdeutschland und der nordalpinen Schweiz umgrenzen.[6]

Um 500 v. Chr. setzte der Handel mit den *Etruskern* ein, der die Differenzierung der Latène-Kunst wesentlich beeinflußte, und um das

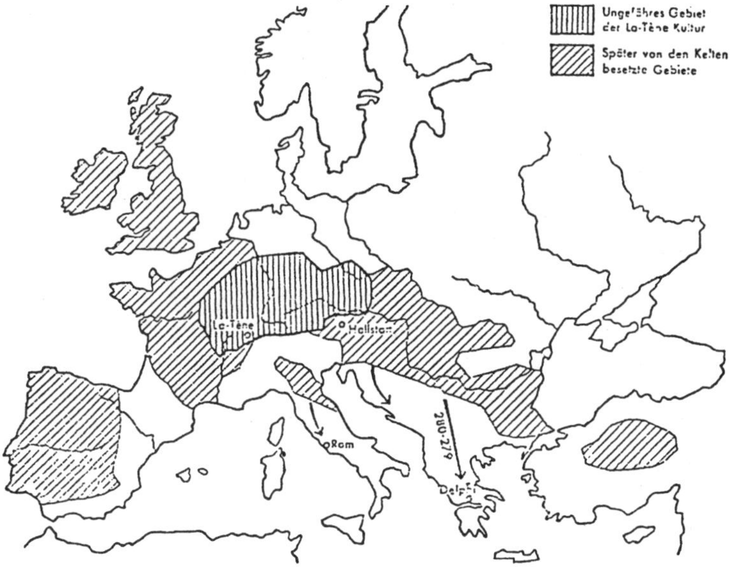

Jahr 450 kam eine große keltische Wanderbewegung in Gang. Vermutlich lag die Ursache dafür in Zwistigkeiten der Fürsten untereinander, außerdem bestand eine Übervölkerung des Kerngebietes, wie wir von LIVIUS wissen.[7] Große Scharen drangen in südlicher Richtung über die Alpen vor und besiegten am 18. Juli 387 das römische Heer an der Allia. *Rom* wurde zerstört und fast ein Jahr von den Galliern beherrscht. Weitere Ströme ergossen sich zwischen 400 und 100 v. Chr. in westlicher Richtung; zwischen 400 und 350 v. Chr. wurde der gesamte französische Raum bis nach Belgien besiedelt. Von dort aus erreichte man auf dem Seeweg Britannien und Irland. Sicher um diese Zeit, vielleicht aber schon 600 v. Chr., drangen keltische Stämme in die westliche Hälfte Spaniens vor.

Andere Gruppen wanderten, der Donau folgend, bis zum Schwarzen Meer und nach Kleinasien, wo sie das Königreich *Galatien* gründeten. 279 drang ein Trupp unter Brennus bis nach *Delphi* vor, wurde aber durch ein Erdbeben und Erdrutsche verschreckt und zog sich bald wieder zurück. 230 wurden die Galater bei Pergamon besiegt; an diesen Kampf erinnern die bildlichen Darstellungen des Pergamon-Altares, der jetzt in Ost-Berlin ausgestellt ist.

Es gab noch viele Bewegungen zwischen dem europäischen Festland und dem britisch-irischen Inselgebiet, die sich vor allem unter dem Druck vordringender germanischer Stämme ereigneten, so etwa schiffte sich um 160 v. Chr. ein Stamm von Belgien aus nach Britannien ein. Doch als im 4. Jahrhundert n. Chr. die Angeln und Sachsen die Insel eroberten, flohen keltische Stämme zurück in die «Armorica», die heutige Bretagne.

Alle diese Wanderbewegungen sind mehr oder weniger exakt belegbar, doch wenn wir nach der Herkunft der Kelten fragen, tappen wir noch weitgehend im Dunkeln. Nach JAN DE VRIES entwickelte sich das Keltentum inmitten einer großen Vielfalt prähistorischer Kulturen. Das einzig Gemeinsame sei die Sprache, die noch aus Orts- und Flurnamen erschließbar ist und die im wesentlichen auf indogermanische Elemente hinweist. Bisher sind aber keine genauen Angaben über die Herkunft der Kelten möglich.[8]

Archäologie

Die Archäologie vermittelt uns einen Einblick in die Kultur der keltischen Fürstenhöfe, die ihre hohe Zeit zwischen 600 und 450 v. Chr. hatten. In den letzten Jahren wurde vor allem das Fürstengrab von *Hochdorf* bei Ludwigsburg bekannt. Weitere Beispiele finden sich im oberen Donautal bei Hundersingen; dort liegt die *Heuneburg* mit ihren Grabanlagen und dem jetzt zugänglichen Museum. Ebenso bekannt ist der *Magdalenenberg* bei Villingen. Eine der ergiebigsten Ausgrabungsstätten der letzten Jahrzehnte liegt auf dem *Dürrnberg* bei Hallein, nahe Salzburg, und in *Vix* bei Châtillon sur Seine.[9] Was wir in diesen Fürstensitzen und ihren Gräbern vorfinden, ist eine üppige Kultur einzelner Adelsgeschlechter, die als dünne Oberschicht über eine angestammte Bevölkerung herrschten. Sie saßen auf Anhöhen, von denen aus das Land gut überschaubar war, und beherrschten meisterhaft eine Befestigungskunst, die JULIUS CAESAR in seinem

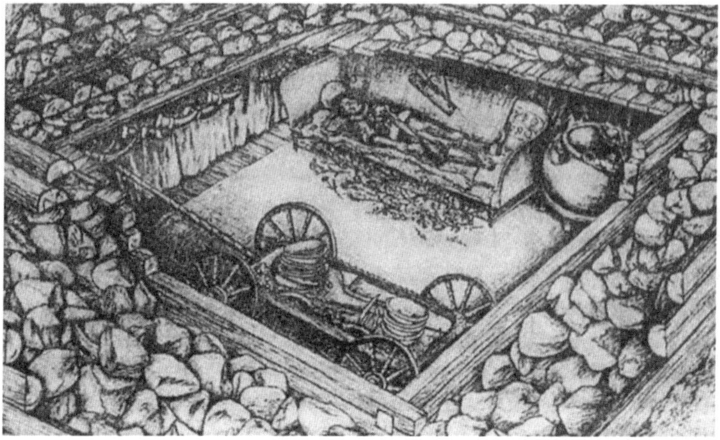

Das Fürstengrab von Hochdorf

Gallischen Krieg[10] als «murus gallicus» beschreibt. Die Ausgrabungen etwa im Heuneburg-Gelände oder am sogenannten «Heidengraben» zwischen Urach und Grabenstetten auf der Schwäbischen Alb bestätigten Caesars Beschreibung. Die gallische Mauer bestand aus einem kastenförmigen Gerüst aus Holzstämmen, das in den Boden gerammt und mit Steinen und Erde aufgefüllt wurde.[11] Die *Heuneburg* zeigt in ihrer Umwallung sogar mittelmeerischen, vielleicht griechischen Einfluß, denn ganz entgegen den klimatischen Erfordernissen errichtete man dort in einer der Bauphasen eine Mauer aus getrockneten Lehmziegeln.

Die Prachtentfaltung auf diesen Herrschaftssitzen muß erheblich gewesen sein. Man fand riesige Weinamphoren griechischer und etruskischer Herkunft, die teils auf dem Wasserweg (über die Rhône und den Rhein), teils über die Alpenpässe transportiert wurden.

Die Gräber der Fürsten bestanden in ihrem Kern aus Kammern, die aus Eichenbalken gezimmert waren. Darüber häufte man später einen Hügel, auf dessen Kuppe eine Stele stand, meist wohl in menschlicher Gestalt wie beispielsweise auf dem Hügel von Ditzingen-Hirschlanden.

In den Kammern dieser Gräber wurde der Tote mitsamt seinem Mobiliar, öfters auf seinem Wagen liegend, beigesetzt; der Hochdorfer Fürst lag auf einer kostbaren Bank. Waffen, Schmuck und reiche Opfergaben an Speise und Trank wurden neben ihm niedergelegt und sollten ihm ermöglichen, sein gewohntes Leben im Jenseits fortzusetzen. Außerdem wurden diesen Adeligen anscheinend auch Lebewesen mitgegeben, und zwar nicht nur ihre Lieblingstiere, sondern auch Menschen. Man fand zum Beispiel neben dem Skelett eines Mannes das einer jungen Frau, die seine Witwe oder seine Dienerin gewesen sein mochte und ihm freiwillig oder unfreiwillig in den Tod gefolgt war.[12] Man hat das als «Totenfolge» bezeichnet, ein Phänomen, das man auch von anderen archaischen Kulturen kennt (unter anderem aus der vordynastisch-ägyptischen Zeit und aus Sumer). CAESAR schreibt darüber: «Nicht lange vor der Ankunft der Römer in Gallien wurden Lieblingsknecht und Lieblingsangehörige zusammen mit vornehmen Toten verbrannt.»[13] Damals war man von der Erdbestattung zur Verbrennung der Leichen übergegangen.

Menschen

Die Menschen waren in jener Zeit kleiner als es unserem heutigen Durchschnittsmaß entspricht: Die Männer waren im Schnitt 172 cm, die Frauen 159 cm groß. Nur selten erreichten einzelne, so etwa der Fürst von Grafenbühl und der von Hochdorf, die Größe von 183 cm.[14] – Die durchschnittliche Lebensdauer der Männer betrug 35 bis 40, die der Frauen nur 30 bis 35 Jahre. Die häufigen Kämpfe der Männer untereinander waren also offenbar weniger gefährlich als die Geburt der Kinder! Die äußere Pracht der Kleidung und die Größe der Weinamphoren dürfen aber nicht darüber hinwegtäuschen, daß diese Menschen ihr Leben unter für uns unvorstellbar harten Bedingungen führen mußten.

Trotz der geringen Körpermaße beschrieben die kleineren Griechen und Römer, die mit den Kelten in Berührung kamen, diese Menschen als hochwüchsig, dazu als hellhäutig und blond.

Der Grieche DIODOROS[15] schildert sie im V. Buch seiner *Universalgeschichte* so:

«Sie sind von schöner Körpergröße, aber ihr Fleisch ist fast krankhaft weiß und weichlich. Ihre Haare sind nicht nur von Natur blond, sondern diese Besonderheit der Haarfarbe heben sie noch durch die Behandlung. Sie reiben die Haare ständig mit Kalklauge ein, und sie streichen sie von der Stirn auf den Kopf und bis in den Nacken... Von dieser Behandlung werden die Haare dick, so daß sie sich von der Mähne der Pferde nicht unterscheiden. Manche rasieren sich, manche lassen den Bart mit Maßen wachsen. Die Vornehmen rasieren sich die Wangen glatt, lassen den Schnurrbart aber lang herabwachsen, so daß ihr Mund verdeckt ist. Wenn sie essen, hängt ihnen der Schnurrbart in die Speise; wenn sie trinken, fließt das Bier gleichsam durch eine Reuse.»

Charaktereigenschaften

Die Charaktereigenschaften der Kelten schildert ebenfalls DIODOROS: «Sie sind erschreckend anzusehen. Ihre Stimme klingt tief und ist ganz rauh. Bei ihren Zusammenkünften sind sie kurz von Rede, sie sprechen in Rätseln und Andeutungen. Vieles drücken sie in Übertreibungen aus, wobei sie sich selber groß darstellen, die andern aber verkleinern. Sie drohen gern, reden hochfahrend und theatralisch. Sie sind in ihrer Kombinationsfähigkeit recht scharf und lernfähig.»

STRABO[16] nennt die Gallier «kriegswütig, hitzig und rasch beim Kampf, doch im übrigen aufrichtig und nicht bösartig. Wenn man sie reizt..., findet man sie gleich bereit zum Kampf... Wenn man sie aber durch gütliches Zureden zu gewinnen versucht, lassen sie leicht mit sich reden, so daß sie auch für Bildung und Wissenschaften empfänglich sind... Sie kommen infolge ihres einfachen, selbstherrlichen Wesens leicht in Massen zusammen, da sich stets die Volksgenossen gemeinsam mit solchen, denen Unrecht zu geschehen scheint, entrüsten...»

Wenn eine Lage aussichtslos erschien, waren sie zum Verhandeln bereit. VERCINGETORIX[17], der Fürst der Arverner und Anführer der letzten Entscheidungsschlacht der vereinten Gallier gegen CAESAR im Jahr 52 v. Chr., trieb seine Mannen nicht ins Verderben, sondern lieferte sich selber aus, als er eingesehen hatte, daß Alesia nicht zu halten war.

Kleidung

Über die Kleidung läßt sich auf Grund der archäologischen Funde nicht viel sagen, weil die Textilien fast alle zerfallen sind. In Hochdorf blieb ein Hut aus Birkenrinde erhalten, dessen Form von Plastiken bekannt ist, dazu ein Paar Lederstiefel. Doch DIODOROS hilft uns auch hier weiter. Wir erfahren von ihm: «Ihre Kleidung ist erstaunlich. Sie besteht aus einem gefärbten Chiton, der in allen Farben strahlt, und Hosen, die sie Brakes nennen. Mit Schnallen befestigen sie darüber gestreifte Mäntel, im Winter aus wolligem, im Sommer aus glattem Stoff, der mit kleinen, sehr bunten Rechtecken gemustert ist.» Die Frauen-Tuniken waren länger als die Kittel der Männer. In der Mitte waren sie durch Gürtel aus Leder oder Metall oder durch Ketten zusammengehalten. Auch die Männer trugen vergoldete oder versilberte Gürtel, und in römischer Zeit hatten die Gallier oft Kapuzen an ihren Mänteln.

Die Gewänder wurden durch *Fibeln* aus Eisen, Bronze oder Gold und Silber zusammengehalten, die mit phantasievollen, verschlungenen Ornamenten verziert waren. Zwischen schwer entwirrbarem Rankenwerk entdeckt man unversehens ineinander verschlungene Tierleiber oder Menschenköpfe.

Schmuck

Über den Schmuck schreibt Diodoros des weiteren: «Sie sammeln eine Menge Gold. Zum Schmuck brauchen es nicht nur die Frauen, sondern auch die Männer. Um die Handgelenke und Arme tragen sie Reifen, um den Hals dicke, massive Goldketten und an den Fingern kostbare Ringe ...» Auch Fußringe aus Gold, Bronze, Bernstein und anderen Materialien waren üblich, vor allem aber der *Torques*, ein mehr oder weniger steifer Halsring aus Gold, Silber oder Bronze, der nur hohen Würdenträgern und deren Frauen zustand; nach 350 v. Chr. trugen ihn nur noch die Männer. Der Torques kann vorne auseinandergebogen werden, die Pufferenden sind kunstvoll verziert, oft mit Tierköpfen. Der Torques wurde mehr und mehr zum Symbol besonderer kriegerischer Tapferkeit oder gar göttlicher Würden.[18]

Bewaffnung

Die Bewaffnung veränderte sich im Laufe der Zeit. In Gräbern der Hallstatt-Zeit fand man lange Eisenschwerter, die aber später durch ein kurzes Antennen-Schwert verdrängt wurden. Nach 350 kamen wieder lange, säbelartige Schwerter auf. Sie waren bis zu 80 cm lang und wurden in reich verzierten Scheiden am Gürtel getragen. Daneben hatte man ein Messer stecken, das aber vorwiegend zum Fleischschneiden benutzt wurde. Es gab Steinschleudern, Bogen und Lanzen, außerdem mannshohe Schilde aus Holz mit Buckeln und Rändern aus Eisen. Die Helme scheinen mehr Prunkstücke gewesen zu sein, die weniger zum Schutz beim Kampf geeignet waren, denn oft kämpften die Kelten nackt – wie die griechischen Olympiakämpfer im Dienste der Götter. Ihr einziger kultischer «Schutz» bestand in dem Torques, der sie dem Gott ähnlich machte, und in dem Gürtel, an dem das Schwert hing. Sie schlugen berserkerhaft wild um sich und fürchteten den Tod nicht. Das bescheinigen alle antiken Autoren.

Der Kampf wurde vom Dröhnen der Trompeten eingeleitet und begleitet; dies waren lange Rohre mit gebogenem Mundstück (Carynx). Der Schalltrichter hatte oft die Gestalt von Ungeheuern, die Menschen verschlangen – ein symbolischer Ausdruck ihrer gewaltigen Wirksamkeit. Diese Instrumente gaben einen rauhen, lauten Schall von sich, der die Angreifer befeuerte und die Angegriffenen in Schrecken versetzte.[19]

Die Feldzeichen, Symbole der Herrschergewalt der einzelnen

Die irische Tara-Fibel

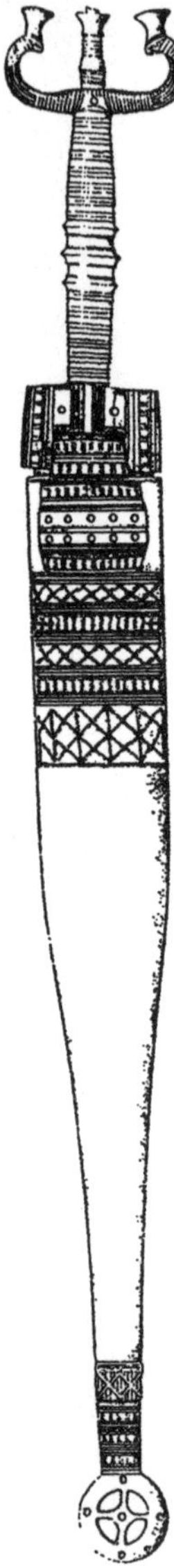

Schwert des Keltenfürsten von Hochdorf

Stämme wie Eber, Pferd, Schlange, Vogel, wurden auf Stangen getragen.

Soziale Ordnung

Anschaulich werden die Tischsitten beschrieben, die zugleich einen Einblick in die soziale Ordnung erlauben.

Über ein Fest in der Königshalle zu *Tara* in Irland, dem Sitz des dortigen Hochkönigs, wird uns folgendes berichtet:[20] Zunächst trugen auf einen dreimaligen Trompetenstoß die Schildträger die Schilde ihrer Herren herein. Dem Rang entsprechend waren die Sitzplätze reserviert. Dann betraten die verschiedenen Würdenträger selber in getrennten Gruppen den Raum. Der Hochkönig saß in der Mitte der Halle mit dem Gesicht nach Westen gewandt, der König der südlichen Provinz Ulster saß rechts neben ihm, der König des südlichen Munster links und der vom östlichen Leinster gegenüber. Der König der westlichen Provinz Connacht saß hinter dem Hochkönig. Die Anordnung, der zufolge der König der «Mitte», der Hochkönig, nach Westen blickt, mag mit seiner Beziehung zur «Anderen Welt» zu tun haben, denn dort befinden sich seine göttlichen Vorfahren (darüber erfahren wir bei der Beschäftigung mit den irischen Mythen noch mehr).

An anderen Fürstenhöfen war die Sitzordnung sinnentsprechend: man saß meist im Kreise, in der Mitte der vornehmste Gast, neben ihm der Gastgeber und dann die übrigen in der Reihenfolge ihres Ranges. Der Vornehmste erhielt das beste Stück Fleisch, den sogenannten Heldenbissen, über den sich den Sagen nach manch blutiger Streit erhob.

Während der Mahlzeiten sang ein Barde das Lob des Fürsten und der Helden, bisweilen aber auch seine gefürchteten Spottverse, die Zauberkraft hatten und etwa einen geizigen König derart bloßstellen konnten, daß er für seines Amtes unwürdig befunden wurde und abdanken mußte.

Über die Speisenfolge berichtet POSEIDONIOS:[21] Es gab Unmengen Fleisch, vor allem Schweinefleisch, dazu wenig Brot. Das Ge-

Der Silberring von Trichtingen (1929)

tränk wurde in Eimern aus Ton oder Silber gebracht. Man trank in kleinen Schlucken, aber in rascher Folge, doch nie mehr als einen halben Liter hintereinander. Die Reichen tranken Wein, sehr zum Erstaunen der Südländer ungemischt. Der Mittelstand trank Weizenbier mit Honig, die breite Masse gewöhnliches Bier (Korma). Während des Mahles saß man auf Wolfs- oder Hundefellen, die auf dem Boden ausgebreitet waren. Vor sich hatte man sehr niedrige Tische. Die Speisen und Getränke wurden von jugendlichen Sklaven und Sklavinnen serviert, die eben die Pubertät erreicht hatten.

Bevölkerungsdichte

Über die Bevölkerungsdichte kann man sich nur schwer ein Bild machen. Für *Gallien* kann man nach den Angaben des griechischen Historikers STRABO etwa 20 Einwohner auf einen Quadratkilometer errechnen. Das entspräche um die Zeitwende für die 600 000 Quadratkilometer Galliens etwa 12 Millionen Menschen.[22] Die Siedlungsweise war je nach Landschaft und Zeit recht unterschiedlich. Es gab Höhensiedlungen, auf denen die Fürsten ihren Sitz hatten, doch auch einzelne Gehöfte. Erst sehr viel später tauchen *Oppida* wie Alesia, Avienna oder Manching bei Ingolstadt auf. Diese Städte aus der Römerzeit waren späte Blüten, die erst unter mittelmeerischem Einfluß erbaut wurden, denn im Grunde widersprach jede straffe zentrale Organisation dem keltischen Wesen.

Die einfachen Häuser bestanden aus Flechtwerk, das mit Lehm beworfen und abgedichtet wurde, oder aus Trockenmauern; diese Technik beherrschten die Iren bis vor kurzem noch trefflich. Es gab runde und viereckige Häuser, in der Grundfläche etwa 3 × 5 Meter groß. Sie waren mit Stroh oder mit Steinen gedeckt.

Technische Errungenschaften

Die technischen Errungenschaften der Kelten zeugen von einer hohen Begabung auf diesem Gebiet. Dies gilt vor allem für die Gewinnung und Verarbeitung des Eisens. Ihre Bergwerkstollen waren bis zu 100 Meter tief in den Boden getrieben. In den Schmelzöfen verarbeiteten sie das Metall zunächst zu Barren, die entweder als Rohmaterial weiter verhandelt oder in den Schmieden zu Schwertern, Dolchen, Speerspitzen, Pferdegeschirr und Schmuck verarbeitet wurden. Man beherrschte auch die Kunst einer stahlartigen Härtung des Eisens. Vom 4. vorchristlichen Jahrhundert an wurde die Eisenindustrie gewerbemäßig betrieben, und diese Metallprodukte waren beliebte Tauschobjekte für den Fernhandel. Das Kunsthandwerk blühte ebenfalls. Man beherrschte die Ätzung des Metalls und die Technik der Metalleinlage, die bereits auf die Hallstattzeit zurückgeht. In Bibracte gab es ein Zentrum für die Kunst des Emaillierens, und es entstanden dort herrliche Gewandfibeln und andere Schmuckstücke. Das Schmiedehandwerk stand in hohem Ansehen, die Schmiede waren im Rang den Fürsten fast gleichgestellt. Das hing allerdings nicht nur mit ihren technischen Künsten zusammen, sondern, wie wir in den Sagen noch erfahren werden, auch mit ihren magischen Fähigkeiten.

Eine wichtige Rolle spielte für den Wohlstand der Fürsten das Salz. Viele Orte, in denen noch heute Salz gewonnen wird, sind keltischen Ursprungs, z. B. Schwäbisch Hall, Hall in Tirol, Hallein bei Salzburg und Hallstatt. Es gab ein ausgedehntes Wegenetz, auf dem das kostbare Salz, aber auch Töpferwaren, Eisen und kunstgewerbliche Produkte transportiert wurden. Vor allem der Wein aus den südlichen Ländern war ein geschätzter Importartikel. Umgekehrt erfreuten sich die gallischen Wollstoffe und Lederwaren in Rom großer Beliebtheit. Aus Cornwall wurde schon seit der Bronzezeit das für die Legierung mit Kupfer wichtige Zinn eingeführt, und zur Erleichterung des internationalen Verkehrs wurden seit dem 3. Jahrhundert v. Chr. keltische Münzen mit zweisprachiger Beschriftung geprägt.

Für den Seehandel mit den britischen Inseln wurden Schiffe aus Kernholz gebaut: die Kiele waren flach, das Hinterdeck hoch. Es gab Ruder und Segel aus Leder. Mit diesen gallischen Schiffen wurde nicht nur Zinn, sondern auch der sehr beliebte Mergel zur Düngung der Felder transportiert.

Landwirtschaft

Die Landwirtschaft war hoch entwickelt. Man düngte nicht nur mit animalischen Exkrementen, sondern auch mit Mergel und Kalk, die man mit Pottasche vermengte. Diese Mineraldüngung wurde allerdings nicht so übertrieben wie es bei uns heute der Fall ist. Man begnügte sich damit, solche Bodenverbesserungen alle 10 bis 15 Jahre vorzunehmen, doch standen die Römer staunend vor den keltischen Getreideerträgen. Auch das Pflugmesser war eine gallische Erfindung, man hatte sogar einen Räderpflug *(carruaca)*, der von mehreren Ochsenpaaren gezogen wurde und auch schwere und steinige Böden anbaufähig machte. Der Römer VARRO[23], dem wir diese Schilderungen verdanken, beschreibt gar eine Mähmaschine: auf einem niedrigen Karren, der durch ein Tier vorwärts gestoßen wurde, befanden sich Messer. Die oben abgeschnittenen Ähren fielen in den Karren.

Diese Beschreibungen gelten für das Festland. Auf den Inseln, besonders in Irland, war die Weidewirtschaft vorherrschend, die Technik des Festlandes spielte hier keine Rolle.

Eigentumsverhältnisse

Die Eigentumsverhältnisse waren sehr unterschiedlich. Es gab offene Felder und von Hecken umgrenzte Grundstücke. Die ersteren gehörten – in Gallien – der Dorfgemeinschaft, die letzteren einzelnen Familien. In Irland gab es lange Zeit keinen persönlichen Grundbesitz. Nicht einmal der König verfügte über eigenes Land, denn die Mutter Erde ernährte sie alle und konnte keines einzelnen Eigentum sein. Zudem war der König mit der Mutter Erde vermählt (davon später noch Genaueres).

Münzkunst

Die Münzkunst verdient besondere Beachtung, weil ihre Gestaltungen ein deutlicher Ausdruck des sonst so schwer faßbaren keltischen Wesens sind. Die ersten Münzen wurden in Gallien gegen Ende des 5. und zu Beginn des 4. vorchristlichen Jahrhunderts geprägt. Als Vorbild diente den mittel- und nordgallischen Stämmen der Goldstater des mazedonischen Königs Philipp II.[24]

Die Kelten verstanden sich vorzüglich auf die Kunst des Metallgusses. Gelegentlich ahmten sie die Vorbilder getreulich nach: auf der Vorderseite sieht man einen Kopf und auf der Rückseite einen königlichen Rennwagen mit Zweigespann oder einen Pegasus. Doch sind diese getreuen Abbilder Ausnahmen, denn bald gingen die Künstler völlig frei mit den Vorlagen um und gestalteten oft stark abstrahierte oder scheinbar absurd-monströse Gebilde. So löst sich ein Lorbeerkranz oder eine wohlgeordnete Lockenpracht in schwungvolle S-Linien auf. Ein Gesicht besteht nur noch aus einem riesigen

Die Münze zeigt einen keltischen Wagenkämpfer. Der Wagen ist lediglich durch ein Rad angedeutet. Er treibt sein Gespann durch eine Furt. Das krakenartige Tier unter dem Pferd scheint Roß und Reiter anzugreifen, etwa so, wie der Held CuChulinn in einer Furt durch die Kriegsgöttin Morrigan bedroht wurde, die sich als Aal um seine Füße schlang und ihn zu Fall brachte.

Auge. Von einem Pferd bleibt lediglich der Schwung seiner Rückenlinie und ein Vielfaches seiner rennenden Beine als abstrakte Linien oder Punkte übrig. Über diesem Pferd schwebt als «Reiter» ein isolierter Kopf. Kreise und Punkte meinen Sonne und Sterne, und auch der Mond hat ein phantastisches Gesicht.[25]

An solchen Bildern wird die Doppelbödigkeit des keltischen Bewußtseins sichtbar, das einerseits mit den logischen und technischen

Gegebenheiten der rationalen Welt sehr wohl umzugehen vermochte, aber gleichzeitig die Welt des Irrationalen als ebenso wirklich erlebte. Was wir in den irischen Sagen kennenlernen werden, wird uns immer wieder vor Augen führen, wie diese Menschen einerseits im nüchternen Jetzt und Hier, und daneben fast übergangslos in der «Anderswelt» beheimatet sind.

Bildende Kunst

Die spärlichen Zeugnisse der bildenden Kunst, die auf uns gekommen sind, stammen mit wenigen Ausnahmen vom Festland. Die beigefügten Inschriften verweisen oft auf gallische Götter in römischem Gewand, und in der Tat stellt uns der keltische Götterhimmel vor einige Schwierigkeiten, denn er ist, zumal im römischen Einflußgebiet, völlig verformt. Außer diesen Götterbildern gibt es noch einige Stelen aus früherer Zeit, die auf Grabhügeln standen.

In Südfrankreich existieren eindrucksvolle Darstellungen von menschenfressenden Ungeheuern, die wahrscheinlich Menschenopfer an bestimmte Gottheiten zeigen, so in der «Tarasque» von Noves. Am Porticus von Roquepertuse sind sichtbare Überreste eines Schädelkultes erkennbar, ebenso an den «têtes coupées» von Entremont.

Außerdem gibt es eine stattliche Anzahl von Kleinplastiken und Reliefs, die oft auf Gebrauchsgegenständen angebracht sind, auf Kannen, Gürtelschließen, Pferdegeschirr oder Schwertern. Der Schwerttanz auf der Lehne der Liege des Fürsten von Hochdorf ist ein besonders eindrucksvolles Beispiel der Frühzeit. Späte Schöpfungen, wie die Tänzerin und der Tänzer von Neuvyen-Sullias zeigen den keltischen Sinn für das Wesentliche in der Bewegung. Ein Schatzfund besonderer Art ist der *Silberkessel von Gundestrup*, dessen bildliche Darstellungen nur in begrenztem Umfang entziffert werden können. Die dort dargestellten Gottheiten sind zur Hälfte weiblich, zur anderen Hälfte männlich. (Der Stier im Zentrum und der Bildstreifen mit der Darstellung der Funktion des Kessels wird uns noch besonders beschäftigen).

Die keltischen Götter

Wenn man die Berichte antiker Autoren (vor allem von CAESAR und LUCAN) über die Götter des gallischen Festlandes mit den Götternamen der Inselkelten vergleicht, so gerät man leicht in Verwirrung, weil die Römer stets bestrebt waren, die keltischen Gottheiten mit ihren eigenen Göttern zu vergleichen oder gar mit ihnen gleichzusetzen. Da diese gallo-römischen Götter in den Sagen nicht erwähnt werden, lasse ich sie hier außer Betracht.[26]

Nur einige der vom Festland bekannten Namen sollen erwähnt werden, weil die Eigenschaften dieser Götter auch in den inselkeltischen Sagen vorkommen und sich dann, wenn auch unter anderen Namen, mit wesensgleichen Gottheiten verbinden.[27] Dem Versuch dieser Darstellung ist aber wiederum vorauszuschicken, daß es bei den Kelten kein theologisches Dogma gibt.

Taranis

Dieser Gott ist der Herrscher des Himmels. Sein Symbol ist das Sonnenrad, der Blitz sein Szepter und der Adler sein Begleiter. Im Bild wird er gelegentlich als Pferd mit einem Menschenkopf dargestellt. Als Gott hat er die Oberhoheit über das Menschenvolk. Auf den Jupiter-Gigantensäulen des Rhein-Mosel-Gebietes wird er außerdem als Reiter mit Speer und Sonnenrad dargestellt, der über die Ungeheuer des Chaos hinwegreitet. Im Volksglauben ist er zuständig für die Kriegführung und für den Ahnenkult. In seinem dunklen Aspekt herrscht er als *Dispater* über die Welt der Toten.

Manchmal heißt er auch *Ogimos*. Ogimos wird als kahlköpfiger Alter dargestellt. Der Römer LUCAN schildert ein großes Freskogemälde, das offenbar von einem griechischen Maler in gallischem Auftrag hergestellt wurde: Es zeigte Ogimos, wie er viele Menschen, an ihren Ohren gefesselt, hinter sich herzieht. Die Fesseln sind dünn und bestehen aus Gold und Bernstein. Diese Menschen folgen Ogimos mit strahlend-freudigem Gesichtsausdruck, er wendet sich ihnen lächelnd zu. Die Ketten hält der Gott nicht etwa in der Hand, sondern sie sind an seiner Zungenspitze befestigt, ein anschauliches Bild dafür, wie das «Volk» durch die «Zunge», die Worte seines obersten Herrschers, «gefesselt» und entzückt ist und ihm freudig folgt. Die Wirkung der Sprache wird noch deutlicher, wenn wir die irische Form des Gottes betrachten. In Irland heißt er *Ogma*. Ogma ist zwar ein Kraftmensch, aber gleichzeitig auch der Erfinder der Ogham-Schrift. Da er ein Sohn des Gottes *Elada* ist, dessen Name Dichtkunst und Wissenschaft bedeutet, ist Ogma ein mächtiger Weisheitsführer. Damit wird der Sinn des von Lucan beschriebenen Bildes noch deutlicher.

Auch der irische *Dagda*, der mit dem einen Ende seiner Keule die Feinde erschlägt, mit dem anderen Ende aber die Angehörigen seines eigenen Volkes wieder beleben kann, wird in die Nähe des Taranis gerückt. Dagda ist gleichzeitig Herr eines Wunderkessels und einer Wunderharfe.

Die Opfer für Taranis wurden in großen Weidekörben lebendig verbrannt. In Notzeiten wurden ihm in seiner Eigenschaft als Dispater oder *Cromm Cruach* oft erschreckende Mengen erstgeborener Tiere oder Kinder geopfert, um günstiges Wetter zu erlangen und die Fruchtbarkeit des Landes wiederherzustellen.[28]

Teutates

Sein Name leitet sich ab von «touto-tatis», das ist der «Vater des Volkes» oder des Stammes. Teutates ist also kein kosmischer Gott wie Taranis, sonden steht den Menschen nahe; er sorgt für seinen Volksstamm, also eine kleinere Gruppe von Menschen. Sein Symbol ist

Taranis, der Gott mit dem Sonnen- und Schicksalsrad, das den Helden zum Gipfel seines Ruhmes führt und mit der niedergehenden Sonne wieder in der Unterwelt versinken läßt.

vor allem die widderköpfige Schlange. Das mag ein Ausdruck für seinen Zuständigkeitsbereich sein: er verhilft zur animalischen Fruchtbarkeit (Schlange) und führt sein Volk im Krieg an (Widder). Wer ihm vertraut, wird im Kampf siegen und reiche Beute erlangen.[29] Er wurde auf Bergesgipfeln verehrt, so auch in den Vogesen auf dem Donon oder auf dem Puy-de-Dôme. Dort erlebte man ihn als einen Gott des Schicksals und der Vorsehung; er trug den Beinamen *Adsmerius* (von «smer» = Schicksal, Vorsehung).[30]

Die Opfer für Teutates wurden ebenfalls grausam getötet – man ertränkte sie in großen Zubern; wahrscheinlich waren auch diese Menschen meistens Kriegsgefangene. STRABO beschreibt eine besondere Art von Menschenopfern für Teutates: Grauhaarige Frauen in weißen Gewändern nahmen die Kriegsgefangenen mit dem Schwert in der Hand in Empfang. Dann führten sie die Opfer zu einem ehernen Mischkessel, der etwa 20 Eimer faßte. An diesem Kessel lehnte eine Leiter, auf die die Frauen stiegen. Die Gefangenen wurden ihnen emporgereicht, und über dem Kessel schnitten sie ihnen die Kehle durch. Aus dem Blut, das in den Kessel floß, weissagten sie. (STRABO berichtet dies von den germanischen Kimbern, die damals aber stark keltisch durchsetzt waren. Bei den Germanen ist dieser Brauch nicht bekannt.)

Teutates wurde auch in Lyon verehrt, und dort verschmilzt er mit dem irischen *Lugh,* dem Gott, der sämtliche Künste gleich gut beherrschte und seinem Volk zum endgültigen Sieg über den bösen *Balor* verhalf, den König der finsteren Fomore (davon hören wir in den irischen Sagen noch mehr). Der gleiche Gott heißt bei den Kymren *Gwydyon. Gwedyd* bedeutet «sagen». Gwydyon war in der Unterwelt gefangen, doch wurde ihm dort im Kerker die Gabe der Dichtkunst verliehen. Auch Lugh ist ein Barde, wie Gwydyon. Wenn man diese gälischen (Lugh) und kymrischen (Gwydyon) Gottheiten mit Teutates in Verbindung bringt, so wird deutlicher, daß Teutates ein Gott des Schicksals war, denn die Schicksalsmächte entstammen immer der Unterwelt und verkörpern eine Weisheit besonderer Art. Auch Lugh, der Gott des Lichtes ist ein Sohn der Tochter des finsteren Balor.

Dieser Gott wird mit dem Mistelblatt dargestellt. Er scheint mit dem Leben nach dem Tode zu tun zu haben, von dem die Kelten zutiefst überzeugt waren. Er hat mit dem Reichtum der Kriegsbeute zu tun, die üblicherweise nicht der persönlichen Bereicherung diente, sondern in den heiligen Hainen der Götter niedergelegt und von niemandem angetastet wurde.

Oft scheint er sich mit *Cernunnos* zu berühren, dem Gott mit dem Hirschgeweih, den man als Herrn der wilden Tiere auf dem Kessel von Gundestrup abgebildet sieht. Der Hirsch, so erzählen die irischen Mythen, lockt den Jäger ins Dickicht der Wälder; oft ist er ein Gott der Vorzeit, der die Menschen die alte Weisheit lehrt, sofern sie sich darauf einlassen.

Im Grunde sind Esus und Cernunnos kaum faßbar. Wir erfahren nur in Andeutungen von der Bedeutung der Mistel im druidischen Kult und von der vielleicht sonnenhaften Symbolik des Hirschgeweihs schon in den Höhlenmalereien der Steinzeit. In der Höhle «Les Trois Frères» in der Dordogne fand man ein Schnitzwerk, das einen hirschköpfigen Gott darstellt. Der Name des Cernunnos bedeutet «der den Scheitel wie ein Hirsch hat»[31].

Esus wird oft als Baumfäller mit einer Axt dargestellt. Das kann darauf hinweisen, daß er etwas mit der Urbarmachung des Landes zu tun hat oder daß er Holz für das Feuer und dessen Energie beschafft. Damit das Feuer brennen kann, muß ein Baum sterben, und in diesem Sinn kann Esus, der selber mit der Axt *(eis)* identisch ist, auch ein Herr über Leben und Tod sein: er fällt die Lebensbäume der Menschen.

Die Menschenopfer, die man ihm darbrachte, wurden entweder gevierteilt oder erhängt. Das erinnert an die Hängeopfer für den germanischen Gott *Odin* und an den «Fichtenbeuger» *Sinis* aus der griechischen Theseus-Sage, der seine Opfer zwischen zwei emporschnellenden Fichten zerriß.[32]

Cernunnos, der Gott mit dem Hirschgeweih. Der Gott des Grenzbezirkes zur Anderswelt in den Wäldern und Herr der Wilden Tiere.

Die Große Göttin mit ihren Adoranten, die gleich ihr den Torques, das Zeichen königlicher und göttlicher Würde tragen. Der Apfel in der Hand der Göttin ist ein Symbol der Fruchtbarkeit (Silberkessel von Gundestrup).

Dreiköpfiger Gott (gallo-römischer Raum)

Dreiköpfiger Gott aus dem irokeltischen Raum

Belenus

Belenus, Grannus oder *Bormo* lautet der Name für einen Gott der Genesung und der Heilung, der uns im irischen Sagengut als *Diancecht* begegnen wird. Im kymrischen Gebiet heißt er *Maponos* oder *Mabon.* Sein Name leitet sich von *mapos* oder *maqos* ab, was die Bedeutung von *mac,* «der Sohn», hat. Mabon, der Sohn der *Modron,* der Sohn der «Großen Mutter», gemahnt an ein vorgeschichtliches Matriarchat, also an eine Zeit, deren Ausläufer das keltische Bewußtsein noch entscheidend geprägt hat.

Die antiken Autoren erkannten in dieser Gottheit den Gott *Apollon,* der aus dem «Land hinter dem Nordwind», dem Reich der «Hyperboräer», gekommen war.

Die weiblichen Gottheiten

Im Gebiet des gallischen Festlands begegnet uns in zahlreichen Reliefs der Typus der *Drei Matronen.* Sie tragen als Typus des Weiblichen und Repräsentantinnen der Fruchtbarkeit keine besonderen Namen. Ihre Mächtigkeit wird durch die Dreizahl unterstrichen, in der sie fast immer dargestellt sind. Sie sitzen und tragen im Schoß ein Kind oder einen Korb mit Früchten des Feldes.

Bei den Iren ist ihre Vertreterin *Brigit,* die «Erhabene». Sie ist nicht nur die Göttin der Heilquellen, des Herdfeuers (das von der Sonne stammt), des Handwerks, der Schmiedekunst, der Dichter und Ärzte und der Fruchtbarkeit, sondern vielmehr die Vertreterin des Landes, der Erde von *Erinn,* Irland. Als solche hat sie viele Namen und tritt in vielen Verleiblichungen auf, deren bekanntesten die «drei Königinnen» des Landes – *Eriu, Banba* und *Fotla* – sind (vgl. S. 92).

Die *Terra Mater* hat ihre Wurzeln im Neolithikum; sie wird oft auch als Herrin der Tiere dargestellt, wie wir sie von anderen Kulturen beispielsweise aus dem Mittelmeerraum (Kreta) kennen. Auf dem Kessel von Gundestrup erscheint sie ebenfalls in dieser Funktion.

Auf gallischen und römischen Stelen wird sie als *Rosmerta* mit dem

Füllhorn dargestellt oder als *Epona,* eine Schutzpatronin der Reiter und der Pferde, die ihre Wurzel letztlich in der kymrischen *Rhiannon* hat, der «Rigantona» oder «Großen Königin» der Unterwelt, die als Schimmelreiterin ihre Verehrer anlockt und doch unerreichbar bleibt.

Die Rolle dieser einen und doch vielfältig differenzierten Göttin wird uns in den irokeltischen Mythen noch ausführlich beschäftigen.

Die dreieinige Gottheit

Zum Abschluß dieser Übersicht über die keltische Götterwelt sei noch der *Triaden* gedacht, die in Gestalt von drei Müttern, drei Söhnen oder drei Brüdern erscheinen können. Besonders eindrucksvoll aber ist die Gestalt des *Triceps,* eines Kopfes mit drei Gesichtern. Diese dreiköpfige Gottheit ist ausschließlich als plastische Darstellung bekannt, wir wissen sonst nichts von ihr. Man findet ihre Skulpturen im Bereich des gallischen Festlands ebenso wie im inselkeltischen Bereich.[33] Man kann diese Dreiheit als Ausdruck für Größe und Machtvollkommenheit deuten,[34] aber auch ein Bild der «Allwissenheit» in ihr sehen, nämlich des gleichzeitigen Wissens um Vergangenheit, Gegenwart und Zukunft.

Die Druiden

Die Priester der Kelten hießen Druiden. *Dru* bedeutet «stark», «intensiv», *wid* ist «Erkenntnis» und «Wissen». Man kann die Druiden also die «sehr Weisen» nennen.[35]

Über die Druiden ist nur sehr wenig bekannt. Die Römer sprachen wegen ihrer umfassenden Bildung und ihrem beeindruckenden Wesen mit großer Hochachtung von ihnen. In den Sagen kommen sie überall vor und beeinflussen alle menschlichen Handlungen durch ihre Weissagungen und ihre Kenntnis der mythischen Überlieferungen und des darauf gegründeten Rechtes.

Sie waren in sieben Rangstufen gegliedert. Auf der höchsten Stufe stand der *Ollam,* der mindestens dreihundertfünfzig geschichtliche Erzählungen auswendig können mußte.

Der Unterricht, dem sich die werdenden Druiden zu unterziehen hatten, war abgestuft. Unter den Schülern der einfacheren Grade befanden sich die Sprößlinge der Kriegeraristokratie, deren Ausbildung nach dem Erlernen der wichtigsten mythischen und rechtlichen Traditionen beendet war. Dieses Wissen war für die Krieger als Anführer im Kampf und für die Fürsten in der Verwaltung des täglichen Lebens nötig. CAESAR meinte außerdem, daß der Glaube an die Unsterblichkeit der Seele die Krieger zu größter Tapferkeit und zur Verachtung des Todes ansporne.[36]

Für das Priesteramt war eine längere Zeit des Lernens und der Einweihung nötig. Worin diese Lehre im einzelnen bestand, wissen wir nur aus den spärlichen Andeutungen der Römer, denn die Druiden durften nichts schriftlich festlegen.

Die Lehrfächer waren Astronomie, Geographie, Naturkunde, Medizin und natürlich die Lehre von den Göttern und ihrer Wirksamkeit, die man Theologie nennen kann. Außerdem konnten sie die Zeit berechnen. Nach ihrem Kalender hatte das Jahr 13 Mond-Monate zu je 28 Tagen. Zu diesen 364 Tagen des Jahres wurde ein Schalttag gezählt; der übrigbleibende Vierteltag wurde nicht berücksichtigt. Das Ermitteln von günstigen und ungünstigen Tagen und die Deutung der Vorzeichen *(omina)* gehörte zu ihrem Wissen. Zur Erlangung all dieser Kenntnisse war eine Lehrzeit von bis zu 20 Jahren erforderlich, denn die soziale Stellung der oberen Druiden war höher als jene des Königs. Vor dem Druiden durfte auf einer öffentlichen Versammlung niemand das Wort ergreifen, und in schwierigen Rechtsfragen oblag dem Ober-Druiden die letzte Entscheidung.

Sämtliche Druiden hielten jährliche Zusammenkünfte im Land der Carnutes ab, möglicherweise in der Gegend von Orleans, dem damaligen Cenabum, oder im Heiligtum des heutigen Chartres. Dort wurden wichtige Streitfragen des gesamten Volkes beraten und entschieden, und im Zweifelsfall beugten sich alle dem Spruch des obersten Druiden.

Schon aus vorkeltischer Zeit stammt die Auffassung, daß die Priester die Hüter und Bewahrer des Heiligen Wissens von Volk, Stamm und Familie sind. JULIUS CAESAR sagt, die Lehre der Druiden stamme aus Britannien und sei von dort aufs Festland gelangt.

Es gibt mehrere Bezeichnungen für die unterschiedlichen Rangstufen der Druiden. Nach dem Ollam war als nächste Unterstufe der *Gutuator* bekannt, der «Vater des Gebetes», der die Gläubigen zum Opfer rief.[37] *Vates* nannte man den Opferpriester, der zugleich Seher und Prophet war. Das Amt des Opferpriesters wurde häufig von Frauen bekleidet. Sie trugen ihre Sprüche in Versen vor und rückten damit in unmittelbare Nähe der Dichter und Inspirierten, die bei den Iren *Fili* hießen.

Die Opferhandlungen, zu denen die Druiden jährlich, vor allem zu den großen Festen des Jahres zusammenriefen, wurden schon erwähnt. Von großer Wichtigkeit war außerdem der Ritus des Schneidens eines Mistelzweiges, meistens von einer heiligen Eiche. Der Druide erstieg diesen Baum und schnitt den Mistelzweig mit einer goldenen Schere oder Sichel ab.[38] Die Mistel war dem Esus und dem

Cernunnos geweiht, die beide eine besondere Beziehung zur Unterwelt hatten. Man verwendete Mistelzweige, um Besessene damit auszupeitschen, und hoffte, mit diesen «Hexenbesen» böse Dämonen auszutreiben.[39]

Vielleicht ist aus diesem Brauch der Rückschluß zu ziehen, daß die Mistel auch böse Geister an der Schwelle zur Unterwelt vertreiben konnte, wenn der Verstorbene sich ihr näherte. Der Gott Esus wird stets mit einem Mistelblatt abgebildet, außerdem aber auch als Baumfäller, als einer, der dem Leben jenes Baumes ein Ende setzt, der als Lebensbaum betrachtet werden kann.

Die inzwischen erwiesene Wirkung der Mistel gegen das ungeordnete Zellwachstum bösartiger Tumore verweist auf eine ordnende, formschaffende Kraft, die den Kelten offenbar bekannt war. Sie verhinderte im übertragenen Sinn die Auflösung des Menschen ins Nichts und war somit ein Garant für ein Fortleben nach dem Tod, und zwar nicht in leiblicher, sondern in geistiger Gestalt.

Von der druidischen Lehre sind nur Fragmente auf uns gekommen. Sie blieb geheim, und dieses «Geheimnis» hat die Gemüter der Menschen oft zu Spekulationen angeregt. Ein später Deutungsversuch wurde im 16. Jahrhundert von LLEWLLYN SION aus Glamorgan unternommen.[40]

Um sein Werk entbrannten lebhafte Diskussionen; Gegner verwarfen den Inhalt gänzlich, andere verliehen der Hoffnung Ausdruck, daß in diesen Überlieferungen die Reste alten bardischen Wissens für uns gerettet seien. Im Grunde aber waren dem keltischen Wesen alle festgelegten Theorien oder Dogmen zuwider.[41] Der Inhalt von LLEWLLYNS Aufzeichnungen berichtet im wesentlichen davon, daß es ein Reich mit Namen *Annwn* gab; dieser Name bedeutet «grundloser Ort».[42] Es ist die Unterwelt, in der ursprünglich alles enthalten war, sowohl der Keim zur geordneten Schöpfung wie auch das Chaos, das *Cythraw* hieß. Annwn und Cythraw verkörpern gemeinsam die Prinzipien der Lebensenergie und des Nicht-Seins. Der Schauplatz, auf dem sich die Kämpfe zwischen Kosmos und Chaos abspielen, ist die Erde und die Welt der Menschen, die *Abred* genannt wird. Hier treffen der irdisch-greifbare

Raum und die «Anderswelt» der Geister zusammen, und hier vollzieht sich das Schicksal der Menschen.

Mit diesen Andeutungen zur druidischen Lehre soll es hier sein Bewenden haben. Festzuhalten ist, daß die äußere und die innere Wirklichkeit der «anderen Dimension» des Seins ständig ineinander greifen. Dies ist ein Grundzug aller keltischen Sagen.

Das Erbe der Steinzeit und der Bronzezeit

Im keltischen Siedlungsgebiet lebten einst andere Menschen und Kulturen, doch hartnäckig werden die Zeugnisse der Megalith-Kultur mit den Kelten und mit den Druiden in Zusammenhang gebracht. Das hat seine Ursache darin, daß die Kelten die alten Kultplätze übernahmen und wahrscheinlich auch noch etwas von der Religion der Gestirne wußten, die vermutlich in allen steinzeitlichen Kulturen lebendig war.

Wir wissen, daß sich die letzten Gletscher aus Irland erst um 4000 v. Chr. zurückzogen. Um diese Zeit konnte die Insel zum ersten Mal besiedelt werden. Woher die Siedler kamen, ist jedoch unbekannt. Vielleicht entstammten sie jenem Kulturkreis um das Mittelmeerbecken, der etwa auf den Kykladen oder auf Malta längst eine ausgeprägte Kultur der Steinsetzung und der primitiven Steinbearbeitung kannte. Viele kulturelle oder geistige Errungenschaften treten auch heute noch an mehreren Orten der Erde gleichzeitig auf, wenn die Zeit dafür reif ist.

Die Menschen der Steinzeit richteten riesige Felsbrocken auf, die entweder als einsame Monolithe gen Himmel ragten oder in Gruppen nach den Himmelsrichtungen angeordnet waren: in langen Alleen stehen sie in Carnac in der Bretagne, in Stonehenge sind es Kreise. Auch in Irland gibt es Steinkreise mit oder ohne zentralen Menhir, mit oder ohne zentrales Grab. Man findet tischförmige Dolmengräber und Ganggräber mit oder ohne Vorhof. Die ersteren heißen Hofgräber; sie haben vor ihrem Eingang einen meist runden, von Steinen umschlossenen Platz, auf dem sakrale Handlungen – Opfer oder kultische Tänze – stattgefunden haben können. Es gibt aber auch Hügelgräber, in denen offenbar besonders hochgestellte Personen beigesetzt wurden.

New Grange

Dieser Tumulus liegt nahe bei Dublin.[43] Rund um den Hügel sind große Steine errichtet, welche mit Spiralmustern versehen sind, die teils im Sinne des Uhrzeigers, teils in Gegenrichtung verlaufen. In diesen Spiralmustern können wir Bilder des Sonnenlaufes sehen, der aufsteigenden Sonne in der ersten Jahreshälfte und der absteigenden Sonne in der zweiten Hälfte des Jahres oder des Tages und der Nacht. Die Spirale kann aber auch – und das widerspricht der ersten Deutung nicht – Symbol eines urweiblichen Zyklus sein. Die Große Göttin bringt ihre Geschöpfe aus sich hervor, gewährt Entfaltung und nimmt sie nach der Involution des Alters im Tode wieder in sich auf. Mensch und Sonne gehören zusammen und sie erleiden im gleichen Verlauf ein ähnliches Schicksal.

In den zeitlich später entstandenen ägyptischen Gräbern wird dieser Vorgang noch konkreter dargestellt und durch beigegebene Texte erläutert. Die früheren steinzeitlichen Darstellungen aber sind abstrakt und wortlos.

Der Eingang von New Grange schaut nach Südosten; man kann das Grab beinahe aufrecht betreten. Ein langer, schmaler, etwas geknickter Gang führt ins finstere Innere. Von den zahlreichen Steinritzungen, die dort angebracht sind, sieht man ohne künstliche Beleuchtung nichts. Zuletzt stößt man auf drei Nischen, die kreuzförmig in den Fels gehauen sind. In ihnen befinden sich flache Steinschalen. Im Zentrum dieses Kreuzes stand eine besonders große Schale, die heute gewöhnlich auf einer der anderen Schalen abgestellt ist. Sie enthielt Reste einer Feuerbestattung.

Über der Eingangstür des Tumulus befindet sich ein schmales Fenster. Durch diesen Spalt dringt gewöhnlich kein Licht, nur einmal im Jahr, zur Zeit der Wintersonnenwende, ereignet sich hier etwas, wovon die wenigen Menschen, die pro Jahr zugelassen werden, zutiefst bewegt werden. Um diese Zeit wird die zentrale Schale wieder an

New Grange, ca. 3000 v. Chr.

ihren ursprünglichen Platz gestellt. Und an etwa fünf Tagen um die Zeit der Wintersonnenwende, vom 18.–22. Dezember, dringen die Strahlen der aufgehenden Sonne durch jenes Fenster ins Innere des Grabes, und zwar so, daß der Lichtstrahl im Verlauf von etwa 15 Minuten die zentrale Schale trifft und langsam von deren einem Rand zum anderen wandert. Danach herrscht wieder schwarze Nacht.

Man hat oft versucht, dieses Ereignis zu photographieren – aber kein äußeres Bild vermag das wiederzugeben, was sich hier als Symbol für Augenblicke sichtbar ereignet. Es kann nur im Innenraum des Grabes wahrgenommen werden.

Es gibt noch andere, bisher unberührte Gräber in den Bergen Irlands. Auch dort befinden sich solche Öffnungen für den neues Leben erweckenden Sonnenstrahl. Diese Stätten sind Zeugnisse einer vorkeltischen Zeit. Im Sagengut findet man höchstens gelegentliche Andeutungen darüber.

Volksbrauch

Im Brauchtum heute noch keltischer Gebiete begegnen uns noch viele Reste des alten vorkeltischen Sonnenkultes, so etwa an einem Prozessionsort im Südwesten Irlands, Bally-Vourny (Co. Cork). Dorthin wallfahren die Leute zur Heiligen Gobinu. Die Wege sind genau vorgeschrieben: sie verlaufen alle im Uhrzeigersinn, also wieder in der Richtung des Sonnenlaufes, um die heiligen Zentren herum, um das Grab der Heiligen, ihre Betzelle, ihre Schlafzelle, ihren Sterbeplatz oder den Ort, wo sie ihre wunderbaren Heilungen vollzog. Eine heilige Quelle wird noch heute verehrt, und nicht weit davon entfernt steht mitten im Feld ein jetzt ausgetrockneter, rund gemauerter Brunnenschacht, in dessen Innenschicht man ein Steinrelief entdeckte. Auf ihm ist ein Kreis dargestellt, den ein Mann mit seinem Pilgerstab in Richtung des Sonnenlaufes umschreitet.

HANS HARTMANN hat in seinem Buch *Der Totenkult in Irland*[44] beachtenswerte Beispiele eines heute noch lebendigen Sonnenkultes in Irland beschrieben. Dieser Kult steht zum Teil in einer für uns zunächst erstaunlichen Verbindung mit dem Wasser. Unter anderem beschreibt HARTMANN einen Brauch, der am Vorabend des 1. Mai, dem Beltenefest, seinen Höhepunkt erreicht. Heute, unter den Vorzeichen der christlichen Religion, ist dasselbe aber auch zu Ostern, dem Fest der Auferstehung Christi, üblich. Man «weiß», daß am 1. Mai oder am Ostersonntag morgens die Sonne bei ihrem Aufgang etwa 10 Minuten lang vor Freude tanzt. Um das zu erleben, steigt man am Vorabend in die Berge. Wenn dann der kurze Tanz vorbei ist, wird die Sonne zu einem Feuerball. Das gleiche kann man auch erleben, wenn man sich an eine Quelle oder einen See begibt und dort die Sonne im Spiegel des Wassers tanzen sieht. Notfalls stellt man einfach einen Bottich mit Wasser vor dem Haus auf. Am Abend des 1. Mai bringt man dann einen Feuerbrand in der Quelle zum Erlöschen, wobei das Feuer für die Sonne steht. Das ist ein Fruchtbarkeitskult, der sich auch in unserem Brauch von der Weihe der Osternachtskerze im Taufwasser spiegelt.

Uneheliche Kinder heißen in Irland *paístí gréine*, also Sonnenkinder. Sie sind vom Strahl der Sonne gezeugt. Anhand solcher Beispiele läßt sich gut verstehen, wie leicht es den Iren fiel, die christliche Erzählung etwa von der Zeugung Jesu durch den Heiligen Geist anzunehmen.

Das von der Sonne befruchtete Wasser besitzt natürlich auch besondere Heilkraft. Deshalb sucht man vor Sonnenaufgang eine Quelle auf und umwandert sie in der Sonnenrichtung. Sobald der Sonnenball seinen Tanz im Wasser beginnt, steigt man hinein. Auf diese Weise, so können wir uns vorstellen, wird man der ganzmachenden, also heilenden Kraft eines Archetyps teilhaftig, der Hochzeit von Sonne und Wasser. Aus dem gleichen Grund schöpft man am Ostermorgen aus der Quelle das «Osterwasser» (oder Maiwasser), das sich unbegrenzt frisch halten soll. Im Krankheitsfall oder bei besonders feierlichen Anlässen trinkt dann der Kranke oder die Familie von diesem Wasser drei rituelle Schlucke.

Es gibt noch viele andere Hinweise auf den alten Sonnenkult[45], beispielsweise den Brauch, bei der Sommersonnenwende das Feuer zwölfmal zu umrunden; diese kultische Prozession wird von den Frauen vollzogen, während die Männer in andächtiger Stille verharren. Sie erleben die kultische Befruchtung der Frauen. Eine ähnliche Bedeutung hat die Beschreibung eines Festes für den Gott *Cromm Cruach*, dem dunklen Aspekt des gallischen Himmelsgottes Taranis. Er ist gleichzeitig der Gott der Toten und der Fruchtbarkeit, also der Sonne in ihrer nächtlichen Gestalt. Diesem Cromm Cruach zu Ehren errichtete man einen mit Gold verzierten Monolithen, der von zwölf anderen Steinen umgeben war; ihm wurden die Erstlinge des Feldes und der Herden geopfert.

Berichte von derartigen Bräuchen werfen ein deutliches Licht auf den Sinn der alten Steinsetzungen. Sie haben alle vor-indogermanischen astronomischen Ursprung. Der Mondkalender mit seinen 13 × 28 Tagen stammt aus einer matriarchalen Zeit, die sich nach den Zyklen der weiblichen Fruchtbarkeit richtete.

Ein weiterer von HARTMANN beschriebener Brauch ist der Prozessionsweg des Leichenzuges um den Friedhof, natürlich auch in Richtung des Sonnenlaufes, und das Betten des Toten mit Blickrichtung nach Osten oder Südosten, also zum Reich des wiederaufgehenden Lichtes und Lebens, wie wir es in New Grange erfahren haben. Schon der Sterbende wird in dieser Ausrichtung gebettet.

In anderen Versionen heißt Cromm auch *Donn*. Er erscheint uns in der Gestalt eines Schimmelreiters, und das wirft ein unerwartetes Licht auf die in Irland und England mit großer Leidenschaft verfolgten Pferderennen. Denn solche Pferderennen fanden in Irland während des Leichenbegängnisses statt. Der Leichenzug bewegt sich – zum Beispiel in Gaoth Dobhair (Co. Donegal) – gemessenen Schrittes bis zu einem Bach. Von dort aus startet ein Pferderennen bis zur Friedhofsmauer, wobei das Pferd des Verstorbenen beteiligt ist und nach Möglichkeit gewinnen soll, denn der Erste ist der Nächste im Gefolge des Schimmelreiters, der geraden Weges in den Himmel reitet! Um Donn gab es auch einen Stierkult, den wir aber erst im Zusammenhang mit dem CuChulinn-Zyklus besprechen werden.

Bisher hatten wir es mit einer kosmischen oder einer Naturmacht zu tun, die in der Sonne anschaubar war und die bei den Iren *«grían»* hieß. Im gallischen Raum wechselte das Geschlecht des Sonnennamens zwischen *granno* (männlich) und *grannas* (weiblich), ganz ohne erkennbares System. Das kommt auch in der Anrede «mein Vater *und* meine Mutter» für die Sonne zum Ausdruck. Bei den Kelten gab es noch keinen Streit um die männlichen *oder* weiblichen Eigenschaften ihres Gottes, in ihm waren beide Aspekte vereinigt.

Der Gott *Lugh* ist ein Licht- und Sonnengott der letzten keltischen Entwicklungsstufe; er gilt als der Erfinder des Balles. Es gehört zum Maibrauch, daß am ersten Maimorgen junge Burschen und Mädchen einen großen Baum fällen, der mit bunten Bändern geschmückt wird. In der Mitte des Baumes wird ein goldener Ball befestigt. Dieser Baum, mitunter auch nur ein Zweig, wird zu allen Häusern getragen, in denen seit dem letzten Jahr Neuvermählte leben. Dort schenkt die junge Frau einen weiteren Ball. Zuweilen wird der Ball auf eine große Stange gesetzt und auf der Wiese von den jungen Leuten umtanzt. Anschließend nimmt man den Ball von der Stange, und es beginnt ein wildes Wettspiel mit dem Treibstock, wobei es das Ziel ist, den Ball möglichst hoch in die Luft zu schlagen. (Auch die Phaiaken-Jünglinge in HOMERS *Odyssee* sind bestrebt, den Ball möglichst hoch in die Wolken zu werfen.)

Solche Ballspiele, die in Irland wahrscheinlich zu Ehren des Gottes *Lugh* ausgetragen wurden, nehmen mancherorts in der Normandie ähnlich erbitterte Ausmaße an wie es bei den heutigen Fußballspielen vorkommt.

Der Osterball war wahrscheinlich ein Sonnenballspiel, das von den Priestern in Chartres und in anderen Kathedralen auf den vorgezeichneten Wegen des Labyrinthes zelebriert wurde, ein Bild der in der Winternacht versunkenen und wieder auferstandenen Christus-Sonne. Es ist nicht eindeutig geklärt, aus welchem Material die Bälle der Kelten hergestellt waren. Wir erfahren von einem Silberball, mit dem der junge *CuChulinn* spielte, es kann aber auch Bälle aus Bronze, Eisen oder Stein gegeben haben. In den Grimm'schen Märchen ist von dem goldenen Ball der Prinzessin (im «Froschkönig») oder des Prinzen (im «Eisenhans») die Rede.

Es gab aber auch Bälle anderer Art, bei denen es zunächst schwer fällt, die Beziehung zum goldenen Sonnenball oder zu anderen Gestirnen zu sehen: man spielte oft in der Siegesfreude nach einem Kampf Ball mit den Köpfen erschlagener Feinde. Eine etwas «verfeinerte» Art des Kopf-Balles stellte der Hirn-Ball dar:[46] Als einstmals *Conall Kernach* seinen Feind *Mess Gegra* getötet und ihm, dem Brauch entsprechend, den Kopf abgeschlagen hatte, befahl er seinem Wagenlenker, den Kopf mitzunehmen. Es scheint ein sehr großer Kopf gewesen zu sein, denn der Bursche beklagte sich, er sei ihm zu schwer zum Tragen. Darauf meinte Conall: «So nimm das Gehirn heraus. Zerschneide es mit dem Schwert, dann mische Kalk darunter und forme einen Ball daraus.» Und in einem Bericht über den Tod des berühmten Königs *Conchobar,* der um die Zeitwende lebte, heißt es: «Zu jener Zeit war es bei den Leuten aus Ulster Sitte, jedem Helden, den sie im Zweikampf getötet hatten, das Gehirn herauszunehmen, es mit Kalk zu mischen und harte Bälle daraus zu formen. Wenn sie dann über ihre Taten stritten, wurden ihnen die Bälle in die Hand gegeben, um damit zu prahlen.»[47] Einer von König Conchobars Feinden, ein gewisser Ket, kam dazu, wie eben Leute mit dem schon erwähnten Gehirnball des Mess Gegra spielten. Er erhaschte den Ball und schleuderte ihn auf König Conchobar. Dem blieb der Hirnball zu zwei Dritteln im Schädel stecken, und nach langem Siechtum starb er daran.

Erster Teil

Einige Grundthemen der keltischen Mythologie

Der Kopfkult

Der Kopfkult hat im gesamten keltischen Kulturraum eine große Rolle gespielt. Wie schon erwähnt, war es allgemein üblich, die getöteten Feinde zu köpfen und diese Köpfe am Sattelknauf des Pferdes mitzunehmen.

DIODOROS SICULUS berichtet folgendes: «Sie schneiden die Köpfe der gefallenen Feinde ab und hängen sie ihren Pferden an die Mähne... und nageln schließlich das Beste von der Beute an ihr Haus... Die Köpfe ganz berühmter Feinde balsamieren sie mit Zedernöl und bewahren sie in einer Truhe auf. Sie zeigen sie ihren Gästen...»[48]

Im gallischen Roquepertuse (bei Marseille) gab es in den Eingangssäulen des Tempels Nischen, in denen abgehauene Köpfe niedergelegt waren. Die *têtes coupées* sind ein sehr beliebtes Motiv in der Skulptur und Ornamentik des gesamten keltischen Gebietes; an Statuen und Büsten wird der Kopf oft für unser Gefühl unproportional groß dargestellt. Die Schädel der Feinde wurden nicht nur als Trinkschalen benutzt, sondern oft als Talisman aufbewahrt oder zum Schmuck der Streitwagen verwendet. MOREAU sagt, der Kopf symbolisiere den Menschen. Vielleicht genauer gesagt: Der Kopf symbolisiert das, was am Menschen das Wesentliche ist. Aus dem Gesichtsausdruck spricht die Seele am deutlichsten, und hinter der Stirne wird allgemein der Sitz des Bewußtseins angenommen. HANS HARTMANN führt ein Beispiel aus dem irischen Totenbrauch an, das die Bedeutung des Kopfes noch mehr verdeutlicht: Wenn der Sarg mit dem Toten auf einem Wagen transportiert wird, so ist das eine höchst gefährliche Sache, weil dann der Kopf des Toten über den Lebenden ist. Dies würde nicht nur die Lebenskraft der Menschen gefährden, die den Zug begleiten, sondern sogar das Pferd, das den Wagen zieht, würde den Lebensmut verlieren und unbrauchbar werden. Man hilft diesem Übel ab, indem man eine oder drei Frauen auf das Kopfende des Sarges setzt. Auf diese Weise ist das Leben über dem Tod, und in Gestalt der weiblichen Fruchtbarkeit ist es offenbar noch wirksamer als in männlicher Gestalt. HARTMANN schreibt weiter, daß es bei vielen primitiven Völkerschaften außerhalb Europas noch verboten ist, einen Häuptling beim Sitzen zu überragen, weil dies seinem im Kopf konzentrierten *Mana* abträglich ist.

Der Kopf ist also der Sitz einer Kraft, die sich in allem kundtut, was ein Mensch an Ausstrahlung vermittelt, an geistiger Lebenskraft, die ebenso in der physischen Vitalität verankert ist, wie sie auch ihre Verbindung zur göttlichen Weltordnung hat. Um diese Macht geht es den Kelten in ihrem Kopfkult, den man fast als ein «Leitfossil» der keltischen Kultur bezeichnen kann.

Wenn es dem Sieger nur um die physisch zeugende Lebenskraft seines Feindes ginge, so könnte er ihm ja sein männliches Glied abschneiden. Aber das will er nicht, denn er begehrt die Mächtigkeit des Kopfes, und wenn er nicht den ganzen Kopf mitnehmen kann, dann begnügt er sich mit dem Gehirn. Kopf und Gehirn verkörpern den menschlichen Anteil an den solaren Mächten, die Licht, Bewußtsein und geistige Zeugungskraft bedeuten.[49]

Nach alledem muß uns auch nicht mehr verwundern, was wir aus dem keltischen Sagengut von der Wirksamkeit abgehauener Köpfe erfahren. Der Gegensätzlichkeit des keltischen Wesens entsprechend zeugen diese Berichte ebenso von brutaler Sachlichkeit wie vom Wissen um eine hohe geistige Symbolik. In einer Episode der Finn-Sage hat Lomna, der Hofnarr, alle Schandtaten belauscht, die Finns Geliebte verübt hat. Damit er nichts darüber verraten kann, schlägt ihm der mit Finn konkurrierende Liebhaber der Dame den Kopf ab. Dem Brauch der Zeit entsprechend wird Lomnas Kopf, auf einen Spieß gesteckt, an die Wand des Hauses gelehnt. Von dort aus gibt er seinen Kommentar zu allem ab, was geschieht und geschah, bis Finn seinen Rivalen ebenfalls um einen Kopf kürzer gemacht hat.

Ein anderes Beispiel aus den kymrischen Märchen aus Wales sei erwähnt, die Geschichte von Brans Kopf: Bran, der Urkönig von England, hatte eine wunderschöne Schwester mit Namen Branwen. Der irische König Matholwch kam über die See, um Branwen zur Frau zu gewinnen. Der Vertrag wurde abgeschlossen, und alles schien nach Wunsch zu verlaufen. Da beging ein streitsüchtiger Halbbruder Brans, Ev-Nissyen, eine furchtbare Untat, als er die Pferde der Iren verstümmelte. Da nach archaischem Recht eine ganze Sippe auch für ihr unwürdigstes Familienmitglied einstehen muß, lieferten die Waliser sofort Ersatz und schenkten den Iren obendrein noch den Wunderkessel, der einst aus Irland nach Wales gekommen war. Dieser Kessel hatte die Eigenschaft, daß tote Krieger, die man am Abend hineinwarf und über Nacht kochte, am nächsten Morgen wieder kampfestüchtig aufstanden. Allerdings konnten sie dann nicht mehr sprechen, sie waren also in eine andere Dimension des Lebens übergegangen.

Durch diese Geschenke anscheinend versöhnt, zogen die Iren mitsamt der Braut Branwen wieder ab. Doch im Untergrund schwelte der Groll wegen der erlittenen Beleidigung weiter. Nachdem Branwen einen Sohn geboren und diesen zur Erziehung nach Wales geschickt hatte, setzten die Iren sie als Königin ab. Unter erniedrigender Behandlung mußte sie nun Küchendienste verrichten. Da zähmte sie einen Star, schrieb einen Brief an ihren Bruder und hängte ihn dem Vogel um den Hals mit dem Auftrag, die Post zu Bran zu bringen.

Nun machten die Waliser sich auf den Weg nach Irland, um Branwen zu befreien und zu rächen, doch konnten sie die Iren im Kampf nicht besiegen, weil diese ihre Toten im Wunderkessel immer wieder lebendig machten. Daher erlitten die Waliser große Verluste, und von ihrem großen Heer blieben nur sieben Mann übrig. Da ergriff Ev-Nissyen, den Urheber allen Übels, die Reue. Er legte sich unter die gefallenen Iren und wurde mit ihnen in den Kessel geworfen. Im Kessel dehnte er sich unter Aufbietung aller Kräfte derart aus, daß der Kessel barst und damit untauglich wurde. Er selber starb an dieser Anstrengung.[50] Nun vermochte Bran die Iren zu besiegen. Er befreite Branwen und machte sich mit seinen letzten Gefährten auf den Heimweg, doch war er an einem Fuß von einem vergifteten

Speer verwundet worden. Es bestand keine Aussicht auf Heilung, und er wurde seinen Kameraden zum Hindernis auf dem Weg. So befahl er seinen Mannen, ihm den Kopf abzuschlagen. Er sprach zu ihnen: «Nehmt mein Haupt und bringt es zum weißen Hügel von London und begrabt es dort, das Gesicht nach Frankreich gekehrt... Mein Kopf wird euch unterwegs ein guter Gefährte sein...» So geschah es. Die Männer waren fast einhundert Jahre unterwegs und erlebten wunderbare Dinge. «Der Schädel des Bran war bei ihnen, so als ob Bran noch lebendig sei...» Schließlich begruben sie ihn auf dem weißen Hügel von London, wo sein Grab einen starken Schutz gegen alle Feinde verlieh.

Aus dieser Geschichte geht die Bedeutung des Kopfes für die Kelten besonders klar hervor. In der Gestalt von Brans Haupt wanderte die Tradition ihrer Vorfahren mit den Überlebenden auf einem «hundertjährigen» Weg in die Heimat zurück und stellte sie und den Ort, an welchem er beigesetzt wurde, unter magischen Schutz.

In diesem Zusammenhang ist die Erzählung von Odin und Mimirs Haupt aus der germanischen Sagenwelt zu erwähnen. Mimir war ein Gott aus der vorgermanischen Zeit, und es war wichtig, die Weisheit der Vergangenheit mit in die Gegenwart zu nehmen.

Die Herrschaft der Terra Mater

Wir kommen nun zur zweiten Hälfte des vorkeltischen Erbes in Irland, dem *Matriarchat.* Wir wollen uns an dieses Thema auf dem Weg über einige Sagen herantasten, die ich zunächst erzählen will.

Die Geschichte von Macha Rothaar

Keltisch heißt diese Königin von Ulad (Ulster) Macha Mongruadh, das ist «die mit der roten Mähne». Der Name «Macha» wird von der indogermanischen Wurzel *magh,* «kämpfen», abgeleitet. Sie ist also eine der zahlreichen kriegerischen Frauen im keltischen und vorkeltischen Kulturraum. Die Sage erzählt folgendes:

Es waren einmal drei Könige aus Ulad, die beschlossen, daß sie sich in der Regierung ablösen wollten; jeder sollte sieben Jahre herrschen und dann dem nächsten Platz machen. Der erste hieß *Aed Ruad* («Rotes Feuer»). Er ertrank während seiner Regierungszeit in einem Wasserfall und hinterließ eine einzige Tochter, eben die rotmähnige, kampflustige Macha. Diese erklärte den anderen beiden Königen, daß jetzt die Herrschaft ihr zustehe. In einer kriegerischen Auseinandersetzung trug sie den Sieg davon. Der zweite König, der nach ihr an der Reihe gewesen wäre, hieß *Ditorba* («der Nutzlose»!). Entweder starb er von selber, oder Macha half nach. Jedenfalls blieb nur noch der letzte mit Namen *Cimbaeth* («Silber-Feuer») übrig, und ihn heiratete Macha Rothaar. Die fünf Söhne des ums Leben gekommenen Ditorba aber wagten einen Aufstand gegen die unliebsame Verwandte. Sie wurden besiegt und in die Verbannung geschickt – das matriarchale Prinzip hatte zunächst die männliche Herrschaft überwältigt.

Die Söhne des Ditorba schlugen sich in den Wäldern von Connacht durch. Sie trugen wenig ehrenvolle Namen: *Beath*, «der Einfältige», *Bras*, «der Dicke«, «Ungeschlachte»; *Betach*, «der Üble»; *Uallach*, «der Übermütige», und *Borbcass*, «der gelockte Dummkopf».

Diese fünf Brüder, die Söhne des nicht zum Zuge gekommenen Ditorba, sitzen nun eines Abends im Wald beieinander. Sie braten ein Wildschwein und ratschlagen, was sie weiter unternehmen könnten, um die lästige Königin Macha loszuwerden. Da tritt plötzlich aus dem Gebüsch ein aussätziges Bettelweib hervor. Sie bittet um etwas zu essen und die Gunst, sich am Feuer wärmen zu dürfen. Die Brüder sind anfänglich mißtrauisch. Als die bescheidene Alte aber erwähnt, sie komme eben aus Ulad, werden sie neugierig und fragen, wie es dort unter Macha zugehe. Zwischendurch wirft die Bettlerin recht feurige Blicke um sich und verführt die jungen Männer insgeheim. Uallach, der Übermütige, macht sich als erster recht unverfroren an sie heran. Nach kurzem Zögern verschwindet sie mit ihm in der Dunkelheit. Nach einiger Zeit kehrt die Alte allein zurück. Sie höhnt über Uallach, der sich nun schäme, zu seinen Brüdern zurückzukehren, weil er mit einem aussätzigen Weib geschlafen habe. Die Frau erbietet sich, einen von den Männern dorthin zu führen, wo sie Uallach zurückgelassen habe, vielleicht könne der Bruder ihm helfen! Aber auch Bras, der Dicke, der mit ihr geht, kommt nicht wieder. Das Weib berichtet, er habe sie mit Verwünschungen zurückgeschickt, er wolle seinen Bruder allein suchen. Darauf wird Borbcass, der Dummkopf, aktiv und will die Frau zwingen, ihm zu zeigen, wo seine Brüder sind, und er sagt, er wolle die anderen rufen, wenn er Hilfe brauche. Und wirklich hört man alsbald aus dem nächtlichen Wald Hilferufe, und der vierte, Betach, macht sich auf den Weg. Schließlich erscheint bei dem einsam am Feuer wachenden Beath wieder die Aussätzige – und auch der Einfältige folgt ihr, als sie behauptet, die anderen vier Brüder schickten sie um Hilfe.

Als es tagt, finden sich die fünf Brüder im Kreis, an Bäume gebunden, vor. In ihrer Mitte steht das alte Weib und verspottet sie, die sie alle einzeln besiegte. In einem Bach wäscht sie die aufgeklebten Krusten von ihrem Leib, dann steht sie in strahlender elfischer Nacktheit vor den Jünglingen. Sie bietet ihnen Begnadigung und Verschwiegenheit an, falls sie ihr den Treueeid schwören wollen. Zur Ehre gereicht es den jungen Männern, daß sie diesen Eid verweigerten: lieber wollten sie lebendigen Leibes von den wilden Tieren gefressen werden, als sich zu unterwerfen! Daraufhin fesselt Macha kunstgerecht alle fünf Neffen aneinander und treibt sie vor sich her nach Ulad. Dort werden ihnen die Köpfe kahl geschoren, und als Sklaven müssen sie der Macha eine Königsburg bauen, deren Grenzen die Fürstin selber absteckt.

Es war damals oft üblich, daß die Grenzen zu neuen Siedlungen oder Fürstensitzen von Frauen abgesteckt wurden. Ein Druide verlieh den Namen. Macha verwendete zur Markierung des Feldes ihre Halsbrosche. *Eo* bedeutet «Spange», *Muin* «Hals». So kam diese Version des Namens der Königsburg von Ulster zustande: Emuin-Macha.

Finn

Finn, der Held des südirischen Sagenkreises, geriet einst auf der Jagd in eine Höhle weiblicher Unholdinnen der Vorwelt. Es waren die scheußlichen Töchter des Elfenkönigs vom Sidh Cesh Corran.[51] In dieser Erzählung gerät nicht nur Finn, sondern die gesamte Fianna in den Bann der «Hexen», die sämtliche Männer umgebracht hätten, wenn nicht in letzter Minute ein Retter genaht wäre (diese Geschichte aus dem Sagenkreis um Finn wird im III. Teil näher dargestellt und besprochen).

Rhiannon

Die dritte der Geschichten über die Macht des Weiblichen zeigt deutlich, was damit im keltischen Bereich gemeint ist.[52] Rhiannon ist eine Fürstin des Elfenreiches in Dyved (Südwales). Als Schimmelreiterin lockt sie ihren späteren Gemahl Pwyll in ihr Reich, damit er ihr gegen einen unliebsamen Nachbarn der Unterwelt helfen soll. Von ihr geht eine große Faszination aus, doch kann keiner sie einholen, und hätte er das schnellste Pferd der Welt. Später bringt sie als Königin von Dyved einen Sohn mit Namen Pryderi zur Welt. Dieser Pryderi gehört zu den sieben Gefährten des Brân, die nach der Schlacht gegen Irland nach Wales zurückkehrten. Ihr Anführer (nach dem Tode Brâns) hieß *Manawydan*. Pryderi, der Sohn, vermählte nun seine Mutter Rhiannon mit Manawydan, der nun die Herrschaft über das Land ergreifen konnte.

Die Herrschaft über das Land ist also an die Verbindung mit einer uralten, doch ewig jungen weiblichen Gestalt geknüpft, die schon immer da war und immer sein wird. Sie entstammt einer «anderen Welt», die jedoch stets gegenwärtig bleibt und die in Irland einem göttlichen Volk zugeschrieben wurde, das *vor* den jetzt lebenden Menschen die Erde bevölkerte, dann aber später in den Untergrund der *Sidhe*, der Elfenhügel, abgewandert war. Aus dieser Schicht, von der wir noch mehr hören werden, stammt die irische *Terra Mater*, die Mutter Erde, die in vielen Gestalten auftritt und mit der sich jeder König verbinden muß, um segensreich herrschen zu können.[53] Wer sich gegen die Macht der Terra Mater stellt, dem begegnet sie feindlich; wer sich mit ihr verbindet, dem bringt sie Segen und Gedeihen.

Die Sidhe Macha im Bauernhaus[54]

Einem Bauer in Ulad war seine Frau gestorben. Da trat lautlos ein wundersam schönes Weib durch die Tür und entzündete aufs neue das Feuer des Hauses, als wäre sie hier schon immer die Herrin gewesen. Voller Verwunderung beobachtete sie der Bauer bei ihrem Tun. Schließlich fragte er: «Wer bist du?» «Frage mich nicht nach meinem Namen, Crunniuc», sagte sie, «denn wenn ich dir meinen Namen nennen muß, bin ich verpflichtet, dein Haus wieder zu verlassen. Ich wollte dir aber helfen in deiner Not.» Crunniuc lebte nun mit ihr zusammen und ließ sie schalten und walten – und alles, das Vieh, die Früchte des Feldes und das Hauswesen gedieh so gut wie nie zuvor.

Da kam die Zeit der großen Jahresversammlung in Ulad. Die Frau war hochschwanger und wollte nicht mitgehen. Sie warnte ihren Mann ausdrücklich, dort nicht von ihr zu sprechen. Doch als bei dem großen Pferderennen das Gespann des Königs den Sieg errang und von allen bewundert wurde, prahlte der Bauer mit seiner Frau: die könne viel schneller laufen als des Königs Rosse. Das war eine Beleidigung. Der König ließ Crunniuc gefangensetzen und drohte mit seiner Hinrichtung, falls die Frau nicht unter Beweis stelle, was der Mann gesagt hatte. Macha wurde gegen ihren Willen herbeigeschafft und bat vergeblich darum, man möge mit diesem Wettlauf noch warten, bis sie entbunden habe. Der König zwang sie außerdem, ihren Namen zu nennen. Nun besiegte sie trotz ihres Zustandes die Pferde des Königs. Danach brachte sie, zusammenbrechend, Zwillinge zur Welt, einen Knaben und ein Mädchen. Sie verfluchte die Männer von Ulster wegen ihrer Rücksichtslosigkeit: stets dann, wenn sie ihre Kraft am meisten brauchen, sollen sie neun Tage lang so schwach und hilflos sein wie eine Frau im Kindbett, so daß sie kampfunfähig im Bett liegen müssen.[55] Dieser Fluch sollte für neun Generationen gelten. Die Festwiese von Ulad heißt seither *Emuin Macha; diese* Ableitung des Namens bedeutet «die Zwillinge der Macha» (von irisch *emuin,* «Zwillinge»).[56] Danach verschwand Macha.

Ob Königsherrschaft, ob Bauernwirtschaft: das Wohl der Menschen hängt von der Achtung vor der Erdmutter und von der Verbindung mit ihr ab. Das soll nun an den Königssagen gezeigt werden.

Die Königssagen und der Königsritus

Das Gedicht von den Söhnen des Königs Dáire Doimthech schildert, wie die Söhne dieses Königs um ein Feuer sitzen und eben ihre Jagdbeute verteilen. Plötzlich erscheint eine abgrundhäßliche Hexe und droht, die Jünglinge alle aufzufressen, sofern nicht einer von ihnen die ganze Nacht mit ihr schlafen wolle. Lugaid ist bereit, sich für die Brüder zu opfern. In der Hoffnung, daß er durch die Hingabe seines Lebens in den Fängen der Hexe das Leben der anderen retten könne, überläßt er sich in der Dunkelheit seinem Schicksal. Und da verwandelt sich die Alte in ein wunderschönes Mädchen, das spricht: «Mit mir schlafen die Hochkönige. Ich bin die Herrschaft von Irland.» Sie prophezeit Lugaid einen Sohn, mit dem sie ebenfalls schlafen werde.

Eine ähnliche Geschichte wird von *Niall Noigiallach* berichtet. Er ist mit seinen vier Halbbrüdern unterwegs; sie wollen an einem Brunnen Wasser schöpfen. Dort sitzt aber eine alte Hexe, die als Dank für den Trunk einen Kuß verlangt. Der erste, Fiachna, ergreift entsetzt die Flucht, ebenso ergeht es Ailill und Fergus. Der älteste der Halbbrüder, Brian, bringt es zu einem flüchtigen Kuß, worauf die Hexe ihm «einen flüchtigen Besuch in Tara» prophezeit (d. h., er wird nur kurze Zeit den Sitz des Hochkönigs einnehmen). Zuletzt faßt sich Niall ein Herz. Mit vor Ekel geschlossenen Augen nimmt er die Alte in den Arm und gibt ihr einen herzhaften, festen Kuß. Als er die Augen öffnet, sieht er das schönste Mädchen der Welt, das ihn ermahnt, sich nun eilends zur Königswahl zu begeben. Die uralte Herrschaft der Mutter Erde erneuert sich auch hier, sobald ein wahrer König sich mit ihr verbindet.[57]

Ein letztes Beispiel dieser Art sieht scheinbar ganz anders aus. GIRALDUS CAMBRENSIS (Hofkaplan Heinrichs II. in England, 1147–1223)[58] schildert in seiner *Topographia Hibernica II, 25,* den folgenden Ritus: «Nachdem der ganze Stamm zusammengekommen ist, wird eine weiße Stute in die Mitte der Versammlung geführt. Der König... schreitet nach vorne, und ohne Scham, im Anblick aller, gebärdet er sich wie ein Tier. Darauf wird die Stute getötet, ihr Fleisch gekocht und mit der Brühe dem König ein Bad angerichtet. Darauf ißt er mit seinen Mannen vom Fleisch der Stute. Auch trinkt er die Flüssigkeit, in der er gebadet hat, ohne die Hände zu Hilfe zu nehmen, unmittelbar mit seinem Mund. Sobald dies geschehen ist, ist seine Herrschaft aufgerichtet.»

Der König hat die Heilige Hochzeit mit der weißen Stute vollzogen, er ist in dem Bad symbolisch in den Leib der Terra Mater eingetaucht und er hat sich deren Substanz im kultischen Mahl einverleibt. Anstelle der Erdmutter in menschlicher Gestalt erscheint hier die weiße Stute – und von dort ist es nicht mehr weit bis zur walisischen Schimmelreiterin Rhiannon.

Wir können bei dem weißen Pferd auch an die Sonne denken, die bei den Kelten bald männlich, bald weiblich erlebt wurde, und wir hörten bereits, daß sie als «mein Vater *und* meine Mutter» angeredet wurde.[59]

Der König war, wie ein allen archaischen Kulturen, für das Wohl und Wehe seines Landes im weitesten Sinne des Wortes verantwortlich: vom Wetter und dem Pflanzenwuchs über die Fruchtbarkeit der Herden bis zur Gesundheit und Fruchtbarkeit der Menschen; all dies war ohne seine Verbindung mit der Terra mater unmöglich. Wenn Seuchen oder sonstige Mißstände ausbrachen, wurde der König abgesetzt – oder getötet. Die rituelle Königstötung war in archaischen Kulturen weit verbreitet und wahrscheinlich auch in Irland üblich. In einigen Sagen wird eine Königshalle oder ein eisernes Haus, in dem sich der König befindet, in Brand gesteckt oder von außen so erhitzt, daß die Menschen darin jämmerlich verbrennen. DE VRIES hält es nicht für unwahrscheinlich, daß der gallische Brauch der Verbrennung von Menschenopfern in Käfigen für den obersten Himmelsgott Taranis mit diesem Brauch der Königstötung etwas zu tun hat. Jedenfalls ist klar, daß der König nicht einfach wegen eines Versäumnisses, sozusagen zur Strafe, umgebracht wurde, diese Tötung war vielmehr ein Opfer für den Gott, der sich nach dem Tod des «abgenutzten» alten Königs in einem neuen Herrscher «niederließ».

Die Sage von den «Invasionen» in Irland,

oder: die stufenweise Inkarnation der Götter in den menschlichen Bereich[60]

Es gibt in der irischen Überlieferung ein *Buch der Invasionen;* es wurde in dem *Buch von der Gelben Kuh* um 1100 n. Chr. aufgeschrieben. Darin wird die Ankunft und das Schicksal von sechs Einwandererwellen geschildert, von denen niemand weiß, ob es Menschen oder Götter waren, die ankamen.

In seinem Buch *Die Reise in die Anderswelt* gibt Frederik HETMANN eine anschauliche Schilderung dieser Ereignisse.[61] Nach ihm ist der Versuch, die mythischen Stammesbezeichnungen in objektive Daten der Geschichte zu übersetzen, bisher nirgends geglückt. Hier zunächst ein Überblick über die «Invasionen» und die Ereignisse, die sie mit sich brachten:

1. Zuerst erschien eine Frau mit fünfzig Mädchen und drei Männern. Sie hieß Cesair, und außer der Tatsache, daß damals sicher ein weibliches Übergewicht herrschte, ist von ihr nichts bekannt.
2. Als nächster erschien am ersten Mai Partholon (*bar* bedeutet «Meer», *thola* «Wellen»), der mit seinen Leuten das Land rodete und die Viehzucht einführte. Er mußte sich gegen riesige Unholde einer ungestalten Vorzeit wehren, die nur einen Arm und ein Bein besaßen. Als Vertreter des Chaos figurieren sie, die Fomorier, in allen irischen Göttermythen.[62]
3. Dreißig Jahre später soll Nemed, «der Geheiligte», erschienen sein, und zwar aus dem Land der Griechen in «Skythia» kommend. Auch er wurde von den Fomoriern heftig bedrängt und verließ daraufhin Irland wieder; zum einen Teil sollen seine

Anhänger nach Britannien geflohen sein, zum anderen Teil kehrten sie wohl nach Griechenland zurück.

Inwieweit die Andeutungen dieser Berichte Beziehungen zu dem sagenhaften Land der Hyperboräer wiederspiegeln, von denen die Griechen in ihrem Apollonmythos sprechen, oder Verbindungen der Mykener mit dem goldreichen Irland (um 2000 v. Chr.), muß dahingestellt bleiben.

4. Als vierte Einwanderungswelle erschienen die Fir-Bolg, deren Name damit erklärt wird, daß sie in Griechenland als Sklaven in Ledersäcken *(builg)* Erde auf steinige Fluren schleppen mußten. Vielleicht kamen sie um 500 v. Chr. auf die Insel.[63] Viele vorgeschichtliche Festungen *(Duns)* im äußersten Westen Irlands, vor allem auf den Aran-Inseln, werden auf die Fir-Bolg zurückgeführt, so etwa Dun Eochaid und Dun Angus auf Inishmore. Auf diesen Inseln machte man eine wahre Steinwüste dadurch urbar, daß man abwechselnd Schichten von Sand und von Meerestang auf Felder brachte, die durch Mauern geschützt wurden. Auf diese Weise entstand ein außerordentlich fruchtbarer Boden für Gemüse, Gerste und später auch Kartoffeln.

   Von den Fir-Bolg wird behauptet, sie seien einst «aus Spanien» gekommen. Das kann ganz realistisch verstanden werden, es kann aber auch nur heißen: «von weit her».[64]

   Als die Fir-Bolg durch die nächste Invasion bedrängt wurden, flohen einige nach Schottland, andere wurden als Untergebene der nachfolgenden Einwanderergeneration im Westen Irlands seßhaft.

5. Mit der fünften Invasion erscheint das «Volk der Adlergöttin» Dana, die Tuatha Dé Danann. Mit diesem Volk beginnt in Irland die eigentlich irokeltische Zeit und damit die Mythologie, die uns hier beschäftigen soll. Der Kultur der Tuatha Dé Danann gehören die ersten namentlich genannten Götter an. *Dana,* die Mutter aller Götter, wird auch *Brigit* genannt; sie gilt gleichzeitig als Tochter wie auch als Mutter des obersten Himmelsgottes *Dagda.*

6. Die Tuatha Dé Danann wurden endlich, etwa im 2. Jahrhun-

dert v. Chr., durch die Einwanderung der Goidelen oder Gaelen abgelöst. Diese Einwanderer der sechsten Welle heißen die «Söhne des Mil», und sie sollen ebenfalls aus Spanien gekommen sein.[65]

Die Geschichte der skizzierten sechs Invasionen wird nun in der folgenden Sage in einer für den irischen Mythos typischen Weise erzählt.

Die Verwandlungen von Tuan Mac Cairill[66]

In Donegal im Westen Irlands lebte einst (um 500 n. Chr.) der Abt eines christlichen Klosters mit Namen Finnian. Ihn hatte die Kunde erreicht, daß im Bezirk von Ulster noch ein uralter Heide lebte, Tuan Mac Cairill, der dem christlichen Glauben Widerstand leistete. So machte sich der Abt auf den Weg dorthin. Aber der Heide verwehrte ihm den Einlaß in seine Burg. Da bediente sich der Mönch einer altbewährten Methode: Er fastete gegen Tuan, den Sohn Cairills. Das war eine furchtbare Friedenswaffe, gegen die selbst der Stärkste machtlos war.

Nach einigen Tagen und Nächten ergab sich Tuan, und er ließ Finnian durch sein Burgtor eintreten. Sie kamen ins Gespräch, und der alte Heide erzählte dem Mönch seine Geschichte:

«Heute bin ich Tuan Mac Cairill – doch in alten Tagen war ich Tuan Mac Starn Mac Sera, und Sera war ein Bruder Partholons. Ich kam mit Partholon, nicht lange Zeit nach der Sintflut, nach Irland.»[67] Partholon kam zu Schiff mit vierundzwanzig Männern und vierundzwanzig Frauen. Die ganze Insel war bewaldet, und es gab dort ungeheuerliche Wesen, durch die man hindurchsehen und hindurchgehen konnte. Es gab Wild und Fische in Hülle und Fülle. Das Volk vermehrte sich bis auf 5000 Menschen. Sie lebten freundlich und zufrieden, aber ohne Verstand, den sie nicht brauchten. Schließlich brach eine Seuche aus, die alle vernichtete bis auf einen Mann. Dies war Tuan. Er lebte nun mit den Tieren und vergaß mit der Zeit alles Menschliche. Erst als *Nemed* mit seiner Flotte von 34 Barken ankam, sah Tuan wieder Menschen, und er freute sich sehr über deren Ankunft. Doch wie erschrak er, als er zufällig beim Trinken aus einem

Teich sein Spiegelbild erblickte: Er war zottig, verkommen wie ein wildes Tier und sehr alt.

Er beobachtete noch, wie das Volk des Nemed um die Landung kämpfte und wie die meisten in Sturm und Wogen (der Fomorier) umkamen. Er selber schlief im Tosen dieses an einen Weltuntergang gemahnenden Unwetters erschöpft ein. Da träumte er, daß er ein Hirsch geworden sei. Und als er erwachte, war sein Traum Wirklichkeit geworden. Er hatte sich als Hirsch verjüngt, fühlte sich frisch und stark, und so wurde er zum König der Hirsche auf Irland.

Von dem Menschenvolk des Nemed waren nach dem Sturm nur vier Paare übrig geblieben, die sich auf 4000 Paare vermehrten. Es waren schöne, starke, behende Menschen und gute Kämpfer, aber auch sie besaßen wenig Verstand und verschwanden eines Tages spurlos. Tuan fand nur noch ihre vom Wetter gebleichten Knochen.

Da überfiel auch den Hirsch die Schwäche des Alters. Und abermals wurde er verwandelt, nun in einen Eber. Auch der Eber war wieder jung und stark und voller Kampfeswut. Er trat die Herrschaft über alles Schwarzwild in Irland an.

Um diese Zeit erschienen die Stämme der Fir Bolg. Wieder wurde Tuan alt, und nun verjüngte er sich als Adler. Da landete das Volk der Adler-Göttin, die Tuatha Dé Danann. Sie landeten am 1. Mai und verbrannten ihre Schiffe hinter sich, zum Zeichen, daß sie immer hier bleiben wollten. Andere aber sagen, sie seien nicht über das Meer, sondern aus den Wolken des Himmels gekommen.[68]

Es fand nun eine große Schlacht zwischen den Fir Bolg und den Tuatha Dé Danann statt. Das Volk der Adlergöttin siegte, dank seiner überragenden Tüchtigkeit und Weisheit, denn seine Angehörigen waren alle Götter.

Als dann die Söhne Mils erschienen, erlebte Tuan wieder eine Verjüngung; diesmal wurde er zum König der Lachse, und als solcher schwamm er vom Meer in die Flüsse und Seen des Landes. Den Lachs fing eines Tages ein Fischer des Königs von Ulster, Cairill. Die Frau Cairills verspeiste den Fisch, und in ihrem Leib wurde Tuan wieder zum Menschen und kam als Sohn Cairills zum sechsten Mal zur Welt.

Nach der Erzählung dieser Geschichte überzeugt der Mönch Finnian den alten Heiden davon, daß die Taufe seine siebente Geburt werden könnte. Damit endet diese Geschichte. Tuan hatte als Mensch, Hirsch, Eber, Vogel, Lachs und zuletzt wieder als Mensch gelebt. Er hat also sechs Wiederverkörperungen erfahren, ebenso viele Neuanfänge, als es «Invasionen» auf Irland gab. Und jedesmal nahm er wohl die Gestalt an, die dem Wappentier der Ankömmlinge entsprach.

Die phantastische Erzählung des Tuan Mac Cairill ist in dreifacher Weise aufschlußreich:

Zum einen gab es seit der Besiedlung Irlands zur Zeit der Megalith-Kultur den fest verankerten Glauben an eine Seelenwanderung des Menschen, auch durch animalische Gestalten.

Zum anderen lebten die Menschen, die vor den Milanesiern, den eigentlichen Gälen, die Insel bevölkerten, mehr oder weniger in paradiesischer Fülle. Sie waren schön, stark und gewandt, aber sie hatten es nicht nötig, von ihrem rationalen Verstand Gebrauch zu machen.

Schließlich deuten die Invasionssagen darauf hin, daß die «Kelten», die die Insel bevölkerten, keineswegs ein einheitlicher Stamm waren, sondern daß sie sehr unterschiedliche Elemente in sich vereinigten.

Ob die Tuatha Dé Danann schon als Kelten – oder wenigstens als Proto-Kelten – zu betrachten sind, darüber sind sich die Gelehrten nicht einig. Sicher ist nur, daß diese Kulturschicht den tragenden Untergrund für das keltische Bewußtsein und für seine Götterwelt abgegeben hat.

Der Stamm der Göttermutter Dana oder Danu ist nicht eindeutig als Stamm von Göttern oder von Menschen definiert. In den Sagen erscheinen sie zwar als Götter, tragen aber menschliche Züge. In der Geschichte der «Invasionen» können sie ebensowohl als Menschen gesehen werden. ROBERT V. RANKE-GRAVES schreibt dazu: «Die Tuatha Dé Danann waren ein Bund von Stämmen, in denen das Königtum matrilinear vererbt wurde; einige dieser Stämme fielen in der mittleren Bronzezeit aus Britannien in Irland ein.»[69]

Es erscheint wohl am sinnvollsten, die «Invasionswellen» als Bilder für Stufen der Vermenschlichung ursprünglich als göttlich erlebter Wesen zu betrachten. Die Tuatha Dé Danann kamen in den Mythen «irgendwie» auf die irische Erde, sei es vom Himmel oder aus den Wogen des Meeres. Von dort brachten sie vier Schätze mit, das war erstens der *Lia Fail*, der Schicksalsstein und spätere Königsstein von Tara. Der Stein tat einen lauten Schrei, wenn der rechtmäßige König von Irland seinen Fuß auf ihn setzte. Aus der Gestalt des Steines ist seine Bedeutung nicht zu erkennen, denn seine Nachbildung, die heute auf dem Hügel der ehemaligen Burg von Tara gezeigt wird, ist etwa 1,50 m hoch und mißt 40 cm im Durchmesser. (Das Original soll sich in der Westminster Abbey in London befinden.) Am wahrscheinlichsten erscheint die Annahme, daß der *Lia* die Erde verkörpert, die der König bei seiner Machtergreifung betritt, so wie einst Amergin, der Barde und Druide des Mil, seinen Fuß auf die irische Erde setzte, als die Gälen ankamen. Diese Geste läßt wieder den Akt der Vereinigung des Herrschers mit der *Terra Mater* erkennen.

Die zweite Gabe der neuen Götter war das *Schwert des Sieges*[70] des göttlichen Königs Nuada. Manchmal wird es das «Lichtschwert» genannt. Es ist ein Königsschwert schlechthin und nicht an Nuada gebunden.

Die *Lanze*[71] des Gottes Lugh war die dritte Gabe. Sie leuchtete oft wie der Blitz und war so gefährlich und treffsicher, daß sie gewöhnlich verhüllt werden mußte. Sie ist nicht nur eine Kampfwaffe, sondern auch ein Symbol der Sonnenstrahlen, die Licht bringen und geistige Unterscheidung ermöglichen.

Die vierte Gabe war der *Kessel der Fülle* des Gottes Dagda. Aus diesem Kessel kann stets das ganze Volk ernährt werden. Die Gralsschale[72], die ebenfalls eine Ritterschaft ernährt, hat hier ihre Wurzel. Der Kessel des Dagda hat noch weitere Eigenschaften mit dem Gral gemeinsam, denn in den Händen des Königs Cormac wird auch er zum Gefäß der Wahrheit. In anderem Zusammenhang, so hörten wir schon, vermag der keltische Kessel Tote wieder zum Leben zu erwecken, und auch in Gegenwart des Gral kann kein Mensch sterben. Als Kessel, in dem Gift und höchste Weisheit gekocht werden, lernen wir ihn in der kymrischen Sage vom Kessel der Ceridwen kennen, aus dem der Barde Talyessin seine Weisheit bezieht.

Dies sind also die «vier Gaben», von denen man allerorts hört. Der Gott Dagda besaß aber noch ein wunderbares Instrument, das durchaus als die «fünfte Gabe» bezeichnet werden könnte. Es ist das Wappeninstrument der Iren, die *Wunderharfe.* Dagda spielt auf ihr die Melodie der Freude, der Trauer und des Schlafes. Damit wird er zum Beherrscher der menschlichen Seelen.

Die Gaben der Tuatha Dé Danann dienen nicht nur der Verteidigung des Lebens und der einfachen Stillung des Hungers, sondern sie ermöglichen auch eine besondere Weise des Erkennens und der Unterscheidung: das wird an dem Königsstein und an dem Lichtschwert oder der leuchtenden Lanze deutlich, die wie die Sonnenstrahlen «Licht auf etwas wirft». Und die Musik ermöglicht es dem Menschen, rational nicht Aussprechbares dennoch zum Ausdruck zu bringen.

Die irischen Götter

Die beiden Schlachten von Mag Tured

Wir haben über die irischen Götter und ihre Gaben schon einiges gesagt. Nun sollen einzelne dieser Göttergestalten noch deutlicher gezeichnet werden – soweit das möglich ist, denn mit der ihnen eigenen Erzählfreude überliefern die Iren ineinander verschlungene Geschichten, aus denen man ganz nebenbei dies und jenes über die Namen und Funktionen der Götter erfährt.

Der Mythos von den beiden Schlachten von Mag Tured ist besonders geeignet, einige dieser Götter näher kennenzulernen.

Die erste Schlacht

Das Volk der Adlergöttin, der Dé Danann, macht, kaum in Irland angekommen, sogleich von einer seiner hervorragenden Fähigkeiten Gebrauch, nämlich von der Kunst des Zauberns. Mit Hilfe von magischen Sprüchen verbreiten ihre Druiden Nebel um sich. Dann stellen sie die Ureinwohner vor die Wahl, ihre Herrschaft über die Insel entweder im Guten abzutreten oder darum zu kämpfen. Die einfältigen Fir Bolg entscheiden sich zwar für den Kampf, aber wie soll man einen Gegner bekämpfen, den man gar nicht recht sehen kann, weil er sich in einem Nebel von lauter Geheimnissen verbirgt? Die Kelten liebten es, sich in Rätseln und Gleichnissen auszudrükken. Dem war die vor-indogermanische bäuerliche Bevölkerung nicht gewachsen. Die Fir Bolg flohen. Historisch gesehen hielten sich Reste von ihnen im Westen Irlands und in Wales. Der Mythos aber berichtet, daß sie zu den Fomore flohen, und kein Mensch konnte wissen, ob und wann sie von dort in irgendeiner Gestalt wiederkommen würden.

Nun hat Nuada, der König der Tuatha Dé Danann, in dieser ersten Schlacht von Mag Tured eine Hand verloren, Sreng mac Sengainn soll sie ihm abgeschlagen haben. Diese Verstümmelung machte ihn für die weitere Königsherrschaft untauglich. Da entschloß sich das Adlervolk zu einem merkwürdigen Kompromiß: es gab in ihren Reihen einen sehr schönen Jüngling mit Namen *Bress*. Dessen Mutter war *Eriu*, die irische Erdmutter und Vertreterin der «Ordnung» dieser Erde. Der Vater aber war ein Fomore, ein Vertreter der Widermächte aller Ordnung. Er hieß Êlatha und war der Sohn des Königs der Fomore, des bösen Balor. Bress war schön, aber er hatte das mütterliche Erbe vergessen, das ihn dazu befähigt hätte, ein guter König zu sein. Seine Eigenschaften waren genau jenen entgegengesetzt, die man von einem König erwartet. Er war geizig und habsüchtig, und er ließ seine Untertanen hungern und dursten, weil er nicht ausreichend für das Gedeihen der Felder und des Viehs sorgte. Außerdem entbehrte er jeglicher Gelehrsamkeit und der Freude an der Dichtkunst. So kam es, daß er die Vertreter dieser Künste, die Barden, schlecht behandelte. Er ließ ihnen weder gebührende Geschenke noch ein angemessenes Quartier oder Verpflegung zukommen. Das war zuviel des Unköniglichen, und so traf den König Bress eines Tages der Spottvers eines der berühmtesten Dichter, Coirbre:[73]

Ohne Nahrung schnell auf der Schüssel,
Ohne Milch, um die Kälber zu ernähren,
Ohne Wohnung, um die Nacht zu verbringen,
Ohne Belohnung für die Schar der Erzähler,
Möge so die Lage des Bress werden.

Durch diese Verse brachte Coirbre den König zu Fall!

Zum Glück war inzwischen Nuadas Verstümmelung geheilt worden. Der Wunderarzt Dian Cecht hatte ihm aus Silber eine funktionsfähige neue Hand angefertigt, und nun konnte Nuada anstelle des abgesetzten Bress wieder die Herrschaft übernehmen.

Doch die Fomore hatten die Zeit der Mißwirtschaft genutzt und setzten den Tuatha Dé Danann heftig zu. Nuada hatte gerade eine große Versammlung nach Tara einberufen, bei welcher auch die schwierige Lage beraten werden sollte, als sich an der Burgpforte ein Fremder meldete und Einlaß begehrte. Er hieß Lugh, und er wurde gefragt, welche Fähigkeiten er vorweisen könne. Lugh zählte sämtliche Handwerke und Künste auf, doch jedes Mal erhielt er zur Antwort: Wir haben schon einen Zimmermann, einen Schmied, einen Krieger, einen Harfner, einen Dichter, einen Zauberer, einen Arzt. Erst als Lugh fragt, ob der König einen Mann habe, der alle diese Künste gleichzeitig beherrsche, wird er eingelassen.

In der Königshalle gewinnt Lugh als erster ein Brettspiel gegen den König. Dann zeigt sich, daß er einen Stein weiter werfen kann als der starke Ogma. Als er auch noch die Harfe des Dagda und deren drei Zauberweisen zu spielen vermag, entschließt sich Nuada, den Thron an den Überlegenen abzutreten, denn mit den Weisen der Harfe hat der Spieler die Seelen seiner Untertanen ganz in der Hand. Jederzeit vermag er sie in eine freudige Stimmung zu versetzen, wenn es nötig ist – oder sie weinen zu lassen, wenn sie vielleicht aggressive Gefühle gegen den Herrscher empfinden; und wenn alles gar zu schlimm werden sollte, so brauchen Lugh oder Dagda nur die Weise des Schlummers zu spielen, und alle Traurigkeit oder unerwünschte Regungen versinken in entspannendem Schlaf!

Unter der Herrschaft des Lugh entschließen sich nun die Tuatha Dé Danann zum Entscheidungskrieg gegen die übermächtig gewordenen Fomore, doch vorher unternimmt Dagda, der oberste Gott, eine Erkundungsfahrt ins Land dieser Unholde. Dabei ereignet sich etwas, was der irische Humor genüßlich ausgeschmückt hat. Dagda wird von den Fomore gezwungen, einen riesigen Bottich leer zu essen. In einem Königskessel, den also Speise für ein ganzes Volk füllt, haben sie Unmassen von Haferbrei gekocht, in dem auch noch ganze Ziegen, Schweine und Schafe enthalten sind. Der Inhalt dieses Kessels wird in ein großes Erdloch gegossen, und Dagda wird die Todesstrafe angedroht, falls er diese Speise nicht restlos vertilge.

Dagda ergreift eine große Kelle, so groß, daß ein Mann und eine Frau darin Platz hätten, und macht sich an die Arbeit. Er löffelt alles leer und wischt mit dem Finger sogar noch den Boden der Grube sauber. Danach ist sein Bauch so groß wie der Kessel, und er hat etwas Mühe, sich weiter zu bewegen, so daß alle Fomore sich über ihn lustig machen. Doch Dagda ist trotzdem noch zu einem Stelldichein mit der Tochter eines der Könige der Unterwelt, der Tetra heißt, fähig. Tetra ist sein Feind, und nachdem Dagda erfolgreich dessen Tochter «gepfählt» hat[74], verspricht sie ihm, bei der Vernichtung ihres Vaters hilfreich zu sein.

Vielleicht hat diese drastische Geschichte einen doppelten Sinn: Der oberste Gott muß sich die Speise der Mächte des Chaos bis zur Neige einverleiben und sie verdauen, wenn er den Sieg über sie erringen will. Überdies ist es im irokeltischen Kulturraum selbstverständlich auch nötig, daß er sich mit der weiblichen Seite jener Macht verbindet. Dagda war der Gott der Druiden, und diese wußten wahrscheinlich über die Mächte und Widermächte des Daseins und deren schwer verdauliche Gegensätze sehr gut Bescheid.

Nach diesem Zwischenspiel wird die Entscheidungsschlacht geschlagen.

Die zweite Schlacht von Mag Tured

Der Anführer der Tuatha Dé Danann ist Lugh, während die Fomore von Balor befehligt werden. Zunächst stärkt Lugh das Volk der Adlergöttin, indem er auf *einem* Bein und mit *einem* geschlossenen Auge ihr Heer umkreist und dazu seine Zauberformeln singt. (Wir erinnern uns, daß die Fomore Geschöpfe sind, die nur ein Bein, einen Arm und ein Auge besitzen. Die Einäugigkeit ist ein Phänomen, das wir auch bei anderen Riesen der Vorzeit finden, etwa bei Polyphem in der Homerischen Sage, bei dem es als Zeichen seiner eindimensionalen Sicht zu deuten ist.) Das Ein-Auge des Balor hat jedoch eine sehr gefährliche Eigenschaft: Es tötet jeden, den es anblickt; daher muß er dieses Auge in der Regel geschlossen halten. Er sieht dann aber gar nichts und muß sich auf andere Möglichkeiten der Wahrnehmung verlassen. Balor tötet durch seinen bösen Blick den König Nuada und dessen Gemahlin Macha. Dann begegnet ihm Lugh. Als die Diener des Balor sich anschicken, das Augenlid des Balor hochzuheben, schnellt Lugh mit seiner Schleuder einen Stein in das Zauberauge. Darauf ergreifen die Fomore die Flucht.

Zunächst bittet nach der Schlacht der abgesetzte Bress um sein Leben, das ihm unter der Bedingung geschenkt wird, daß er das todbringende Erbe seines Vaters, des Fomore, zugunsten des mütterlichen Erbes der Erdmutter Eriu aufgibt. Er teilt nun mit, wann die günstigsten Zeiten zum Pflügen, Säen und Ernten sind, wozu er durch seine partielle Abstammung aus der Unterwelt befähigt ist, ohne deren Mithilfe es keine Fruchtbarkeit auf der Erde geben kann.

Doch wie immer bei den Kämpfen zwischen Chaos und Kosmos, so ist auch dieser Friede weder vollkommen noch endgültig, denn die Fomore nehmen auf ihrer Flucht die Schätze der Tuatha Dé Danann mit, und diese Kostbarkeiten müssen mühsam und listenreich zurückgewonnen werden (diese Geschichten können hier jedoch nicht alle erzählt werden).

Das Wesen der irischen Götter

Über *Dagda* haben wir schon einiges ausgeführt. Sein Attribut ist eine Keule, mit deren einem Ende er auf einen Schlag neun Männer zu töten vermag, mit deren anderem Ende er sie aber auch wieder zum Leben erwecken kann. Er ist der wissende Allvater, der zuständig ist für Recht und Gesetz und Ordnung im weitesten Sinne des Wortes. Darüber hinaus beherrscht er durch die Melodien seiner Harfe die Gemüter von Göttern und Menschen, er ist also in der Lage, mit Hilfe der Musik und des Schönen, unter Umgehung des Schwertes, Frieden zu schaffen. Das Musische kann allerdings auch als List gebraucht werden, denn als Dagda seine Harfe von den Fomore zurückholt, läßt er diese einfach tanzen, weinen und schließlich einschlafen, worauf er das Reich des Chaos mit seiner Harfe ungestört wieder verlassen kann. Dagda wird «der Gute» genannt. Dieser Name bezieht sich nicht nur auf seine Güte, sondern er ist «gut» durch alles, was er vermag. Er ist der *Herr des Kessels der Fülle*, der vierten Gabe der Tuatha Dé Danann. Auch seine Fähigkeit, den Kessel der Fomore alleine leerzuessen und danach noch potent zu sein, gehört zu dem, was er «gut» kann. Sein Palast wird in New Grange an der Boyne gesehen, wo später sein Sohn *Oengus* herrscht, den er mit der Boyne-Göttin zeugt. Oengus bedeutet «der Junge», der «allein Kräftige»; er ist der Gott der Liebe, und er besitzt vier Vögel, deren Gesang eine ähnliche Wirkung hat wie die Pfeile des Eros im griechischen Mythos.

(An dieser Stelle wäre noch von der Liebe des Oengus zu Etain zu erzählen, aber das soll ausführlich bei der Besprechung der Etain-Sage geschehen.)

Übersicht über die irische Götterwelt*

I. Die Hauptgötter.

Dana (Urmutter des Stammes der Tuatha Dé Danann)

Boane (Göttin des Boyneflußes) ∞ **Dagda** (Danas Sohn **und** Vater. Allvater, schützt Recht und Ordnung. Inhaber der Harfe und des Wunderkessels)

Etain (neue Verkörperung der weiblichen Herrschaft des Landes) ∞ **Oengus** (Gott der Liebe, «der Junge», Herrscher in New Grange)

Midir (der stolze Krieger)

Bodb Dearg (Feenkönig)

Brigit
Mutter und Tochter Dagdas. «Macht und Würde» des Landes. Göttin der Ärzte, Schmiede und Dichter

Gobinu (der Wunderschmied und Besitzer der Kuh, die ganz Irland mit Milch versorgt)

Ogma (der Starke. Erfinder der Ogham-Schrift und geistiger Führer «durch das Wort»)

Dian Cecht (Wunder-Arzt)

Cian (Sohn des Dian Cecht) ∞ **Ethlinn** (Tochter des Balor)

Lugh (Sonnengott, omnipotenter Künstler, göttlicher Vater des CuChulinn)

(CuChulinn)

II. Die göttliche Herrschaft der Erde.

Eriu
(Vertreterin der Herrschaft der Erde Irlands)

Erius Ausfaltungen:

Eriu (Macha)	**Banba**	**Fotla**
⚭	⚭	⚭
Mac Gréine (Sohn der Sonne, Priester-König)	**Mac Cuil** (Sohn der Hasel, Krieger-König)	**Mac Cecht** (Sohn der Pflugschar, König des Ackerbaus)

III. Götter der Anderswelt.

1) positive Mächte

Lir
(der Ur-Ozean)

Mannanaun
(Gott des Meeres und Jenseitsführer,
Inhaber der Ozean-Fähre in die «Andere Welt»)

2) Mächte der Finsternis

(Eriu) ∞ **Balor**
(Gott des Todes und der Dürre, Anführer der Mächte des Chaos, der Fomore)

Tetra
(Rivale des Balor)

Cromm-Cruach
(Gott der Unterwelts-Sonne, des Todes und der Fruchtbarkeit)

Bress
(geiziger Zwischenkönig **und** Ordner des Ackerbaus)

Ethlinn ∞ (Cian)
(Balors Tochter)

Lugh
(der Sonnengott)

Morrigu ∞ (Dagda, am Fest Samuin)
(Kriegs- und Schicksalsgöttin, bringt den Tod in der Schlacht)

* Diese Tabelle möchte dem Leser einen Überblick über die verwirrende Vielfalt der iro-keltischen Götter vermitteln. Der Versuch ist allerdings fragwürdig, da jede Systematisierung dem keltischen Wesen widerspricht.

Der Gott *Ogma* verfügt über gewaltige Kräfte. Auch er wird mit einer Keule dargestellt und im galloromanischen Raum oft mit Herkules verglichen. Er erobert das Schwert des Nuada von den Fomore zurück. Er ist aber nicht nur ein tüchtiger Krieger, sondern auch der Erfinder der Ogham-Schrift. Auf dem von LUCANUS beschriebenen Freskobild führt Ogma seine strahlende Gefolgschaft an einer dünnen goldenen Kette, die von seiner Zungenspitze zu deren Ohren verläuft.

Nuada kennen wir aus der Geschichte von den Schlachten von Mag Tured als einen weisen König, der im richtigen Augenblick die Ankunft eines Größeren erkennt und freiwillig abdankt.

Die Göttin *Brigit* gilt als Tochter des Dagda. Als Dana ist sie gleichzeitig die Mutter aller Götter. *Brig* bedeutet «Macht», «Würde» und «Autorität».

Sie ist *eine* der Erscheinungsweisen der weiblich erlebten «Herrschaft Irlands», die in vielerlei Gestalten auftritt und sicher in der vorkeltischen Zeit ihre Wurzeln hat. Als Tochter des Dagda ist sie außerdem eine Schutzpatronin der Dichtkunst, der Ärzte und der Schmiede, die damals alle zauberkundig waren. Später verschmolz sie mit der Gestalt der christlichen Heiligen Brigit.

Auch *Midyr* gilt als ein Sohn des Dagda. Er ist der «Stolze«, und das ist auch aus seiner Erscheinung ersichtlich: er ist ein starker junger Krieger, und er trägt einen purpurroten Mantel. Sein goldgelbes Haar reicht ihm bis zur Schulter, und er hat strahlende, graue Augen. In der einen Hand trägt er einen gut zugespitzten Speer, in der anderen einen Schild mit einem wunderbar gearbeiteten Buckel und mit goldenen Beschlägen. Er ist ein Vertreter der neuen, unbeugsamen Männlichkeit und erscheint in den irischen Sagen als ein Fürst der Elfen und als Herrscher über ein jenseitiges Land.

Manannaun ist ein Gott des Meeres und ein Jenseitsführer. Sein Thron ist die Insel Man, und er gilt als ein besonderer Beschützer Irlands. Er ist der Sohn des *Lir,* der am ehesten als der große Ozean beschrieben werden kann und der ganz im Verborgenen lebt. Der weite Mantel des Manannaun schillert in allen Farben und kann unsichtbar machen. Der Gott weiß sämtliche Illusionen zu erwecken und ist ein Meister aller Listen. Er besitzt magische Schätze, zum Beispiel eine Ozeanfähre, die ohne Ruder und Segel jeden so schnell wie ein Gedanke in das Land seiner Wünsche trägt (vergleichbar dem Schiff der Phäaken in HOMERS *Odyssee*). Weiterhin besitzt Manannaun ein weißes Roß, das über Wasser und Land laufen kann, und ein Schwert, den «Antworter», dem niemand zu widerstehen vermag.

Sowohl von Mannanaun wie von Midyr geht eine große Faszination aus, die man am ehesten als den «Sog der Anderswelt» bezeichnen kann, eines Landes der ewigen Jugend und der Glückseligkeit, zu dem die keltischen Menschen einen ganz selbstverständlichen Zugang besaßen.

Lugh ist von den bisher genannten Göttern derjenige, über den wir relativ viel wissen. In der Heldensage gilt er als Vater des CuChullin. Sein Mythos läßt sich folgendermaßen zusammenfassen:[75]

Der Zauberschmied Gobinu besitzt eine Wunderkuh, die ganz Irland mit Milch versorgt. Der böse Balor, aus dem Land der Dürre und des Todes, will diese Kuh stehlen. Gobinu bemerkt es rechtzeitig, und es gelingt ihm, die Kuh festzuhalten, doch Balor entschwindet mit dem Halfter der Kuh. Das ist schlimm, denn die Kuh strebt stets dorthin, wo sich ihr Halfter befindet. Wer das Halfter hat, ist ihr Herr, er bindet sie an sich. Gobinu hat nun Tag und Nacht keine Ruhe mehr, weil die Kuh grasend durch ganz Irland läuft und er ständig hinter ihr her sein muß. Eines Tages bittet der Held Cian, der Sohn des göttlichen Arztes Dian Cecht und Enkel des Dagda, den Gobinu, ihm ein Schwert zu schmieden. Der Schmied willigt unter der Bedingung ein, daß Cian inzwischen die Kuh hütet. Das geht gut bis zum Abend. Cian bringt die Kuh wohlbehalten zu Gobinus Haus, wo junge Burschen stehen, die den Helden mit der erfreulichen Nachricht begrüßen, sein Schwert sei schon fertig, es müsse nur noch gehärtet werden. Der Schmied warte schon sehnsüchtig auf Cian, ohne dessen Hilfe er die Arbeit nicht ausführen könne. Cian läßt die Kuh stehen und eilt in die Schmiede. Gobinu fragt sofort nach der Kuh – und die ist nun verschwunden!

Nun beginnt Cians Suche nach der Kuh oder vielmehr nach ihrem Halfter, das er zurückbringen muß; und das bedeutet eine *Fahrt in die Unterwelt*. Cian gelangt zu den «dunklen Wassern», die die Lebenden von den Toten trennen. Dort findet er bei einem Boot einen alten Mann, der in einen weiten Mantel gehüllt ist. Er erkennt ihn nicht: es ist Manannaun. Der Mann ist bereit, ihn überzusetzen, und in Windeseile setzt man über. Als Fährlohn wird für den Hinweg ein Tausch der Mäntel vereinbart; für die Rückfahrt soll die Hälfte dessen, was Cian mit sich bringt, dem Fährmann gehören. Unter der Bedingung, daß dies nicht das Halfter der Kuh sein dürfe, willigt Cian ein.

Drüben, im Land der Dürre und des Todes, tut dem Helden der Tarnmantel des Manannaun sehr gute Dienste, denn auf diese Weise dringt er ungehindert bis zu Balor, dem König, vor. Balor verspricht Cian das Halfter, wenn es ihm gelänge, in der Unterwelt einen Garten mit Apfelbäumen anzulegen, die Früchte tragen. Cian soll also lebendigen Samen «unter die Erde» bringen[76], der keimt, wächst und Frucht trägt, wie wir das aus vielen Mythen kennen. Diese Aufgabe ist schwer zu bewältigen, weil Balors Atem alle Vegetation sofort zum Verdorren bringt. Doch endlich wachsen die Bäume und tragen die ersten Früchte.

Während dieser Arbeit hat Cian einen Turm entdeckt, in dem Balors Tochter Ethlinn bewacht wird. Balor befürchtet, daß eine Prophezeiung in Erfüllung gehen könnte, die besagt, daß ihn ein Sohn dieser Tochter umbringen werde. Es gelingt Cian mit Hilfe seines Zaubermantels, in den Turm zu gelangen, und natürlich verliebt er sich in die wunderschöne Tochter des Balor und sie sich in ihn. Es kommt ein Sohn zur Welt, der strahlend hell und schön ist wie die Sonne, und dieses Kind heißt Lugh.[77] Der Sonnengott hat also seinen Ursprung im Land der Finsternis und des Todes.

Ethlinn verhilft Cian noch zu dem Halfter der Wunderkuh und legt ihm ihren Sohn in den Arm mit dem Auftrag, ihn so schnell wie möglich aus dem Reich der Nacht ins Land der Lebenden zu bringen. Cian verbirgt das Kind und das Halfter unter seinem Tarnmantel und kommt damit zu Manannaun, der sich nun in seiner wahren Gestalt zu erkennen gibt, und Cian überläßt ihm freudig das Kind; Manannaun wird ihm im Lande der ewigen Jugend ein guter Ziehvater.

Unterdessen hat Cian das Halfter bei Gobinu abgeliefert, und sofort ist auch die dazugehörige Kuh wieder zur Stelle und versorgt ganz Irland mit Milch. Als Lugh herangewachsen ist, verlangt es ihn nach dem Land seines Vaters, nach Irland. Manannaun rüstet ihn mit kostbaren Waffen aus, mit seiner Rüstung und mit dem Schwert «der Antworter», das auch das Lichtschwert genannt wird. So kommt er an den Hof Nuadas.

Die Verbindung des Sonnengottes Lugh zur mütterlichen Erde wird an seinem großen Festtag, Lughnasad, deutlich.

Die großen Feste

An einem dieser Feste spielte Lughs Amme eine Rolle; diese Amme hieß *Tailtu*. DE VRIES[78] weist auf die Grundform des Namens: *talantiu* hin, die sich mit dem indischen Wort *talam*, für «Erde», in Verbindung bringen läßt. Vor ihrem Tod bittet nun Tailtu den Lugh, sie in der Ebene von Meath zu begraben, die seither auch «Ebene von Tailtu» genannt wird. Seiner Amme zu Ehren stiftete Lugh ein Fest.

Das Fest Lughnasad

Der Name des Festes bedeutet «Lughs Heirat»[79]; es wurde am ersten August begangen, und es war das Hauptfest aller Kelten, auch auf dem Festland. An diesem Tag wurde die Ernte der ersten Früchte gefeiert, und es wurde von großen Festspielen begleitet, die gelegentlich als «irische Olympiade» bezeichnet werden. Anläßlich dieses Festes schlossen die Familien die Heiratsverträge für ihre jungen Leute, und zwar zunächst auf Probe.[80]

Wenn die Ernte eingebracht ist, bereitet man die Erde auf die winterliche Ruhe vor. Der Pflug bricht die Scholle um, die «Amme» des Lugh wird begraben. Gleichzeitig wird aber der Samen jungen Lebens gesät. Ob er aufgeht, wird sich im Frühjahr zeigen, und so war es auch der Brauch, daß die «Ehen auf Probe» im Frühjahr wieder geschieden wurden, wenn sie sich als «unfruchtbar» (im weitesten Sinn des Wortes) erwiesen.

Das Samuin-Fest[81]

Am 1. November öffneten sich die Hügel der Feen – es war nicht ratsam, in dieser Spuknacht das Haus zu verlassen und sich jener

Welt des Unheimlichen auszusetzen. Die Feen waren Repräsentanten der Vorzeit. Sie hatten ihre Wohnungen in den alten Grabhügeln der Megalithiker, und die Seelen der Toten waren mit ihnen verbunden.

Auch bei anderen Völkern gab es Zeiten, zu denen die Seelen der Toten erscheinen konnten, ja sogar eingeladen wurden. Bei den Ägyptern[82] wurde das *Schöne Fest des Wüstentales* gefeiert, und zwar um die Zeit der Auffindung und Wiederbelebung des toten Osiris (28. Oktober–3. November). Die Römer feierten ihre *Saturnalien* am 17. Dezember als Fest der Reinigung und Wiedererstarkung der Natur[83], und bei den Griechen war es das Fest des Anstiches des ersten Weines, die *Anthesterien*, deren dritter Tag den Toten geweiht war.[84] Bei allen diesen Festen kam es darauf an, die Bewohner der Unterwelt zu beschwichtigen und ihnen ihren Anteil am gegenwärtigen Leben zu gewähren. Dem Gott der Unterweltssonne und Totengott der Kelten, *Cromm Cruach*, wurde am Samuinfest das Opfer der Erstgeborenen gebracht, denn die Mächte der Unterwelt verleihen Fruchtbarkeit und müssen deshalb mit den «besten Früchten» des Ackers, der Viehherden und sogar der Menschenkinder beschenkt werden. In Jahren der Mißernte sollen ihm bis zu zwei Drittel aller Erstgeborenen geopfert worden sein.

Das Wort *Samuin* bedeutet «Vereinigung». Die Lebenden sollen mit den Seelen der Toten Verbindung aufnehmen, etwa im Sinne unseres Allerseelenfestes, an welchem man der Toten in besonderer Weise gedenkt. An Samuin vereinigte sich der Gott Dagda mit *Morrigu*, der Göttin der Unterwelt, die immer etwas mit Schicksal und Tod zu tun hat und gleichzeitig eine Königin der Spukgeister, also der Feenwelt, ist. Die Verbindung des Vaters aller Götter der Oberwelt mit Morrigu, der Göttin der Unterwelt, ist wiederum eine «Heilige Hochzeit», die das Gedeihen des Landes für die Zukunft gewährleistet.

Das Fest Imbolc

Auf die langen Winternächte folgte am 1. Februar endlich das Fest der rituellen Waschungen und Reinigungen. Es ist verwandt mit den römischen *Februa*[85] und dem christlichen *Mariae Lichtmeß*. Man streifte den «Schmutz» der langen Winter- und Todesnächte ab und bereitete sich auf das Fest der siegreichen Sonne vor. Die neugeborenen Lämmer durften am Euter der Mutterschafe säugen. *Imbolc* bedeutet «das Anlegen der Lämmer».

Das Beltene-Fest (1. Mai)

Bel bedeutet «helles, leuchtendes Feuer». *Belenus* ist ein gallischer Beiname des *Apollon*, der im griechischen Mythos vielfach mit der Sonne in Verbindung gebracht wird und von dem erzählt wurde, daß er die Wintermonate im Land der Hyperboräer[86] verbringe, im Land hinter dem Nordwind.

Beltene ist ein Fest des Anfangs. An diesem Tag wurden in Irland alle Herdfeuer gelöscht und dann wieder neu entzündet. Man erzählt, daß an diesem Tag die Tuatha Dé Danann in Irland gelandet sind und daß sie ihre Schiffe hinter sich verbrannten. Auch die Milanesier sollten an einem 1. Mai angekommen sein und ein Feuer entzündet haben. Das Vieh wurde durch das befruchtende Feuer getrieben. In Irland schließen sich an die Neuentzündung des Feuers die Mai- und Sonnenball-Bräuche an, von denen schon berichtet wurde.[87] Das Feuer spielt bei sämtlichen Jahresfesten eine große Rolle. Es beseitigt Krankheiten und vertreibt böse Geister – ein irdisches Sinnbild der Sonne.

Im Osterritus der christlichen Kirche wird heute wieder das Feuer aus dem Stein geschlagen, nachdem vorher alle Lichter gelöscht wurden. An diesem neu entsprungenen Feuer wird die Osterkerze entzündet, und dieses Licht tragen die Gläubigen mit ihren Kerzen nach Hause.

Das große Fest von Tara

Dieses Fest fand alle drei Jahre in der Burg des Hochkönigs statt. Es war eine Art von gesetzgebender Versammlung, bei der die Rechtsbräuche und die «Geschichtlichen Texte» auf ihre Gültigkeit überprüft und wichtige Streitigkeiten entschieden wurden.

Die Ankunft der gälischen Milanesier

Von den verschiedenen Einwanderer-Wellen, die nach Irland kamen, war die sechste und letzte «keltische» Invasion diejenige der *Gälen* oder der *Milanesier.*[88]

Nach dem Sieg über die Fomore regierten die Tuatha Dé Danann zunächst lange Zeit in Frieden. Dann aber ereignete sich im fernen «Spanien» etwas Ungewöhnliches. Der Großvater des Mil, *Ith,* hatte eine Vision: Von seinem großen Turm aus entdeckte er im äußersten Westen die Küste der Insel Irland, ein Land der Verheißung und des ewigen Lebens. Er machte sich mit seinen Geisterschiffen auf den Weg dorthin und landete im Südwesten Irlands. Die damals herrschenden drei Könige der Tuatha Dé Danann empfingen ihn zunächst freundlich. Als sie aber seine Absicht, das Land in Besitz zu nehmen, erkannten, brachten sie ihn um. Diese drei Könige waren Enkel des Dagda, und sie repräsentierten in ihren verschiedenen Funktionen die gesamte Königsherrschaft über Irland.[89]

Der erste König heißt *Mac Gréine.* Er ist der Sohn der Sonne und der königliche Priester. Seine Gemahlin ist *Eriu* oder *Macha,* die Erde Irlands. *Mac Cuil,* der zweite König, ist der Sohn der Hasel, aus der meistens die Speere gefertigt wurden.[90] Er ist der Vertreter der Krieger. Seine Frau heißt *Banba.* Der dritte König, *Mac Cecht,* ist der Sohn der Pflugschar. Er vertrittt den Ackerbau und alle handwerklichen Künste. Seine Gemahlin heißt *Fotla.*

Nachdem Ith umgebracht worden war, kehrte seine Gefolgschaft nach «Spanien» zurück, und die «Söhne des *Mil*» machten sich auf, um Irland gewaltsam zu erobern und den Ermordeten zu rächen.

Als die Tuatha Dé Danann die fremden Schiffe kommen sahen,

versuchten sie, deren Landung durch einen großen Zaubernebel zu verhindern. Als die Fremden dennoch an Land kamen, traten ihnen nacheinander die drei Königinnen des Landes in den Weg; HETMANN[91] berichtet, sie seien in ihrer wahren Gestalt gekommen. Nach ELLA YOUNG[92] begegnet ihnen *Brigit*, die Vertreterin der irischen Herrschaft, dreimal in Gestalt eines alten Weibes, die ihr Leid als vergessene Königin klagt und bittet, dem Land *ihren* Namen zu geben: Eriu, Banba und Fotla (oder Fiola).

Amergin, der Sänger und Druide der Ankömmlinge, schlägt den drei Königen vor, entweder freiwillig auf die Herrschaft zu verzichten oder darum zu kämpfen. Das Volk der Adlergöttin entscheidet sich für den Kampf. Darauf fahren die sechsunddreißig Schiffe des Mil auf neun Wellenlängen vom Ufer fort. Wenn es ihnen gelingt zu landen, soll ihnen die Insel gehören, wenn nicht, wollen sie auf Nimmerwiedersehen dorthin zurückfahren, wo sie herkamen.

Wieder zaubern die Tuatha Dé Danann, und es erhebt sich ein furchtbarer Sturm, in welchem fünf der Söhne des Mil umkommen. Nur drei überleben mit den Besatzungen ihrer Schiffe. Da greift Amergin ein und spricht einen Gegen-Zauber[93] folgenden Inhalts:

«Die umhertreiben in stürmischer See, sie sollen sicher das Land erreichen. Sie sollen sich niederlassen in den Ebenen, in den Gebirgen und Tälern, in den nußreichen Wäldern und an den fischreichen Gewässern. Ein König unseres Volkes soll in Tara regieren. Die Insel soll unser Land werden, und unsere Fürsten und weisen Frauen sollen der edlen Eriu kundtun, daß *wir* kommen.»

Daraufhin legt sich der Sturm, Amergin setzt am 1. Mai als Erster seinen Fuß auf das Land, entzündet ein Feuer und singt sein Ich-bin-Lied, in welchem er sich mit dem neu gewonnenen Land und allem, was zu ihm gehört, identifiziert:

Ich bin der Wind über der See,
Ich bin eine Meereswoge,
Ich bin der Stier der sieben Schlachten,
Ich bin ein Adler auf dem Fels,
Ich bin der Strahl der Sonne,
Ich bin die schönste der Pflanzen,

Ich bin ein starker, wilder Eber,
Ich bin der Lachs im Wasser,
Ich bin ein See in der Ebene,
Ich bin ein Wort der Weisheit,
Ich bin eine Speerspitze in der Schlacht,
Ich bin ein Gott, der Feuer wirft ins Gehirn.

Wer verbreitet Licht über dem Hügel?
Wer kennt die Phasen des Mondes?
Wer kennt den Platz, an dem die Sonne ausruht?[94]

Amergin nimmt das Land in Besitz und identifiziert sich mit allen seinen Vorzügen und mit dem, was aus uralter Zeit an Weisheitsgut dort entstanden ist und überliefert wurde. Nach den letzten Zeilen seines Gesanges zu schließen ist es nicht nur das Wissen um die Erde und alles, was darauf lebt, sondern auch das Wissen um die Zeitabläufe, um die Gestirne und vor allem um den Lauf der Sonne und des Mondes. Dies alles floß in die druidische Weisheit der neu angekommenen Gälen ein.

Die Gälen dringen nun tiefer ins Landesinnere. Dabei kommt es zu heftigen Kämpfen mit den Tuatha Dé Danann, in welchen vor allem die drei Königinnen eine wichtige Rolle spielen. Doch die angestammte Bevölkerung wird besiegt und zieht sich in den «Untergrund» des Landes, in die alten Grab- oder Feenhügel zurück.

Die Gälen herrschen *auf* dem Land, die Tuatha Dè Danann aber bleiben in ihrem Reich *unter* der Erde stets gegenwärtig. Auf diese Weise kommt es wiederum zu einer sinnvollen Koexistenz. Der Feen-König der Tuatha Dé Danann ist ein Sohn des Dagda und heißt *Bodb Dearg*. Jeder Gau hat zudem sein eigenes unterirdisches Feenzentrum mit Herrschern wie Lir oder Midyr. Das berühmteste dieser *Sidhe*(Feen)-Zentren liegt am *Boyne*-Fluß in den großen Grabhügeln von *New Grange*, Knowth und Dowth. Von dort aus greifen die *Fairies* freundlich, neckend oder auch feindlich in das Leben der Menschen ein, je nachdem, wie man sich zu ihnen stellt, und am 1. November, dem Samuin-Fest, stehen ihre Behausungen offen, und mancher Sterbliche gerät unversehens dorthin und wird Zeuge der Wirklichkeit der «Anderswelt».

Die Anderswelt

Von der Anderswelt, der Welt der *Fairies*, ging stets eine unwiderstehliche Faszination auf die irdischen Menschen aus. Noch heute begleiten Feen die äußere Wirklichkeit als gleichzeitig vorhandene «Gegenwart» des Vergangenen, der «inneren Welt» oder eben einer «anderen» Dimension des Daseins.

Seit jeher stehen wir Menschen vor der Frage, wie wir zu dieser «anderen Welt» stehen, ob und wieweit wir es wagen, sie wahrzunehmen, mit ihr in Verbindung zu treten, uns aber auch im richtigen Augenblick und in der rechten Weise von ihr zu unterscheiden und abzugrenzen. Fast zwei Jahrhunderte lang haben wir Menschen der westlichen «Aufklärung» versucht, uns gegen die Existenz der anderen Dimension unseres Daseins zu sperren, sie als irrationalen Unfug abzutun. Darüber ist Europa krank geworden. Rational sind wir im Begriff, zu verdorren. Das Irrationale aber verschafft sich, wenn es verdrängt wird, hinterrücks seinen Raum, und es äußert sich als ein Heer von Süchten. Wir trachten mit Hilfe von unzähligen Medikamenten und Drogen, von Nikotin und Alkohol danach, uns angesichts der unerträglich gewordenen materiellen Wirklichkeit zu betäuben. Manche hoffen auch, sich auf billige Weise eine «Bewußtseinserweiterung» verschaffen zu können, die jedoch ohne persönlichen Einsatz und nur zu einem hohen Preis zu haben ist.

Die Geschichte des Prinzen Condla[95]

Prinz Condla war der Sohn des berühmten Königs Conn-Hundertkampf, der außerordentlich aktiv war und in «hundert Kämpfen» sein Reich organisierte und erweiterte.[96] Eines Tages nun stellt

Conn fest, daß sein Sohn neben ihm merkwürdig abwesend ist. Schließlich bemerkt er, daß Condla mit jemandem spricht, der aber nicht sichtbar ist. Der Junge aber sieht eine Frau in einem wunderschönen Gewand, und er fragt sie: «Woher bist zu gekommen?» Sie antwortet: «Ich komme aus den Ländern der ‹Lebenden›. Dort gibt es weder Tod noch Sünde. Ohne Mühe essen wir die herrlichsten Speisen, und wir leben stets in freundlicher Geselligkeit und ohne Streit. Man nennt uns Sidhe, und wir leben in großem Frieden.»

Den Vater irritiert das Gespräch, das er mit anhört, und er fragt seinen Sohn: «Mit wem sprichst du da?» Die Antwort kommt von der Frau, die Conn nicht sehen kann:

«Er spricht mit einer schönen Frau, sie ist jung und entstammt einem edlen Geschlecht, das weder Alter noch Tod kennt. Ich liebe Condla, den Roten, und ich rufe ihn zu dem Feld der Wonnen, wo König Boadag, der Elfenfürst, ewig herrscht. Sein Land kennt weder Not noch Elend, solange er gebietet.» Zu Condla gewandt fährt sie fort: «Komm mit, o Condla, du Schöner, leuchtender Roter mit dem blonden Haar und dem purpurnen Antlitz, du ständige Zier deiner königlichen Gestalt. Willigst du ein, so alterst du niemals, und ewig glänzt dir Jugend und Schönheit!»

Wer dächte bei diesen schmeichelhaften Worten nicht an Kalypso und Odysseus? Odysseus vermochte zu widerstehen, Condla aber schwankt zunächst. Seinem Vater wird die Sache höchst unheimlich. Er ruft seinen Druiden, und dieser übersingt laut mit seinen Sprüchen die Stimme der Sidh. Bevor sie weicht, gibt sie Condla jedoch einen Apfel, so heimlich, wie im griechischen Persephone-Mythos Hades der Kore einen süßen Granatapfelkern zu essen gab.

Seither verweigert Condla jede Speise. Er ißt täglich von dem Apfel der paradiesischen Fülle, und die Frucht wird nie weniger. Je länger er sich von dem Apfel nährt, um so größer wird seine Sehnsucht nach der Elfe. Wieder erscheint sie ihm und führt ihm sein Schicksal – eines grausamen Todes zu sterben – vor Augen, während er unter den Leuten des Königs der Anderswelt ein ewig junger Held bleiben könnte. Condla verstummt. Endlich antwortet er seinem besorgten Vater: «Ich weiß nicht recht – ich liebe meine Leute über alles, und dennoch bin ich von Sehnsucht nach dieser Frau erfüllt.»

Und wieder singt die Frau ein Lied: «Lange steht dir doch der Sinn, wegzufahren übers Meer. Laß zu Boadags Sidh uns reisen, steig in mein gläsernes Schiff!» Als er schließlich erfährt, daß er in dem gelobten Land von lauter schönen Frauen und Mädchen umgeben sein wird, springt Condla in das Schiff aus Glas. Bald ist er den Blicken seiner Angehörigen entschwunden. Niemand weiß, wohin er fuhr, und niemals kehrte er zurück.

Das Ende dieser Geschichte läßt an eine Psychose denken. Condla ist dem Sog eines weiblichen Archetypus erlegen. Das Schiff, das ihn auf Nimmerwiedersehen davontrug, war aus Glas, einem Material, das so unwirklich durchsichtig und kalt ist wie Schneewittchens Sarg.

Condla ist der Sohn der Milanesier. Man sah in Irland in jedem tapferen Kämpfer und kühn handelnden Mann einen Gälen, der von den Söhnen des Mil abstammt; dagegen waren musisch begabte Menschen und die Zauberer Abkömmlinge der Tuatha Dé Danann.[97] Conn, der Vater, war ein allzu einseitig männlich betonter Gäle. Die Söhne solcher übertüchtigen Väter verlieren sich leicht kompensatorisch im polaren Gegensatz.

Wir erinnern uns an die Auseinandersetzungen zwischen den Völkern der aus den Wolken gekommenen Adlergöttin mit den chaotisch-gewalttätigen Fomore. Erst als Dagda seine Portion an Fomore-Speise aufgenommen und sie verdaut hatte, und erst nachdem Cian, der Sohn des alten Sonnengottes Dian-Cecht, sich mit der Unterwelt verbunden und die «Neue Sonne», Lugh, gezeugt und in die Welt gebracht hatte, wurde der Sieg der Tuatha Dé Danann über die Fomore möglich. Für die mit der gälischen Welle angelangten Völker stellte sich die Aufgabe dieser Auseinandersetzung auf einer neuen Ebene.

Condla wurde von der Dimension des Irrationalen entführt, er vermochte sich damit nicht auseinandersetzen. Wie die Helden des nordirischen CuChulinn-Zyklus und des südirischen Finn-Zyklus mit der stets gegenwärtigen «Anderswelt» umgehen, wird später dargestellt (s. zweiten und dritten Teil).

Zweiter Teil

Der nordirische Sagenkreis aus Ulster

Von der Bedeutung des Weiblichen im keltischen Mythos

Die wichtige Stellung des Weiblichen im iro-keltischen Mythos soll noch einmal anhand zweier Sagen erläutert werden, von denen die erste sich im Bereich der Götter, die zweite eindeutig in der Welt der Menschen abspielt.

Die Etain-Sage

Die Etain-Sage zeigt erneut deutlich, wie jede Generation sich mit der weiblichen Macht der Eriu, der Mutter Erde, auseinandersetzen und dann verbinden muß, um segensreich wirken zu können. Gleichzeitig wird hier der alte Wiedergeburtsglaube des steinzeitlichen Erbes erkennbar.

Wenn man sich mit alten Sagentexten beschäftigt, so lohnt es immer, mehrere Varianten zu vergleichen. Die Etain-Sage ist in zahlreichen Bruchstücken überliefert, die jeweils an unterschiedlichen Stellen große Lücken aufweisen. Spätere Kompilatoren haben sich dann bemüht, aus den überlieferten Teilen ein verstehbares Ganzes herzustellen. Wie im ägyptischen Bereich die Bruchstücke des Osiris-Mythos, die dann PLUTARCH in griechischer Fassung zu einer lesbaren Geschichte zusammenstellte, über das ganze Land verstreut waren, so erging es auch dem Mythos von Etain, die auf der Erde nie einen bleibenden Ort fand. Den folgenden Ausführungen liegt eine solche späte Zusammenfassung zugrunde, die LÖPELMANN[98] wiedergibt, die aber immer wieder durch die Fassungen ergänzt wird, die THURNEYSEN[99] mitteilt.

Zum besseren Verständnis der Etain-Sage ist vorauszuschicken, daß der Boyne-Fluß ein Gebiet in Mittelostirland durchfließt, das mit der alten Megalithkultur besonders verbunden war. Dort liegt, wie schon erwähnt, neben vielen anderen Gräbern der berühmte Tumulus von *New Grange.* Der Sage nach befand sich hier die Residenz des Elfenfürsten Oengus, des Sohnes des «Guten Dagda», des Hauptgottes aus der Göttergeneration der Tuatha Dé Danann.

Vor dem Geschlecht der Adlergöttin herrschte dort ein anderer Elfenfürst aus dem Volk der Fir-Bolg. Sein Name *Elcmar* bedeutet der «Bös-Mächtige».[100] Er war mit *Boane,* der göttlichen Verkörperung des Boyne-Flusses, vermählt. Es heißt, daß Elcmar den Elfensitz an der Boyne durch List an sich gebracht hatte. Dafür wollte sich Dagda rächen, denn er fühlte sich als der legitime Herr dieses Gebiets.

Aus dieser Einleitung ist ersichtlich, wie eine alte, vergangene Macht in Gestalt des «Bösmächtigen» noch einmal zurückzukehren trachtet. Diese Macht verschaffte sich ihre Legitimation durch die Heirat mit der Flußgöttin des Landes. Wenn Dagda seine Herrschaft wiedererlangen will, so muß er selber die Verbindung mit der Boyne-Göttin eingehen.

Zunächst sei nun die kompilatorische Erzählung nach LÖPELMANN wiedergegeben:

Dagda schleicht sich in Gestalt eines Harfners in Elcmars Residenz ein. Wir wissen bereits, daß die Harfe das Instrument des Dagda ist und welche Macht er durch seine Musik über alle Geschöpfe auszuüben imstande ist, denn seine Melodien der Freude, des Leides und des Schlafes sind unwiderstehlich. So gelingt es Dagda zuerst, die Sinne des Elcmar zu verwirren, danach betört er die Schöne Boane. Mit ihr zeugt er seinen Sohn Oengus, damit dieser dereinst das väterliche Erbe zurückerobere – was aber nur durch einen Anspruch über die mütterliche Linie möglich war, weil die Erbfolge matrilinear geregelt war.

Elcmar wird nun auf einen Erkundungsgang geschickt. Durch Zauber gelingt es Dagda, die Sonne für neun Monate anzuhalten. Als Elcmar zurückkehrt, ist der Sohn Oengus bereits geboren und in Sicherheit gebracht. Der damaligen Sitte gemäß gibt Dagda das Kind bei einem Ziehvater in Pflege, beim Elfenfürsten *Midyr* im Hügel von

Bri Leith, dem «Hügel des Grauen».[101] Aber auch Midyr hatte sich mit Boane eingelassen. Es besteht also eine gewisse Rivalität zwischen Dagda und Midyr, die später auf den Sohn übertragen wird.

Dagda besucht Boane noch ein zweites Mal. Diesmal zeugt er mit ihr ein Mädchen, Etain. Um das Kind mit seiner Mutter vor Elcmar in Sicherheit zu bringen, beauftragt Dagda wiederum den Midyr, die schwangere Mutter über die Grenze von Elcmars Reich zu bringen und dann die Erziehung der neugeborenen Etain zu übernehmen. Die Geburt ereignet sich genau auf der Grenze. Das Kind schreit laut, und Elcmar eilt herbei, um den Entführer zu bestrafen. Mit seinem zweizinkigen Zauberstab aus dem Holz der Weißhasel spießt er Midyr vom Nacken aus mit dem Gesicht gegen die Erde. Er entehrt den so Gefangenen noch dadurch, daß er ihm mit dem Schwert alles Haar aus der Mitte des Scheitels als Trophäe abschneidet. Dadurch entsteht eine Tonsur (oder eine Glatze), und das bedeutet nicht nur, daß der Kahlgeschorene nun ein Sklave ist, sondern auch, daß er dem Tod geweiht ist wie ein Opfertier.

Als Midyr um sein Leben bittet, stellt ihm Elcmar drei Bedingungen: Einmal soll er die dem Elcmar inzwischen lästig gewordene Boane mit sich fortnehmen, zum anderen soll er ihm seinen Pflegesohn Oengus als Sklaven schicken, und schließlich soll Midyr das neugeborene Mädchen erziehen. Der kleinen Etain prophezeit Elcmar zudem noch, sie werde das schönste Weib von Erinn werden, doch alle Männer, die sich an ihrer Schönheit berauschten, müßten untereinander in Haß und Hader entbrennen.

Etain, die Tochter der Fluß- und Gebietsgöttin Boane, wurde also an einer Grenze geboren. Diese Flußgrenze kann als Übergang von einer älteren Bewußtseinsebene – derjenigen der Fir Bolg im Bezirk «Mide», repräsentiert durch Elcmar – zu der neueren Ebene der Götter der Tuatha Dé Danann verstanden werden. Der Text erwähnt, daß Dagda sich aus Ulster, also dem Norden des Landes, aufgemacht habe, um sich mit Boane zu verbinden. So kann man vermuten, daß die Entführung Etains die Grenze zu jenem Teil Irlands überschritt, der stets der Repräsentant neuer, anderer als in den übrigen «Vier Fünfteln» üblichen Werte war, nämlich Ulster.

Elcmar machte zwar den Entführer dingfest und gab ihm einen

Denkzettel, aber er trat Boane und damit bereits die Herrschaft über das Land ab. Auch über die verjüngte Göttin der nächsten Generation (Etain) hatte er offenbar keine Macht mehr. Lediglich den Sohn des Dagda versuchte er sich untertan zu machen, als er dessen Übergabe als Sklave forderte. Doch wer vermag schon den Liebesgott, der Oengus ist, als Diener zu fesseln? Die Prophezeiung, daß Etain das schönste Weib Irlands sein werde, weist sie als die «Herrschaft des Landes aus», die nun in eine andere Region übergehen wird. Um sie werden heiße Kämpfe entbrennen, und sie wird, trotz aller Mißgeschicke, stets in neuer Gestalt wiedergeboren werden.

Midyr bringt Etain nun nach Bri Leith zu seiner Gemahlin *Fuamach,* die über das neue Ziehkind keineswegs entzückt ist. Als sich dann auch noch Midyr in das heranwachsende Mädchen verliebt, steigert sich Fuamachs Abneigung zum sprichwörtlichen Haß der «Stiefmutter». Sie sinnt auf das Verderben der Ziehtochter, und die Sage berichtet, daß ein Druide ihr einen verderblichen Zauberatem verlieh. (Der Druide ist sicher eine spätere Einfügung, denn im irokeltischen Bereich sind Frauen durchaus selber in der Lage, zu zaubern.) In einer anderen Fassung bläst Fuamach die junge Etain einfach und «irgendwie» in die Luft, so daß sie leicht und fast körperlos wird. Wie auf einem Hals- oder Kopftuch fliegt sie durch die Lüfte davon.

Im Verlauf der Erzählung fällt immer wieder auf, daß ein «böses Weib» die Verwandlungen der Etain betreibt. Der Name Fuamachs scheint sich von einem Tuch *(fumain)* herzuleiten, das sie zwischen «Wange und Auge» oder zwischen «Gesicht und Mantel» trägt. Man kann sich darunter ein großes Umschlagtuch vorstellen, wie es die Frauen ländlicher Gegenden noch heute als Schutz gegen den Wind um Kopf und Schultern tragen. In der Sage wird es zum Zaubertuch, auf dem Etain durch die Lüfte entführt wird.

Oengus ist ebenfalls in Etain verliebt. Er sucht und findet sie, und er trägt sie in einem kleinen Behältnis stets bei sich. Er pflegt den Etain-Keimling mit großer Hingabe, bis er wieder als seine geliebte Frau lebenskräftig wird.

In einer weiteren Fassung der Sage bläst Fuamach der Etain beim Baden von hinten zwischen die Schultern, worauf das Mädchen als

Möwe (als Seelenvogel) davonfliegt. Oengus, der nicht weiß, daß Etain seine Schwester ist, begibt sich auf die Suche nach der Geliebten. Er hat bereits sein mütterliches Erbe zurückgewonnen und haust gemeinsam mit seiner Mutter, Boane, in dem Sidh an der Boyne. Seit Etain verschwunden ist, wird er seines Lebens nicht mehr froh. Er siecht an einer unheilbaren Krankheit dahin, deren Ursache endlich ein Arzt herausfindet. Das Mädchen war Oengus im *Traum* erschienen, und er kann sie genau beschreiben. Doch unglücklicherweise entzieht sie sich ihm stets, wenn er nach ihr greifen will. Endlich, nach langer Suche, wird das Mädchen am See *Bel Dracon*, dem «See der Drachenlippe» gefunden. Dort schwebt sie bis zum Ende des Jahres als Möwe über dem Wasser; man erkennt sie an der goldenen Kette, die sie trägt. Darauf verwandelt sich auch Oengus in eine Möwe, und als Vogel ist er mit ihr glücklich.

Als sie am Ende des Jahres ihre menschliche Gestalt zurückerlangt, wünscht Oengus, dies möge von Dauer sein, und er bittet seine Mutter um Hilfe. Boane vermag Etain aber nur dann die Menschengestalt zurückzugeben, wenn sie im Wasser des Flusses steht, also im unbewußten und mütterlichen Element. Der Sohn dagegen muß sich abwenden und das feste Land der Bewußtheit betreten, ohne sich umzusehen – wie der griechische Sänger Orpheus, als er versuchte, Eurydike aus der Unterwelt zurückzuholen. Oengus besteht diese Probe. Doch als Boane den Namen des unbekannten Mädchens erfährt, erschrickt sie zutiefst, weil sie erkennt, daß Etain ihre Tochter ist, die mit ihrem Bruder Oengus im Inzest lebt. Weinend löst sich Boane in ihr Element auf und fließt als Wasser im Fluß davon, ohne ihre Kinder über ihr Schicksal aufzuklären. Oengus aber empfängt die ihm ans Ufer folgende Etain mit dem freudigen Ausruf: «Heil dir Etain, du wandernde Seele!» Die Kunde von dem schönen Weib des Oengus dringt alsbald zu Midyr, dem Vertreter der stolzen Männlichkeit. Dieser, wohl ahnend, wer diese Frau ist, beschließt sofort, das Paar zu besuchen. Doch seine Frau Fuamach durchschaut ihn und gibt den Rat, den Pflegesohn auf den Herrschaftssitz in Bri Leith einzuladen, um ihm Versöhnung anzubieten.

In einer anderen Variante war es sogar soweit gekommen, daß Oengus seinem Rivalen Midyr mit einer Kugel ein Auge zerstört hatte, das allerdings durch Etain wieder geheilt wurde. Midyr hatte jedenfalls Grund, auf Rache zu sinnen, und noch mehr seine Gemahlin, die in der wiedererstandenen Etain die alte Rivalin fürchtete.

Während nun Oengus zur Versöhnung bereit zu Midyr reist, begibt sich Fuamach auf den Weg zum Sidh an der Boyne; auch sie heuchelt Etain ihren Wunsch nach Versöhnung vor. Doch als sie miteinander den Turm zum Frauengemach ersteigen, läßt die Alte der Jungen den Vortritt und bläst ihr wiederum mit ihrem Zauberatem unter das Gewand. Etain muß diesmal als Biene davonfliegen.

In der älteren Fassung ist Etain wieder winzig klein geworden und schwebt schwerelos sieben Jahre lang durch die Lüfte. Zuletzt fällt sie unbemerkt in den Trinkbecher der Gemahlin des Fürsten Etar im Lande *Ulster*.

In der jüngeren Fassung wird die Geschichte detaillierter ausgemalt. Midyr teilt Oengus mit, er sei mit seiner Schwester verheiratet; diese Nachricht stürzt ihn in völlige Verzweiflung. Als Fuamach ihm auch noch von der neuerlichen Verzauberung Etains berichtet, schlägt Oengus seiner Ziehmutter kurzerhand den Kopf ab. (An einer solchen Reaktion nahm der irische Mythos keinen Anstoß. Im griechischen Kulturraum hätte die gleiche Tat sofort die Erinyen auf den Plan gerufen.)

Oengus lebt seither allein auf seinem Elfensitz an der Boyne. Die Herrschaft des Göttergeschlechts der Tuatha Dé Danann ist vergangen, sie hausen endgültig im «Untergrund» des Landes in den Elfenhügeln, nachdem nun die Milanesier, die eigentlichen Goidelen, die Herrschaft ergriffen haben.

Etain muß sich also eine neue Gestalt suchen. In der jüngeren Fassung der Sage fällt sie als Biene in den Metbecher von Etars Frau und kommt als Tochter dieses Paares neu zur Welt; dabei fällt auf, daß diesmal nur der Name des Vaters genannt wird, die Mutter bleibt anonym – es gelten neue Normen.

Etain wächst in der Nähe des Elfensitzes der «Weißen Frauen» auf. Als sie einmal mit ihren Gespielinnen im Fluß badet, wird sie (nach der alten Fassung) von einem Reiter beobachtet, der wohl aus der Anderswelt stammt und sich still wieder zurückzieht. Zu dieser

Zeit ist der Hochkönig des Landes, *Eochaid,* auf der Suche nach einer Frau, denn seine Vasallen haben ihm eröffnet, daß sie nicht an der Gerichts- und Festversammlung in Tara teilnehmen können, solange er unbeweibt ist.[102]

Eochaid verliebt sich in Etain und heiratet sie, doch unbemerkt hat sich bei einer Festlichkeit auch Eochaids Bruder Ailill in die schöne Königin verliebt. Aus Solidarität mit seinem Bruder hält er seine Gefühle verborgen und wird todkrank wie früher Oengus. Er kann weder essen noch trinken und verfällt zusehends. Während einer Reise vertraut Eochaid den kranken Bruder der Fürsorge seiner Frau an, und da geht es Ailill zusehends besser.

Endlich offenbart er sich Etain. Damit er vollends gesund werde, verabreden sie eines Nachts außerhalb der Burg ein Stelldichein, doch Ailill wird von einem unerklärlich tiefen Schlaf überfallen. Der wartenden Etain erscheint an seiner Stelle eine dunkle, große männliche Gestalt, die eine Weile vor ihr stehen bleibt und dann wieder verschwindet. So geht es drei Nächte. In der dritten Nacht gibt sich der Dunkle als Midyr zu erkennen und fordert sie auf, mit ihm zu kommen. Etain aber lehnt ab, sie sei Eochaids Gemahlin, worauf Midyr zunächst wieder verschwindet. Doch Ailill, der sich seines Verschlafens schämt, ist geheilt.

Zur Zeit des keltischen Mythos konnte eine Königin ohne weiteres ein Stelldichein mit einem anderen Mann verabreden, sofern sie im Grunde ihrem Gemahl verbunden blieb. So erzählt Etain dem heimkehrenden Eochaid alles, was vorgefallen ist, und er lobt sie ob ihrer Fürsorge für seinen Bruder. Sie leben eine Weile glücklich miteinander, bis eines Nachts beim König ein Fremder erscheint, der mit ihm ein Brettspiel zu spielen verlangt. Eochaid willigt gerne ein, doch plötzlich hat der Gast dem König die Frau abgewonnen. Er gewährt dem entsetzten Eochaid eine Frist von einem Jahr. Danach erscheint er bei einem Fest trotz der aufgestellten Wachen unversehens mitten im Saal. Nur Etain und Eochaid nehmen ihn wahr. Es ist Midyr, und er singt sein verführerisches Elfenlied vom Land der ewigen Jugend. Dem vermag Etain nicht zu widerstehen, und sie entschwebt mit dem Elfenfürsten in sein Reich.

Man kann diese Sage aus verschiedenen Blickwinkeln betrachten.

Ein Motiv scheint die «Seelenwanderung» der Etain zu sein, ein anderer Aspekt ist darin zu sehen, wie eine alte Daseinsordnung dadurch «böse» wird, daß ihre Zeit abgelaufen ist. Dies wird durch die Gestalt des Elcmar angedeutet.

Unter der Herrschaft der Tuatha Dé Danann gelten weitgehend noch die matriarchalen Normen. Die «Herrschaft» des Landes ist weiblich personifiziert, zunächst unpersönlich in Gestalt des Boyne-Flusses, dann, verjüngt, in der Tochter Etain, deren Seelenreise von einer Daseinsform, von einer Kulturschicht in die nächste führt. Als sie ganz ins Reich der sterblichen Menschen eintritt, holt sie der Gott Midyr – als ihr «eigentlicher Gemahl» – in sein Reich zurück, das auch das elfische Herkunftsland Etains ist. Der Anlaß zu den Entführungen Etains ist scheinbar die Rivalität der Männer oder die Eifersucht der Ehefrau, die sich durch ein schönes junges Mädchen bedroht fühlt.

Das Motiv des Bruder-Schwester-Inzests, das in der jüngeren Fassung der Sage zu finden ist, scheint nicht das Wesentliche der Handlung zu sein, denn der Inzest ist bei den Kelten noch kein *persönliches* Problem, sondern eher das mythische Bild für ein kollektives Geschehen. (Es ist daher anzunehmen, daß zumindest das Entsetzen über die Entdeckung des Inzests eine spätere Hinzufügung eines Mönches ist, der der Geschichte eine moralische Wendung geben wollte.)

Ergiebiger könnte der Versuch sein, das Geschehen vom Gesichtswinkel der *Anima* des Mannes her zu betrachten.

Etain wird als ein durchaus unirdisches, geistiges Wesen geschildert, das schwer zu fassen ist. Dem Liebesgott Oengus erscheint sie im Traum, doch er kann sie nicht festhalten. Sie schwebt als Möwe oder Biene – oder fast völlig unleiblich – durch die Lüfte. Oengus hilft ihr durch seine liebevolle Pflege ins irdische Dasein. Doch kaum ist dieser Schritt gelungen, da «haucht» schon wieder die alte Fuamach dazwischen, die Vertreterin der kollektiv-weiblichen Norm in ihrer negativen, todbringenden Gestalt. Die elfenschöne Frau entschwebt unter dem Einfluß des weiblichen Hexenanteils hoffnungslos wieder ins Ungreifbare. Und selbst als sie sich redlich bemüht, in ihrer letzten Verkörperung ihrem irdischen Gemahl Eochaid die

Treue zu halten, erliegt sie zuletzt doch dem verführerischen Gesang von der ewig jungen und glückseligen Existenz in einer «Anderswelt».

In dieser Schilderung der männlichen Versuche, der Anima habhaft zu werden und sie zu halten, kann natürlich auch ein reales weibliches Problem erkannt werden, zumindest von unserem heutigen Standpunkt aus gesehen.

Es ist nicht klar, inwieweit der Sog der Anderswelt, für den die Kelten in ganz besonderer Weise empfänglich waren, auch die Frauen ergriff. In der Regel scheint er in den Sagen eher ein Problem der Männer gewesen zu sein, doch archetypisch gesehen ist er in der Frau genauso wirksam. Das können wir heute oft genug feststellen, wenn wir es im täglichen Leben mit jenen «elfischen» Mädchen oder Frauen zu tun bekommen, die schließlich in die Magersucht oder in völlige Beziehungslosigkeit entschweben. Vielleicht ist dieses Problem des «Entschwebens» in der Sage aber auch ein Ausdruck dafür, wie ratlos die angestammte weibliche Ordnung die neu erwachende männliche Bewußtseinsstufe erlebte, die mit den Goidelen ins Land kam. Die weibliche Seele als Vertreterin der alten matriarchalen Ordnung zieht sich angesichts der neuen männlichen Herrschaft nach einigen vergeblichen Anpassungsversuchen ins Unsichtbare zurück.

Der rote Faden der neuen Entwicklung weist eindeutig nach Norden, in die «Ketzerprovinz» Ulster, in der von jeher alles anders war als in den übrigen Teilen Irlands. Dort erwachte unter heftigen Wehen das neu auflebende Patriarchat, und dort hat *zunächst* die Anima des Mannes keinen rechten Ort mehr. Daher holt der Elfenfürst Midyr Etain zurück ins Reich der Anderswelt, die nun ein abgedrängter Teil der äußeren Wirklichkeit wird. Insgeheim wird der stolze Ideal-Mann Midyr jedoch zum innerseelischen Animus-Bild der Frauen, die durch ihre Wunschprojektionen dieses Bildes die Männer der äußeren Realität anspornen, jenes Idol zu verwirklichen. Die Männer der letzten keltischen Invasion haben indes erst den Kampf um ihr männliches Bewußtsein zu bestehen.

Derdriu

Die Sage, mit der wir uns jetzt befassen wollen, trägt den Namen der Söhne des Uisnech; das ist eigentlich eine ungenaue Bezeichnung, denn die zentrale Gestalt des Mythos ist eine Frau, die Derdriu heißt.

Die Derdriu-Sage stammt, ihrer Fassung nach zu schließen, aus dem 8. bis 9. Jahrhundert; sie wurde aber erst im 11. Jahrhundert aufgeschrieben.[103] Der Stoff hat spätere Erzähler zu weiteren Ausschmückungen angeregt.

In der Derdriu-Sage tritt die *menschliche* Ebene in den Vordergrund. Das alte Vorrecht der weiblichen Macht steht auch hier im Konflikt mit der neuen männlichen Gesellschaftsordnung.

Der Inhalt läßt sich nach THURNEYSEN[104] folgendermaßen zusammenfassen: Der König Conchobar hat einen Geschichtenerzähler mit Namen Fedlim (dessen Frau bleibt wiederum ohne Namen). Die Frau ist schwanger, und die Ulter zechen in Fedlims Haus. Als alle müde sind und sich schlafen legen, schreit das Kind im Leibe der werdenden Mutter so laut, daß man es im ganzen Gehöft hört. Da fragt der erschrockene Fedlim seine Frau:

> Welch rasender Schrei
> tobt dir, o Frau, im schwangeren Leib?
> Dessen Ohren ihn hören, den zerschmettert der Schrei.
> ...
> Großes Leid befürchtet mein Herz,
> derart verwundet.

Die Frau ist ratlos, deshalb sucht sie den weisen Druiden Cathbad auf, und dieser spricht:

> In deines Leibes Höhle schrie auf
> eine Frau mit goldgelocktem Haar,
> mit sternengleichen blauen Augen.
> Die Wangen bläulich-purpurn wie der Fingerhut,
> Wie Ebereschen-Beeren rot die Lippen.
> Eine Frau, die Streit und Mord erregt
> bei Ulsters Wagenkämpfern...

Als Cathbad nach dieser Weissagung seine Hand auf den Leib der Frau legt, spürt er das Kind toben. Deshalb nennt er sie *Derdriu*, das heißt «die Toberin». Entsetzt fordern die anwesenden Ulter, man solle das Kind sofort umbringen. Doch Conchobar befiehlt: Sobald das Mädchen geboren sei, «soll es nach meinem Willen erzogen und meine Frau werden».

So geschieht es. Derdriu wird auf einem abgelegenen Gehöft an gute Pflegeeltern übergeben. Kein Mann sollte sie erblicken, bevor sie des Königs Frau geworden war.

Aber da ist ein altes Spruchweib, eine Vertraute des Königs. Sie hat überall Zutritt und heißt *Leborcham*. Dieser Name bedeutet «die Schöne, Lange», oder «die krumme Lange». Das Weib ist eine Tochter der Ardac, das ist ein «Horn», also wohl eine Tochter der Mondenwelt. Ungefragt und wie selbstverständlich findet sich diese Vermittlerin des alten weiblichen Kulturguts bei dem Kind ein, und niemand hindert sie, denn man fürchtet ihre Rügelieder und zauberkräftigen Sprüche. Sie unterweist Derdriu in allen weiblichen Künsten und sicher auch in der Tradition des altangestammten Matriarchats, obwohl es von Conchobar nicht hoch geachtet wird. Zu den alten weiblichen Künsten gehörte unter anderem das Zeichendeuten.

Bereits diese Einleitung der Sage läßt vermuten, daß da kein gewöhnliches Kind zur Welt gekommen ist. Durch heftiges Geschrei versetzt es bereits im Mutterleib die Männer von Ulster derart in Schrecken, daß man das künftige Weib am liebsten sofort umbringen möchte. Es wurde schon erwähnt, daß Ulster unter den fünf Fünfteln Irlands eine Sonderrolle einnahm. Die Männer von Ulster, die die neue männliche Lebensordnung vertraten, wehrten sich mit Gewalt gegen das sonst noch allerorts vorherrschende Regiment der Frauen.

Derdriu ist eine der letzten Vertreterinnen der weiblichen Ordnung in Ulster. Ihr heftiger Protest gegen die harte männliche Welt hört sich erschreckend und nicht minder gewalttätig an. So beschließt man, sie zu verstecken und ihre Existenz zu verleugnen, zu vergessen – oder sie, nach dem Plan des Königs Conchobar, zu domestizieren. Letzteres bedeutet jedoch zur Zeit des keltischen Mythos eine Ungeheuerlichkeit. Eine Frau wählt sich ihren Liebhaber und ihren Gemahl selber. Wenn ihr ein Mann nicht paßt, so schickt sie ihn fort, oder sie läßt sich ihr eingebrachtes Erbe aushändigen und sucht sich einen anderen. König Conchobar aber kommt auf die verwegene Idee, sich das Mädchen Derdriu von Geburt an untertan machen zu wollen. Er bestimmt sie ausschließlich für *sein* Lager, kein anderer Mann soll sie vorher sehen. Unter quasi klösterlichen Bedingungen soll sie gehorsam und gefügig sein! Für eine Frau aus dem Kulturbereich des Matriarchats ist es undenkbar, daß sie nicht gefragt wird, wen sie lieben will – und der alte Mann, der Conchobar inzwischen ist, kommt für Derdriu überhaupt nicht in Frage. Die Gegenwart der alten Leborcham, die ihr unauffällig, doch unverbrüchlich zur Seite steht, ist für sie daher ein wahres Glück.

Nun trifft es sich, daß der Pflegevater eines Tages im Winter ein Kalb schlachtet und es im Schnee ausnimmt. Ein Rabe läßt sich auf dem blutigen Gekröse nieder. Derdriu, die gerade fünfzehn Jahre alt ist, sieht wie gebannt zu. Die alten Farben der Leidenschaft (Rot und Schwarz) auf dem reinweißen Untergrund fesseln sie. Noch ganz unter dem Eindruck des Erlebten läuft sie zu Leborcham, um ihr zu sagen: «Ich möchte den Mann lieben, der diese drei Farben an sich hat: das Haar so schwarz wie ein Rabe, die Wangen rot wie das Blut, und den Leib weiß wie der Schnee.» Die alte Leborcham ist begeistert, denn ihre Erziehung hat offenbar gefruchtet, und das Mädchen hat seine eigene Vorstellung von dem Mann, mit dem es sich verbinden will. Und sie erzählt Derdriu sofort, daß es ganz in der Nähe einen jungen Mann von der ersehnten Beschaffenheit gibt, nämlich *Noisi,* den Sohn des Uisnech. Zwar erfährt das Mädchen auch, es sei für Conchobar bestimmt, aber dagegen setzt sich Derdriu sofort temperamentvoll zur Wehr. Selbst als Leborcham ihr diplomatisch mitteilt, daß eine irische Königin neben ihrem Gemahl so viele Liebhaber um sich haben dürfe, wie sie möchte, will Derdriu davon nichts wissen.

Noisi hat noch zwei Brüder, Ardan und Ainlé. Die drei unzertrennlichen Uisnech-Söhne sind Enkel des Druiden Cathbad. Noisi hat eine wunderschöne Stimme. Jede Kuh, die sie hört, gibt beim Melken zwei Drittel mehr Milch als sonst. Derdriu hatte den Klang dieser Stimme schon gehört, wenn Noisi allein auf dem Burgwall von Emuin Macha stand und rief. Dann versammelte sich sofort die Mannschaft des ganzen «Fünftels» um die drei Brüder, die unbesiegbar waren, wenn sie Rücken an Rücken standen. Derdriu sucht Noisis Begegnung, aber sie tut so, als sehe sie ihn nicht. Neckend ruft er ihr zu: «Schön ist die Kalbin, die an mir vorbeispringt.» Sie ruft zurück: «Wohl müssen die Kalbinnen groß sein, wo die Stiere fehlen.» – «Du hast ja König Conchobar, den Stier des ganzen Fünftels für dich allein», entgegnet Noisi abwehrend. Derdriu empfindet die Abweisung als Beleidigung. Sie springt auf Noisi zu, packt ihn bei den Ohren und ruft: «Zwei Ohren der Schande und des Spottes werden das sein, wenn du mich nicht haben willst!» Sie läßt ihn nur unter der Bedingung los, daß er sie noch diese Nacht entführen wird.

Diese *magischen* Worte tun ihre Wirkung. Noisi stößt seinen Kampfruf aus, und sofort sind die Brüder an seiner Seite. Er erzählt ihnen, was ihm zugestoßen ist. Zunächst warnen sie ihn, dann aber stehen sie in verwandtschaftlicher Treue zu ihm. «Was auch werden mag, du sollst, solange wir atmen, nicht in Schande leben. Wir wollen mit dem Mädchen in ein anderes Land ziehen», versichern sie dem Bruder.

Leborcham leistet Fluchthilfe und sorgt dafür, daß die Entführung einige Tage unentdeckt bleibt. Mit den Brüdern ziehen dreimal fünfzig Krieger und dreimal fünfzig Hunde, mit Derdriu dreimal fünfzig Frauen. Sie wandern in Irland von einem Fürstensitz zum nächsten. Überall werden sie gastlich aufgenommen, müssen aber bald weiter fliehen, weil Conchobar sie mit List verfolgt, immer wieder aufspürt und ihnen Hinterhalte legt. So beschließen sie schließlich auf Derdrius Rat, zu Schiff nach Schottland zu entfliehen, das damals Alba hieß, denn im Land der Pikten galt noch eindeutig die alte weibliche Gesellschaftsordnung.

Noisi verkörpert die damalige männliche Kollektivsituation. Er ist kein Einzelner. Bei ihm sind stets seine Brüder, die nicht näher beschrieben werden. Auch Noisi selber ist, neben seiner schönen Stimme, in erster Linie durch seine drei Farben charakterisiert, die gleichermaßen seine Brüder auszeichnen und keine hervorstechend persönlichen Merkmale sind.

Daß Kühe mehr Milch geben, wenn man beim Melken schön singen kann, ist auch den heutigen Iren noch bekannt, und man sucht die Sennen und Sennerinnen oft nach ihrer Stimme aus. Eine melodische Stimme lockt die Milch, die Kuh kann dann freiwillig viel geben. Darin scheint eine alte Weisheit im Umgang mit dem Weiblichen zu liegen. Derdriu hat sich nicht den machtgierigen Conchobar mit seiner Befehlshaberstimme ausgesucht, sondern die Uisnech-Söhne mit ihren weichen Stimmen, aus denen die Beseeltheit des Mannes tönt.

Freilich, als der junge Noisi im Konflikt zwischen Mannestreue und dem Ruf der Frau zögert, geht die energische Amazone recht unsanft und nach unserem Gefühl «animus-besessen» mit ihm um: Wenn du nicht tust, was ich will, soll Schande über deine Ohren kommen, das wirst du von aller Welt zu hören kriegen! Ein solcher Bann mutet uns heute zunächst recht merkwürdig an. Doch wie ist es, wenn ein Jüngling «rot bis an die Ohren» anläuft und damit aller Welt kundtut, wie hilflos er in seiner Verliebtheit ist, oder wie heftig er sich dagegen zu wehren versucht? Um diese «Schande» zu vermeiden, ist schon mancher verzweifelt in der psychologischen Beratung erschienen. «Wenn ich nur diesen Makel nicht hätte, ginge es mir ganz gut», hört man dann. Aber er ist getroffen von den Gefühlsregungen seiner Seele, die ein schönes Mädchen in ihm wachgerufen hat und die er mit seinem männlichen Verstand noch keineswegs zu meistern vermag. Schlimm ist nur, daß dieses Mädchen vielleicht gar nicht ihn persönlich meint, sondern nur den «schwarz-weiß-roten» Typus. C. G. Jung hatte durchaus recht, als er von den vielfältigen Gesichtern des weiblichen Animus sprach. Widerspruch fordert allerdings seine Behauptung heraus, daß die Anima des Mannes stets nur in der Einzahl auftrete und nicht die gleiche Variationsbreite aufweise wie der Animus der Frau. Je jünger ein Mensch ist, desto unbestimmter die Differenzierung von Anima und Animus, auch dann, wenn die Betroffenen in ihren Projektionen in glühenden Beteuerungen das Gegenteil versichern.

In der Sage gibt die Erwähnung der dreimal fünfzig Männer, Frauen und Hunde, die mit der Gruppe ziehen, einen deutlichen Hinweis auf die kollektive Natur des Geschehens.

Die Zeit in Schottland wird als die glücklichste in Derdrius Leben geschildert. Wie es damals üblich war, gingen die Männer auf die Jagd, und die Frau besorgte das Hauswesen und sammelte Kräuter. Als das Wild rar wurde, holte man sich das Vieh aus den Herden benachbarter Gehöfte, das war selbstverständlich, man durfte sich dabei nur nicht erwischen lassen. Doch als die Räubereien zu arg wurden, taten sich die Schotten zusammen, um die dreisten Eindringlinge unschädlich zu machen. Daraufhin boten die Brüder dem König des Landes ihre Dienste als Krieger an und wurden aufgenommen. Nun aber bestätigt sich die Weissagung des Cathbad: Sobald der Schottenkönig von Derdrius Schönheit hört, begehrt er sie für sich, und wieder bleibt nichts anderes übrig als die Flucht übers Meer. Diesmal landet die Gruppe auf einer einsamen Insel und hofft, dort in Frieden leben zu können. Doch auch davon erlangt Conchobar Kunde, und da er von seinen Edlen längst bedrängt wird, weil er drei seiner tapfersten Krieger um einer Frau willen in die Fremde ziehen ließ, beschließt er, ihnen zum Schein den Frieden und die Heimkehr nach Irland anzubieten.

Letztlich nützt es den Männern nichts, daß sie sich in die Einsamkeit des kollektiven Unbewußten auf eine kleine Insel im Meer retten wollen. Auch Derdriu kann nicht einfach verschwinden, wenn die Lebensbedingungen für sie als Vertreterin einer alten Ordnung schwierig werden. Trotz ihrer berechtigten Bedenken bleibt nichts übrig als in das Gebiet ihrer angestammten Kultur zurückzukehren und sich mit den dortigen Gegebenheiten auseinanderzusetzen.

Conchobar schickt drei Bürgen auf die Insel, die sicheres Geleit versprechen sollen. In Wahrheit hat er allerdings andere Absichten, und er hat Mühe, unter seinen Gefolgsleuten die Botschafter zu finden. Schließlich brechen Conchobars Sohn Cormac, Dubthach («der Dunkle»), und Fergus auf. Sie erwecken in den Uisnech-Söhnen ein unbezwingbares Heimweh nach Irland, und so schiffen sie sich mit der widerstrebenden Derdriu und den Bürgen ein.

Bei der Landung läßt der hinterhältige König die Bürgen zu Biergelagen einladen. Besonders Fergus steht unter *geis*[105], daß er keine Einladung ausschlagen dürfe. Für die Uisnech-Söhne wiederum ist es klar, daß sie keinen garantierten Frieden haben können, bevor sie bei Conchobar zu Gast waren und dessen Speise zu sich nahmen, denn das Gastrecht war heilig.

So streben sie so schnell wie möglich nach Emuin Macha. Nur der Sohn des Fergus geht an seines Vater Stelle als Bürge mit ihnen. Conchobar jedoch benutzt einen früheren Feind, der jetzt die Versöhnung mit dem König sucht, und sendet ihn den Uisnech-Söhnen und Derdriu zur Begrüßung entgegen; dieser Mann heißt *Eogan*. Er fällt Noisi in den Rücken und durchbohrt ihn von hinten, ohne daß der Sohn des Fergus ihn daran hindern kann.

Es beginnt ein furchtbares Blutbad auf der Wiese vor der Burg. Derdriu wird mit auf den Rücken gefesselten Händen vor Conchobar geführt, dann in den Frauengemächern gefangen gesetzt. Dort verweigert sie jegliche Nahrung und weist die Annäherungsversuche des Königs erbittert zurück. Auf dessen Frage, wen auf dieser Welt sie am meisten hasse, nennt sie ihn selber und den Mörder ihres geliebten Noisi, Eogan. Der rachsüchtige Conchobar erwidert: «So sollst du ein Jahr lang bei Eogan leben!» Das war die schlimmste Schmach, die Derdriu widerfahren konnte. Zwischen Conchobar und Eogan muß sie auf einem Wagen fahren, und der König setzt dem Spott noch die Krone auf, als er der Niedergeschlagenen zuruft: «He, Derdriu, zwischen mir und Eogan machst du Augen wie ein Schaf zwischen zwei Widdern!» Als sie an einem großen Felsblock vorbeifahren, schlägt Derdriu ihren Kopf gegen den Stein und stirbt. Mit ihr und den Uisnech-Söhnen starb in der nördlichen Provinz Irlands das Matriarchat.

Die drei Bürgen rächten sich, indem sie die Königsburg in Brand steckten und anschließend mit dreitausend Mann in die freiwillige Verbannung zogen – zu Ulsters grimmigsten Feinden, der Königin Maeve und ihrem Gemahl Ailill in Connacht. Von dort aus hielten sie die Ulter über sechzehn Jahre lang mit ihren Raubüberfällen in Schrecken. Die Kämpfe der übrigen «vier Fünftel» Irlands gegen Ulster waren nun unausweichlich.

Die Auseinandersetzung zwischen Patriarchat und Matriarchat

Der CuChulinn-Zyklus

Der nördliche Sagenkreis aus Ulster mit seinem Hauptthelden CuChulinn führt uns noch einmal von einer anderen Seite her an das Kernproblem der Insel-Kelten: die Auseinandersetzung zwischen weiblicher und männlicher Weltordnung. Was in anderen Hochkulturen nur noch in Andeutungen und Bildern ahnungsweise zu erfassen ist, liegt uns hier in deutlichen sprachlichen Äußerungen vor. Wie alt die mündlichen Überlieferungen sind, wissen wir nicht. Sie wurden spät aufgezeichnet und dabei sicher auch überformt; doch das Wesentliche dieser Mythen ist noch klar erkennbar.

CuChulinn und seine Zeitgenossen sind zum Teil noch mythische Gestalten, zum Teil aber auch schon historisch zu erfassen. Man nimmt an, daß der König Conchobar im 1. nachchristlichen Jahrhundert lebte. Die um diese Zeit bei den Inselkelten einsetzende Wende vom Matriarchat zum Patriarchat ist unter anderem aus den überlieferten Stammbäumen ersichtlich. Conchobar etwa heißt noch «Sohn der Mutter» *(mac Nessa)*, während CuChulinn *(mac Sualtam)* der «Sohn des Vaters» ist. Um diese Verhältnisse aufzuzeigen und gleichzeitig einen Überblick über die wichtigsten Namen der Sage zu vermitteln, sei der Stammbaum des sogenannten *Roten Zweiges* betrachtet, dessen Helden alle eine teilweise göttliche Herkunft aufweisen können.[106]

Die Stamm-Mutter aller Helden des (nördlichen) *Roten Zweiges* heißt *Maga*. Sie stammt aus dem alten Göttergeschlecht der Tuatha

Stammbaum des Roten Zweiges

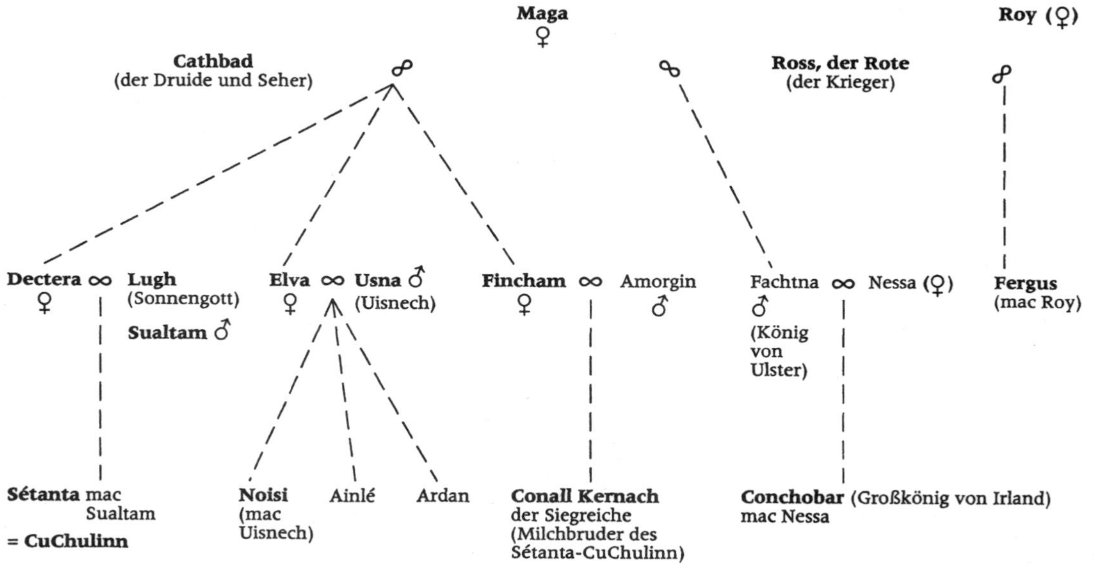

Dé Danann, der Adlergöttin. Maga gilt als eine Tochter des Oengus, des Elfenfürsten von New Grange an der Boyne. Sie könnte eine Schwester oder Tochter der Etain sein (die Verwandtschaftsgrade werden meistens nicht so genau genommen).

Die Stamm-Mutter Maga hatte ihre Kinder mit zwei Männern: mit Cathbad drei Töchter, mit Ross einen Sohn. Ihre berühmten Enkel sind CuChulinn, Noisi und Conchobar. Conchobar erscheint in diesem Stammbaum als Vetter des CuChulinn, in anderen Überlieferungen als sein Onkel. Eine Sonderstellung nimmt Fergus ein; er ist ein Halbbruder des früh verstorbenen Vaters des Conchobar, Fachtna. Er wird nach dem *mütterlichen* Stamm benannt, wie auch Conchobar, sein Neffe.

CuChulinn heißt nach seinem irdischen Vater *mac Sualtam,* und auch die Söhne des Usna werden als Söhne des *Vaters* bezeichnet. CuChulinn und die Uisnech-Söhne sind Enkel des berühmten Druiden Cathbad. Der Hauptheld hat außerdem seinen göttlichen Vater in dem Sonnengott Lugh.

Zur Vorgeschichte CuChulinns gehört die Gestalt des Königs Conchobar, der beim Tod seines Vaters Fachtna erst zehn Jahre alt war. Der Halbbruder des Verstorbenen, Fergus, strebte nach dem Thron, was aber nur durch eine Heirat mit Nessa möglich war. Der Thron wurde also, wie bei den Ägyptern, über die weibliche Linie weitergegeben. Nessa stellte nun die Bedingung, daß vor ihrer Heirat der junge Conchobar ein Jahr lang regieren solle. Entgegen dem Bild, das wir von dem alternden König in der Sage von Noisi und Derdriu gewannen, regierte aber der junge Conchobar mit solcher Umsicht und Weisheit, daß das Volk bat, er möge weiterhin ihr König bleiben. So hatte Fergus das Nachsehen, und zunächst fand er sich damit ab. Daß zwischen ihm und Conchobar – wie erwähnt – lebenslänglich eine große Rivalität bestand, werden wir immer wieder bestätigt finden.

CuChulinns Geburt und Jugend

Über die Geburt CuChulinns gibt es mehrere Berichte. Eine Version ist bei *Rollestone* verzeichnet.

Eines Tages war Dectera, die Tochter des Druiden Cathbad, mit ihren fünfzig Gespielinnen spurlos verschwunden. Drei Jahre lang wurde sie vergeblich gesucht. Dann erschienen im Sommer Vogelscharen und fielen über die Felder von Emuin Macha her, der Königsburg von Ulster. Der König und alle seine Edlen, unter ihnen Fergus, versuchten, die Vögel mit Hilfe ihrer Steinschleudern zu verjagen. Die Vögel flogen aber immer nur ein Stückchen weiter und lockten die Männer schließlich an den Feenhügel des Boyne-Flusses. Dort fanden sie des nachts Dectera mit ihren fünfzig Jungfrauen in der Gesellschaft des Gottes Lugh. Sie wurden freundlich zur Übernachtung aufgenommen, doch am Morgen war kein Feenpalast mehr zu sehen. Nur ein kleiner Junge lag in der Unterkunftshütte der Krieger. Das war Decteras Geschenk an die Ulter, sie selber blieb bei Lugh.

Das Kind wurde Decteras Schwester Fincham als Amme übergeben, die gerade auch ihren eigenen Sohn, Conall, stillte. So wuchsen die beiden Knaben als Milchbrüder miteinander auf, und das Kind der Dectera erhielt zunächst den Namen *Sétanta*.

In einer anderen Fassung der Sage wird die Geburtsgeschichte so erzählt:

Eines Tages fallen die Vögel über Emuin Machas Felder her. Conchobars Wagen wird bei der Jagd von Dectera gelenkt, die hier des Königs Schwester ist. Die Vögel locken die Jäger immer weiter fort, bis die Dunkelheit hereinbricht. Da finden sie Obdach in einem Bauernhaus. Die Bäuerin bringt in dieser Nacht einen Knaben zur Welt, Dectera leistet die Geburtshilfe. Am nächsten Tag nimmt Dectera das Kind mit, um es in der Königsburg aufzuziehen. In der gleichen Nacht wirft die Stute auf dem geisterhaften Gehöft zwei Fohlen, die dem Kind als Geschenk mitgegeben werden. Es sind die später berühmten Pferde CuChulinns, der Graue Liath Macha und der Rappe Dub Sainglenn. Dectera liebt den kleinen Pflegesohn innig, doch er stirbt bald. Darüber ist sie untröstlich. Da tritt im Schlaf ein Mann zu ihr, der sich als der Gott Lugh zu erkennen gibt. Er sagt ihr, er habe sie zu dem Gehöft an der Boyne geführt, sie habe bei ihm übernachtet, und das Kind sei sein Sohn. Dieses Kind werde jetzt in ihren Leib eingehen, sie würde schwanger von ihm, dem Gott, und der künftige Sohn solle Sétanta heißen.

Die Empfängnis geschieht durch ein kleines Tierchen, das Dectera aus einem Getränk in den Mund springt, eine Veranschaulichung der geistigen Befruchtung, die in der irischen Sage häufig vorkommt. Sétanta-CuChulinn wird also *zweimal geboren*. Er ist göttlicher *und* menschlicher Abkunft – wie auch andere mythische Helden. Auch der ägyptische König ist ein Mensch und gleichzeitig der Sohn des Sonnengottes. Jesus Christus ist «wahrer Mensch und wahrer Gott». Die mehrfache Geburt ist auch von Etain oder vom griechischen Dionysos bekannt.

Das neugeborene Heldenkind ist also durch seine Abstammung als ein Besonderer gekennzeichnet. Wie Etain die letzte Repräsentantin der alten weiblichen Ordnung war, so ist CuChulinn, der Sonnen-Sohn, der Vertreter eines neugeborenen männlichen Bewußtseins.

Als nun Dectera schwanger war, verlobte sie Conchobar mit Sualtam, dem Sohn einer Elfe. Er ist Sétantas irdischer Vater. Der Knabe wird Fincham, der Schwester Decteras, zur Pflege übergeben, die ihn mit ihrem Söhnchen Conall gemeinsam aufzieht. Mit fünf Jahren begibt sich Sétanta, gegen den Rat seiner Ziehmutter, auf den Weg nach Emuin Macha, um auf dem Spielplatz vor der Königsburg die fünfzig Burgknaben zu sehen. Bewaffnet mit seinem Schleuderstock aus Bronze, einer Silberkugel, Schleuderpfeilen und dem «Spiegler» läuft er los. Im Sprung wirft er seine Kugel und die Schleuderwaffen vor sich her und fängt sie im Lauf wieder auf.[107]

Ganz hingegeben an seine eigenen Kunststückchen erscheint der Fünfjährige auf dem Spielplatz der Burgknaben, die gerade andächtig einer Lektion ihres Meisters Follamann lauschen, eines Sohnes des Königs Conchobar. Doch Sétanta, der ungeniert seine Künste vorführt, hat damit unwissentlich einen Bann gebrochen. Deshalb hetzt Follamann alle Jungen auf den Eindringling, der alle Regeln der Gruppe verletzt hat und das Spiel nicht stören darf, «es sei denn, er hätte euch verpflichtet, ihn zu schützen». Es gehört zum Ritual, daß ein Neuankömmling sich vorstellt und in die Gemeinschaft aufnehmen läßt, indem er sich den anderen zunächst unterstellt, also um den Schutz der Gruppe bittet. Das hatte Sétanta versäumt, und so stürzen sie sich mit ihren Kugeln und Speeren auf den Eindringling. Doch er wehrt sie alle mit Leichtigkeit ab, wirft sie zu Boden und verfolgt sie. Endlich muß der König selber Frieden stiften und den Neffen der Hut der anderen Knaben übergeben.

Der kleine Sétanta löst sich von seiner Mutter im Alter von fünf Jahren, also «vorschriftsmäßig» zu der Zeit, in der ein Junge sich von der Mutter fort und vermehrt der männlichen Welt zuwendet. Er verfügt schon über erstaunliche Fertigkeit in der Handhabung seiner Spielwaffen, und es ist zu fragen, ob er diese Künste vom Vater oder von der Mutter erlernt hat. Diese Frage ist berechtigt, denn seine spätere Ausbildung im Umgang mit den Waffen erhält CuChulinn durch eine weibliche Kriegerin.

Sétanta benimmt sich wie ein «tumber Tor», als er sich der Gemeinschaft der anderen Knaben nähert. Er hat keine Ahnung, was in der Gesellschaft seiner Zeit üblich ist und stellt selbstvergessen und herausfordernd seine Künste zur Schau. Das fordert die «Prügel» des Kollektivs der anderen Buben heraus – allerdings ohne Wirkung auf diesen Wunder-Knaben. Sétanta ist aber nicht nur stark und geschickt, sondern auch klug und läßt sich durch den König ohne weiteres belehren. Dieser ordnet ihn rechtmäßig in die Gruppe der Gleichaltrigen ein, nachdem der Knabe sich wegen seiner Unkenntnis der Regeln entschuldigt hat.

Die nächste Tat Sétantas besteht darin, daß er den fürchterlichen Wachhund des Schmiedes *Culann* umbringt. Der Königshof war bei diesem Schmied eingeladen, und Conchobar forderte den Jungen auf mitzukommen. Der aber wollte vorher noch dringend ein Spiel beenden und versprach, später nachzukommen. Als alle schon beim Zechen saßen und den Knaben längst vergessen hatten, brach die Dämmerung herein. Man verschloß das Tor des Gehöftes und ließ den «Kampfhund» von seiner Kette los. Als nun Sétanta kommt und der Hund ihn angreifen will, schleudert er ihm seine Silberkugel so heftig in den Rachen, daß sie zum After wieder herausfliegt. Dann packt er das Tier und schlägt es mit dem Kopf auf einen Pfeilerstein. Culann, der Schmied, ist sehr betrübt über den Tod seines Wachhundes. Sétanta bietet ihm aber eine Sühne an: Er will selber Culanns Hund sein und seine Habe bewachen, bis ein neuer, ebenso guter Hund herangezogen sei.

Von da an heißt der Knabe *CuChulinn*, der «Hund des Culann» (eigentlich müßte er Culann-Cu heißen). Mit dem neuen Namen wird ausgesagt, daß der junge Held dem Totem der Hunde angehört.

Diese Tat CuChulinns hat ein doppeltes Gesicht. Auf der einen Seite hat er eine Art Stammesidentität erworben. Auf der anderen Seite aber hat er sich an seinem Totemtier vergangen. Eigentlich müßte er auf der Stelle sterben, doch offenbar gilt die totemistische Ordnung nicht mehr uneingeschränkt. CuChulinn entrinnt dem Verderben, indem er sich mit dem Hund identifiziert und ein Jahr (oder länger) einen Sühnedienst leistet. Damit erwirbt er nicht nur die Fähigkeiten des «Kampfhundes», sondern er bleibt auch in der Nähe und unter dem Einfluß des Schmiedes, dessen Namen ebenfalls auf den «Hund» hinweist. Er wird des Knaben Ziehvater und Lehrmeister in manchen Künsten, zu denen damals fraglos auch die magischen Fähigkeiten der Schmiede gehörten.

So ist CuChulinn schließlich für seine erste Heldenfahrt, die er mit sieben Jahren antritt, gut gerüstet.

Erste Heldenfahrt und Initiation

Als CuChulinn sieben Jahre alt ist, hört er, wie der eben vorübergehende Druide Cathbad zu seinen Schülern sagt: «Wenn heute ein kleiner Knabe die Waffen empfinge, so würde er ein weitum berühmter Krieger werden. Er würde nicht lange leben, doch sein Ruhm würde die Zeiten überdauern.» Da wirft CuChulinn seine Spielsachen fort, tritt vor den König und fordert von ihm die Waffen. Doch alle Schwerter und Speere, die ihm angeboten werden, zerbricht der Knabe. Erst als er Conchobars eigene Waffen in Händen hält, ist er zufrieden. Cathbad, der hinzu kommt, wiederholt seine Prophezeiung. «Und wenn mein Leben nur einen Tag und eine Nacht dauerte, wichtig ist mir allein mein Nachruhm», versichert CuChulinn. Damit besteigt er Conchobars Kampfwagen und befiehlt dem Lenker, sofort einzuspannen und abzufahren.

Zunächst steht der Knabe noch unter der Leitung des königlichen Wagenlenkers Ibar. Seinen eigenen Lenker Laeg findet er erst später. Er ist noch mit dem König und dessen Waffenruhm identifiziert und ganz besessen von dem Wunsch nach Ruhm um jeden Preis. Er ist noch unfähig, die volle Verantwortung für sich zu übernehmen.

Wenn er nun zu seiner ersten Heldenfahrt aufbricht, so bedeutet dies nach damaligem Brauch, daß er den abgeschlagenen Kopf mindestens *eines* «Feindes» zurückbringen muß.

Mit seinem Lenker fährt CuChulinn auf einen Hügel, auf dem sich ein großer Steinhaufen befindet, ein Cairn. Diese Stelle ist ein wichtiger Ort. Ein Cairn kann ein Grabhügel sein oder ein Malzeichen, an dessen Steinzahl man gefallene Krieger zählen konnte. Bevor ein Heer ins Feindesland marschierte, warf jeder Mann einen Stein auf einen Haufen, den er auf dem Rückweg wieder mitnahm. An der Anzahl der zuletzt noch übrigen Steine wurde die Zahl der Gefallenen festgestellt, für die der Cairn gleichzeitig eine Art Mahnmal war. Von diesem Hügel aus konnte man das Land nach allen Seiten überblicken, und der Wagenlenker erklärte dem Jungen alles. In der Niederung schlängelte sich der Fluß Nechta[108]. Dort lag die Burg *(Dun)* Mac Nechta. Die Söhne der Nechta, so erfährt der Knabe, prahlten, sie hätten schon eine größere Anzahl an Ultern erschlagen als noch am Leben seien. Das ist nun für CuChulinn Grund genug, um dorthin zu wollen.

Im Vorbeifahren sehen sie einen Pfeilerstein, um welchen ein Holzreif gelegt ist; er trägt eine Botschaft, die sich an alle Vorüberkommenden richtet: Wer hier passiert, wird zum Kampf aufgefordert. Es handelt sich also um einen Grenzstein mit einer Warnung: gefährlicher Übergang. Der junge Held allerdings mißachtet zum Entsetzen seines Lenkers diese Botschaft, indem er sich in aller Ruhe im Feindesland zum Schlafen niederlegt.

Sofort nähert sich der erste Sohn der Nechta mit Namen Fiol («der Schlaue»). Er macht sich über den kleinen Jungen lustig, was diesen reizt, ihm mit dem Schleuderstock einen «eisernen Apfel» in den Schädel zu jagen. Kunstgerecht wird danach der Kopf abgeschlagen und als Trophäe vereinnahmt. Der zweite Sohn Nechtas heißt Tuachall («der Listige»), er wird mit der Lanze niedergestreckt. Der Dritte, Fandle («die Schwalbe»), will nur im Wasser kämpfen, also im mütterlichen Element. Ihn besiegt CuChulinn mit dem Schwert.

Die Söhne der Nechta sind die Sprößlinge einer Wassergottheit, eben des Flusses Necht-Scene, eines Quellflusses der Boyne. Sie sind schlau, listig und behende wie die Schwalbe in der Luft. Doch sie sind

Mutter-Söhne. Der Vater-Sohn CuChulinn überwältigt sie, denn er hat sich bereits von seiner Mutter gelöst und trägt das Bewußtseinserbe seines Vaters, des Sonnengottes, in sich.

Mit den drei Köpfen der Erschlagenen am Wagen treten sie die Heimfahrt an. Unterwegs fängt der Knabe, der sich wie in einem Rausch befindet, zwei Hirsche lebendig und bindet sie an den Kriegswagen. Danach ergreift er noch acht Schwäne, die er mit Schnüren ebenfalls am Wagen festmacht. Über ihm rauschen die Schwingen der Vögel, neben ihm traben die sicher nicht zahmen Hirsche und vor ihm die Pferde des Königs. Das verwirrt den Wagenlenker derartig, daß CuChulinn selber die Zügel übernehmen muß. Mit diesem Gefährt nähert sich der junge Krieger nun «in der Raserei des Kampfes» am hellen Morgen der Burg von Emuin Macha – und er kehrt der Burg zudem noch die linke Seite des Wagens zu, zum Zeichen seiner kriegerischen Absicht. Da schickt man ihm eilends fünfzig Frauen entgegen, an deren Spitze Mugein, Conchobars Gemahlin, einherschreitet. Sie entblößen alle ihre Brüste vor ihm. Da verbirgt der Knabe sein Gesicht in den Händen, und man kann ihn ergreifen. Man steckt ihn in drei Kübel mit kaltem Wasser. Das erste Gefäß zerspringt von seiner Hitze, im zweiten kocht das Wasser, im dritten kühlt er soweit ab, daß er zur Besinnung kommt. Mit diesen Tauchbädern war seine Initation als Krieger abgeschlossen.[109] Nachdem man ihn wieder menschenwürdig hergerichtet hat, sieht er, wie beschrieben wird, folgendermaßen aus:

> In wunderbaren Farben leuchtete CuChulinns Antlitz. Purpurn glühten seine Wangen. Seine hellblonden Haarsträhnen hatten sie ihm gekämmt von einem Ohr zum anderen, und sie strahlten wie das Herbstlaub der Birke im Licht der Sonne. Einen Scheitel hatten sie ihm gekämmt, so sauber, als ob eine Kuh ihn geleckt hätte. Er trug ein Untergewand von Goldfäden und einen grünen Mantel, den eine Nadel von Silber zusammenhielt.[110]

Es mutet fast rührend an, wie der von seinen Heldentaten besessene Junge die Hände vors Gesicht schlägt, weil er den Anblick erwachsener Frauen noch nicht erträgt, und als seine erste Raserei abgekühlt ist, sitzt er wohlgekämmt und «wie geschleckt» zwischen den Füßen seines Oheims. Seine Kleidung weist ihn als Sohn des Sonnengottes aus, dessen Gewand später in den gleichen Farben geschildert wird. Um seinen Wagen aber flattern die Vögel seiner elfischen Verwandtschaft, die Schwäne. Auch in späteren Schilderungen hören wir oft, daß die Geister der Lüfte ihn sausend umflogen, wenn er auf seinem Kampfwagen dahergefahren kam. Die Hirsche verweisen ebenfalls auf die Bewohner der jenseitigen Welt, zu der CuChulinn stets eine besondere Beziehung hat. In vielen Sagen wird erzählt, wie ein Hirsch oder Reh die Jäger ins Dickicht des Waldes lockt und sich danach als ein Wesen der «Anderen Welt» entpuppt.

CuChulinns Werbung um Emer[111]

In Emuin Macha, bei König Conchobar, findet ein großes Festgelage statt. Alle Anwesenden führen ihre Künste vor, vor allem die Wagenfahrer; sie waren die Edlen hohen Ranges. Ein Seil ist durch die 195 Fuß (ca. 60 m) lange Halle von einer Türe zur anderen gespannt. CuChulinn übertrifft alle anderen. Auf dem Seil führt er die «Kunst des Apfels» vor (wohl eine Art Jonglier-Ballspiel mit dem Geschoß des Eisenapfels), dann die «Kunst der Wurfspieße» (die man im Lauf wieder fängt) und die «Kunst des Schildrandes» (dabei springt man dem Gegner auf den Schildrand und versetzt ihm von dort aus den tödlichen Stoß).

Alle Frauen sind von CuChulinns eleganten Vorführungen entzückt. Er unterscheidet sich von allen anderen außerdem dadurch, daß er in einem Auge drei, im anderen vier Pupillen hat, also insgesamt sieben. Außerdem hat er an jeder Hand sieben Finger und an den Füßen sieben Zehen. Er ist nicht nur ungewöhnlich geschickt, sondern er sieht auch mehr als andere Menschen. Er sieht nicht nur – wie mit zwei Pupillen – zweidimensional, sondern alle Dinge gleichzeitig in sieben Dimensionen. So verkörpert er eine physische und geistige Wendigkeit, die ihn wie geschaffen erscheinen läßt für die idealsten weiblichen Animus-Projektionen. Auf die Reaktion der Frauen hin beschließen alle Ulter einmütig: CuChulinn muß vermählt werden, denn es wäre ein Jammer, wenn dieser Besondere früh und ohne Nachkommen sterben würde; zudem verdreht er allen Frauen derart die Köpfe, daß dem ein Riegel vorgeschoben werden muß.[112]

Man läßt also neun erfahrene Männer in ganz Irland nach einer passenden Frau suchen, doch nach einem Jahr kehren sie unverrichteter Dinge zurück. Da macht sich der Held selber auf den Weg. Weil die übliche Form der Brautwerbung versagt hat, begibt er sich auf die Burg des *Forgall Monach*, des «Listenreichen», eines von allen gefürchteten Fürsten, von dem kein guter Empfang zu erwarten ist. Doch dessen Tochter *Emer* entspricht allen Erwartungen CuChulinns: Sie ist klug, in allen weiblichen Künsten erfahren, keusch und schwer nahbar. Zunächst verschmäht sie den Bewerber, weil er bartlos, noch zu jung und unerfahren ist. In ihrem Garten unterhalten sie sich in Rätseln, wie es die Kelten gerne taten, und CuChulinn sieht ihr von oben in den Busen und meint: «Schön ist das Feld jenseits des Jochs.» Doch Emer «fliegt» nicht einfach auf den bezaubernden Jüngling, sondern stellt ihre Bedingungen. Er soll zunächst beweisen, daß er ein erwachsener Mann ist, der Ausdauer besitzt und Besonderes zu leisten vermag. Erstens erklärt sie[113]: «Kein anderer Mann wird dieses Land betreten», der nicht zahlreiche Heldentaten an vielen Furten vollbracht und dabei hundert Männer getötet hat. Zweitens muß er über drei Burgwälle springen und mit einem Streich acht von neun Männern erschlagen, wobei der neunte unversehrt bleiben muß und einer der Brüder der Emer ist. Drittens muß er mit ihr und ihrer Ziehschwester und zusätzlich ihrer beider Gewicht an Gold und Silber aus der väterlichen Burg herauskommen und schließlich von Samuin (1. November) über Imbolc (Lichtmeß im Februar) und Beltene (1. Mai) bis zur «Beschwerung der Erde» (Herbst) gehen, ohne zu schlafen – das ist fast ein ganzes Jahr. Diese Bedingungen verspricht CuChulinn zu erfüllen, doch der hinterhältige Vater Forgall ist dagegen, daß «der Wutverzerrte von Emuin Macha» seine Tochter heimführt. Während eines anscheinend freundschaftlichen Besuches bei Conchobar bewundert er zwar die Kunststücke CuChulinns, sagt aber in dessen Gegenwart, er würde noch preiswürdiger sein, wenn er *Domnal* Mildemail in Alba einen Besuch abstattete. Domnal war ein gefürchteter Fechter. Sein Name bedeutet

«Großfaust», und Forgall hoffte, der Jüngling werde von dieser Begegnung nicht lebend zurückkehren.

CuChulinn aber macht sich sofort auf den Weg, zunächst in Begleitung von König Conchobar und dessen mutigsten Gefolgsleuten. Bei Domnal hat man die «Schule der Schmerzen» zu absolvieren. Man lernt zunächst die «Kunst des durchlöcherten Herdsteines», die darin besteht, daß man auf einen glühend heißen, durchlöcherten Stein springen muß, ohne sich die Füße zu schwärzen, also mit unbeschreiblicher Geschwindigkeit. Zudem lernt man den «Drehtanz des Helden auf der Speerspitze», ohne sich dabei zu verletzen. Diese beiden Künste erfordern äußerste Gewandtheit und vogelähnliche Leichtigkeit. Das schlimmste bei Domnal ist aber, daß sich dessen Tochter Dornall (was ebenfalls «Großfaust» bedeutet) in CuChulinn verliebt. Sie ist ein abgrundhäßliches Geschöpf mit verdrehten Füßen, rotem struppigem Haar und schwarzem Gesicht. Was es zur damaligen Zeit bedeutete, die Werbung einer Frau abzuweisen, haben wir in der Derdriu-Sage erfahren. CuChulinn bringt jedoch den Mut dazu auf, trotz der Racheschwüre der Unholdin. Darauf erklärt ihm Domnal, daß seine «Schule der Schmerzen» beendet sei, um aber zur wahren Vollendung zu gelangen, müsse er noch weiterziehen.

Die «Schule der Schmerzen» und ihre Übungen weisen auf Parallelen zu den Initiationsriten vieler Naturvölker hin. Zu den Prüfungen der Novizen gehörten neben langem Schlafentzug auch Marterungen, wobei keine Schmerzenslaute geäußert werden durften. CuChulinn soll lernen, sich von derartigen Grausamkeiten nicht beeindrucken zu lassen. Im übertragenen Sinn kann das heißen, daß der Prüfling lernen soll, sich durch Zorneswallungen aus der eigenen Brust weder «schwärzen» noch «verbrennen» zu lassen und mit seinen eigenen aggressiven Spitzen so umzugehen, daß sie weder ihn noch andere Menschen verletzen. Im Bild des Mythos kommen Hitze und Speerspitzen von unten, aus CuChulinns eigener «Unterwelt». Wenn er sie in der eigenen Brust bewältigt hat, wird er auch in der Lage sein, Angriffe von außen mit der «Leichtigkeit», die ihm in den alten Texten so oft bescheinigt wird, «unter die Füße» zu bekommen. Dank seines bestrickenden Wesens und seiner Kunst ist dieser Idealheld oft fähig, einen verletzenden Kampf zu vermeiden.

Daß CuChulinn nicht nur ein idealer Held, sondern auch ein unvollkommener Mensch mit all seinen Schwächen und Grenzen ist, werden die folgenden Erzählungen ebenfalls zeigen.

Neben der Kunst der «Leichtigkeit» der Abwehr wird von CuChulinn bei Domnal allerdings auch noch eine sehr entschiedene Abgrenzung verlangt. Die dritte Prüfung, nämlich die Bedrohung durch die gewalttätige Dornall, kann zunächst kulturgeschichtlich erklärt werden, denn zur Zeit des noch wirksamen Matriarchats brauchte der Mann großen Mut, um die Werbung einer Frau zurückzuweisen. Aber auch in der Entwicklung heutiger Menschen muß ein Junge oft alle Kraft zusammennehmen, um sich gegen übermächtige Mütter, Großmütter und Tanten zu wehren, gerade dann, wenn er ein besonders reizender Knabe ist und in einer Familie lebt, in der die weiblichen Mitglieder überwiegen. Zur stillschweigenden «Initiation» vom Knaben zum Mann gehört die Fähigkeit, sich im richtigen Augenblick zu distanzieren. (Entsprechendes kann natürlich auch im Hinblick auf die weiblichen Reifungsschritte gesagt werden.)

Die Lehre bei Scathach

Scathach, die «Schattige» oder «Dunkle», war eine große Waffenmeisterin in Alba (Schottland). Ihre Tochter hieß Uathach, die «Schreckliche»; sie wird in der Überlieferung als Kinderschreck geschildert. In dieses Land der Finsternis zog CuChulinn, zunächst noch von zwei Gefährten begleitet, dem König Conchobar und Loegaire Buaddach. Über den Verlauf des Weges gibt es verschiedene Versionen, die ich zusammenfasse:

Die gekränkte Dornall zaubert den Gefährten des CuChulinn die Heimat derart verlockend vor Augen, daß sie umkehren. Er verliert sie im Nebel und muß seinen Einweihungsweg ins Land der Schatten *alleine* weitergehen.

Seinen Weg kreuzt zunächst ein löwenähnliches Untier. CuChulinn bändigt es, indem er ihm auf den Rücken springt. Auf diese Weise wird die Bestie zu seinem Reittier, das ihn vier Tage lang durch die ersten Fährnisse trägt. Unterwegs muß er noch den Spott einer Knabenschar ertragen, aber diese Altersstufe geht ihn nichts mehr an, er kann sie überhören.

Als nächstes liegt vor ihm das *Gefährliche Feld.* Auf der ersten Hälfte dieses Feldes ist es so kalt, daß alle Menschen darauf anfrieren, sobald sie es betreten. Auf der zweiten Hälfte wird man «auf die Spitze des Grases gehoben» (wobei nicht klar ist, ob dort ein so blühender Frühling herrscht, daß das Gras derart rasch wächst, daß einem der Boden unter den Füßen schwankt, oder ob die Halmspitzen so hart und scharf sind wie die Speere, auf denen CuChulinn bei Domnal tanzen lernte). Auf alle Fälle muß man so schnell wie möglich über dieses Feld laufen. Zum Glück naht sich ein junger Mann mit leuchtendem Gesicht, der dem Helden einen Apfel oder ein Rad gibt, das er vor sich herlaufen lassen soll, bis er die Ebene hinter sich gebracht hat. Es ist nicht zu übersehen, daß das «Land des Schattens» ein jenseitiges Land und der junge Mann, dessen «Gesicht wie die Sonne leuchtet», Lugh ist, CuChulinns göttlicher Vater. Das «Leuchtende Rad» oder der Apfel wären dann sinngemäß die Sonne, die ihm den Weg durch die Unterwelt weist. Der Held befindet sich auf seiner Nachtmeer-Fahrt.

Zuletzt muß CuChulinn über ein *dünnes Seil* laufen, das über einen Abgrund gespannt ist. In einer anderen Version ist eine *Brücke*[114] zu überqueren. Sie ist an beiden Enden niedriger als in der hochgewölbten Mitte. Wenn man das eine Ende betritt, so schnellt das andere hoch und wirft einen zurück. Es heißt, daß man «nur mit Scathachs Hilfe hinüberkommt». Dreimal wird CuChulinn zurückgeschnellt, doch beim vierten Mal packt ihn seine «Helden-Wutverzerrung», und mit seinem «Helden-Lachssprung» gelangt er zur Mitte und kommt hinüber. Unter der Brücke gähnt ein gefährlicher Abgrund. Wer in die Tiefe stürzt, ist dem Tod verfallen. Bei der Überwindung dieses Hindernisses helfen keine festen Regeln und Gesetze; der Uneingeweihte wird zurückgeschnellt. Nur wer ins Land der Schatten und des Todes berufen wird, kommt hinüber. CuChulinn findet jedoch seinen eigenen Weg, der ihm danach auch die Rückkehr ermöglichen wird[115]. Der Lachssprung[116] ist eine im Grunde kaum begreifliche Leistung eines Fisches, der sich «gegen den Strom», sogar über Wasserfälle, seinem Ziel – der Erneuerung des Lebens – nähert. Wenn der Held diese «Kunst» anwendet, können wir immer damit rechnen, daß er sich in einer Grenzsituation befindet, in der es um Leben und Tod geht.

An der Scathach-Burg angelangt, schlägt CuChulinn das Tor ein. Im Burghof begegnet er Uathach, der häßlichen Tochter der Scathach, und wieder verliebt sich ein weibliches Scheusal in den jungen Helden. Diesmal stellt er sich: Er packt sie derart gewalttätig, daß er ihr einen Finger bricht. Vielleicht ist es nötig, der gewalttätigen Amazone erst einmal ein allzu männliches «Glied» zu brechen. Vor Wut und Schmerz erhebt Uathach ein lautes Geschrei, doch einen zu Hilfe eilenden Trabanten der Scathach erschlägt CuChulinn. Als Sühne dafür muß er sich der Herrscherin im Reich der Schatten als Knecht zur Verfügung stellen (wie einst dem Culann), doch sein Umgang mit Uathach trägt Früchte. Sie hilft dem Helden, sich mit der eigentlichen Vertreterin der verschlingend-dunklen Seite des Weiblichen auseinanderzusetzen, indem sie ihm verrät, wie er hinter die Geheimnisse der Scathach kommen kann.

Scathach pflegt «in einer *Eibe* auf dem Rücken liegend» ihre beiden Söhne zu lehren. Der eine heißt *Cet,* («der Erste»), der andere *Cuar,* («der Krumme», «der Wurm»). Was die dunkle Magna Mater ihre Trabanten lehrt, erfahren wir nicht, doch gibt Uathach CuChulinn den Rat, ihr in dieser Situation auf die Brust zu springen und ihr die Spitze seines Schwertes zwischen die Brüste zu setzen (ganz ähnlich wie Odysseus mit Kirke verfuhr!). Als Scathach um ihr Leben bittet, fordert der Held die Erfüllung von drei Wünschen: Erstens soll sie ihn alle ihre Waffenkünste lehren, zweitens soll sie ihm ihre Tochter ohne Brautgeld verloben, und drittens soll sie ihm sein Schicksal prophezeien.

Die Herrin der Finsternis lehrt ihre «Söhne» an einem merkwürdigen Ort und in einer seltsamen Lage. Die *Eibe* galt vor allem bei den Kelten als ein magischer Todesbaum.[117] Die Todesmutter liegt als Eibengöttin in dem heiligen Baum, geborgen in dessen Gezweig. Liegend weiht sie ihre Söhne (Trabanten) im Inzest in die Geheimnisse von Zeugung und Tod ein, die so gefährlich nahe beieinander liegen.[118]

CuChulinn war mitten in die «Burg» des finsteren weiblichen Schoßes eingedrungen und beim ersten Versuch, sich damit auseinanderzusetzen, in eine Art Gefangenschaft (Knechtschaft) geraten. Doch nun weist ihn die «Tochter» dieses Schreckensortes ins Zentrum des Mysteriums. Als er der Unterweltsherrscherin das Schwert auf die Brust setzt, hilft sie ihm weiter auf seinem Lebensweg.

Wenn CuChulinn von Scathach fordert, sie solle ihn alle ihre Waffenkünste lehren, dann müssen wir fragen, wieso ihm nicht die Waffen genügen, die er aus der Hand des Königs Conchobar empfing? Vordergründig gesehen soll ihn die Amazone nur besondere «Künste» im Umgang mit den Mordinstrumenten lehren, aber vielleicht ist hier etwas Ähnliches gemeint wie im griechischen Mythos von Uranos, Kronos und Zeus. Auch Kronos und Zeus empfingen den todbringenden Stahl nicht nur von den Müttern (Gaia und Rhea), sondern sie wurden auch zu deren Gebrauch ermuntert. Der Mordstahl bringt jeweils dem Alten, Überholten den Tod, damit Neues leben kann. Das klingt für unser Gefühl grausam, doch sind damit nicht Krieg und Mord in unserem heutigen Verständnis gemeint. Der Sinn dieses Geschehens ist in archaischen Zeiten ein anderer, nämlich die *Lebensnotwendigkeit* des Todes. Das kann symbolisch verstanden werden im Sinne der vielen Teil-Tode, die wir ein Leben lang immer wieder sterben müssen, damit wir lebendig bleiben. Doch auch real können wir Menschen, wenn wir uns selber überleben, zu wandelnden Leichnamen werden, für die der Tod zur Erlösung in eine andere Dimension des Lebens wird.

Es gibt noch einen weiteren Gesichtspunkt, unter dem die *cles* oder Waffenkünste der Scathach gesehen werden können, nämlich als Übungen in spielerischer (schöpferischer) Überlegenheit und Wendigkeit, zu der auch Tricks und Listen gehören. Nur als allerletztes verrät Scathach das Geheimnis des Umgangs mit einer absolut tödlichen Waffe, dem Gae Bolga, einem Instrument, das nur unter Wasser und nur mit der Zehengabel gefaßt und abgeschleudert werden kann. Es dringt dem Gegner in den After und zerstört ihn hoffnungslos *von innen*. Den Umgang mit dieser Waffe erfuhr außer CuChulinn kein Mensch.[119]

Die zweite Bedingung CuChulinns, daß Scathach ihm ihre Tochter Uathach «ohne Brautgeld» verloben soll, kann zunächst einfach vom kulturgeschichtlichen Hintergrund her erklärt werden: Wenn das Brautgeld entrichtet war, dann galt dieser «Handel» als verbindlich. Jede Frau und jeder Mann konnten im keltischen Kulturraum auch außerhalb der Ehe die Augen nach allen Seiten schweifen lassen, doch die eigentliche «Treue» galt der Frau und dem Mann, mit der oder dem man sich vertraglich gebunden hatte. So bedeutet die brautgeldlose Verlobung mit Uathach, daß sie letztlich nicht verbindlich ist, denn CuChulinn ist mit Emer versprochen, und die beiden halten zueinander bis zum Tod. Das Zusammenleben mit Uathach für die Dauer seiner Lehre bei Scathach könnte aber noch einen anderen Sinn haben. Wir hörten ja schon von den «idealen» Eigenschaften der Emer; vielleicht ist es nun für CuChulinn nötig, auch die Erfahrung mit dem Schrecklich-Weiblichen zu machen, damit die Beziehung mit Emer gelingen kann. Diese Erfahrung mit dem negativ Weiblichen und dem negativ Männlichen ist jeder Partnerschaft zu wünschen, damit nicht der Mann oder die Frau durch die Wunschprojektionen des anderen zugedeckt wird.

Es liegt nahe, daß Scathach als Herrscherin über Leben und Tod auch über die Gabe der Prophetie verfügt. So vermag sie auch die dritte Bedingung CuChulinns zu erfüllen. In ihren Sehersprüchen weist sie ihn auf das hin, was seiner wartet: das Schicksal des Einzelnen, der «wach» sein muß, wenn alle anderen «schlafen». Auch seinen Tod in jungen Jahren sagt sie ihm voraus.

CuChulinn bleibt ein Jahr und einen Tag bei Scathach. Im Laufe dieser Zeit wird Scathach von ihrer gefährlichsten Gegnerin angegriffen, der Amazone Aife.

Die Amazone Aife[120]

CuChulinn ist zu dieser Zeit physisch noch nicht zur vollen Mannesstärke herangewachsen. Das erweckt in den beiden Frauen des Schattenreiches sogar eine Art mütterlicher Fürsorge. Trotz ihrer eigenen Ängste vor Aife wollen sie den Jungen vom Kampf abhalten und verabreichen ihm einen Schlaftrunk, der ihn für vierundzwanzig Stunden betäuben soll, doch ist die Wirkung bei ihm nach einer Stunde verrauscht. CuChulinn springt auf und eilt mit den beiden Söhnen der Scathach zu Hilfe. Am ersten Tag erschlägt er drei Krieger der Aife, am zweiten Tag die Söhne der «Vogelköpfigen». Am dritten Tag fordert Aife Scathach zum Zweikampf, und CuChulinn übernimmt diesen Kampf für seine Lehrmeisterin.

Auf einem schmalen Bergpfad – oder auf dem «Seil der Heldenstücke» – begegnen sie sich. Aife zerschlägt im ersten Ansturm das Schwert ihres Gegners bis ans Heft. Da CuChulinn aber weiß, daß ihre beiden Rosse, der Streitwagen und ihr Wagenlenker ihr das liebste sind, wendet er eine List an, indem er, Entsetzen vortäuschend, ruft: Eben stürzen Wagen, Pferde und Lenker in den Abgrund! In dem kurzen Augenblick, in dem Aife sich umsieht, packt er sie «unter den Brüsten» oder «bei den Brüsten» und schleudert sie vor dem Heer der Scathach zu Boden. Er begnadigt sie unter wiederum drei Bedingungen: Erstens soll Aife Geiseln stellen und Scathach nie wieder angreifen, zweitens soll sie dem Sieger eine Nacht in ihrer Burg gewähren, und drittens soll sie ihm einen Sohn gebären.

Den Namen *Aife* fand ich nirgends erklärt. Sie wird allerorts als die gefährlichste aller Amazonen geschildert. Möglicherweise ist sie nicht als eigentliche Gegnerin der Scathach zu sehen, sondern vielmehr als einer ihrer besonders bedrohlichen Aspekte. Das wird auch dadurch nahegelegt, daß es nie ganz klar ist, ob CuChulinns Sohn von ihr oder von Uathach zur Welt gebracht wurde. Der schmale Bergpfad oder das Seil sind ein Ausdruck dafür, daß es in der Begegnung mit dem negativ Weiblichen kein Ausweichen gibt. Als CuChulinn nach dem Kampf den Heimweg antritt, begegnet ihm ebenfalls auf einer schmalen Brücke oder einem Bergpfad ein altes Weib, das auf dem linken Auge blind ist. Sie bittet den Jüngling, ihr auszuweichen. Als er, um das Unmögliche möglich zu machen, sich mit Fingern und Zehen an den Rand des Pfades oder an das Seil klammert, tritt sie ihm so bösartig darauf, daß er eigentlich in die Tiefe stürzen müßte. Da tut er in der äußersten Gefahr wieder seinen «Helden-Lachssprung» und schlägt der Alten den Kopf ab. Sie war die vogelköpfige Mutter der Krieger, die CuChulinn am zweiten Tag des Krieges gegen Aife erschlagen hatte. Ihr Vogelkopf weist darauf hin, daß es sich um die Kriegs- und Todesgöttin *Morrigan* handelt, die oft in Gestalt einer Krähe erscheint. Sie, Scathach mit Uathach und Aife gehören zusammen, als dreifache Aspekte des dunklen Weiblichen.

Daß sich CuChulinn zuletzt in Liebe mit Aife verbindet, erinnert an ein griechisches Vasenbild, auf welchem zu sehen ist, mit welchem Blick sich Achilleus zum Todesstoß über die Amazonenkönigin Penthesileia beugt: ein Blick, in dessen Intensität man gleichermaßen Liebe und Haß wahrnehmen kann.

CuChulinn begegnet der Kriegsgöttin in vielen Situationen seines Lebens. Als Aife empfängt sie von ihm den Sohn, den er später selber töten wird. Bei seinem Abschied gibt er Aife einen Daumenring für den künftigen Sohn mit der Weisung, daß dieser *Conla* seinen Vater aufsuchen soll, wenn ihm der Ring passen wird.

Zuletzt verhängt CuChulinn über seinen Sohn drei Tabus *(Gesa)*, in denen sich die zukünftige Tragik zwischen Vater und Sohn abzeichnet. Wir werden uns mit diesen Tabus noch näher beschäftigen, wenn vom Kampf zwischen Vater und Sohn die Rede sein wird.

Mit der «Lehre bei Scathach» hat CuChulinn die Bedingungen, die Emer ihm stellte, fast alle erfüllt. Die zeitliche Abfolge spielt keine große Rolle, denn die vielen Männer, die er an den «Furten» töten soll, liefert er ebenso nach wie seine lange Schlaf-Enthaltung. Nach seiner Heimkehr aus Schottland aber muß der Held Emer noch unter den gesetzten Bedingungen in der Burg ihres Vaters abholen. Er überspringt die drei Wälle des Dun, und er tut die verlangten «drei Streiche», bei welchen je acht Männer fallen, aber der neunte in der Mitte (einer von Emers Brüdern) stehen bleibt, wie in einem Kegelspiel. Es fallen also nicht «alle Neune», sondern das Zentrum, der «König», bleibt stehen.

Die Herkunft des Kegelspieles ist nicht sicher geklärt. Es scheint ein alter Fruchtbarkeitskult darin verborgen zu sein, denn es wird von Donars Kegelspiel berichtet, wenn er mit Donner und Blitz ein Gewitter niedergehen läßt, das die Felder befruchtet. Im Frühlingsritual scheint bei manchen alten Götterfesten das «Kegelwerfen» als Fruchtbarkeitskult üblich gewesen zu sein; im Volksmund wird auch vom «Kegelschieben» als Ausdruck für den Koitus gesprochen. Zudem ist «Kegel» ein Ausdruck für ein außerehelich gezeugtes Kind.[121]

Es könnte sich bei CuChulinns «drei Streichen» also um einen alten Hochzeits- und Fruchtbarkeitsbrauch handeln. Daneben könnte man vermuten, daß mit den Gefallenen die Vielzahl der weiblichen Animusgestalten gemeint ist, von denen nur noch das Bild der «Brüder» übrigbleiben soll, also etwas, was dem Sippenideal entspricht (ein persönlicheres Bild des Animus war zu dieser Zeit sicherlich noch nicht möglich). Und – fast möchte man sagen: wie es sich gehört – bricht sich der heimtückische Vater Forgall auf der Flucht vor dem unerwünschten Schwiegersohn das Genick, CuChulinn ergreift Emer mitsamt ihrer Ziehschwester und deren Gewicht an Gold und Silber und springt wieder über die drei Burgwälle hinaus. Emer hat ihren gewalttätigen Mann auf die Weise gewonnen, die sie sich wünschte, und sie hielt ihm ihr Leben lang die Treue.

Wir können uns in diesem Zusammenhang des Anteils bewußt werden, den auch die Frauen an der Ausprägung des neuen Bildes der Männlichkeit haben, dem wir bei der Beschäftigung mit den keltischen Mythen immer wieder begegnen und der auch in unseren Tagen noch wirksam ist.

Nach der Vervollkommnung seiner Waffenkünste bei Scathach kehrt CuChulinn zurück nach Irland, gerade rechtzeitig für seinen Einsatz im Großen Krieg zwischen Ulster und den übrigen «Vier Fünfteln» Irlands, die von der Königin Maeve angeführt werden.

Die Tain Bo Culy[122]

(Der Rinderraub von Culy)

Die Vorgeschichte des Rinderraubes

Die Sage von den «Wehen» der Ulter wurde schon erzählt. Es sei nur kurz daran erinnert, daß diese sich entwickelnde Männergesellschaft vor Zeiten eine schwangere Frau aus dem Geschlecht der Elfen brutal mißachtet hatte, als der König sie trotz ihres Zustandes zwang, mit seinen Pferden einen Wettlauf anzutreten. Nach dem siegreich beendeten Lauf kam die Frau nieder und verfluchte die Männer von Ulster, daß sie immer dann, wenn sie ihre männlichen Kräfte am meisten benötigen würden, neun Tage in der Schwäche des Wochenbettes darniederliegen müßten.

Auch die Geschichte von Derdriu und den Uisnech-Söhnen ist bereits bekannt. Die überlebenden «Zeugen» des Verrates an Noisi und Derdriu, unter ihnen Fergus, waren nach Connacht zu Königin Maeve und Ailill in die Verbannung gezogen und standen auf diese Weise beim feindlichen Heer.

In der Geschichte der Tain Bo Culy nehmen die Gestalten der Stiere von Ulster und Connacht einen breiten Raum ein. Sie heißen Donn und Finnbennach. Ihre Vorgeschichte, die ausführlich erzählt wird, soll hier nur in abgekürzter Form wiedergegeben werden: In ihrem früheren Leben waren die Stiere befreundete Schweinehirten in Munster und Connacht, die einander in jeder Beziehung halfen, doch die Leute hetzten sie gegeneinander auf, so daß schließlich jeder die Herden des anderen verwünschte. Die Tiere gediehen nicht mehr, und die beiden Hirten wurden wegen Unfähigkeit aus ihren Diensten entlassen. Darauf verwandelten sie sich nacheinander in Raubvögel, in Wasserungeheuer, in Hirsche und bekämpften sich. Sie wurden zu Kriegern, zu feindlichen Phantomen und Drachen. In der siebenten Verwandlung wurden sie zu Würmern; den einen trank eine Kuh aus einer Quelle in Connacht, den anderen eine Kuh aus einer Quelle bei Culy. So wurde der Stier Donn (der «Dunkle») in Ulster gezeugt und der Stier Finnbennach (der «Weißgehörnte») in Connacht.

Das Aussehen der beiden Staatsstiere wird genau beschrieben: *Donn* ist schwarzbraun, stolz, grimmig, grausam, knurrend und rotäugig, stark wie der Ansturm der Woge, wie der Bär, wie die Wut des Drachen, wie der Zorn des Königs. Auf seinem Rücken haben dreißig Mann Platz. Er ist «der Liebling seiner Kühe», größer als ein Hügel, der «Stier der Welt». *Finnbennach* hat einen weißen Kopf mit weißen Hörnern, weiße Füße und einen roten Leib, «als wäre er in Blut gebadet». Auch er ist der «Geliebte seiner Kühe», «zum Siege geboren, tobt er brünstig», «der große Dämon Finnbennach».

Diese beiden Stiere sind nicht nur Verkörperungen der Königsmacht, sondern dämonische Wesen, welche die Konflikte lang vergangener Zeiten miteinander austragen.

Ein Totengott der Kelten heißt Donn. Daher können wir vermuten, daß der gleichnamige Stier etwas mit der Unterwelt zu tun hat, vielleicht mit der Unterweltsseite der Sonne oder des Sonnengottes. Das weiße Gehörn des Finnbennach läßt an den Mond oder an einen Aspekt aus der weiblichen Mondenwelt denken.

Finnbennach gehörte ursprünglich zur Herde der Königin *Maeve*, hinter der sich mit großer Wahrscheinlichkeit eine vorzeitliche Göttin verbirgt.[123] Sie war stolz auf ihren eingebrachten Besitz und ist darin eine typische Vertreterin eines alten Mutterrechtes. Bevor sie mit Ailill von Connacht vermählt war, lief sie dem König Conchobar von Ulster mitsamt ihrer Habe davon. Dies mag ein Bild für die Ereignisse des Umbruchs von der weiblichen zur männlichen Ordnung im nördlichen Landesteil sein. Die Königin verkörpert die Herrschaft des Landes. Die Tatsache, daß sie Ulster verließ, kann als Erklärung für die Feindschaft zwischen beiden Regierungsbezirken gelten.

Nun ereignet sich für das Selbstbewußtsein Maeves etwas Schlimmes: Finnbennach wechselt von der Herde der Frau zur Herde des Ailill über und tut damit kund, daß er nicht länger im «Weiber-Gut» verbleiben wolle. Der Staatsstier zeigt an, daß auch er die Zeit eines

Wechsels für gekommen hält – für Maeve eine schwere Kränkung. Sie unternimmt keinen Versuch, «ihren» Stier zurückzuholen, sondern sieht sich nach einem neuen um. Ihr Bote, Mac Roth, findet ausgerechnet im Bezirk des Hochkönigs von Ulster einen ebenbürtigen Stier für die Königin Maeve, nämlich den braunen Stier Donn, in der Landschaft Culy, im Stall des Dáire mac Fiachna. Die Königin bietet für die «leihweise» Überlassung dieses Stieres für nur ein Jahr fünfzig einjährige Färsen, einen Streitwagen «und obendrein meine willigen Schenkel». Das gefällt Fiachna zunächst recht gut, bis er erfährt, Maeve habe gedroht, sie werde sich den Stier mit Gewalt holen, falls ihr Angebot abgelehnt würde. Darauf jagt der Besitzer des Donn die Boten nach Hause, und für Maeve ist der Anlaß zum Krieg gegeben.

Der Kriegszug Maeves gegen Ulster und der Raub des Stieres Donn aus Culy

Das Wesen von Maeve (Mebd) wird durch ihren Namen verdeutlicht: «die Berauschte». Das heißt nicht, daß diese Frau ständig betrunken war, sondern daß ihr Bewußtsein fernab jeder männlichen Rationalität lag. Einerseits kann man sich diesen Bewußtseinszustand als die Begeisterung einer Entrückten oder Prophetin vorstellen, andererseits lebt sie in einer chronischen weiblichen Raserei und gleicht damit einer Kriegsgöttin. In früheren Zeiten mag sie durchaus auch den «Rausch der Fruchtbarkeit» gelebt haben, doch diese Zeiten sind vorbei. Ihre Raserei hat sich eindeutig ins Negative verkehrt.

Maeve verfügt in «Vier Fünfteln» Irlands über eine große Übermacht gegenüber Ulster: Man hört noch auf die Vertreterin des alten Mutterrechtes. Ihre Burg Cruachan befindet sich im Gau Connacht und ist heute noch im Norden der Grafschaft Roscommon (bei der Ortschaft Croghan) lokalisierbar. Der Stier Donn befindet sich im Gau Mide in der heutigen Grafschaft Louth. In Mide liegt auch *Tara*, der Sitz des Hochkönigs von Irland, der zur Zeit der «Tain» der König Conchobar aus Ulster war.[124] So gesehen kann Donn der oberste der Stiere Irlands sein.

Maeve bietet nun die «Vier Fünftel» gegen Ulster auf. Die Heere und ihre Anführer werden in epischer Breite geschildert. Außerdem befinden sich auf ihrer Seite Fergus und Conchobars Sohn Cormac mit ihren Dreitausendschaften.

Als Maeve sich zu einer Heeresinspektion aufmacht und gerade über den möglichen Ausgang des Kriegszuges nachdenkt, sagt ihr Wagenlenker: «Warte einen Augenblick, bis ich den Wagen nach rechts gedreht habe, der Sonne nach, damit ich die Kraft des Zeichens für unsere heile Rückkehr herbeiziehe.» Doch trotz dieser Anstrengung wird der Königin nichts Gutes verkündet. *Fedelm* erscheint, die Sidhe (Fee) von Cruachan. Sie ist von großer Schönheit, hat hohe Schläfen und schmale Wangen, goldgelbes Haar und pechschwarze Augenbrauen und Wimpern. Die Iris ihrer Augen schimmert in drei Farben. Hinter den scharlachroten Lippen blitzen Zähne wie Diamanten. Sie trägt ein rot gesticktes Kapuzenkleid und hält in der Hand einen goldenen Webstab als Ausdruck ihrer Schicksalsmacht. Sie ist bewaffnet, ihr Wagen wird von zwei Rappen gezogen. Ihre Weissagung lautet: «Ich sehe die Krieger alle rot, in Scharlachrot.» Diesen Spruch wiederholt sie zweimal, doch Maeve will ihr keinen Glauben schenken, sie wird nur zornig über die unerwünschte Vorhersage. Fedelm jedoch setzt ihren Gesang fort. Sie sieht den Einen, CuChulinn, und sie schließt ihre Schau mit der Beschreibung von Toten mit abgehackten Köpfen. «Ich sehe CuChulinn, ich sehe Rot!» Mit dieser Aussage verschwindet die Sidhe.

Fedelm, die gute Fee des Ortes, kann als eine warnende Stimme *in* der kriegswütigen Königin gesehen werden, die verkündet: Ich sehe den Sonnenhelden des kommenden männlichen Bewußtseins, CuChulinn. Ihm wirst du nicht standhalten können. Deine Zeit ist vorbei – bringe keine unsinnigen Menschenopfer für eine Sache, die aussichtslos ist. Fedelm weiß besser um das Gebot der Stunde, als Maeve es wahrhaben will, doch Maeve verdrängt diese innere Stimme.

Maeve weiß, daß der strategische Zeitpunkt für ihr Vorhaben insofern günstig ist, als die Ulter gerade kampfunfähig in ihrer weiblichen Schwäche liegen. So bricht sie mit ihrem Heer am Montag nach *Samuin* auf, zu der Zeit, in welcher der Sonnengott in die Unterwelt eintaucht und alle Tore zur Welt der Feen offenstehen, also zur

Zeit der Vergangenheit, der im eigentlichen Sinne sie selber angehört.

Während der Kampfunfähigkeit aller Ulter ist nur CuChulinn nicht von der allgemeinen Schwäche betroffen, ebensowenig sein Vater Sualtam, der ein Abkömmling der Feenwelt ist. Von dem Sohn heißt es, er sei noch «bartlos», also noch kein erwachsener Mann. Die Königin Maeve benimmt sich im weiteren Verlauf so irrational wie nur möglich. Sie verfügt über nahezu sechzigtausend Mann, doch in ihrem Heer befindet sich eine Dreitausendschaft, die ihr Angst macht. Es sind dies die *Galiōnin* (oder Gálioin/Gálian[125]), die in allen Verrichtungen rationaler und wendiger sind als alle anderen. Wenn der große Haufen eben die Haltepflöcke für die Zelte einrammt, so stehen die Zelte der Galiōnin schon fertig. Fangen die anderen an, Feuer anzuzünden, so haben sie bereits gekocht und gegessen. Maeve befürchtet, daß diese Männer dem übrigen Heer «die Schau stehlen» oder ihr sogar in den Rücken fallen könnten. So schlägt sie vor, diese unbequemen Rationalisten im Schlaf zu überfallen und alle umzubringen! Nur mit Mühe kann sie von der Ausführung dieses Streiches abgebracht werden. Wie ein Ferment werden die Galiōnin schließlich einzeln im übrigen Heer verteilt.

Zur selben Zeit läßt Fergus seinen Landsleuten in Ulster eine Warnung zukommen, und CuChulinn macht sich bereit, das Land allein zu verteidigen. Allerdings hindert ihn im Augenblick noch eine wichtige Abmachung, denn eben für jene Nacht, von der er weiß, daß die Feinde die Grenze überschreiten wollen, hat er ein Stelldichein verabredet, und das gegebene Wort muß eingehalten werden. So biegt er einen Fehdereifen aus Eichenholz, in welchen er für das feindliche Heer in Ogham-Schrift eine Botschaft schneidet. Diesen Holzreif legt er um einen Pfeilerstein; die Botschaft lautet: Das feindliche Heer darf hier auf keinen Fall weiterziehen, bevor CuChulinn von seiner Verabredung zurückgekehrt ist. Und so warten alle eine ganze Nacht lang! Der Einzelkämpfer beeilt sich jedoch keineswegs. In aller Ruhe badet er und nimmt sein Frühstück ein. Maeve dauert das allzu lang, und deshalb beschließt sie, nicht an dem Pfeiler vorbei, sondern auf einem Umweg weiterzuziehen und in Ulster einzufallen.

Als dann der kampfbereite CuChulinn mit seinem Wagen das Heer Maeves überholt, wendet er ihm die linke Wagenseite zum Zeichen des Krieges zu. Dann schlägt er den Männern der Vorhut die Köpfe ab und spießt diese Zeichen auf einer großen Astgabel auf. An einer Furt rammt er den Ast in den Boden. Er vermag die Stärke des Heeres mit Hilfe seiner «Drei Gaben» sehr genau abzuschätzen: der Gabe des «Gesichts», der Gabe des Verstandes und der Gabe des Rechnens. Nun fällt er eine Eiche und legt den Baum als Bann quer über den Weg mit der Mitteilung, daß das Heer nur weiterziehen dürfe, wenn ein Krieger diese Eiche mit seinem Wagen beim ersten Anlauf überspringen könne. Bei diesem Versuch gibt es dreißig Tote, bevor es schließlich Fergus gelingt, das Kunststück auszuführen.

In der Folge schlägt CuChulinn zahlreiche Köpfe ab und schießt mit einer Steinschleuder ins feindliche Lager. Der Königin schießt er einen Vogel von der einen, ein Frettchen von der anderen Schulter.[126] Jeder, der ein schmähendes Wort über CuChulinn äußert, wird alsbald durch einen Schleuderstein erlegt. CuChulinn scheint überall gegenwärtig zu sein und verbreitet Angst und Grauen.

Da das Hauptziel Maeves der Raub des braunen Stieres ist, fliegt die Kriegsgöttin Morrigan in Gestalt einer Krähe zu ihm und warnt ihn. Darauf zieht der Stier mit seinen fünfzig Jungkühen fort in den «schwarzen Kessel» in der «Talschlucht der Weiden», also an einen geschützten Ort. Doch die Mannen der Maeve stöbern ihn auf und treiben ihn an CuChulinn vorbei in Maeves Lager. Das ist für ihn eine Demütigung, und vor Wut erlegt er mit seiner Schleuder jede Nacht hundert Mann!

Um dem feindlichen Heer überdies noch mehr Eindruck zu machen – oder auch, um sich nicht nur von seiner «schrecklichen» Seite zu zeigen –, beschließt der Held, sich in seinem Sonntagsstaat zu präsentieren. «Er wollte seine edle, schöne Gestalt vor den Frauen und Jungfrauen und Mädchen und Dichtern und Barden zur Schau stellen ... und wahrlich, der Jüngling CuChulinn mac Sualtam war schön ... Er hatte dreimal verschiedenes Haupthaar: unten braun, blutrot in der Mitte und goldblond als Krone ... Hundert schöne rotgoldene Locken glänzten dunkel an seinem Hals, und den Kopf bedeckten hundert purpurne Fäden mit eingeflochtenen Edelsteinen... Er hatte sieben leuchtende Pupillen in jedem Auge, sieben Zehen an jedem Fuß, sieben Finger an jeder Hand mit Nägeln vom Griff einer Habichtskralle...» Sein Festgewand bestand aus einem «eng anliegenden purpurroten Mantel... er war über seiner Brust mit einer hellgoldenen und silbernen Spange befestigt... Ein streifengeschmückter seidener Leibrock bedeckte ihn bis zur Spitze seines Kriegsschurzes von dunkelroter königlicher Seide.» Wunderbare Waffen vervollständigen das Bild. Und «in einer Hand hielt er neun Menschenköpfe, in der anderen zehn und schüttelte sie gegen das Heer...» Die Frauen klettern auf die Schultern der Männer, um ihn zu sehen. Nur Maeve traut sich nicht, den sie umgebenden Schutzwall von Schilden zu verlassen. Das war also CuChulinns Sonntagsgesicht.

Furchtbar aber war er anzuschauen, wenn seine *Wutverzerrung* über ihn kam. «Dann erzittern alle seine Glieder und Gelenke. Sein Körper dreht sich in seiner Haut, so daß seine Füße und Knie nach hinten, seine Fersen und Waden nach vorne schauen. Die Muskeln seiner Waden liegen wie Kriegerfäuste auf den Schienbeinen. Die Adern in der Nackengrube schwellen zur Größe von Kinderköpfen. Sein Gesicht wird eine schwarze Schale. Sein eines Auge schluckt er so tief ein, daß es kaum ein Kranich mit seinem Schnabel erreichen könnte. Das andere Auge springt nach außen auf die Wange hervor. Sein Mund verzerrt sich derart, daß sein Schlund sichtbar wird, in welchem man Lunge und Leber flattern sieht! Sein Herz schlägt mit der Lautstärke eines brüllenden Löwen. Seine Haare sträuben sich so stachelig, daß man Äpfel daran aufspießen könnte. An seiner Stirn steigt der Kriegermond empor, so dick wie ein Schleifstein. Ein Strahl braunen Blutes schießt aus seinem Scheitel hervor, so hoch wie ein Mastbaum, um den sich ein dicker Zaubernebel bildet.»

In diesem Zustand ist CuChulinn im wahrsten Sinne des Wortes «außer sich» und zu den furchtbarsten Taten fähig. Läßt man diese eindrucksvollen Bilder auf sich wirken, so kann man erschrecken, zu welchen Äußerungen und Schaustellungen der Vertreter des jungen männlichen Bewußtseins fähig ist. Wir sehen *zwei* der vielen Seiten des jungen Sonnenhelden vor unseren Augen. Zunächst ist man vielleicht versucht, von einem primitiven Balztanz des Jünglings vor den Frauen zu sprechen. Alles ist übertrieben: der «bezaubernde» Blick seiner sieben leuchtenden Pupillen, seine sieben statt fünf Finger und Zehen, die natürlich zu unvorstellbarer Geschicklichkeit befähigen, sein dreifarbiges Haar und die abgeschlagenen Köpfe seiner Feinde, deren neun oder zehn er in jeder Hand bei den Haaren zu halten und zu schütteln vermag! Er scheint ein Vorbild aller «Punks» zu sein, und – alle Frauen sind begeistert! Es ist wohl nicht abwegig zu phantasieren: so, wie heute die Männer (die Schöpfer der weiblichen Mode) oft die Frauen vor sich «tanzen» lassen und sich an dieser manchmal fraglichen Schönheit berauschen, so tanzte damals ein Mann auf der Modebühne vor den Frauen.

Doch damit nicht genug. Die «Wutverzerrung» erscheint als logische Folge des ekstatischen Auftritts. Aus dem Balztanz wird auch bei Tieren oft unvermittelt ein Kriegstanz. Wenn die Musik etwa der «rollenden Steine» eine gewisse Lautstärke erreicht hat, «tanzt» das Publikum in rhythmischen Zuckungen mit, wie ein Negerstamm im Busch. Plötzlich artet alles in chaotisches Gebrüll und Getrampel aus, wobei es Verletzte und Tote geben kann. Wer glaubt, daß derartige Phänomene, zum Beispiel auch auf Fußballplätzen, nur von jugendlichen Randalierern veranstaltet würden, irrt sich, denn was in unserer Werbung als «Super-Mann» gepriesen wird oder im Hochleistungssport als «heldenhaft» gilt, das trägt, für jeden Zuschauer sichtbar, ein maßlos verzerrtes Gesicht, bei dessen Anblick man sich fragen kann, ob es eigentlich noch menschen-würdig ist.

Nicht anders verhält es sich mit unseren Rüstungsparaden oder Autorennen, die inzwischen nicht einmal mehr eigens veranstaltet werden müssen, weil sie sich täglich ereignen. Geraten sie außer Kontrolle, so ist der Zustand der «Wutverzerrung» des 20. Jahrhunderts erreicht, in welcher Menschen zu allem fähig sind, auch zum Atomkrieg. Wenn drei- bis sechsjährige Kinder ihre «Indianer»-Tänze der Allmächtigkeit aufführen, dann schmunzeln wir darüber. Aber die wenigsten unter den Erwachsenen fragen sich, ob sie im Grunde ihres Herzens so «erwachsen» sind, wie sie meinen. Der Sonnenheld des Mythos, CuChulinn, hatte seinen zügelnden Wagenlenker Laeg und seine beiden instinktsicheren Pferde, auf deren Fähigkeit er sich verlassen konnte, doch wir, die wir uns vorgaukeln, über solche Ekstasen weit erhaben zu sein, glauben solche Lenker nicht nötig zu haben. In jedem von uns steckt ein rasender CuChulinn oder eine «berauschte» Maeve. Unsere keltischen Vorfahren sind *in* uns nicht gestorben!

Doch kehren wir zurück zu der mythischen Erzählung vom Rinderraub. Maeve, die Vertreterin des Matriarchats, ist von CuChulinns Auftritt sehr beeindruckt. Diesem doppelten Zauber von «Schönheit» und Berserkerwut ist sie nicht gewachsen, und so zeigt sie sich zu Verhandlungen bereit. Als Boten schickt sie Fergus, der hier CuChulinns Pflegevater genannt wird.

CuChulinn verlangt als Bedingung dafür, daß er seine nächtlichen Angriffe mit den Schleudersteinen einstellt, es möge ihm jeden Tag ein namhafter Gegner zum *Zweikampf* an die Furt geschickt werden. Er zwingt also seine Gegner, sich ihm persönlich zu stellen, und ist bereit, sich konkret auseinanderzusetzen, unter Verzicht auf Zauberei. Das ist eine Abmachung, an die sich beide Seiten eine Zeitlang halten. Die Zweikämpfe, die in großer Breite geschildert werden, finden alle an einer *Furt* statt, also an der seichten Stelle eines Flusses, der oft die Grenze zwischen Gebieten markierte. Eine Furt ist ein realer Grenzübergang, aber in unserem Zusammenhang auch eine symbolische Grenze, die durch das Wasser bezeichnet wird, das alte Element der Unbewußtheit. An der seichten Stelle der «Furt» besteht die Möglichkeit zur Bewußtwerdung, die hier mit einem konkreten Gegner, Aug' in Auge, erkämpft wird.

CuChulinn siegt in diesen Kämpfen immer. Manchmal muß er sich einen künstlichen Bart umbinden, weil der Gegner sich weigert, mit einem bartlosen Knaben zu kämpfen. Mitunter spielt dieser Knabe hingebungsvoll, das heißt, er übt seine *Cles*, die Kunststücke, die er bei Scathach gelernt hat. Dabei bemerkt er gar nicht, daß er angegriffen wird, sondern er spielt etwa in der Luft mit den Speerspitzen, die gegen ihn zielen, oder er hüpft von einer Speerspitze zur anderen, um in der Luft Vögel fangen zu können.

Die Zweikämpfe an der Furt
und die Erscheinung des Sonnengottes

Als sich niemand mehr bereit erklärt, zur Furt zu gehen, obwohl allen als Siegespreis Maeves Tochter Finnabair versprochen ist, wird Fergus überredet, mit CuChulinn zu kämpfen. Er weigert sich zunächst, weil er CuChulinns Pflegevater ist, doch dann macht man ihn betrunken, und als er auch noch mit der «Gunst der Schenkel der Königin» selbst verlockt wird, sagt er zu. Als er am nächsten Morgen wieder nüchtern ist, begibt er sich *waffenlos* zur Furt. In der Scheide trägt er lediglich ein Holzschwert, weil ihm Ailill sein Siegesschwert während eines Treffens mit Maeve entwendet hatte. Deshalb verhöhnt CuChulinn den Onkel. Doch dieser antwortet: «Es wäre genauso, wenn ich ein Schwert hätte, ich würde es nicht gegen dich richten, CuChulinn. *Doch weiche mir jetzt!*»

CuChulinn nimmt diese Aufforderung des Älteren an, unter der Bedingung, daß Fergus ihm ebenfalls ausweichen werde, wenn sie sich in der Entscheidungsschlacht treffen. Er zieht sich zurück, und das Heer Maeves rückt ein Stück weit vor. Zuletzt hält sich niemand mehr an die getroffenen Vereinbarungen. Die Kriegsgöttin selber wendet sich gegen CuChulinn. Als junge «Königstochter» erscheint sie ihm in einem vielfarbigen Mantel und umwirbt ihn. Doch CuChulinn weist sie barsch ab. Er sei erschöpft und ärgerlich, zudem mit dem Kriegshandwerk befaßt, er habe jetzt keinerlei Lust, sich mit Frauen abzugeben. Darauf sagt das Mädchen: «Ich werde schlimm mit dir verfahren, ich werde mich im Wasser der Furt als Aal um deine Füße schlingen.» Mit diesen Worten verschwindet sie, und der Held weiß, daß es Morrigan war.

Als am nächsten Morgen der Zweikampf mit dem Krieger Loch Mor tobt, wird CuChulinn zusätzlich von einer *Kuh* mit roten Ohren angegriffen; solche Kühe stammen immer aus dem Feenreich. Er sticht ihr mit dem Speer ein Auge aus. Doch alsbald windet sich um seine Füße ein schwarzer Aal und bringt ihn zu Fall, worauf sein Gegner ihn schwer verwunden kann. Dem Aal zertritt CuChulinn den Kopf. Zuletzt fällt ihn noch ein Wolf an, dem er ein Bein zerschlägt. Völlig am Ende seiner Kräfte setzt CuChulinn die tödliche Waffe Gae Bolga ein und bringt damit den Feind zur Strecke. Doch seine eigenen Möglichkeiten sind ebenfalls erschöpft. Schwer verwundet fühlt er sich von den Ultern verlassen und versinkt in tiefe Schwermut. Seit Beginn des Feldzuges, drei Monate lang, von November (Samuin) bis Februar (Imbolc), hat er nicht mehr geschlafen. Nun schickt er seinen Wagenlenker Laeg um Hilfe nach Ulster.

Als CuChulinn am Abend daliegt und zum feindlichen Lager hinüberschaut, hat er eine Vision. Er sieht, wie ein anmutiger, schlanker Krieger durch die Mitte der Feinde schreitet, offenbar von niemandem bemerkt. Er trägt ein golddurchwirktes seidenes Gewand, darüber einen grünen Mantel, der mit einer silbernen Brosche zusammengehalten ist. In der einen Hand hält er einen schwarzen, mit Silber verzierten Schild, in der anderen Hand trägt er zwei Speere. Er kommt zu CuChulinn und spricht freundlich zu ihm über alles, was er bisher durchgemacht hat. Zuletzt sagt er: «Schlafe nun, CuChulinn, hier bei dem Grab von Lerga. Schlafe tief für drei Tage. In dieser Zeit werde ich an deiner Stelle die Wache gegen Maeve übernehmen.» Es war Lugh, sein göttlicher Vater. Und er heilt ihn mit Heilkräutern und kraft seiner Zaubermacht.[127]

Auch die Kräfte des unbesiegbaren CuChulinn sind nicht unerschöpflich. Die Begegnung mit Morrigan weist ihm seine Grenzen, denn sie vertritt nicht nur den Krieg, sondern auch die Macht des Schicksals. Der Held, der zu unwahrscheinlicher Ekstase befähigt ist, versinkt nun ins Gegenteil der Manie, in eine tiefe, aber durchaus heilsame Depression, denn in diesem Zustand der Lethargie hat er eine Schau.

Sein Blick, der vordergründig ins feindliche Lager sieht, hat sich nach innen gewendet. Da erscheint ihm sein *alter ego* in Gestalt der göttlichen Weisheit des Lugh. Der Sonnengott ist genauso gekleidet wie der kleine Held zu Beginn seiner Laufbahn, als die Ulter ihn aus seiner ersten Wutverzerrung abgekühlt und festlich gekleidet hatten. Zwar erscheint Lugh als Krieger, doch nicht als Berserker, sondern in großer Anmut und Leichtigkeit. Er bringt CuChulinn eine Mahnung und eine Beruhigung: Gib deiner Erschöpfung nach. Lege dich dort an dem Grabhügel nieder, wo die Geister der Vorzeit dir neue Kräfte spenden. An solchen steinzeitlichen Gräbern konnten sich die Menschen Orientierung für ihr Leben holen; sie befanden sich oft in der Mitte eines Steinkreises, dessen Steine nach dem Stand der Gestirne ausgerichtet waren.[128]

Lugh verkörpert das göttliche Bewußtsein, das sich in seinem Sohn CuChulinn verleiblicht hat. Er bleibt «wach», während der überforderte Mensch in die Regression eines Heilschlafs am heiligen Ort versinkt.

Danach ist der Held noch einmal gerüstet zu seinem letzten und schmerzlichsten Zweikampf in diesem Krieg.

Die Auseinandersetzung mit dem Waffenbruder Fer-Diad
(Der «dunkle Bruder»)

Während der Zeit ihrer gemeinsamen Lehre bei Scathach waren der ältere Fer-Diad und CuChulinn unzertrennlich miteinander verbunden. Sie liebten sich sehr, teilten alles miteinander und schliefen auf dem gleichen Lager. CuChulinn war Fer-Diads «Bursche» und verrichtete alle Hilfsdienste des täglichen Lebens; außerdem war er auch sein Wagenlenker. Sie hatten sich das Versprechen der Waffenbruderschaft gegeben. Als Maeve Fer-Diad zum Kampf gegen CuChulinn drängt, weigert sich Fer-Diad, bis er einer List erliegt. Als er einmal betrunken ist, erzählt ihm die Königin, CuChulinn habe geprahlt, Fer-Diad werde bei einem Einfall in Ulster als erster von seiner Hand fallen. Außerdem setzt Maeve noch einen Druiden ein, der Fer-Diad mit Spottversen wegen seiner Feigheit bedroht. Da willigt Fer-Diad ein, Maeve schenkt ihm eine goldene Gewandspange und verspricht ihm auch noch die Hand ihrer Tochter Finnabair.

Fer-Diad schickt Fergus als Boten zu CuChulinn, um ihn zu warnen. Als er am nächsten Morgen zur Furt kommt, trifft er CuChulinn noch nicht an, weil der sich erst mit der Sonne zu erheben pflegt. Als er endlich auf seinem Wagen heranfährt, brausen und summen ihm zu Häupten die Geister der Luft, die Dämonen der Täler und die Gespenster der Winde, denn die Kinder der Göttermutter Dana pflegten CuChulinn auf seinen Kriegsfahrten zu begleiten. Nun setzt er sich auf dem Ulster zugewandten Ufer des Flusses nieder, Fer-Diad steht auf der anderen Seite. Sie kündigen sich die Freundschaft. Fer-Diad beschimpft CuChulinn, während dieser an die alte Freundschaft erinnert und den Kampf zu vermeiden sucht.

CuChulinn: Brich nicht unsere Freundschaftsbande,
brich nicht den Eid, den wir geschworen,
brich nicht das Wort, das wir uns gaben.
Edler Krieger, komm nicht her!

Fer-Diad: Zum ersten Mal wirst du besiegt.
Vergiß, daß wir Ziehbrüder waren.
Schieläugiger, mit dir ist's aus![129]

Mit dem «Schielen» sind die ungleichen Augen CuChulinns gemeint. Am *ersten Tag* des Kampfes treiben sie bis zum Mittag die Waffenspiele, die sie gemeinsam bei Scathach gelernt haben. Noch fließt kein Blut. Am Nachmittag greifen sie zu den Speeren, und am Abend sind sie beide «schwarz von Blut». Da schlägt Fer-Diad vor, nun aufzuhören. Sie gehen aufeinander zu, geben sich drei Küsse und pflegen gegenseitig ihre Wunden, teilen das Essen und schlafen zusammen. Am *zweiten Tag* geht es wieder hart zu, sie bringen sich schwere Wunden bei. Doch wieder hören sie mit dem Einbruch der Dunkelheit auf. Sie umarmen und küssen sich und teilen Arznei und Speisen. Am *dritten Tag* bemerkt CuChulinn bei Fer-Diad schließlich eine Veränderung. Der Freund sieht finster aus, der Glanz seiner Haare ist verschwunden, die Augen trübe. So versucht CuChulinn noch einmal, Fer-Diad von dem unsinnigen Kampf abzubringen. Doch dieser beharrt: «Nicht aus Furcht vor dir werde ich weichen. Jeder wird einmal in Lehm und Erde versinken. *Ich weiß, wir gehen an Maeve zugrunde.*» Sie schlagen an diesem Tag noch grimmiger aufeinander ein, diesmal mit den Schwertern. Am Abend hören sie zwar wieder auf, doch trennen sie sich kummervoll und müde und haben keine Gemeinschaft mehr miteinander.

Am Morgen des letzten Entscheidungskampfes kommt Fer-Diad vor CuChulinn an die Furt. Er hat sich nicht nur besonders sorgfältig gerüstet, weil er weiß, daß heute einer von ihnen beiden fallen wird, er hat sich auch geschmückt. Auf seinem Helm glänzen Karfunkelsteine. «An diesem Tag vollbrachte Fer-Diad tausend bestrickende Künste in der Luft, zahlreich und wunderbar, die ihn niemand gelehrt hatte ... Der Gedanke an CuChulinn gab sie ihm ein.»[130] CuChulinn ist entzückt, als er die *Cles* des ehemaligen Freundes sieht, aber er weiß auch, daß Fer-Diad diese Künste gegen ihn selber anwenden wird. So bittet er Laeg, seinen Wagenlenker: Wenn ich irgendwann zu erliegen drohe, so verhöhne mich, damit mein Zorn wach wird!

An diesem letzten Kampftag fällt Fer-Diad die Wahl der Waffen zu, und er entscheidet sich für das «Spiel an der Furt». CuChulinn springt vom Rande der Furt aus auf den Schildbuckel Fer-Diads und versucht, ihm über den Schildrand hinweg den Kopf abzuhauen. Doch der kräftigere Gegner schleudert ihn mehrfach wie einen Spielball zurück. Da beginnt Laeg ein Spottlied, und CuChulinn gerät in seine Wutverzerrung. Laeg spielt ihm unter Wasser den Gae Bolga zu, CuChulinn faßt ihn mit der Zehengabel und schleudert das mörderische Instrument unter Wasser in Fer-Diads After. Der Gae Bolga wird als kurzer Speer geschildert, der, sobald er ins Innere des Feindes eingedrungen ist, dreißig Spitzen entfaltet, die seinen Körper von innen her zerreißen. CuChulinn verzichtet darauf, dem ehemaligen Freund den Kopf abzuschlagen, wie es üblich war. Er trägt ihn an das Ulster zugewandte Ufer des Flusses, und «seine Sinne versanken in Nebel». Er erhebt eine bewegende Totenklage über Fer-Diad. Laeg muß die Mordwaffe aus dem Leib des Toten schneiden, dann fährt er mit seinem Herrn so schnell wie möglich von dannen.[131] Viele Tage liegt CuChulinn nun völlig geschwächt und teilnahmslos darnieder.

Der Zweikampf CuChulinns mit Fer-Diad muß auf verschiedenen Ebenen betrachtet werden.

Auf der *objektstufigen Ebene* bewegt uns das menschliche Geschehen zwischen den beiden Freunden, die Ziehbrüder der Scathach und Waffengefährten waren. Scathach hatte den Freundesbund zwischen den beiden ausdrücklich gestiftet. Sie liebten sich brüderlich, doch die Tragik der Gefolgschaftstreue zwang sie, sich als Feinde zu bekämpfen. Fer-Diad war der härtere von beiden. Durch wüste Beschimpfungen versuchte er, CuChulinn zur Gegnerschaft zu zwingen. CuChulinn erscheint hier in einer menschlichen Sensibilität, die wir bisher noch nicht an ihm kennenlernten. Er bat den Freund flehentlich, auf den sinnlosen Kampf zu verzichten. Fer-Diad wußte aus einer Prophezeiung der Scathach, daß er einst an einer Furt durch CuChulinn fallen würde, und dennoch rannte er verbissen in sein Schicksal. Bewegend wird geschildert, wie jeweils am Abend beide beschließen, den Kampf für heute zu beenden, wie sie sich küssen und miteinander teilen, was sie haben, wie in früheren Zeiten – und wie sich zuletzt die verhängnisvolle Kluft zwischen ihnen auftut und der Kampf damit endet. daß Fer-Diad durch CuChulinn stirbt. In CuChulinn bricht danach seelisch eine Welt zusammen. Er verzichtet auf die Trophäe des Hauptes des Erschlagenen, und er trägt den Sterbenden auf die Seite des Flusses, die nach Ulster zu liegt. Er bringt ihn selber dorthin, wohin der Freund sich und dem Heer den Weg erkämpfen wollte. Dann legt er den Kopf Fer-Diads in seinen Schoß und beweint ihn. Als Laeg den Toten entkleidet, um den verhängnisvollen Gae Bolga aus seinem Leib zu schneiden, bricht CuChulinn in Ohnmacht und Verzweiflung zusammen: nicht nur, weil auch er durch fast tödliche Wunden geschwächt ist, sondern auch, weil er an dem Zwiespalt zwischen Freundschaft und der geforderten Gefolgschaftstreue zu zerbrechen droht. Die Freundschaftsbindung, von Scathach gewollt, bedeutete zunächst für die beiden Bereicherung und Ergänzung. Man kann außerdem vermuten, daß Scathach mit dem Freundschaftsbund der Menschen die alte und die neue Seinsordnung aneinanderketten wollte, doch gleichzeitig besagte ihre Prophezeiung, daß Fer-Diad durch CuChulinn fallen werde. Diesem Verhängnis vermochten sie zuletzt nicht zu entgehen.

Die *subjektive Ebene* fordert eine weitere Gliederung, und zunächst ist zu fragen, was es mit den Kämpfen an der Furt auf sich hat. CuChulinn hatte gefordert, daß ihm namentlich bekannte Gegner einzeln gegenübertreten sollten. Unter dieser Bedingung verzichtete er auf seine unheimliche Allgegenwart im feindlichen Lager, in welches er seine anonymen Geschosse schwirren ließ. Nun schickte Maeve täglich einen Kämpfer an den Grenzfluß. CuChulinn bewachte den «Übergang», denn wenn mit Maeve die hinfälligen matriarchalen Werte vordringen würden, dann wäre das gefährdet, was die Ulter eben erst, mehr schlecht als recht, erworben hatten und was durch den Sohn des männlichen Sonnenbewußtseins verteidigt wurde. CuChulinn hat zwar seine Waffen aus männlicher Hand empfangen, und er wird ausdrücklich der «Sohn des Vaters» genannt, doch die Handhabung seiner Waffen hat er, wie Fer-Diad, bei einer *Frau* gelernt. So ist es denkbar, daß CuChulinn an der «Furt» auch seinen eigenen Zwiespalt zwischen den Welten der alten weiblichen und der jungen männlichen Vorrangstellung auszutragen hatte.

Bei der Frage, wer Fer-Diad ist, stoßen wir auf verschiedene Möglichkeiten der Erklärung seines Namens. MARTIN LÖPELMANN[132] deutet Fer-Diad als «göttlicher Mann». Er stamme aus einem alten goidelischen Geschlecht, das ursprünglich in Cornwall oder Schottland an der britischen Westküste siedelte. Später, als der Clan nach Irland kam, wurde er durch den Clan Rudraige (den Roten Zweig) unterworfen. Von dieser Abstammung her ist Fer-Diads besondere Beziehung zu Scathach und dem alten Matriarchat verständlich, ebenso seine Gegnerschaft zu Ulster. RUDOLF THURNEYSEN leitet den Namen anders ab[133], nämlich aus dem Ortsnamen *Ath Fir Diad* («die Furt des Mannes des Rauches»), dem heutigen Ardee. THURNEYSEN vermutet, daß der «Rauch» die Rauchfarbe meint. Bei beiden möglichen Ableitungen von Fer-Diads Namen wird eines klar: Fer-Diad stammt aus einer anderen Welt als CuChulinn. – Wenn man die «Rauchfarbe» symbolisch sehen will, so kann man in dem «Grauen», Schattenhaften so etwas wie CuChulinns «dunklen Bruder» erblicken, also eine eigene, undurchsichtig männliche Eigenschaft, die im «Nebel» verschwimmt wie des Sonnenhelden Bewußtsein, als er den Freund getötet hatte. Während ihrer Lehrzeit bei Scathach teilten sie alle Geheimnisse miteinander, mit Ausnahme des Wissens um die absolut tödliche Waffe. Fer-Diad war zunächst der «Erwachsenere», doch in CuChulinns Eigenschaft als Wagenlenker kündigt sich schon eine gewisse geistige Überlegenheit gegenüber Fer-Diad an.

Damit sind wir im Hinblick auf die subjektstufige Ebene bei der dritten Fragestellung angelangt: Was könnte die Auseinandersetzung mit Fer-Diad und dessen Tod innerseelisch für CuChulinn selber bedeuten? Was stirbt mit dem «rauchfarbenen» «dunklen Bruder» *in* CuChulinn? Fer-Diad ist, wenn man die Worte ernst nimmt, die er an den ehemaligen Freund richtet, der Vertreter einer fatalen

Gefolgschaftstreue um jeden Preis. Diesem Prinzip ist er bereit, seine innigste Freundschaft zu opfern, selbst wenn er selber daran zugrunde geht. Mit grimmiger Verbissenheit geht er wissend dem eigenen Tod entgegen, fast vergleichbar dem finsteren Hagen in der germanischen *Siegfried*-Sage. CuChulinn erscheint demgegenüber viel beweglicher und schwingungsfähiger, wie es dem keltischen Wesen gemäßer ist. Nachdem er Fer-Diad getötet hat, verzichtet er auf die Trophäe des abgeschlagenen Hauptes. Es ist, als hätte er in dem «dunklen Bruder» den radikalen Aspekt einseitiger Männlichkeit besiegt, einer Einseitigkeit, die zweifellos zu den kollektiv-männlichen Schattenanteilen gehört. Wenn der Sieger auf die Trophäe des Kopfes verzichtet und statt dessen den Toten beweint, dann stellt er sich nicht über, sondern neben Fer-Diad.

Man könnte annehmen, daß CuChulinn damit einen Bewußtseinsschritt getan hat, der über das archaisch-keltische Bewußtsein seiner Zeit hinausführt. Dieser Schritt ist in diesem Augenblick gelungen, aber der Sieg über den männlichen (oder weiblichen) Kollektiv-Schatten ist nie endgültig. Das zeigt in der CuChulinn-Sage später die tragische Begegnung zwischen Vater und Sohn. Noch immer ist der Sonnenheld im Besitz des tödlichen Gae Bolga, noch immer kann er auf diese hinterhältige Waffe nicht verzichten.

In Fer-Diads Worten: «Ich weiß, wir gehen an Maeve zugrunde» klingt die unerbittliche Forderung der besiegten «alten Ordnung» des Seins an, die ihr blutiges Opfer fordert.

Der *Gae Bolga* ist nach der rationalen Beschreibung im CuChulinn-Epos eine hinterhältige Waffe, die eigentlich des Sonnenhelden unwürdig ist. Wenn sie nur «unter Wasser» und «von unten» und hinten anwendbar und wirksam ist, so gehört sie einer unbewußten Schicht des Vertreters des neuen Bewußtseins an; das besagt schon die Tatsache, daß er das Instrument von der Todesmutter erhalten hatte (bei der Beschäftigung mit der Finn-Sage werden wir sehen, inwieweit auch der «Licht-Speer» des Sonnengottes eine destruktive «Hinterseite» besitzt).

Die Entscheidungsschlacht bei Garrach

Nach CuChulinns Ausscheiden aus dem Kampf ist niemand mehr vorhanden, der die Grenzen Ulsters verteidigen kann. Zwar waren einzelne Ulter schon aufgewacht, und der Anführer einer Hundertschaft (Rochad) versucht, dem verlassenen CuChulinn zu Hilfe zu eilen, doch er erliegt einer typischen List Maeves, die ihm ihre Tochter Finnabair entgegenschickt. Um den Preis einer Nacht mit der schönen Blonden macht dieser «Held» mitsamt seinen tapferen Kriegern wieder kehrt. Dieses Ereignis wirkt allerdings wie ein Funke, der ins Heer Maeves überspringt, denn auch dort wachen plötzlich die Männer auf. Sieben der Anführer stellen untereinander fest, daß jedem von ihnen die schöne Finnabair als Preis für die Teilnahme am Heereszug versprochen worden war. Nun machen sich diese Männer, die alle aus Munster stammen, gemeinsam auf, um sich für diese Demütigung an Maeve und Aillil zu rächen. Es gibt ein furchtbares Blutbad mit siebenhundert Toten. Das Heer Maeves ist zerfallen, und Finnabair fällt vor Scham tot um, als sie von diesen Ereignissen erfährt. Maeve hat keine Zukunft mehr, da mit ihrer Tochter auch die Hoffnung auf ihre eigene Verjüngung verlorenging.

Nun macht sich CuChulinns irdischer Vater *Sualtam* auf den Weg, um die verschlafenen Ulter aufzurütteln. Doch auf seinen Ruf: «Die Männer von Ulster werden erschlagen, die Frauen werden gefangen abgeführt, und das Vieh wird geraubt!» reagieren die Ulter keineswegs angemessen. Sie starren den Rufer wie blöde an, und der Druide Cathbad erklärt gar: «Dieser Mann muß sterben, weil er den König stört!» Sualtam ist verzweifelt. Er wirft sein Pferd so jäh herum, daß ihm der Kopf durch seinen eigenen scharfen Schildrand vom Leibe gerissen wird, doch selbst der Kopf ruft noch weiter.

Da begreift endlich der König die unmittelbar drohende Gefahr. Er und seine Mannen kommen zu sich. Der Bann der «Schwäche» ist gebrochen, und alle eilen zu den Waffen.

Wieder wird eine ausgiebige Heerschau abgehalten, mit genauer Beschreibung aller Helden, die angetreten sind. Nur CuChulinn liegt noch kampfunfähig darnieder. Die *große Entscheidungsschlacht* im Zentrum Irlands (Meath) bei *Garrach* läuft jedoch nur langsam an.

Die Männer von Ulster sind zwar alle versammelt, aber sie schlafen sehr lang in ihren Zeltlagern. Im Morgengrauen kämpfen zunächst die *Viehhüter* alleine gegen das Heer der Maeve, bei Sonnenaufgang erheben sich schließlich die Vornehmeren, doch die *Könige* schlafen noch immer! Mancher beginnt im Schlaf zu reden und fragt, wer da von Kampf und Krieg spricht. Doch alle antworten: *«Schlaft nur, schlaft – doch die Wächter seien auf der Hut.»* Selbst der König Conchobar spricht die beruhigenden Worte: «Wartet noch ein Weilchen, bis die Sonne über allen Bergen Irlands aufgegangen ist.»

Endlich schickt CuChulinn, der dies alles beobachtet hat, seinen Wagenlenker Laeg, um die Träumer zu wecken. Und als es allerhöchste Zeit ist, stürzen die Männer von Ulster *nackt* aus ihren Zelten in die Schlacht.

Diese Schilderung klingt ironisch und soll wohl teilweise auch so verstanden werden. Es klingt beschämend, wenn nur das «Volk» um seine Viehbestände (also seinen Reichtum) kämpft, während die Vertreter des eigentlichen Bewußtseins, die Anführer und der König, noch schlafen, doch erinnern wir uns daran, daß das neue «Sonnen-Bewußtsein» noch keineswegs stark ist. (Auch bei uns benötigen die Knaben in der Regel längere Zeit zur seelischen Reifung als die Mädchen, sie sind also noch länger «verschlafen».) CuChulinn pflegte auch erst mit der voll aufgegangenen Sonne zu erwachen, während die Vertreter der Gegenseite viel früher zur Stelle waren. Auch die Tatsache, daß die Ulter sich schließlich in allerletzter Minute nackt in den Kampf stürzten, weil zum Ankleiden keine Zeit mehr blieb, haben die späteren Erzähler spöttisch angemerkt. Dahinter steht jedoch ein von den Römern oft beschriebener Brauch, nämlich daß die Kelten mitunter in kultischer Nacktheit, das heißt im Dienste der Götter, zu kämpfen pflegten und daß sie dann besonders gefürchtet, weil todesmutig waren. Die große «Entscheidungsschlacht bei Garrach» war sicher ein besonderer Kampf mit kultischer Bedeutung. Der König und CuChulinn sind «Söhne der Sonne» und folgen deren Lauf, daher stehen sie erst bei Sonnenaufgang auf; demnach ist auch die Schlacht bei Garrach kein gewöhnlicher Krieg, sondern eine Kulthandlung.

Im Lager der Königin Maeve hatte inzwischen *Fergus* sein Zauberschwert zurückerhalten, das ihm einst Ailill entwendet hatte. Nun stürzt sich Fergus in den Kampf, um sich an Conchobar für den Verrat zu rächen, der ihm angetan worden war. Da hält es auch CuChulinn nicht mehr auf seinem Krankenlager. Er zerreißt alle Verbände. Seine Wutverzerrung ergreift ihn, und er ruft in der Schlacht herausfordernd nach Fergus. Der stellt sich, und CuChulinn brüllt ihn an: «Weiche von mir!» Fergus weiß, daß er seinem Gegner und Freund eine Gegenleistung schuldig ist, denn er hatte vorher an der Furt sein Wort gegeben, daß er beim nächsten Mal vor CuChulinn zurückweichen würde. Das tut er nun, und mit ihm seine Dreitausendschaft. Es ist Mittag, die Sonne steht im Zenith. Die Schlacht ist damit entschieden, der Sonnensohn hat über das Heer Maeves gesiegt, und die Königin ergreift die Flucht.

Fergus wird von den Keltologen oft als ein recht zweifelhafter Held dargestellt, der leicht dem Alkohol und den Versuchungen eines Festes erliegt und darüber Wichtigeres vergißt. Die Erzählung von Derdriu und den Uisnech-Söhnen scheint das zu bestätigen. Auch daß ihm während eines Liebesabenteuers mit Maeve sein gutes Schwert gestohlen wird, gereicht ihm nicht zur allgemein gültigen Männerehre. Dennoch ist Fergus der einzige, dem eine persönliche Beziehung letztlich mehr gilt als die Ehre der Gefolgschaftstreue. Er hatte sich entschieden, Conchobar zu verlassen, weil dieser ihn zu dem schändlichen Verrat gegen die Uisnech-Söhne mißbraucht hatte. Und als ihn Maeve, der er scheinbar hörig war, in den Kampf gegen CuChulinn schickte, nahm er keine Waffen mit, sondern er *sprach* mit dem Freund. Er vermochte das, wozu Fer-Diad nicht imstande war. Auch jetzt ist er mitten in der Kampfeswut gegen Conchobar noch ansprechbar und hält sich an die Vereinbarung, die er mit CuChulinn getroffen hatte.

Fergus zieht nun dem fliehenden Heer Maeves nach und deckt den Rückzug. Da kann Maeve ihren lang gestauten Urin nicht mehr zurückhalten. Sie bekommt ihren «Blutschwall», der für sie auch bei anderen Gelegenheiten typisch ist. Fergus und seine Männer müssen sie mit ihren Schilden decken. Sie gibt wahre Sturzbäche von sich, die tiefe Gräben in die Landschaft reißen und alles Gras und die Erde mit sich fortschwemmen. Nur das nackte Gestein bleibt noch übrig. Wo Maeve ihrer angestauten Wut freien Lauf läßt, wächst buchstäblich kein Gras mehr! Das *Negativ*-Weibliche zerstört im Zorn des Rückzuges die Fruchtbarkeit der Erde.

In dieser peinlichen Situation holt CuChulinn die Königin ein. Er verzichtet darauf, sie zu erschlagen, und sichert ihren Rückzug, bis sie verschwunden ist. Dies war aber wohl nicht *nur* eine ritterliche Geste, denn Maeve verkörperte eine alte, wenn nun auch ins negative Gegenteil umgeschlagene Muttergottheit[134]. Die «Mutter Irland» oder die «Mutter-Erde» aber darf keiner ungestraft umbringen. Man läßt sie ziehen, und sie wird im «Untergrund» weiter lebendig bleiben – wie das Elfenvolk, das, unter den Grabhügeln verborgen, stets gegenwärtig ist.

Den Stier *Donn* freilich führen die Connachter mit sich fort. Als er das Revier des *Finnbennach* betritt, stößt er ein herausforderndes Gebrüll aus.

Der Kampf der Stiere

Wie um den eigentlich kosmischen Charakter des Geschehens noch zu unterstreichen, wird der fürchterliche Kampf der Stiere in aller Ausführlichkeit geschildert. Sie kämpfen, so heißt es, den ganzen *Tag* lang vor den Männern Irlands. Bei *Nacht* aber vernimmt man das Tosen ihres rasenden Laufes um die Insel. Als am *Morgen* Donn westlich von Cruachan, dem Sitz der Königin Maeve, vorbeikommt, trägt er auf seinen Hörnern die Überreste des zerstückelten Finnbennach. Schleudernd verteilt er alle Glieder und Innereien des Gegners über Irland. Am *Abend* zieht er weiter in seine Heimat nach Ulster. Als die *Sonne sinkt*, bricht er selber tot zusammen.

Zum Abschluß der Erzählung der Geschichte des Rinderraubes von Culy stellt sich noch einmal die Frage, wer diese beiden Stiere sind und was sie miteinander austragen. Sind es alte Stammeskämpfe, ist es die Auseinandersetzung zwischen männlicher und weiblicher Weltenordnung?

Stiere sind natürlich männliche Tiere. Die Symbolik der Hörner begegnet uns in vielen alten Kulturen. Manche Forscher bringen sie zwar mit der Mondsymbolik und der weiblichen Welt in Zusammenhang, andere betonen aber ebenso entschieden, daß der Stier Aus-

Darstellung eines Stier-Opfers (Silberkessel von Gundestrup)

druck männlicher Zeugungskraft und daher ein eindeutig männliches Sinnbild sei.[135]

Letztere Auffassung hat viel für sich, man darf sie nur nicht absolut setzen. Der Stier ist, genauso wie der Löwe oder die Mischgestalt der Sphinx oder des Greif, ein Ausdruck herrscherlicher Macht und Kraft und steht überall im Dienst der Herrscherin oder des Herrschers. In frühen Zeiten sind dies weibliche Muttergöttinnen, so in Kreta, im Zweistromland der Frühzeit und in der vorkeltischen Kultur der Jungsteinzeit und der Bronzezeit. In Ägypten trägt die Sphinx, je nach den jeweiligen Herrschern, männliche oder weibliche Züge.

Der Stier *Finnbennach* ist durch seine Farben gekennzeichnet: weiß und rot. Weiß wie der Schnee soll die Hautfarbe einer schönen Frau sein, rot wie Blut ihre Lippen. Das weiße (silbrige) Gehörn deutet auf die Beziehung zum Mond. Dieser Stier stand also zunächst im Dienst der weiblichen Ordnungsmacht – so lange, bis diese in ihre negative Möglichkeit, den weiblichen Machtkampf und die weibliche Zerstörungswut, umschlug.

Der dunkle *Donn* ist ein Todesdämon, die Nachtseite des lebenspendenden Sonnengottes. Der Kampf zwischen Ulster und Connacht begann an Samuin, dem Zeitpunkt des Eintauchens der Sonne in die Unterwelt. Die zerstörerisch-männliche Macht wurde vielleicht durch die negativ-weibliche Seite evoziert. Sie tragen einen anscheinend sinnlosen, tödlichen Kampf aus. Donn zerstückelt Finnbennach, ähnlich wie der finstere Seth den lichten Osiris. Wie ein Ferment verstreut Donn die Reste des Mondenstieres über die Erde, doch zuletzt bricht er selber zusammen und begeht seine Sühne-Todes-Hochzeit mit der heimatlichen Erde.

Der Kampf der Stiere erinnert an einen alten Stierkult, den HANS HARTMANN erwähnt. Donn und Cromm waren Unterweltsgötter, die im Stieropfer sich selber geopfert wurden (vergleichbar dem Dionysos, dem das «Böcklein» geopfert wurde, das er selber war.) JAN DE VRIES schildert den Brauch des «Stierschlafens». Um den richtigen neuen König ausfindig zu machen, ißt sich ein Mann am Fleisch eines geopferten Stieres satt, er nimmt also gleichsam die «Stierkraft» in sich auf. Dann legt er sich auf oder in der Haut des Stieres zum Schlafen nieder. Indem er symbolisch in die Haut des Stieres hineinschlüpft, wird er im Traum ein Bild des wahren Königs schauen und dann mitteilen können. Daß der König als «Stier» gesehen wurde, haben wir in der Sage von Derdriu erfahren, in welcher der König Conchobar als «der Stier von ganz Irland» bezeichnet wird.

Nun gibt es eine *Darstellung des Stieropfers* auf der zentralen Bodenplatte des Silberkessels von Gundestrup. Die Reliefs dieses Kessels geben bisher nur schwer lösbare Rätsel auf, doch auf der Bodenplatte liegt inmitten des Kessels der geopferte Stier. Er ist zusammengebrochen, umrankt von pflanzlichen Ornamenten. Über ihm schwebt, wie in wirbelnder Ekstase, eine weibliche Gestalt mit gezücktem Schwert, sie mag ihm den Todesstreich versetzt haben. Die Erde trinkt sein Blut, und die Vegetation sprοßt aufs neue. Ein nach der linken Seite springender Hund zeigt die Richtung zum Land des Todes an, in das der Stier befruchtend eingeht. Die Gestalten unterhalb des Stieres können noch nicht sicher gedeutet werden – allenfalls kann die zusammengeringelte Gestalt rechts unten einen Embryo darstellen, der auf künftig neues animalisches Leben hinweist. Der Stier verkörpert also eine männlich-königliche Macht, die aber immer wieder sterbend in die Erde eingehen muß, um sich zu erneuern. Die Erde trinkt das Blut des Stieres – und dies kann der Sinn eines alten, matriarchalen Stierkults gewesen sein, der in der Opferung des Tieres gipfelte. Später wurde diese heilige Hochzeit *(Hieros gamos)* in Irland symbolisch mit Eriu, der Mutter Erde, vollzogen.

Der Tod der *beiden* Stiere am Schluß der *Tain* kann versinnbildlichen, daß das Stieropfer weder Sieg noch Niederlage der weiblichen oder männlichen «Vormacht» zeigen will. Der Kampf an der «Furt» zwischen Matriarchat und Patriarchat ist ein zwar notwendiges Übel, doch der Opfertod macht deutlich, daß es letztlich um kein «Entweder-Oder» zwischen der archetypischen Macht des Weiblichen und des Männlichen geht. Das gilt nicht nur für die fast kosmisch anmutende Ebene des Kampfes zwischen Donn und Finnbennach, sondern ebenso für die kollektive Ebene der männlich-weiblichen Neuorientierung, die sich in unseren Tagen anbahnt und die gleichermaßen hinter jeder persönlichen Begegnung zwischen Mann und Frau wirksam ist.

CuChulinns Kampf mit seinem Sohn Conlai[136]

Wann der Kampf zwischen Vater und Sohn innerhalb des CuChulinn-Zyklus anzusetzen ist, bleibt ungewiß, alle Zeitangaben in den mythischen Erzählungen sind relativ. Manche Autoren lassen ihn vor, andere nach der *Tain* stattfinden. Von der inneren Konsequenz her gesehen scheint mir der Zeitpunkt nach dem Krieg gegen Maeve sinnvoller zu sein.

Wir hörten bereits, daß CuChulinn die Amazone Aife in Alba verließ, bevor ihr gemeinsamer Sohn zur Welt kam. Als dieser Sohn sieben Jahre alt war, paßte ihm der Daumenring seines Vaters, und er machte sich auf den Weg nach Irland. Vor seiner Abreise teilte die Mutter dem Sohn die drei *Gesa* mit, die CuChulinn über den Sohn verhängt hatte. Danach durfte er sich durch keinen Einzelnen von seinem Weg abbringen lassen, er durfte ferner keinem Einzelnen seinen Namen nennen, und schließlich durfte er keinen Zweikampf verweigern.

Als nun die Ulter eines Tages auf ihrem «Hügel der Herrschaft» versammelt sind, naht sich dem «Strand der Krieger» ein kleines Bronzeboot. Es hat vergoldete Ruder, und in ihm sitzt ein kleiner Knabe. Er vergnügt sich damit, daß er mit Schleudersteinen, die im Boot angehäuft sind, derart geschickt auf Vögel schießt, daß diese, durch das Sausen des Steines nur betäubt, ins Boot fallen, aber nicht getötet werden. Nachher fliegen sie unversehrt wieder fort. Diese Geschicklichkeit des kleinen Jungen macht dem König Conchobar Angst, und er meint: «Wenn dieser Knabe erwachsen wäre, würde er uns alle zermalmen!»

Um zu erkunden, was der Knabe im Sinne hat, schickt Conchobar zunächst einen redegewandten Boten mit Namen Condere Echach an den Strand. Doch alle Überredungskünste fruchten nichts. Der Junge verschweigt hartnäckig seinen Namen. Als zweiter wird Cu-Chulinns Ziehbruder Conall Kernach geschickt. Diesen betäubt Conlai mit dem Sausen seiner Steine, wie vorher die Vögel. Er fesselt ihm mit seinem eigenen Schildriemen die Hände und schickt ihn so mit Schimpf und Schande zurück. Zuletzt wird CuChulinn geholt. Er ahnt nichts Gutes, und seine Gemahlin Emer versucht, ihn zurückzuhalten, weil auch sie vermutet, wer der Knabe ist. Doch CuChulinn weist sie zurück mit den Worten: «Selbst wenn er es wäre, müßte ich ihn erschlagen, um Ulsters Ehre zu retten.»

Seine *Cles* spielend nähert sich CuChulinn dem Strand. Schon an diesen Kunststücken hätten sich Vater und Sohn erkennen können. Auf die Frage nach seinem Namen und seiner Herkunft bittet der Knabe flehentlich, es möchten zwei Männer kommen, dann könne er seinen Namen preisgeben. Auch das hätte für den Vater ein Erkennungszeichen sein müssen. Aber er läßt sich auf nichts ein.

Wir sehen den kleinen, siebenjährigen Knaben in seinem Bronzeboot übers Meer fahren. Die Ruder sind golden. Es ist also kein gewöhnliches Boot, es leuchtet vielmehr wie die Sonne, die aus dem Meer emporsteigt, und es ist von Vögeln umschwirrt wie der Kampfwagen CuChulinns. Die Ankunft des Bootes mit dem Knaben wirkt wie die Erscheinung eines jungen Gottes, denn dieser Knabe macht einen fast noch unirdischen Eindruck. Die Leichtigkeit, mit der er seine Spiele mit den Vögeln treibt, erinnert nicht nur an die *Cles* seines Vates, sondern auch an die anmutig leichte, für gewöhnliche Sterbliche unsichtbare Erscheinung seines göttlichen Ahnen, des Sonnengottes Lugh.

Man sollte meinen, daß dieser anmutige Knabe mit allgemeinem Jubel empfangen würde, doch der alternde König Conchobar bekam Angst. Er fürchtete sich bei dem Gedanken daran, daß dieser Junge als erwachsener Mann ihm selber überlegen werden könnte. Er konnte sich nichts anderes vorstellen, als daß Kraft, Wendigkeit und Klugheit mißbraucht würden. Hier wird zunächst zwischen dem alternden König und dem Knaben die alte Vater-Sohn-Problematik sichtbar, die erst in zweiter Linie der Vater CuChulinn übernimmt, indem er sich mit Conchobar und der «Ehre Ulsters» identifiziert. Zudem steht zwischen CuChulinn und Conlai das Verhängnis der drei Tabus, die der Vater selber wie Fesseln um seinen Sohn gelegt hat, noch bevor er geboren war.

Solche lebenverhindernde «Gesetze» zwischen Eltern und Kindern sind auch heute keine Seltenheit. So kann etwa ein Sohn zu dem einzigen Zweck gezeugt werden, daß er einmal das Erbe der väterlichen Firma antreten soll. Der Vater hat damit von vornherein die Laufbahn seines Sohnes bestimmt, er hat genau festgelegt, was der Sohn darf und was nicht. Er darf sich beispielsweise nur als Firmenchef einem Gefolgschaftskollektiv gegenüber zu erkennen geben, beileibe nicht als der *Mensch,* der er in Wirklichkeit ist und der einen persönlichen Namen trägt. Nur die Funktion gilt – angeblich sind solche Anweisungen «nur gut gemeint». Der Sohn soll zum Ebenbild des Vaters werden, aber auf keinen Fall darf er den Vater übertreffen. Die Frage, welche Möglichkeiten ganz anderer Art vielleicht in dem Kind bereitliegen, wird nicht gestellt. Die schöpferische Anlage aber will «spielen», und eben dieses kreative Spiel wird dem Knaben durch den Wall von «Gesetzen», die um ihn errichtet wurden, verwehrt.

Natürlich haben auf den ersten Blick die drei *Gesa,* die CuChulinn für seinen Sohn aussprach, auch positive Seiten. Es entspricht durchaus dem Heldenideal, sich zumindest durch keinen einzelnen Menschen kampflos von dem Weg abbringen zu lassen, den man einmal als den richtigen zu erkennen glaubte. Merkwürdig freilich bleibt, warum der Sohn sich keinem Einzelnen zu erkennen geben darf, denn die Auseinandersetzung mit dem *namentlich* bekannten Gegner hat ja CuChulinn selber neu gelernt. Allerdings kann man sich vorstellen, daß es für einen tyrannischen Vater Aug' in Auge gefährlich werden kann, wenn sein Sohn ihm allzu deutlich sein Spiegelbild zeigt. In solchen Augenblicken kann die Gegenwart eines Dritten einen gewissen Schutz bieten; außerdem sind nahe Verwandte durch ihre innere Ähnlichkeit mitunter füreinander blind. Daß Conlai keinen Zweikampf verweigern darf, entspricht wiederum der ritterlichen Tugend der damaligen Zeit.

CuChulinn tritt seinem Sohn wie einer entgegen, der um das Verhängnis weiß. Er selber steht wie unter einem Zwang, nämlich dem der Gefolgschaftstreue gegenüber Ulster. «Selbst wenn er mein Sohn wäre, müßte ich ihn erschlagen, um Ulsters Ehre zu retten.» Das klingt merkwürdig aus dem Munde des Mannes, der den alten Waffenbruder Fer-Diad flehentlich bat, den sinnlosen Kampf zu vermeiden – und der auf den Vorschlag des Fergus, sich als Freunde auszuweichen, so positiv geantwortet hatte. Daher liegt die Frage nahe, ob die Auseinandersetzung mit Conlai vielleicht *vor* der *Tain* lag. Diese Annahme böte eine gewisse Befriedigung für unseren Wunsch, logisch zu denken. Es könnte aber auch sein, daß der grausige Kampf zwischen Vater und Sohn in diesem Fall noch einer anderen Logik folgt.

Conlai verweigert folgerichtig auch CuChulinn seinen Namen. Selbst wenn ihr Inneres es weiß, kennen sich Vater und Sohn doch nicht. So gehen sie aufeinander los. Zu Beginn des Kampfes schert Conlai dem Vater mit einem Schwerthieb das Haar ab. Das wirkt wie eine symbolische Enthauptung, und für CuChulinn bedeutet der Verlust der Haare eine schlimme Entehrung. Als nächstes wirft der Sohn den Vater im Ringkampf nieder, und schwimmend taucht er ihn dreimal unter. Der Knabe scheint in allen Künsten der Überlegene zu sein – für CuChulinn eine tödliche Bedrohung, und deshalb greift er zum Gae Bolga. Im Wasser schleudert er, wie immer, die mörderische Waffe mit der Zehengabel ab und jagt sie dem Jungen durch den After in den Leib. Conlai, der «seine Eingeweide unter den Füßen hat», beklagt, daß der Gae Bolga die einzige Kunst sei, die Scathach ihn nicht gelehrt habe. Da begreift CuChulinn endlich, was er angerichtet hat. Er nimmt seinen tödlich getroffenen Sohn auf die Arme, wie einst den Freund Fer-Diad, und trägt ihn ans Ufer zu den Ultern mit den Worten: «Hier habt ihr meinen Sohn.» Hier habt ihr mein Opfer, so könnte er auch sagen. Von Stund an macht er von dem Gae Bolga keinen Gebrauch mehr.

Vater und Sohn umarmen und küssen sich. Conlai läßt sich jeden der Ulter mit Namen nennen und nimmt mit einer Umarmung Abschied. Dann stirbt er mit den Worten: «Hätte ich nur fünf Jahre unter euch leben dürfen, so hätte ich für euch die ‹Männer der Welt› bezwungen und euer Königreich bis Rom ausgedehnt.»

Mit dem siebenjährigen Knaben sterben kühne Phantasien. Er wollte «die ganze Welt erobern», aber eben das konnte nicht der Realität entsprechen. Vielleicht mußte CuChulinn mit dem Heldenknaben seine eigenen Größenphantasien sterben lassen, vielleicht aber spiegelt sich im tragischen Tod des Conlai ein Ausschnitt der keltischen Kulturepoche, in welcher zwar das männliche Sonnenbewußtsein in CuChulinn geboren wurde, aber noch nicht zur vollen Männlichkeit auszureifen vermochte. Der «Wutverzerrte» zerstörte sich selber von innen. Wenn wir den Maßstab unserer Zeit anlegen, so können wir auch sagen, daß CuChulinn noch kein erwachsener Mann war, weil er als Vater seinem Sohn keine Niederlage eingestehen konnte.

CuChulinns Krankenlager und Emers einzige Eifersucht[137]

Seit dem Tod «seines» Heldenknaben ist CuChulinn wohl gealtert. Zwar wird er immer noch als «bartlos» geschildert, doch in seinem Leben hat sich etwas verändert. Wenn er früher in Not geriet, erschien ihm die Gestalt seines göttlichen Vaters, um ihm zu helfen. *Jetzt* bricht eine weibliche Feenwelt über ihn herein, der er hilflos ausgeliefert ist.

Die Ulter schicken sich an, das große Jahresfest von Samuin zu feiern. Wir wissen, daß sich um diese Zeit die Feenhügel öffnen und der Austausch zwischen dem Diesseits und Jenseits der rationalen Welt in Fluß gerät. So geschieht es auch diesmal. Während einer Verzögerung des Festes läßt sich ein Vogelschwarm vor CuChulinns Burg nieder. Diese Vögel sind so herrlich, daß jede Frau von Ulster davon ein Paar auf ihren Schultern sitzen haben möchte (um damit ein wenig vom Glanz der Feen um sich zu haben!). Da man um CuChulinns Geschick in der Vogeljagd weiß, schickt man zu ihm das alte Spruchweib Leborcham, die dem Widerstrebenden seine Schuld an den Ulter Frauen vor Augen hält: Sie sind alle in den Helden verliebt und folglich einäugig geworden, denn sie identifizierten sich mit CuChulinns Aussehen in der Wutverzerrung, als er sein eines Auge in der Tiefe seines Gesichtes verschwinden ließ. Dieser Hinweis auf seine Schuld überzeugt CuChulinn. Er vollführt seinen «Vogeljagd-Cles», einen Kreissprung in der Luft, und versetzt den Vögeln dabei solche Schläge, daß sie mit Flügeln und Füßen am Wasser hängenbleiben und die übrigen Männer sie leicht ergreifen können. Emer verteilt die Beute unter die Frauen, nur für sie selber bleibt nichts übrig. Zum Trost kommt jedoch sofort noch ein herrliches Vogelpaar über den

See geflogen, das mit einer goldenen Kette aneinandergebunden ist. Als CuChulinn die Schleuder auf das Vogelpaar anlegt, ahnt Emer nichts Gutes, und sie warnt ihn: «Hinter diesen Vögeln steckt irgendeine Macht. Du kannst mir andere Vögel fangen.» CuChulinn, der immer trifft, verfehlt diesmal sein Ziel und schleudert wütend seinen Speer hinterdrein, mit dem er einem der Tiere das Flügelgelenk verletzt, worauf beide tauchend verschwinden.

CuChulinn legt sich darauf verärgert mit dem Rücken auf einen flachen Stein, schläft sofort ein und hat einen *Traum:* Zwei schöne Frauen nahen sich ihm, die eine in einem grünen, die andere in einem purpurroten Mantel. Lachend schlagen sie mit einem Pferdestachel so lange auf ihn ein, bis er dem Tode nahe ist. Dann verschwinden sie. Nach diesem Traum hat CuChulinn seine *Sprache verloren.* Man trägt ihn nach Emuin Macha, wo er ein Jahr lang liegt. Keiner kann ihm helfen. Endlich, einen Tag vor dem nächsten Samuin, erhält er Besuch von einem fremden Mann. Der setzt sich auf sein Lager und beginnt ein Preislied zu singen über den «Glanz der Frauen», *Liban.* Diese Liban, Tochter des Labrid («schnell die Hand am Schwert»), läßt ihm ausrichten, ihre Schwester *Fann* sehne sich nach CuChulinn. Liban selber werde noch diesen Abend erscheinen. Der Fremde nennt seinen Namen, Oengus mac Aeda Abrat[138], und verschwindet.

CuChulinn kann nun zwar wieder sprechen, aber er ist ratlos. Darum erzählt er König Conchobar seinen Traum. Der König rät ihm: «Mach dich auf und geh zu jenem Stein», auf dem schlafend du diesen Traum hattest. Als CuChulinn zu dem Stein kommt, trifft er Liban. Wie im Traum vor einem Jahr trägt sie einen grünen Mantel. Sie erklärt, sie und ihre Schwester seien vor einem Jahr in Gestalt von Vögeln zu ihm gekommen, um seine Freundschaft zu erbitten. Weil er sie verletzt habe, hätten sie ihn geschlagen. Jetzt werde sie, Liban, von Fann geschickt, der Tochter Aed-Abrats («Wimpernfeuer»). Fann habe ihren Gemahl, den Meer- und Jenseits-Gott Manannaun, verlassen und sich unter den Schutz von Libans Vater Labrid begeben. Dieser Labrid bitte nun CuChulinn, ihm für einen Tag im Kampf gegen zwei dämonische Feinde beizustehen. Als Dank dafür wolle Labrid CuChulinn die herrliche Fann überlassen.

CuChulinn ist zunächst mißtrauisch und schickt seinen Wagenlenker mit Liban ins Elfenreich. Obwohl er selber elfischer Abstammung ist, wird Laeg diese Reise unheimlich. In einem kleinen Bronzeschiff (wie CuChulinns Sohn) fahren sie über einen See ins Jenseits zu Labrid, der sie recht unwillig empfängt, weil CuChulinn noch nicht selber mitgekommen ist. Doch bevor Labrid den Lenker mit Liban zurückschickt, bekommt Laeg noch die wunderschöne Fann zu sehen, «die Träne, die aus ihres Vaters Abrad Auge rinnt».

Wieder bei CuChulinn angekommen, singt Laeg seinem Herrn ein *Preislied auf das jenseitige Land:*[139]

> Ein heiteres, schönes Land sah ich,
> Wo nicht Betrug und Lüge herrschen...

Es ist das Land der «sündlosen Liebe», und

> Fanns Gestalt, wie ich sie sah,
> hat dort ihresgleichen nicht.

Es gibt noch viele andere weibliche Schönheiten,

> doch die Frau, die ich dir nenne,
> raubt den Menschen den Verstand.

Begreiflicherweise wird CuChulinn die Sache unbehaglich. Deshalb bittet er seine Frau Emer, ihn zu besuchen. Er erzählt ihr, daß die Liebe und Schönheit der Feenfrauen ihn krank gemacht haben. Da beschimpft Emer zunächst CuChulinns Wagenlenker, «daß du, der du Zugang zum Sidh hast, keine Heilung für deinen Herrn findest!» Dann versucht sie, ihren Mann aufzurütteln. Es sei eine Schande für ihn, sich durch die Liebe einer Fee krank machen zu lassen. Doch alle Appelle der Ehefrau an den «lenkenden» Verstand ihres Mannes bleiben ergebnislos. CuChulinn zieht mit Liban in das Land der Feen, zumal Laeg die Dringlichkeit seiner Hilfe im Kampf des Labrid gegen die Dämonen nochmals betont. CuChulinn besiegt dann die Feinde des Labrid. Dabei gerät er in die altbekannte Kampfeswut, die erst abgekühlt werden muß, damit er kein Unheil anrichtet. Nachdem er den notwendigen drei Fässern mit kaltem Wasser entstiegen ist, steht er in voller Pracht vor den Bewohnerinnen des Sidh:

... und auf jeder seiner Wangen
roter Schimmer gleich wie Blut,
grüner Schimmer, blauer Schimmer,
Purpurschimmer leicht gefärbt.

Siebenfach sein Augenlicht –
leicht zu blenden ist er nicht!
Und das stolze Aug' umrahmen
Wimpernbogen schwarz wie Pech.

Auf dem Kopf des Trefflichen,
den man rühmt in Irlands Grenzen,
Haar von drei verschiednen Farben.
Jung und bartlos ist der Mann ...[140]

CuChulinn bleibt einen Monat bei Fann, dann kehrt er zurück ins Land der äußeren Wirklichkeit. Doch die Sehnsucht bindet beide aneinander, und oft treffen sie sich am «Ende des Strandes» im Schutz einer Eibe.

Emer, die bisher nie eifersüchtig war, erkennt die Gefahr. An sich war zur damaligen Zeit die Gastprostitution allgemein üblich; in diesem Sinn waren auch CuChulinns Beziehungen zu Aife und zur Tochter Scathachs zu verstehen. Mit ihnen war keinerlei Verpflichtung oder gar persönliche Bindung von Dauer geknüpft. Die Elfe Fann hatte CuChulinn jedoch in ihren Bann geschlagen, und Emer beschließt, sich dagegen zu wehren. Beim nächsten Stelldichein ihres Gemahls an der Eibe (dem heiligen Zauberbaum) erscheint sie mit fünfzig Frauen und einem geschliffenen Dolch, um die Rivalin aus der Welt zu schaffen. Sie stellt CuChulinn zur Rede und fragt ihn: «Was bewog dich, mich zu entehren ... vor den vielen Frauen Irlands ...?» CuChulinn bettelt wie ein kleiner Junge: «Warum willst du mir nicht eine kurze Frist bei dieser Frau gewähren ...?» Emer aber antwortet: «Das Weib, dem du nachläufst, ist nicht besser als ich. Nur das Neue reizt dich.»

Da wird er unsicher, und er beteuert: «Bei meinem Wort, du bist mir lieb und wirst es bleiben, solange du lebst.» Da fragt Fann: «Also verläßt du mich?» Emer antwortet ihr: «Er wird wohl mich verlassen.»

Da stimmt die Fee ihre Klage an und entschließt sich, ins Elfenland zurückzuziehen, ehe sie verstoßen würde. Nun erbarmt sich ihrer der Gemahl Manannaun, den sie um CuChulinns willen verlassen hatte. Er kommt aus Osten übers Meer und nimmt Fann wieder mit sich in die Anderswelt.

CuChulinn ist fassungslos und begreift nicht, daß sie auf einmal verschwunden ist. Als Laeg ihm erklärt: «Fann geht mit Manannaun davon, weil sie dir nicht gefallen hat», tut CuChulinn drei gewaltige Sprünge des Wahnsinns und landet auf der Höhe von Luachra. Dort lebt er lange Zeit ohne Speise und Trank und schläft auf der Straße. Endlich gelingt es den Druiden, den völlig Verwahrlosten mit ihren Zauberliedern zu besänftigen. Sie reichen ihm und Emer einen Vergessenstrunk, und Manannaun schüttelt seinen Mantel zwischen CuChulinn und Fann, damit sie sich nie wieder begegnen können.

Man muß an der Geschichte von CuChulinns Beziehung zu Fann nur wenig ändern, um sie in einen glaubhaften Bericht aus unseren Tagen umzuschreiben:

Ein Mann mittleren Alters hat immer noch sein jugendliches Aussehen von einst, er hat etwas bestrickend Knabenhaftes an sich. So ist es kein Wunder, daß sich alle Frauen in ihn verlieben und dadurch auf einem Auge «blind» werden; sie sind ihrer kritischen Fähigkeiten im Hinblick auf diesen Mann beraubt.

Bisher bestand eine feste Bindung zwischen diesem Mann und seiner Ehefrau, sie wußte, daß er stets zu ihr zurückkehren würde, daher bestand für sie kein Grund zur Eifersucht. Bei einem großen Fest glänzte der Mann wieder mit all seinen ungewöhnlichen Fähigkeiten. Seine Frau ist stolz auf ihn. Er holt die herrlichsten «Vögel» aus der Luft, und seine Frau verteilt die Beute großzügig unter alle anderen Teilnehmerinnen. In Gegenwart dieses einen Mannes fällt auf sämtliche Damen um ihn etwas wie ein elfischer Glanz, so vermag er sie zu inspirieren! Nur wird auf einmal klar, daß von all den herrlichen Gaben für seine eigene Frau nichts mehr übrig bleibt. Zwar tröstet er sie: die nächsten Vögel bekommst du ganz allein, doch die «Vögel», die nun auftauchen, sind der Frau unheimlich. Sie bittet: laß die Hände davon, du kannst mir ein andermal andere Vögel auf die Schultern setzen, ich kann warten. Doch der Jagdeifer des Mannes ist erwacht, und zum ersten Mal in seinem Leben tut er einen Fehlschuß: er stößt an eine Grenze seiner Fähigkeiten, wird zornig und wirft mit seinem «Speer», einer Waffe, die verletzend wirkt. Aber auch das war umsonst, und gekränkt zieht er sich zurück und schläft ein: Wenn ich nicht alles so leicht bekomme wie immer, dann will ich gar nichts, dann tue ich so, als ob mich das gar nicht interessiert, und lege mich einfach «schlafen»!

Doch so einfach kann man vor sich selber nicht davonlaufen. Es stellt sich aus den Schichten der eigenen Unbewußtheit ein Traum ein, der deutlich zum Ausdruck bringt, was es hier näher anzuschauen gilt. Auf dem Grabstein eines Menschen der Vorzeit, der also in den kollektiven Normen Bescheid weiß, hat der Träumer eine Erscheinung: Zwei weibliche Gestalten von großer Schönheit treten auf ihn zu. Sie lachen ihn aus ob seines törichten Verhaltens. Sie erteilen ihm eine Lehre (in Form von Prügeln) und lassen ihn unmißverständlich wissen, daß man auf derart unreife Weise nicht mit schönen Frauen spielen darf, er soll sich nur nicht einbilden, er können alle «schönen Vögel» der Welt auf die gleiche elegante Weise fangen! Das verschlägt dem Mann die Sprache, so etwas ist ihm noch nie begegnet. All seine Lebensgeister sind seither wie gefangen, und er versinkt in stumpfer Teilnahmslosigkeit. Er kann selber nicht sagen, was mit ihm los ist und was ihn derartig getroffen hat. So liegt er ein ganzes Jahr lang unansprechbar auf seinem Lager, man erkennt ihn nicht wieder.

Nach einem Jahr kommt wieder die Zeit von «Samuin», der November mit seiner Düsternis, welche die Neigung vieler Menschen, nach innen zu horchen, mit sich bringt. In früheren Zeiten, als es noch kein elektrisches Licht gab, wurden die Räume während der langen Dämmerung nur spärlich erhellt, durch ein Talglicht, ein klein gehaltenes Herdfeuer oder gar nur durch einen Kienspan. Da gab es lange Schatten, die sich unruhig im Raum bewegten. Zu den äußerlich wahrgenommenen Umrissen gesellten sich innere Bilder.

Man geriet ins Träumen, ins Phantasieren. Und so ergeht es auch dem Mann in unserer Geschichte. Er weiß nicht, ob er träumt oder ob es eine Vision ist, als da plötzlich eine männliche Gestalt an seinem Bett sitzt. Der singt ein Preislied über den «Glanz der Frauen», der dem Mann so ganz abhanden gekommen war, doch weiß er nicht recht, was er mit dem Geschauten anfangen soll. So sucht er Rat. Der «König» der Sage rät, dorthin zurückzugehen, wo sich der erste Traum ereignete, also zu dem Stein, der das Grab eines Ahnen deckt. Heute würde ein Analytiker etwa sagen: Gehen Sie zurück in jene Zeit und an diesen Ort, schauen Sie sich dort genau um, und erzählen Sie, was Sie dort jetzt erleben.[141] Dabei erlebt der «Patient» merkwürdige Dinge. Die weiblichen Gestalten, die damals stumm blieben und ihn halb totschlugen, beginnen zu *sprechen*. Sie sagen ihm, daß sie damals eigentlich seine Freundschaft und Hilfe suchten, daß er sie statt dessen aber wie ein Jagdwild behandelt habe. Damals sollte ihm eine Botschaft aus einer anderen Dimension seiner Wirklichkeit zuteil werden, doch er verstand sie nicht.

Die Liebe der Feen zu den sterblichen Menschen ist fast immer mit dem Wunsch verbunden, sich verleiblichen zu können. Subjektstufig könnte das bedeuten, daß sich *in* diesem Mann eine Animagestalt auf den Weg zu ihm macht, die sich wünscht, er möge sie *in* sich leben lassen. Statt dessen hat er sie wie ein Jagdwild behandelt, und das trug ihm eine schwere seelische Krise ein.

Nun meldet sich diese Feengestalt, seine Anima, erneut, und es wird auch klar, welche Hilfe von dem Mann erhofft wird: Er soll Beistand leisten im Kampf gegen männliche Dämonen, die den «Vater» einer der Feen bedrohen. Der Gedanke an einen festhaltenden Schatten dieses «Vaters» liegt nahe. CuChulinn hatte ja auch seine Gemahlin Emer aus den Fängen ihres realen Vaters befreien müssen. Doch hier, an der Schwelle zur zweiten Lebenshälfte, stellt sich die Aufgabe noch einmal auf einer neuen Ebene. CuChulinn, der Sonnenheld, muß sein weibliches *Inbild* aus der Gewalt der negativ-männlichen Machtgier befreien, die nur «haben» will und die schöne weibliche Gestalt «zur Strecke bringen» möchte.

Mir scheint, daß diese Feengestalten, die durch eine goldene Kette miteinander verbunden sind, nur die Verdoppelung *einer* Gestalt meinen. Fann hat ihren Gemahl im Land der Unbewußtheit verlassen, um sich in der Begegnung mit CuChulinn zu verleiblichen. Liban steht noch im Bann des Schattens ihres Vaters Labrid. Um von ihm loszukommen, ruft sie das wache männliche Bewußtsein an, das aber noch nicht voll verfügbar ist; so kam es zur Verstrickung. Der CuChulinn der Sage besiegte zwar die Dämonen, aber er war noch unfähig, das ihn neu belebende Seelenbild (Anima) der Fann zu integrieren. Er verfiel ihrem Zauber und vermochte ihr darum nicht zur Wirklichkeit *in sich* zu verhelfen.

Auf der *Objektstufe* sehen wir, wie der Mann unserer Geschichte durch die Begegnung mit der makellosen Erscheinung und dem bezaubernden Wesen der Feenfrau ganz außer sich geriet. Sie beherrschte ihn wie eine Göttin der Vorzeit. Im realen Zusammenleben mit solchen «Elfinnen» wird aber meistens sehr bald der Irrtum offenbar. Zwar gelingt es solchen realen Frauen oft erstaunlich lang, die idealisierenden Projektionen ihrer Männer auszuhalten, weil das «elfische Wesen» ihrem eigenen Wunsch entspricht, doch sobald das reale Leben mit seinen Anforderungen und Schwierigkeiten sein Recht fordert, versagen sie. Der «irdischen Last» sind sie nicht gewachsen, und deshalb ziehen sich diese «realen» Elfenfrauen bald in die Beziehungslosigkeit zurück. Die Animaprojektionen des jeweiligen Mannes laufen sich tot und verschwinden ihrerseits in der Unbewußtheit seiner Wunschwelt. Die Chance der Integration der Anima ist vertan, weil der Mann unserer Geschichte seine *innere* weibliche Wirklichkeit, die *seiner* «Anderswelt» angehört, nicht von der *äußeren* Wirklichkeit zu unterscheiden vermochte. Nun steht er, wie CuChulinn, unentschieden zwischen seiner Animaprojektion auf die «Fee» und seiner verläßlichen, realen Frau. Er gerät «außer sich», als die «Elfe» sich zurückzieht, und er lebt nun als Ver-rückter in der Wildnis seiner selbstgeschaffenen Isolation. Für seine Frau und seine Freunde ist es kaum mitanzusehen, wie er verkommt.

Die Lösung am Ende der Sage durch den Zauber des «Vergessenstrunkes» mag für die damalige Zeit akzeptabel gewesen sein, für uns wäre diese neue Verdrängung unbefriedigend.

Es sei noch einmal daran erinnert, wer das geschilderte Geschehen der Sage in Gang gebracht hatte: das alte Spruchweib Leborcham, die sich mit dem Wunsch der Ulter Frauen verbündete, «so schön und bezaubernd wie eine Fee» zu sein. Aus der Derdriu-Sage wissen wir, daß Leborcham eindeutig auf der Seite der alten weiblichen Ordnung steht. Sie ist es, die CuChulinn auf den Weg zu einer Auseinandersetzung mit dem weiblichen Archetypus schickt, dem er aber zur Zeit seiner kollektiv-magischen Bewußtseinsstufe noch nicht gewachsen war – und wir Heutigen müssen uns erneut fragen, um wie viele Schritte wir der Lösung dieses uralten Problems näher gerückt sind.

CuChulinns Tod[142]

Während des Feldzugs der Königin Maeve gegen Ulster hatte CuChulinn den Krieger *Calatin* mitsamt seinen 27 Söhnen getötet, doch Calatins Frau brachte nach ihres Gatten Tod noch Sechslinge zur Welt, drei Söhne und drei Töchter. Nach altem Brauch fiel diesen Kindern die Aufgabe zu, ihren Vater zu rächen. Um dafür gut gerüstet zu sein, konnte man sich keine bessere Ziehmutter vorstellen als die besiegte und rachedurstige Königin Maeve selbst. Sie unterrichtete nun die heranwachsenden Kinder Calatins in allen ihr verfügbaren Künsten. Die Söhne wurden Zauberer, die Töchter Hexen. Sie taten sich mit weiteren Geschädigten des Feldzugs zusammen, nämlich mit *Erc* und *Lugaid,* deren Väter ebenfalls durch CuChulinn gefallen waren. So traten eines Tages die «Vier Fünftel» Irlands wieder gegen Ulster und CuChulinn zum Rachefeldzug an, als die Ulter eben in ihrer «Schwäche» darniederlagen.

Alle Männer von Ulster und Conchobar bitten nun CuChulinn, diesmal nicht allein gegen den Feind auszuziehen, sondern abzuwarten, bis sie ihm beistehen könnten. Doch die Kinder Calatins setzen ihre Zauber ein. Sie gaukeln dem in Emuin Macha befindlichen CuChulinn vor, daß ihre Heerscharen in CuChulinns Gebiet Muirtheimne einfielen, dort Tod und Verwüstung anrichteten und die wehklagenden Frauen von dannen führten. Da hält es ihn nicht länger, und er befielt seinem Wagenlenker, den Kampfwagen anzuspannen. Doch Laeg wird der Pferde, die den Dienst verweigern, nicht Herr. Vor allem sein graues Pferd, der *Liath Macha,* verweigert sich, und als CuChulinn ihn schließlich selber an die Deichsel zwingt, kehrt der Graue ihm die linke Seite zu und weint blutige Tränen. Das bedeutet Unglück. Doch CuChulinn mißachtet die Botschaft seines treuen animalischen Gefährten. Auf dem Weg zu seiner Burg stärkt er sich bei seiner Ziehmutter mit einem Trunk Milch, dann verabschiedet er sich von ihr und fährt weiter.

Am Wegrand sitzen die drei *Hexen* und braten an Spießen von Ebereschenholz Hundefleisch. Diese Situation bringt CuChulinn in große Bedrängnis, denn er unterstand seinen *Gesa* (Tabus), und eines davon besagte, daß er an keinem Herd vorbeigehen dürfe, an den er eingeladen werde. Ein anderes Tabu aber bestand darin, daß er, der durch seinen Namen dem Totem der Hunde angehörte, folglich um keinen Preis Hundefleisch essen durfte. Natürlich laden die Hexen ihn ein, und als er zögert, fangen sie an, ihn zu verhöhnen und ihre magischen Spottverse auf ihn zu singen, er sei sich wohl zu gut, an ihrem Herd einzukehren. So bleibt ihm nichts übrig, als anzuhalten. Die eine der Frauen reicht ihm mit der linken Hand ein Stück Fleisch. Das legt er unter seinen linken Schenkel, worauf er spürt, wie ihm aus der linken Hand und dem linken Bein alle Kraft entweicht.

Vorbei an dem Feenberg Sliab Fuaid fährt CuChulinn weiter auf die Feinde zu. Sie haben eine Schildburg errichtet, in deren Mitte Erc steht. An jeder der drei Ecken der Burg sind zwei Krieger beauftragt, miteinander ein Scheingefecht zu vollführen, und jedem dieser kämpfenden Paare ist ein Spruchmann oder Spötter beigegeben.

Als CuChulinn an die Ecken der Schildburg kommt, begegnet er dem unübewindlichen Zauber. An der ersten Ecke tritt ihm der Spruchmann entgegen mit der Bitte, er möge die Streitenden trennen. Das besorgt CuChulinn mit einem Faustschlag. Doch danach verlangt der Spruchmann unter Androhung eines Spottverses CuChulinns Speer als Geschenk für sich. Er bekommt den Speer, der mit dem Schaftende voran den Spötter tötet. Doch Lugaid bemächtigt sich des Speeres. So bleibt CuChulinn von seinen zwei Speeren nur noch einer übrig. Lugaid schleudert CuChulinns Waffe auf dessen Wagenlenker Laeg und trifft ihn tödlich.

An der zweiten Ecke der Schildburg fängt Erc den Speer auf, den CuChulinn, wiederum auf die Bitte des Spruchmannes hin, geschleudert hatte. Mit diesem Speer trifft Erc zunächst Liath Macha.

Das Pferd reißt sich los und verschwindet im «Wasser des Liath», aus dem es einst gekommen war. Noch einmal ergreift Lugaid den gleichen Speer, und diesmal trifft er CuChulinn selber mit dessen eigener Waffe in den Bauch. Seine Eingeweide hängen ihm zum Leib heraus[143], aber er schleppt sich noch zu einem See, um zu trinken und sich zu waschen. Dann bindet er sich selber mit seinem Gürtel an einen Steinpfeiler, um aufrecht zu sterben. Noch einmal naht sich ihm sein getreuer Grauer. Er umkreist seinen Herrn und beschützt ihn vor dem Zugriff der Feinde, bis er tot ist. Niemand wagt, sich ihm zu nähern, bevor nicht Morrigan in Gestalt einer Krähe auf seinem Schildrand sitzt. Danach schlägt Lugaid dem Toten das Haupt und eine Hand ab. Es wird erzählt, daß sein Milchbruder Conall Kernach CuChulinn an den Söhnen des Calatin gerächt habe.

CuChulinns Zeit ist vorbei. Eingeengt durch seine Tabus und die Zauber seiner Feinde erliegt er. Sein *erstes Tabu* betraf den Bereich der Hüterinnen des Herdes, also der alten Muttergottheiten. Das Herdfeuer war von jeher Garant des Hausfriedens, und wer diesen Frieden bricht, beleidigt die Götter. Das *zweite Tabu* betrifft das Kollektiv des Totem, in CuChulinns Fall des Hundes. Der Hund, das treue Begleittier des Menschen und der Vertreter eines feinen Instinktes (Spürnase), ist gleichzeitig ein Wächter an den Grenzen zur Unterwelt. Im keltischen Bereich stammen Hunde öfter selber aus dem Reich der Feen, so etwa auch Finns Hunde. Die Hüterinnen des Herdes sind aber nicht nur für den häuslichen Frieden zuständig, sondern auch Repräsentantinnen von Schicksalsmächten, die über Leben und Tod des Menschen walten.

Neben anderen Bedeutungen wird die Eberesche in Irland als Zaubermittel verwendet. Die Druiden benutzten ihre Zweige, um die Geister zu einer Auskunft oder zur Hilfe im Kampf zu zwingen. Auch der Zauberstab der Hexen war aus dem Holz der Eberesche gefertigt, und auf diese Weise können die drei CuChulinn zwingen, Hundefleisch zu essen. Damit nahm er symbolisch etwas vom «Fleisch» seiner Ahnen zu sich.[144]

Wenn es erlaubt ist, eine Parallele zum christlichen Abendmahl zu ziehen, in welchem symbolisch das «Fleisch» des Herrn und Meisters verzehrt wird, so kann der Sinn dieser Totem-Mahlzeit noch deutlicher werden: es ist ein Verwandlungsmahl. Für CuChulinn wird damit sein Abschied aus dem leiblichen Leben vorbereitet. Wenn er sich sterbend an einen Pfeilerstein bindet, dann nicht nur aus Stolz, um «aufrecht», also «unbesiegt» zu sterben. Er kettet sich an ein altes, steinzeitliches Symbol. An den Pfeilersteinen und an den Grabsteinen erlebt der Mensch die Grenzerfahrungen seines Lebens – und zuletzt den Übergang in den Tod.

Die Gestalt CuChulinns, der sich sterbend an einen Menhir kettet, erscheint wie ein Sinnbild der frühkeltischen Welt, einer Kultur, die *noch* den Zugang zu den Kulten der stein- und bronzezeitlichen Überlieferungen und damit zum Bereich einer matrilinearen Weltordnung besaß und *gleichzeitig* den Einbruch eines neuen, männlich-rational orientierten Bewußtseins erlebte. Die Kelten lebten in stetigem Austausch mit der Welt der Vergangenheit und der Feenhügel. Der Spannung zwischen dem Weisheitsgut der früheren Welt und den Anforderungen der rationalen Bewußtseinsstufe waren sie letztlich nicht gewachsen; die zahllosen, sinnlos gewordenen Tabus sind ein Ausdruck ihrer Ratlosigkeit. Erstarrte Verbote und Gebote versuchen mit Hilfe einer bedeutungsleeren Magie die geistigen Abgründe zu überbrücken, die sich zwischen den Schritten zur Bewußtwerdung auftun.

Dieses Phänomen läßt sich auch heute noch beobachten. Die zwanghaft anmutenden Hüpf- und Trittspiele vor allem der Kinder in der Vorpubertät sind durchwegs mit magischen Vorstellungen, Ängsten und Wünschen verknüpft. Ihre rituellen Handlungen entscheiden darüber, was etwa «gut-» oder «schlecht»gehen kann, wenn man die Regeln exakt einhält oder nicht. Das reicht von Beschwörungsformeln für den Verlauf einer Klassenarbeit bis hin zu Befürchtungen oder Wünschen für die Gesundheit oder den Tod nahestehender Menschen.

Auf der Stufe des «Übergangs» sind das normale Versuche, die meistens unbewußten Spannungen zu überbrücken. Wenn die «magische Stufe» aber ihre Zeit überdauert, so resultieren daraus mehr oder weniger schwere Zwangsneurosen, die einen Menschen hindern, die Tabus seiner magisch bestimmten Kinderstufe zu brechen und neue Entwicklungsschritte zu tun. Erst wenn ein Mensch die Tabus seiner Kindheit abzuschütteln wagt, begegnet er seinen eigenen Dunkelheiten, seinen Möglichkeiten zum Bösen. In der Sprache der analytischen Psychologie rückt auf dieser Entwicklungsstufe zum ersten Mal der «Schatten» ins Bewußtsein. Ein Mann, der noch nicht die Erschütterung durch die negativen Erfahrungen mit seinem männlichen Schatten erlebt hat, ist auch noch nicht fähig, die weicheren Schwingungen seiner eigenen Seele zu bemerken und zuzulassen, die mit seinem inneren weiblichen Seelenanteil, der Anima, zu tun haben.

Der keltische Mythos steht an der Schwelle zwischen magischem und rationalem Bewußtsein. Er zieht aus der Gefahr des Steckenbleibens auf der magischen Stufe die im Grunde «logische» Folgerung, daß diese Stufe überholt und todesreif ist.

Wie CuChulinn an seinen *Gesa* stirbt, so geht das ganze Geschlecht des «Roten Zweiges» des nördlichen Sagenkreises von Ulster zugrunde. Ihr letzter König, Conaire Mor, begibt sich wissend, aber wie unter einem inneren Zwang, Schritt um Schritt in die Situation von lauter «Todsünden», die die Übertretung seiner *Gesa* ihm einbringen. Er verbrennt schließlich in der «Roten Halle» seines Stammesvaters Da Derga.[145] Es liegt nahe, diesen Verbrennungstod als ein Opfer für den Himmelsgott Taranis zu sehen, der den Tod des überalterten Herrschergeschlechtes fordert, damit das Leben weiter gedeihen kann.

Dritter Teil

Der Finn-Zyklus des südirischen Sagenkreises

Vorbemerkungen zum Sagenkreis um Finn[146]

Die Finn-Sage ist im gesamten gälisch-keltischen Raum bis zum heutigen Tag lebendig geblieben. Die mündlichen Quellen schöpfen vor allem aus der Zeit zwischen dem 6. und 10. nachchristlichen Jahrhundert. Von da an wurden sie in stets neuer Erzähl- und Erfindungsfreude bis ins 16. und 17. Jahrhundert hinein weitergesponnen. Die schriftliche Fixierung begann allmählich im 10. Jahrhundert. Zwischen 1100 und 1300 wanderte die ursprünglich in Irland heimische Sage nach Schottland.

In diesem Sagenkreis gibt es unzählig viele Themen und deren Varianten. Scheinbar historisch anmutende Berichte mischen sich bunt mit phantastischen Erzählungen über das Fairy-Land. Auch die Gestalt des Helden selber schwankt zwischen einem Seher-Gott aus nicht mehr faßbarer Vorzeit, einem Dichter oder König von Leinster und dem lichten, lauteren, ewig jungen Idol eines Anführers im Kampf, der stets in rivalisierender Spannung zum Hochkönig des Landes steht. Als Jäger hat er von Natur aus Beziehungen zur Mystik der Wälder und Quellen, der Tiere und der mit ihnen verwandten Götter der Vorzeit, die in den alten Grabhügeln hausen, die *Sidhe* oder *Brugh* genannt werden. Von hier, aus den Dimensionen der Tiefe, kommen seine Sehergabe, seine Weisheit und auch die Dämonie des Magischen, die den *alten* Finn letztlich zu einem kleinlichen nörgelnden Neider und rachesüchtigen Verfolger der jungen Generation werden läßt.

Fionn-Finn hat die Bedeutung von «weiß», «blond», «schön». Bei den Galliern gab es einen Gott *Vindonnus*, den römische Autoren mit Apollon verglichen. Sowohl im kontinentalen wie im irischen und walisischen Sprachgebrauch finden sich die Formen *vindo – gwynn – uindo*, das heißt «weiß», «hell». Dieser Wortstamm ist in mehreren indoeuropäischen Sprachen zu finden und bezeichnet «Weisheit», «Einsicht», (Innenschau) und «Entdeckung». Im Irischen bedeutet *fios* «Weisheit», *fionnadh* «Erleuchtung» und «Enthüllung». Damit ist bereits ein breites Spektrum dessen angedeutet, was man unter Bewußtwerdung im Sinne von Erkenntnis in der weitesten Bedeutung des Wortes verstehen kann.

Vindos war eine Personifikation der Weisheit, und es besteht Grund, ihn mit den Darstellungen der *Dreiköpfigen* in Zusammenhang zu bringen, die man überall im keltischen Kulturraum antrifft. Die Dreiköpfigkeit ist auch in anderen Überlieferungen ein bildlicher Ausdruck für Allwissenheit, nämlich einer gleichzeitigen Schau von Vergangenheit, Gegenwart und Zukunft. Dies ist die Fähigkeit der Seher, die uns in der walisischen Gestalt des Talyessin noch ausgeprägter begegnen wird.

ÓGÁIN nimmt an, daß ein «göttlicher Finn» der Vorläufer des keltischen Lichtgottes *Lugh-Gwynn* war, der wahrscheinlich im ersten nachchristlichen Jahrhundert nach Irland kam. Der Vorläufer Lughs hieß in Irland *Nuada*, der in der mythischen Ahnenreihe als Großvater von Finns Mutter Muirne galt. Es sei daran erinnert, daß im Mythenkreis um die Götter der Tuatha Dé Danann Lugh den Gottkönig Nuada im Kampf gegen die Unholde der Fomori ablöste, deren Anführer *Balor* mit dem bösen Blick war. Balor bedeutet «Blitz», verweist also auf die zerstörerische Seite des Lichtes. Er konnte mit seinem bösen Ein-Auge alles Leben töten und hielt es darum meistens geschlossen. Man kann Balor auch als negativen Aspekt der nächtlichen Sonne auf ihrer Unterweltsfahrt sehen. Da auch Finn einen nächtlichen Feuergeist (Aillén) besiegte, der zur Zeit des Festes des Jahresschlusses (Samuin) um den 1. November sein Unwesen trieb, liegt es nahe, die Finn-Sage als eine Parallele zum Lugh-Balor-Mythos zu betrachten.

Finn hat zwei Gegner, die als einäugig geschildert werden. Der eine ist ein Angehöriger der Geisterwelt, Aillén, der andere heißt *Goll mac Morna.* Der Feuergeist wird von Finn besiegt. Der Konflikt mit dem Menschen Goll zieht sich durch den gesamten Sagenkreis und bleibt letztlich ungelöst.

Aus der Fülle dieses Sagenkreises greife ich einige Erzählungen heraus, die mir im Zusammenhang mit dem Anliegen dieses Buches ergiebig und gewichtig zu sein scheinen.

Zur Entstehung der Finn-Sagen ist noch anzumerken, daß einerseits ein alter Heroenkult einen *mythischen,* andererseits eine Geschlechterrivalität einen andeutungsweise *historischen* Aspekt zu diesen Erzählungen beisteuerte. ÓGÁIN nimmt an, daß der Kern des Sagenzweiges um den «göttlichen Finn» seine Wurzeln in der Eisenzeit um 500 v. Chr. hat. Im Boyne-Tal, dem alten Kultzentrum der irischen Insel, das wahrscheinlich bis in die Jungsteinzeit zurückreicht, gab es einen Sonnenkult, von dem heute noch die schon beschriebenen Lichtphänomene um die Zeit der Wintersonnenwende in New Grange und in anderen Gräbern Zeugnis ablegen. Im 5. und 6. Jahrhundert n. Chr. hat es einen Heroenkult im Boyne-Tal gegeben, der auf dem Hügel von *Tara* sein Zentrum hatte, aber später auf den Hügel von *Almhu* (Leinster) überging.

In *Tara,* dem späteren Sitz der Hochkönige, herrschte ehemals das Fürstengeschlecht der Ui Garchon von Leinster. Es wurde im 5. Jahrhundert n. Chr. durch das Geschlecht der Ui Neill, die Abkömmlinge des Niall, vertrieben, und zwar unter König Cairbre von Ulster. Die Leinsterer wurden in jenen Machtkämpfen aufgerieben und zogen sich in die Berge von Wicklow (Leinster) zurück. Sie nahmen den Sonnengott Nuada und den Heros Finn mit sich und erklärten sie zu ihren Ahnen, deren alten Kult sie weiterpflegten.

Allmählich verschmolz dann die alte Gottheit mit einem sagenhaften Jäger und mit dem heldenhaften Anführer der Fianna, einer Kriegertruppe, der die Landesverteidigung oblag. Aus dieser Verschmelzung gingen die eigentlichen Finn-Sagen hervor, die sich hauptsächlich im 6. bis 8. Jahrhundert unserer Zeit formierten und vorwiegend im südlicheren Teil Irlands abspielten.

Finns Kindheits- und Jugendgeschichte

Es gibt im wesentlichen zwei Überlieferungsstränge, die von Finns Herkunft und seinen frühesten Lebensjahren erzählen. Beide stimmen darin überein, daß Finns Urgroßvater mütterlicherseits der alte Sonnengott Nuada ist, der sich später als Nuada-Necht an die Quellen des Boyne-Flusses zurückzieht.

Der Vater von Finns Mutter heißt *Tadgh* und wird als böser Tyrann geschildert. Seine Tochter *Muirne,* Finns Mutter, wird von *Cumhall* aus dem Geschlecht der *Baoiscne* (Basna) gefreit, doch Tadgh will seine Tochter nicht hergeben. So entführt sie Cumhall für die Dauer eines Jahres. Der aufgebrachte Vater erbittet daraufhin die Hilfe des Hochkönigs *Conn* «von den Hundert Schlachten», und es kommt zum Kampf bei Castleknock (Co. Dublin). In dieser Schlacht fällt Cumhall, doch neun Stunden vor seinem Tod hat er mit Muirne seinen Sohn Finn gezeugt. Als Tadgh des Zustandes seiner Tochter gewahr wird, will er sie zunächst umbringen, aber König Conn setzt sich für sie ein und übergibt sie der Fürsorge einer Schwester Cumhalls, einer Druidin mit Namen *Bodhmhall,* die mit einem Fürsten in Kilkenny verheiratet ist. Nach seiner Geburt nennt Muirne ihren Sohn *Demne* (*damne* heißt «Hirschkalb»). Sie wagt aber nicht, das Kind bei sich aufzuziehen, aus Furcht vor den «Söhnen Mornas», den Feinden des Knaben. Ein «Grauer» (Liath) nimmt sich gemeinsam mit Bodhmhall und einer anderen Druidin des Knaben an, und sie erziehen ihn heimlich in den Wäldern von Sliabh Bladhmha. Die beiden Druidinnen sind gleichzeitig Kriegerinnen, die den Heranwachsenden in der Kunst des Umgangs mit den Waffen ausbilden. Später soll Finn, nach dieser Fassung der Sage, seinen Großvater

Tadgh im Einzelkampf besiegt und von ihm seine Stammburg Almhu erlangt haben.

Einem anderen Bericht zufolge war Finns wirklicher Vater nicht Cumhall, sondern der Jenseits- und Meeresgott *Manannaun*, der die Mutter Muirne in Cumhalls Abwesenheit besuchte. Danach sei die Mutter mit dem Kind «neun Monate oder neun Jahre» schwanger gegangen. Auf alle Fälle kam der Sohn mit der körperlichen und geistigen Reife eines Neunjährigen zur Welt und verfügte von Anfang an über ein Wissen «über Vergangenheit, Gegenwart und Zukunft», das er von seinem göttlichen Vater aus den Tiefen des Meeres mit auf den Weg bekommen hatte. Sein erster Name lautet hier nicht Demne, sondern *Móraind.*[147]

Ein Gedicht *(lay)*, dessen Verse im 14. Jahrhundert aufgeschrieben wurden, erzählt, daß der kleine Demne von seiner Pflegemutter Bodhmhall in der Höhlung eines von Efeu umrankten Baumes verborgen wird. Dort durchlebt er seine Säuglingszeit, und er erwürgt einen Iltis, der sich an ihn heranmacht.[148] Als das Kind sechs Jahre alt ist, erhält es Besuch von seiner Mutter. Sie findet den Jungen schlafend in einer selbstgebauten Jagdhütte im Wald. Ohne ihn zu wekken, umarmt sie ihn und überläßt ihn dann wieder den beiden Druidinnen.

Nun muß man wissen, daß der Kriegertrupp der Fianna, von dem bald noch mehr zu berichten ist, ursprünglich von *Morna* befehligt wurde. Nach dessen Tod übernahm Cumhall mac Basna die Führung, und dieser wiederum wurde durch Goll mac Morna in der Schlacht bei Castleknock enthauptet. Für den heranwachsenden Finn bestand nach damaligem Brauch die selbstverständliche Verpflichtung, den Tod seines Vaters an Goll zu rächen. Da aber ebenso selbstverständlich sämtliche Mitglieder einer Sippe füreinander einstanden, waren die «Söhne Mornas» darauf bedacht, den Unterschlupf des ihnen gefährlichen Nachfahren Cumhalls ausfindig zu machen und das Kind nach Möglichkeit umzubringen, bevor es selber zur Rache fähig würde. So mußten die Pflegerinnen Demnes stets auf der Hut vor diesen Feinden sein.

Als die Verfolgung durch den Clan Morna bedrohlich wird, begibt sich der Knabe in die Gesellschaft wandernder Handwerker, bei denen er untertaucht. Diese Wanderer werden eines Tages von dem Räuber *Fiacil* überfallen und alle getötet. Nur Demne bleibt wunderbarerweise am Leben, und bald gibt sich der Räuber als Bruder der Druidin Bodhmhall zu erkennen. So kann Demne einige Zeit wohlbeschützt bei Fiacil bleiben, bis ihn seine Pflegerinnen zurückholen. Während seiner Gemeinschaft mit den «Handwerkern» gehen Demne die Kopfhaare aus. Man nennt ihn danach eine Zeitlang den «Kahlen». Handwerker waren damals üblicherweise Vertreter des Dichterberufes, und Dichter standen, wie die Druiden, in Verbindung mit der Anderswelt, und diese Verbindung kam zum Ausdruck in ihrer «Glatze». Sie pflegten eine Tonsur zu tragen und färbten ihre Haare weiß.

Wenig später begibt sich Demne erneut auf Wanderschaft. Diesmal geht er allein zum Fluß Liffey. Dort trifft er vor einem Dun (Burg) eine Hurley-Ball spielende Knabenschar. In kurzer Zeit hat er alle im Spiel besiegt, und die Burgknaben berichten dem Burgherren von dem Ereignis. Als dieser sich nach dem Aussehen des Fremden erkundigt, schildern sie ihn als «hübschen blonden Jungen», worauf der Burgherr ihm den Namen Finn gibt. Als ihn am nächsten Tag die Burgknaben ihrerseits angreifen, erschlägt er ihrer sieben, und neun weitere taucht er in einem See unter. Danach macht er sich schleunigst aus dem Staub.

Auf seinem weiteren Fluchtweg vor dem Clan Morna kommt Finn nach Killarney und nach Kerry. Überall wird er wegen seiner außergewöhnlichen Fähigkeiten (als Jäger oder als Schachspieler) erkannt. Danach begegnet er einem Schmied (Lóchán), der ihm zwei Speere schmiedet, mit denen er ein gefährliches Wildschwein erlegt, und endlich gelangt er zu *Criomhall,* dem Bruder seines Vaters Cumhall. Auf dem Weg zu ihm begegnet er noch dem Liath Luchra aus dem Geschlecht der Uirghriu, der seinem Vater bei Castleknock die erste schwere Wunde beigebracht und sich danach noch des *Schatzbeutels* des Clans Basna bemächtigt hatte. Dieser Beutel enthält «magische Waffen und Juwelen» aus der Zeit der Tuatha Dé Danann, vor allem ein Hemd des Mannanaun, ebenso dessen Gürtel, Messer und Sichel, die der Wunderschmied Gobinu angefertigt hatte. Diesen Beutel mit den Stammeskleinodien nimmt Finn wieder an sich, und er wird freudig durch Criomhall willkommen geheißen, der mit wenigen Getreuen aus der Gefolgschaft Cumhalls in den Wäldern von Connacht lebt. Finn hält sich dort nicht lange auf, sondern zieht weiter, wieder von Westen nach Osten zum Boyne-Fluß, um dort bei einem alten Weisen, *Finegas*, die Dichtkunst zu erlernen. Finegas hatte schon sieben Jahre lang gehofft, den Lachs der Weisheit in der Boyne zu fangen; der Fisch hatte seine Weisheit von den Nüssen der neun Haselbäume, die an der Quelle des Flusses wuchsen. Ihre Früchte fielen ins Wasser und trieben mit der Strömung weiter. Der Salm fraß die Nüsse, die aus dem Quellbezirk der Boyne und damit aus der Elfenbehausung (Sidh) der *Nechta* stammten.

Bald nach Finns Ankunft wird der Lachs gefangen. Finegas übergibt ihn seinem Schüler zur Zubereitung – mit der strengen Auflage, selber nichts davon zu essen. Doch Demne verbrennt sich den Daumen an dem heißen Lachs und steckt schnell den Finger zur Kühlung in den Mund. Das bringt ihm die Gabe der Hellsicht. In dieser Fassung der Sage nennt ihn daraufhin der alte Lehrer den «wahren Finn», für den der Salm der Weisheit bestimmt ist.

Nach einer anderen Fassung ist Finns Lehrer ein einäugiger Riese. Der Knabe begreift sofort, nachdem er die Weisheit erlangt hat, daß der «Lehrer» ihm nach dem Leben trachtet. Deshalb kommt er ihm zuvor und bringt ihn um.

Der junge Held will noch mehr lernen und begibt sich deshalb zu *Cethern*, einem Sohn des *Fintan*, dessen Name von dem keltischen *Vindo-sanos* (dem alten *Vindo*) abgeleitet wird. Von Fintan wird erzählt, daß er fünfeinhalbtausend Jahre gelebt habe, und zwar siebenhundert Jahre als Lachs, danach noch als Adler und Habicht. Von diesen «Ahnen» also empfängt der junge Held seine Weisheit. Sie sind Vertreter der Göttergeneration der Tuatha Dé Danann, die in den Hügeln des Boyne-Tales ihre unterirdische Zuflucht gefunden haben.

Nach einer Variante besuchte Finn eine der Quellhöhlen der Boyne, wo ihm eine alte Frau entgegentrat, die ihm den Trunk des Wissens aus einer Schale reichte. Es mag noch von Interesse sein zu erfahren, daß die Weisheit des Lehrers Cethern in der Dichtkunst und Prophetie zwiespältiger Natur ist. So heißt es von ihm, daß er seinen Schüler veranlaßt, ihn auf einer Brautwerbung ins Feenland zu begleiten. Dank seiner Hellsichtigkeit weiß Finn, daß bei solchen Werbungen in einem Sidh stets einer von neun Männern von einer unsichtbaren Hand umgebracht wird. Deshalb rät der Jüngling dringend von der Reise ab. Doch Cethern besteht auf der Fahrt, auf der ihn dreimal neun junge Männer begleiten müssen. Als dann der geheimnisvolle Totschlag erfolgt ist, verläßt Finn seinen Lehrer.

Danach trifft er nochmals seinen alten Freund Fiacil, und dieser übergibt ihm einen magischen *Speer*, dessen Spitze stets in einem Lederfutteral stecken muß. Dieser Speer hat die Eigenschaft, daß er einen Mann mit großem Kampfesmut erfüllt und ihn unbesiegbar macht, wenn er die entblößte Spitze der Waffe an seine Stirne preßt. Fiacil unterzieht seinen Schützling nun einer ersten Probe, die seine Eignung für die Fianna erbringen soll: Er rennt, so schnell er kann, vor dem Jungen her und läßt unterwegs schwere Bleikugeln fallen. Finn hebt alle im Lauf auf und kommt, trotz der schweren Last, gleichzeitig mit Fiacil ans Ziel. Danach zieht Finn nach Tara.

Einer weiteren Variante seiner Jugendgeschichte zufolge bringt ihn seine Amme Bodhmhall mit neun Jahren zu König Conn. Dort ereignet sich der schon beschriebene Sieg über die Burgknaben, worauf Conn ihm seinen neuen Namen Finn gibt. Auch von dort ist eine eilige Flucht notwendig. Zunächst trägt die Amme den Jungen auf ihrem Rücken. Als Finn aber ihre Ermüdung bemerkt, springt er ab, wirft sich die Amme über die Schulter und rennt mit ihr wie der Wind durch dick und dünn. Als er bemerkt, daß seine Gegner ihn verloren haben, nimmt er wahr, daß das Gestrüpp fast alles von seiner Amme abgestreift hat. Die Teile ihres Körpers sind über das ganze Land verstreut worden, und er trägt auf seiner Schulter nur noch ihre Schienbeine, die er dann auch noch von sich wirft. Danach kommt er an die Boyne zu seinem Lehrer und darauf, wie schon erwähnt, nach Tara.

Bei der Ankunft in *Tara* ist der junge Held nach den meisten Berichten neun oder zehn Jahre alt. Auf der Burg des Hochkönigs Conn schickt man sich gerade an, das große Fest von *Samuin* zu feiern, den heiligen Abschluß des keltischen Jahres um den 1. November. Zu dieser Zeit, so hörten wir schon, sind die Grenzen zur Anderswelt geöffnet. Das bedeutet Abenteuer, Bereicherung und Gefahr.

Die Königsburg wurde seit vielen Jahren um diese Zeit von einem gefährlichen Feuergeist heimgesucht; der pflegte eine wunderbare Musik ertönen zu lassen, die alle Bewohner der Burg in tiefen Schlaf versenkte. Unterdessen ließ er ein verheerendes Feuer auf Tara fallen, das alles niederbrannte. Schon viele Helden, vor allem die Angehörigen der Fianna, hatten versucht, wach zu bleiben, um den Eindringling aus der anderen Welt zu bekämpfen, doch alle waren dem Zauber erlegen, und am nächsten Morgen lagen die Burg und ihre Festhalle in Asche.

Nun erscheint der unbekannte Jüngling Finn und erbietet sich an, die Wache zu übernehmen. Allein begibt er sich auf den nächsten Hügel, entblößt die Spitze seines magischen Speeres und preßt sie fest an die Stirne. Da vernimmt er das langsame Nahen einer wunderbaren Harfenmusik und spürt eine finstere Gegenwart. Der Feuergeist *Aillén* scheint nur zu warten, bis alle schlafen, um dann seinen feurigen Atem über die Burg des Hochkönigs von Irland zu blasen. Doch Finn kommt ihm zuvor. Er reißt sich seinen mit Purpurfransen besetzten Mantel von den Schultern und wirft ihn so geschickt über den Feuerwind, daß er diesen bedeckt und vor der Burg zu Boden zwingt. Da ergreift Aillén die Flucht, und Finn verfolgt ihn bis zum Berg Fuad. Auf dessen Gipfel befindet sich ein *Cairn* (Steinhügel), die Behausung des Feuergeistes. Kurz vor dem Tor des Hügels von Fionnachadh gelingt es Finn, dem Geist seinen Speer zwischen die Schultern zu schleudern, so daß ihm das Herz mit einem Schwall dunklen Blutes zum Mund herausquillt.

Nach diesem Sieg kehrt Finn zur Burg von Tara zurück, gibt sich zu erkennen und erhält als Dank das Oberkommando über die Fianna übertragen, die bis dahin Goll mac Morna befehligt hatte. Goll wird von Conn vor die Wahl gestellt, entweder das Land zu verlassen oder Finn den Treueeid zu leisten. Goll zieht, wie es heißt, ohne Zögern letzteres vor.

Wenn wir auf die Erzählung von Finns Jugend zurückblicken, so können wir sehen, wie ein junges, «helles» Bewußtsein aus den Tiefen des Meeres und der Wälder auftaucht. Finns Urgroßvater Nuada war eine «alte Sonne», die in den Tiefen der Gräberwelt an der Boyne untergegangen war. Er wird der «Großvater der *Mutter*» genannt. Finn empfängt also sein geistiges Erbe aus einer *weiblich* orientierten Weltordnung der Vergangenheit. Über den menschlichen Vater Cumhall erfahren wir, daß er sein Kind an der *Grenze* zwischen Leben und Tod zeugte, neun Stunden, bevor er das Tor in die andere Welt durchschritt. Neun Monate (oder neun Jahre) danach wird das Licht-Kind geboren, und der Bericht über den göttlichen Vater Mannanaun, der aus der Tiefe des Meeres und aus dem «Land hinter den Wogen» kommt, unterstreicht noch die Parallele zwischen dem Menschenleben und dem Lauf der Sonne. Der kleine Finn hat also eine besondere Ahnenreihe, die Voraussetzung für eine neue Bewußtseinsstufe. Die Vertreter des «früheren Bewußtseins» fühlen sich durch die «neue Sonne» bedroht, deren Verkörperung das Kind ist. So ist es nicht verwunderlich, daß das Leben dieses Knaben von Anfang an gefährdet ist. Seine eiligen Fluchten vor den «Morna-Söhnen» machen offenbar, daß er für die alte Bewußtseinsstufe untragbar ist.

Finn, der «Helle», ist als Vertreter einer neuen Weisheit genauso gefährdet wie noch heute jeder neue Bewußtseinsschritt im Leben des Menschen.

Die zunächst einfach als Feinde bezeichneten Söhne Mornas sind bereits hinter dem Neugeborenen her. Das Kind benötigt jedoch eine Zeit der Ruhe in der Verborgenheit der Wälder, wie jeder junge Mensch, der sich in der Zeit seiner Vorpubertät abschließt. In dieser Zeit bauen sich die Jungen gerne ihre «Lager», Hütten und Höhlen im Wald. SIGMUND FREUD bezeichnete diese Periode in der psychischen und physischen Entwicklung treffend als «Latenzzeit», in der sich die Jugendlichen auf das Hineinwachsen in die Welt der «Großen» vorbereiten. Was sich an der Schwelle des Übergangs zur Welt der Erwachsenen als neue Bewußtseinsstufe abzeichnet, bedarf einer Zeit und eines Bezirks der Schonung. Aus Griechenland wissen wir, daß die Mädchen dieser Altersstufe in heiligen Hainen der Fürsorge der Göttin Artemis übergeben wurden, die Knaben standen unter der Obhut Apollons.

Von Demne, dem kleinen «Hirschkälblein», wird erzählt, daß er zunächst in der Höhlung eines efeuumrankten Baumes verborgen lag. Er befand sich noch wie in einem Nest oder in einem zweiten Uterus, der ihm einen verlängerten Schutz bot, bevor er ganz geboren werden konnte. Er gelangte wie aus einer entrückten, jenseitigen Welt erst langsam ins Leben.

Der Efeu hatte von jeher eine Beziehung zur anderen Welt, und in diesem Sinne ist es auch zu verstehen, daß Dionysos, seine Bachantinnen und alle Menschen, die an den antiken Weingelagen teilnahmen, sich mit Efeu bekränzten. Die Ekstase des Rausches führt an die Grenze der Anderswelt. Die «Latenz» des Neugeborenen Finn wird noch unterstrichen durch die Nachricht, daß Demne mit der geistigen und körperlichen Reife eines Neunjährigen zur Welt gekommen sei. Man kann also von einer «zweiten Geburt» sprechen, die im keltischen Sagengut nichts Außergewöhnliches ist.

Nicht nur seine erste Pflege, auch seine Waffen und die Anleitung zu deren Gebrauch erhielt der Knabe aus *weiblicher* Hand. Seine Mutter nahm von dem schlafenden Sechsjährigen «Abschied», ohne ihn zu «wecken»; die Mutter bleibt im Hintergrund. Es war in der keltischen Kultur üblich, Kinder bald zu Zieheltern zu geben, zu denen sie eine mindestens ebenso starke Bindung hatten wie zu den eigenen Eltern. Die zwischenmenschlichen Beziehungen waren von frühester Jugend an weniger persönlicher als kollektiver Art. Heute wäre es im doppelten Sinn des Wortes undenkbar, daß eine Mutter den «schlafenden» Sechsjährigen *nicht* «weckt». Die persönliche Beziehung zu dem Kind würde es ihr unmöglich machen, sich stillschweigend zurückzuziehen, ohne Kontakt mit ihm aufzunehmen; doch hinter dieser zunächst unverständlichen Distanz steht die Frage des «Aufweckens» in der Beziehung zwischen Mutter und Sohn. Für *beide* bedeutet dies im heutigen Sinn einen Konflikt, der in die sogenannte «ödipale Krise» führt. Was das bedeutet, habe ich an anderem Ort ausführlich dargelegt.[149]

Hier sei nur zusammenfassend gesagt, daß das «Erwachen» zwischen Mutter und Sohn die Differenzierung einer ursprünglich archaischen Beziehung in der persönlichen Begegnung erzwingt. Die Mutter kann für den Sohn ebensowenig Mutter und Geliebte zugleich bleiben, wie der Sohn für die Mutter nicht auf der gleichen Stufe Kind und Geliebter oder erwachsener Partner sein kann. Die Ägypter konnten noch sagen, Osiris sei der «Stier seiner Mutter», womit gemeint war, daß Isis zugleich seine Mutter, seine Schwester und seine Geliebte sei. Für die Bewußtseinsstufe der klassisch-griechischen Epoche wäre diese Umschreibung unmöglich gewesen. Die Kelten standen weder auf der ägyptischen noch auf der griechischen Stufe. In Ansätzen waren sie durchaus zu persönlichen Beziehungen fähig, was etwa aus CuChulinns Verbindung zu seiner Frau Emer oder zu seinen Freunden Fergus und Fer-Diad ersichtlich ist. Aber die persönliche Ebene stand stets im Widerstreit zu den Kollektivbindungen, die vor allem in der tragischen Auseinandersetzung CuChulinns mit Fer-Diad oder in seiner «Gefangenschaft» in der Welt der Feen deutlich wird. Wenn Muirne ihren kleinen Sohn Demne *nicht* weckt, so besagt das, vom Blickwinkel der heutigen Psychologie aus gesehen, daß die Zeit für die «ödipale Differenzierung» des erkennenden Bewußtseins zwischen den Geschlechtern damals noch nicht reif war. Dennoch erhielt Demne seine männlichen Attribute zwar nicht von seiner Mutter, aber doch aus weiblicher Hand. Wie jeder kleine Junge auch heute noch wurde er als erstes von Frauen als männliches Individuum anerkannt und bejaht. Dies bedeutet im Bild des Mythos archaischer Zeit, daß der Mann aus weiblicher Hand seine Waffen erhält, eine Geste, die man auf griechischen Reliefs öfter sehen kann. Auch CuChulinn wurde im Umgang mit den Waffen durch eine Kriegerin unterwiesen, die dunkle Scathach. Demne trat seinen ersten Weg in die männliche Welt an, wohl ausgestattet durch die Vertreterinnen einer kollektiv-weiblichen Weisheit.[150]

Demne zog mit den «Handwerkern» davon, um den bösen Morna-Söhnen zu entgehen. Er tauchte in die Welt von Männern ein, die durch ihre Arbeit an der Materie und durch ihre dichterisch-geistigen Fähigkeiten eine Welt «bauen» können. Daß sie dabei einen Teil ihrer ursprünglichen Vitalität opfern müssen, wird durch ihre Tonsur deutlich, und davon zeugt auch Finns «Glatze» um diese Zeit. Doch der Knabe war noch kein Weiser, und so wurde es höchst notwendig, daß er noch einer anderen Art Männlichkeit begegnete: Der *Räuber* Fiacil schlug zunächst einmal die ganze glatzköpfige männliche Weisheit tot! Finn geht von da an schrittweise zunächst den Weg des «Erkanntwerdens». Jeder dieser Schritte ist für ihn furchterregend, so daß er weiterfliehen muß. Er wird ja nicht nur von anderen erkannt, sondern er lernt auch seine eigenen Möglichkeiten und Fähigkeiten kennen und bemerkt im Umgang mit Gleichaltrigen, wie er ohne weiteres fähig ist, die «Burgknaben» zu erschlagen oder seine Dienstherren durch seine Jägerkünste oder im Schachspiel zu beschämen.

So nähert er sich langsam der männlichen Tradition seines eigenen Stammes, der jeder Mann in der damaligen Zeit unbedingt verpflichtet war. Und, ob wir es wahrhaben wollen oder nicht: auch wir können unseren individuellen Weg nicht vorangehen, ohne die Bedingungen unserer Vergangenheit und unserer Herkunft zu akzeptieren und uns damit auseinanderzusetzen. Wir benötigen unsere «Erinnerungen», um unsere Gegenwart richtig wahrnehmen und die Zukunft planen zu können.

Für Finn war es daher ein wichtiges Ereignis, den *Schatzbeutel* seines Clans zu finden. Ein Schatzbeutel ist unter Umständen ein recht schäbig aussehender Ledersack, der aber wichtige Dinge enthält, so etwa das «Hemd des Manannaun». Wer dieses Leibhemd des Gottes anzieht, schlüpft, bildhaft gesehen, in dessen Haut und erwirbt damit etwas von dessen Fähigkeiten. Vielleicht kann dieses Hemd[151] sogar seinen Träger unsichtbar machen, wie von dem Mantel des Gottes erzählt wird. Die Unsichtbarkeit für die Augen anderer Menschen schützt gegen neugierige Blicke, die nicht befugt sind zu sehen, was einer «Besonderes» weiß. Wer das Hemd des Gottes vom Land hinter den Wogen anzieht, hat Verbindung zur Anderswelt, im positiven und negativen Sinn des Wortes. Diese Eigenschaften werden wir an Finn noch näher kennenlernen.

Ein Gürtel diente nicht nur dazu, das Gewand zusammenzuhalten. Am Gürtel trug ein Mann sein täglich notwendiges Handwerkszeug wie Sichel und Messer. Ohne Sichel war keine richtige Getreideernte möglich, ein Messer diente der Zubereitung der Nahrung – und auch der Verteidigung oder dem Angriff im Nahkampf. Wenn es heißt, daß diese Gegenstände ein Werk des Wunderschmiedes Gobinu waren, der die keltische Welt «schmiedete», dann dürfen wir vermuten, daß sie als Handwerkzeuge im weitesten Sinne des Wortes gemeint sind, als Hilfsmittel zum Bau eines menschlichen Bezirks bewußter Wirklichkeit. Mit diesen Werkzeugen haben Generationen des Clans gearbeitet. Sie sind Träger der Kontinuität, in welcher schon die Götter der Tuatha Dé Danann gewirkt und gedacht haben, mit denen der Stamm der Basna sich verwandt fühlte.

Wer diese über längere Zeit verlorene Tradition wiederfindet, hat die Initiation in ein altes Stammeswissen erfahren und ist damit in das Kollektiv der Erwachsenen seines Clans aufgenommen. So erscheint es sinnvoll, daß sich der junge Held, nachdem er den Schatzbeutel gefunden hat, aufmacht, um auf seinem *eigenen* Weg weiterzugehen.

Während seiner Lehre bei dem Alten am Boyne-Fluß erfuhr Finn die *Zwiespältigkeit* alles Wissens. Die Version, in welcher der Lehrer seinem Schüler neidlos den Lachs der Weisheit überläßt, erscheint mir eher als spätere Hinzufügung und Glättung. Wahrscheinlicher ist die Variante, in der Finn vor dem erschrickt, was er in seiner neu erworbenen Hellsichtigkeit wahrnimmt, nämlich daß dieser Alte ihm nach dem Leben trachtet, weil ihm, dem Jungen, das «zugefallen» ist, worum sich der Alte viele Jahre vergeblich bemüht hatte. Der junge Seher zögert nicht lange, das anzuwenden, was er bei Fiacil, dem Räuber, gelernt hat. Er kommt dem alten Lehrmeister zuvor und erschlägt ihn, bevor er von ihm umgebracht wird. Diese Handlungsweise erscheint *uns* verwerflich; aber für den jungen Finn ist es nötig, sich das aus den «Schätzen» des Wissens der Vorzeit anzueignen, was für ihn Gewicht hat; dagegen muß er abstoßen und «sterben lassen», was als nur überkommene, inzwischen aber erstarrte Form für sein weiteres Leben unbrauchbar ist. Wenn Finn sich von dem überalterten, heimtückisch gewordenen Cethern trennt und sich nach Tara begibt, so ist mit diesem bewußten Schritt seine Lehrzeit beendet.

Samuin ist ein Fest des Endes und der Wende des Jahres und darum für Finns Entscheidung ein besonders geeigneter Zeitpunkt. An dieser Grenze zwischen den beiden Welten des Diesseits und der Anderswelt begegnet er der tödlichen Gewalt des zerstörerischen Feuers, die Aillén heißt.

Der Feuergeist Aillén
und die Versuchung der «Untergrund-Musik»

Der gefährliche Aillén nähert sich der Burg von Tara auf verführerische Weise. Um ihn ertönt leise, bezaubernde Harfenmusik, jene Musik, mit deren Hilfe schon der alte Gott Dagda die Menschen im positiven Sinne zu Ruhe und Schlaf verlocken konnte, wenn sie zu sehr außer sich zu geraten drohten.

Samuin war neben Beltēne das größte keltische Fest. Die Männer saßen beieinander, aßen Unmengen an Fleisch und tranken dazu ebenso maßlos alkoholische Getränke, die weniger Begüterten Bier, die Fürsten Wein aus südlichen Ländern. Die Dichter priesen die anwesenden Helden, die sich ihrerseits um die Zuteilung des «Heldenbissen» stritten, der dem Besten unter ihnen zustand. Trotz des herrschenden Burgfriedens kam es dabei nicht selten zu heftigen Kämpfen, die zuerst verbal, dann aber mit den Waffen ausgefochten wurden. Das unkontrollierte männliche Feuer feierte Orgien.

Das Brauchtum an einem Fest wie Samuin spiegelt aber nur einen kleinen Teil der Wirklichkeit wider. Es kann mit unseren Sylvesterfesten verglichen werden. Man feiert laut und läßt knallende Raketen steigen. Ein Jahrhundert vor uns wurde das neue Jahr mit Böllerschüssen der Kanonen begrüßt, und unsere germanischen Vorfahren ließen zur Feier des Julfestes, der Wintersonnenwende, brennende Räder von den Anhöhen in die Täler rollen, zum Zeichen dafür, daß der Tiefpunkt des Sonnenstandes nun überwunden war und die neue Sonne wieder ihren Lauf zur Himmelshöhe antreten konnte. Samuin war jedoch kein Fest des Neubeginns, sondern des Jahres*endes* und damit des *Todes*. Bei unseren Sylvesterfeiern wird nicht *nur* das neue Jahr begrüßt, sondern für viele Menschen ist der Jahresschluß auch eine sehr nachdenkliche Zeit. Man zieht die Bilanz des vergangenen Jahres, man vergleicht, was man gewollt hat, mit dem, was aus dem Gewollten geworden ist, und warum vieles so ganz anders geworden ist, als es dem besten Willen entsprach. In unseren menschlichen Beziehungen und Begegnungen ist vieles ungenügend und durch Mißverständnisse verstellt. Oft sind wir an anderen Menschen und an uns selber schuldig geworden. Manchmal erscheint es wie ein Wunder, daß manches trotzdem gelungen ist und schön war. Wir denken an die Toten, die nicht mehr bei uns sind, und wir machen uns in wachsendem Ausmaß Gedanken über die Zukunft unserer Erde und damit der gefährdeten Menschheit. An solchen Abenden des Jahresabschlusses gibt es Anlaß zu hoffnungsloser Angst und Verzweiflung. – Sind es nur die Außenseiter unserer Gesellschaft, die sich solche Sorgen machen, oder «wissen» nicht alle um die Gefahr, die fast nicht auszuhalten ist und darum mit Fluten von Alkohol, mit möglichst viel Feuerwerk und lautstarker Musik «spielerisch» verdrängt werden muß?

Aber auch diese Deutung trifft nicht die volle Wahrheit. Der Feuergeist Aillén beweist den Helden in Tara mit nicht zu überbietender Deutlichkeit die Nichtigkeit all ihrer Pracht. Er wirft unbemerkt sein Feuer auf die Burg, und das Erwachen am nächsten Tag zeigt an, daß außer Asche nichts mehr übrig ist. Man «weiß» genau, was kommen wird. Man weiß auch, daß «Wachbleiben» die einzige Möglichkeit ist, um dem Übel zu begegnen – wenn nur diese verführerische «Musik» nicht wäre, der keiner zu widerstehen vermag.

Im Deutschland der Hitlerzeit hieß diese «Musik» zum Beispiel «Kraft durch Freude» oder «soziale Gerechtigkeit». Diese Sirenentöne verhießen für viele ein damals noch unbekanntes Glück von Urlaub, Reisen-Dürfen und die Hoffnung, sich nicht mehr als «kleiner Mann» den «Großen», Mächtigen ausgeliefert fühlen zu müssen. Alle Menschen schienen gleich viel wert zu sein. Doch unter diesem Blendwerk nahm man zunächst das Furchtbare nicht wahr, das als versteckter Preis für alle diese «Wohltaten» gefordert wurde.

In Goethes «Faust» schläfert Mephisto mit süßer Musik den Gelehrten Faust ein, der an seinem Streben nach «Wissen» verzweifelt ist.[152]

Im CuChulinn-Epos verschlafen die Helden von Ulster mitsamt ihrem König den Beginn der großen Schlacht, in der über eine neue Bewußtseinsstufe entschieden wird.

Heute ist vielen Menschen die Ahnung oder gar das Wissen um ihre, um unser aller unverantwortliche Einstellung zum Leben und zur Natur so unerträglich geworden, daß sie zu verschiedenartigen Drogen greifen. Eine dieser Drogen heißt «Hintergrundmusik», die den ganzen Tageslauf begleitet und deren einlullende Wirkung gar nicht mehr bemerkt wird. Ob dies nun Pop- oder klassische Musik ist, spielt bei dieser Art der Berieselung keine Rolle. In Hotels und Gaststätten sind die obligaten Geräuschkulissen bis in sämtliche Nebenräume zu hören. Die tägliche Arbeit, der Autofahrer, der Waldläufer, alle werden vom «Walkman» begleitet. Mit abwesendem Gesichtsausdruck nehmen die derart «Abgelenkten» weder die Schönheit der Natur wahr noch den unerträglichen Lärm und Gestank der Großstadt. Der in die Klänge seiner Stereoanlage oder des Kopfhörers versunkene Autofahrer gibt Gas und muß «zum Glück» nicht mehr darüber nachdenken, welches Gift er mit steigender Geschwindigkeit in die Luft bläst, die alle Lebewesen so nötig zum Atmen brauchen. Im Geschwindigkeitsrausch hofft der Fahrer, allem Ärger und sich selber zu entfliehen, obwohl er bei klarem Bewußtsein genau weiß, wie gefährlich das Spiel ist, das er betreibt. Die «liebliche Musik» deckt allen Zorn und alle Gefahren zu.

Eine andere Seite des Problems wird erkennbar in dem Versuch, in «traumhaft schöne Landschaften» zu entweichen, wo «die Natur noch unberührt ist». Beim Pistensport, auf Bergwanderungen oder beim Wassersport begegnen oft völlig Ungeübte der Macht der Elemente, denen sie hilflos ausgeliefert sind. Wenn es gutgeht, führen solche Versuche zu Erfahrungen, die eine Heilung von mancher Zivilisationskrankheit vermitteln. Doch auch hier gibt es den «Rausch des Schönen», der jäh im Absturz oder einem «Sportunfall» enden kann, weil der verstädterte Mensch der Begegnung mit den elementaren Mächten so wenig gewachsen ist wie Faust der Erscheinung des «Erdgeistes». Das Erleben von Sturm, Wetter und plötzlichen Naturkatastrophen ist gefühlsmäßig nahe verwandt mit dem, was die Kelten in der Begegnung mit der Anderswelt erfuhren. Sie kannten den verführerischen Sog der elfischen Musik, die beseligenden Frieden und zeitweise Befreiung von allen Nöten bescheren kann. Aber Gesang und Harfenklänge aus dem *Sidh* können heilsam *oder* verderblich sein und zu einer Entrückung ohne Rückkehr führen. Nicht alle «Elfen» sind trostspendende Helfer, wie sie Goethe zu Beginn des *Faust II* schildert. Dort singen die Helfer des Ariel den erschöpften Faust unter Äolsharfenbegleitung in einen heilsamen Schlaf, doch mit der schönen Verpflichtung:

Erfüllt der Elfen schönste Pflicht,
Gebt ihn zurück dem heiligen Licht.

In einer ähnlichen Situation verhalf der Sonnengott Lugh seinem erschöpften Sohn CuChulinn zum erholsamen Schlaf, und der Gott wachte für ihn.

Doch an jenem Samuinfest, als der junge Finn die Wache über die Königsburg von Tara übernahm, nahte sich der negative Lichtgeist mit wahrhaft luziferischen Versuchungskünsten. Seit Jahren wußte jeder, der an dem Fest in Tara teilnahm, daß und wie sich die Feuersgefahr näherte. Aber dennoch wurde jeder, der versuchte, *wach* zu bleiben und der Gefahr wirklich ins Auge zu sehen, von den verführerischen Klängen eingeschläfert.

Nicht nur den Kelten, auch uns erscheint es immer wieder rätselhaft, was von uns wahrgenommen wird und was nicht und warum unsere Wahrnehmung einmal wach ist, ein andermal «schläft». Manche alten Menschen quälen sich heute mit der Frage: Warum habe ich nichts gemerkt oder zu spät gemerkt und nicht die nötigen Konsequenzen gezogen, als ich endlich wahrnahm, welch infernalisches Spiel Hitler mit uns trieb. Junge Leute prangern nicht selten nachträglich die Alten an, ohne die damalige Situation erlebt zu haben. Sie fragen: Warum habt ihr nichts gemerkt, es lag doch alles offen zutage, ihr wart doch nicht dumm; euer Verhalten kann nur mit Feigheit oder Böswilligkeit erklärt werden! Wenn alles Menschliche auf rationalem Wege steuerbar wäre, so hätten die Ankläger recht, und doch müssen manche dieser Besserwisser gewärtig sein, von nachfolgenden Geschlechtern genauso hart und gnadenlos verurteilt zu werden für das, was sie in *ihrer* Zeit und *heute* versäumen.

Woran, so müssen wir uns fragen, liegt es, daß wir der «Musik» einer verführerischen Macht aus der Anderswelt, aus der «anderen Schicht» unserer Wirklichkeit, stets aufs neue verfallen und *nicht* bemerken, nicht wahrnehmen, was die Stunde von uns fordert? Der junge Finn hielt sich wach, indem er die Spitze seines Speeres an die Stirne preßte. Diese Waffe war so gefährlich, daß ihre flammende Spitze gewöhnlich in einem Futteral verborgen bleiben mußte, sonst hätte sie unkontrollierbares Unheil angerichtet. *Bildlich* gesehen macht sich Finn seine eigenen zerstörerischen Möglichkeiten klar, indem er den tödlichen Speer an seine Stirne und damit sich ins Bewußtsein preßt. Hätte sich Finn der verführerisch-schönen Musik überlassen, so hätte dies bedeutet: «*Ich* bin doch gar nicht so schlimm, *mich* wird das Verhängnis schon nicht treffen!»

Wenn man die Haltung des hellen Finn und seinen Umgang mit dem zwiespältigen Lichtspeer mit CuChulinn und dessen Gebrauch des *Gae Bolga* vergleicht, so wird der Unterschied deutlich. Auch CuChulinn war ein Sonnenheld, auch er besaß den tödlichen Donnerspeer, den negativen Lichtspeer. Aber der aus einer noch archaischeren Schicht stammende CuChulinn greift und schleudert die Todeswaffe, indem er sie mit der Zehengabel faßt und unter Wasser, also aus einem mehr oder weniger unbewußten Impuls heraus, wirft und damit seinen Gegner von unten und von hinten zerstört. Finn dagegen macht sich die Gewalt seiner Waffe und der von seinen Ahnen ererbten Aggression bewußt. Auf diese Weise gelingt es ihm nicht nur, *wach* zu bleiben und mit klarem Bewußtsein die *Qualität* der Musik einzuschätzen, die ihn in selige Unbewußtheit zu verlokken sucht. Er benötigt auf seiner Feuerwache auch all seine erwachsene Männlichkeit, um nicht der süß klingenden Musik aus einer «anderen» Welt zu erliegen, die einen Menschen im Rausch irgendwelcher Art so leicht zu bezwingen vermag. Die Gabe des Räubers, der männliche Speer, befähigt ihn, wahrzunehmen, was geschieht, als Aillén seinen lautlosen Feueratem über die Burg bläst. Finn ist gerüstet zum richtigen Handeln, indem er seinen eigenen Mantel mit purpurroten Fransen über die Feuerwolke wirft und sie auf diese Weise zwingt, an einer unschädlichen Stelle vor der Burg niederzugehen. Der Mantel aus dem Schatzbeutel der Ahnen stammt von Finns göttlichem Vater Mannanaun. Die Fransen sind nicht feuerrot, sondern purpurfarben; dies ist ein warmes, königliches Rot, in welchem die ungesteuerte Aggression gebändigt ist. Das Wissen um unsere archaischen Anlagen verleiht uns die Möglichkeit, sie zu steuern und damit umgehen zu lernen. Dieses Wissen ist eine Last, eine ständige Aufgabe und die Aufforderung zu verantwortlichem Wahrnehmen und Handeln.

Die Zukunftsmusik eines New Age, das uns die Erlösung von allen Übeln bescheren soll, weil die Menschen dieses gesegneten neuen Äons all ihre Schwierigkeiten mit Vernunft und gutem Willen meistern werden, diese Musik könnte uns erneut umnebeln, sofern wir nicht bereit sind, auch die Gefahren und Stolpersteine des neuen Bewußtseinsschrittes ernst zu nehmen. Denn die Last ihres Erbes der Unvollkommenheit wird die Menschheit auf allen ihren Wegen weiter begleiten, und keinem Einzelnen wird die Einsicht in seine eigenen Fehler erspart bleiben, die er zu verantworten hat. Jeder Schwellenübertritt hat seine Klippen, die bei den Kelten der Finn-Episode die Versuchung des Aillén hießen, bei uns die Versuchung der abgespaltenen Rationalität und der luziferischen Gefahr, die in einer einzigen Nacht all unsere Errungenschaften in Schutt und Asche legen kann.

Finn zwingt den Feuergeist Aillén, wieder in seiner Jenseitsbehausung zu verschwinden. Ob er aber in des Helden innerseelischer Wirklichkeit für immer besiegt ist, scheint zweifelhaft. Solche Mächte kehren stets wieder und müssen in jedem aktuellen Augenblick neu erkannt, gelenkt oder «niedergeschlagen» werden. Letztlich sind und bleiben sie im Menschenleben gegenwärtig.

Neben oder hinter der wärmenden, lichtspendenden Seite des Feuers liegt oft auch eine innerseelische Gewalttätigkeit auf der Lauer, die in ungezügelter Triebhaftigkeit oder scheinbar eiskalter Rationalität wurzelt. Auch in der äußeren Realität kennen wir inzwischen Energien, die allzuleicht außer Kontrolle geraten können – und die ein getreues Abbild unserer seelischen Wirklichkeit sind.

Finn konnte wegen des offiziell herrschenden Burgfriedens an Samuin seinen Zwist mit Goll in Tara nicht ausfechten. Statt dessen ist es ihm für diesmal gelungen, seinen eigenen destruktiven Feuergeist zu bezwingen. Dies war die Voraussetzung dafür, daß er die Befehlsgewalt über die Fianna übernehmen konnte. Den äußeren Frieden mit Goll vermittelte der König Conn.

Soweit also der Bilder schaffende «Traum» von Finns Jugend. Die Bilder, die aus seiner Seele aufstiegen, waren ein Entwurf seines Lebens, das seines Namens würdig sein sollte: des Hellen, Lichten und Wissenden.

Die Fianna

Die Fianna war ursprünglich ein Trupp von jagenden Kriegern, die, unabhängig vom König, raubend durch das Land zogen und sich stets auf des Messers Schneide zwischen kriegerischem Ethos und dem Status gesetzloser Räuber bewegten. Später war die Fianna eine Auslese freiwilliger Krieger, die meistens dem Adelsstand angehörten. Sie unterstanden drei oder vier Befehlszentralen. Eines dieser Zentren war Tara (Co. Meath), ein zweites Almhu (Co. Kildare), Finns Stammsitz. Temhair Luchra in Kerry und Culleun (Co. Tipperary) kamen hinzu. Zu jedem dieser Bezirke gehörten tausend Mann.

Finn, ursprünglich als Einzelgänger in einer kleinen Gruppe beschrieben, wird später der oberste Anführer der gesamten Fianna und überwacht mehr oder weniger militärisch organisierte Großunternehmungen.

Die Fianna diente der Landesverteidigung, vor allem gegen die einfallenden Nordmänner, unterstand aber nie direkt dem Hochkönig, sondern ihrem zeitlosen Kriegerkönig, der mit dem regierenden König meist in gespannter Beziehung lebte. Im Winter, von November bis zum 1. Mai, war die Fianna gegen Sold verpflichtet, das Recht zu schützen und fremde Eindringlinge und Räuber abzuwehren. In dieser Zeit bezogen sie ihr Quartier in Fürstenhöfen und bei Bauern. Von Mai bis zum 1. November bejagten sie das Land. In dieser Zeit bestand ihr Lohn im Fleisch und in den Fellen der erbeuteten Tiere. Die *Lebensweise* der Fianna im Sommer wird so geschildert: Während die Gruppe jagend durch die Wälder zog, baute ein Diener *(Gilla)* Hütten aus Stangenholz und Zweigen, aus denen die Wände und ein

Dach geflochten wurden. Die Betten wurden aus Moos, Heidekraut und einer Lage frischer Binsen schichtweise errichtet. Stets teilten zwei Männer ein Bett, während die Hunde immer ihr eigenes Lager erhielten.

Neben einem Bach wurde eine Grube ausgehoben und das Wasser des Baches hineingeleitet. Dann wurden Steine in einem Feuer geglüht und in das Wasser geworfen; in diesem Naturkessel wurde das Essen gekocht. Auf diese Weise mußte man kein belastendes Kochgeschirr mit sich führen. Wenn die Jäger zur Hütte kamen, nahmen sie ein Bad im Bach und setzten sich dann zum Essen nieder. Nach dem Essen wurde oft musiziert. Sie preßten die Lippen aufeinander und gaben auf diese Weise spezifische Brummlaute von sich, die sehr schlaffördernd gewesen sein sollen. Daneben hatte dieser Brummton für die Angehörigen der Gruppe noch die spezielle Funktion eines Notsignals, an dem sie sich gegenseitig in kritischen Situationen erkannten. Ihr «Musizieren» wurde gelegentlich durch ein rhythmisches Aneinanderschlagen der Speerspitzen bereichert.

Wo immer sie auf ihren Streifzügen hinkamen, wurden sie von «ihren» jeweils ortsansässigen *Frauen* und Mädchen erwartet. Die Gastprostitution war damals ein selbstverständlicher Brauch, doch scheinen vor allem die Anführer Wert auf die Treue ihrer Freundinnen gelegt zu haben. So gibt es eine Erzählung von Finns Narren Lomna, der beobachtete, wie Finns «Wirtin und Bettgenossin» ihr Spiel mit einem anderen Mann trieb. Lomna teilte dies seinem Herrn mit, der darauf die Frau keines Blickes mehr würdigte, was diese wiederum veranlaßte, sich an dem Narren zu rächen.

Die *Aufnahme* in die Fianna unterstand strengen Bedingungen. Der Bewerber hatte «die zwölf Bücher der Dichtung» zu kennen, er mußte also mindestens die Unterstufe der bardischen Ausbildung durchlaufen haben. Außerdem mußten Beweise athletischer Fähigkeiten und Geschicklichkeitsproben abgelegt werden. Bei einer Hetzjagd durch die ungebahnten Wälder ganz Irlands durfte das kunstvoll geflochtene Haar des Bewerbers nicht in Unordnung geraten. Wenn es einem seiner Verfolger gelang, ihn zu verletzen, so wurde er abgelehnt. Kein Zweig durfte unter seinem Fuß knacken, so elastisch und weich hatte sein Tritt zu sein. Mühelos mußte er über einen Ast in seiner Stirnhöhe springen und unter einem solchen in Kniehöhe im Lauf hindurchschlüpfen, ohne ihn zu berühren. Ebenso mußte er, ohne seine Geschwindigkeit zu vermindern, im Rennen einen Dorn aus seinem Fuß ziehen können.

Ferner wurde die Tapferkeit geprüft, indem der Bewerber in ein Erdloch gestellt wurde, dessen Rand ihm bis zur Brust reichte. Mit seinem Schild und einem Haselstecken von der Länge seines Armes hatte er sich gegen neun voll bewaffnete Angreifer zu verteidigen, ohne selber verletzt zu werden.

Von einer Frau durfte bei der Eheschließung kein Angehöriger der Fianna die übliche Mitgift annehmen. Die Frauen waren aber hoch geachtet, vor allem, wenn sie kleine Kinder hatten. Später wurden für die Fianna Grundregeln der Noblesse aufgestellt, die schon in die Nähe der mittelalterlichen Ritterideale verweisen. Diese Regeln lauteten etwa: Beschuldige deine Frau niemals ohne Grund. Schlage niemals deinen Hund. Laß dich auf keine Schlägerei ein. Sei nie heftig gegen das gemeine Volk. Mach keine großen Worte, überlege, was du sagst. Verrate nie deinen Herren. Beschimpfe nicht die Leute eines Mächtigen. Gib dich für keine Zwischenträgerei her. Sei großzügig mit deiner Familie. Gib lieber, als zu verweigern.

Die Beziehung zur Anderswelt

Von Finn und seiner Fianna werden viele Geschichten erzählt, die sich mit der Beziehung zur Anderswelt in ihrem freundlichen wie auch feindlichen Aspekt befassen. Es beginnt damit, daß Finns Tante Bodhmhall nicht nur den Knaben Finn betreut, sondern auch die «Mutter der Fianna» genannt wird und für diesen Jungmännerbund eine Art Schutzgöttin ist. Es erscheint wie ein Opferritus, wenn der junge Finn den Leib seiner geliebten Amme auf seinem Fluchtweg stückweise über das ganze Land verstreut, wovon noch manche Ortsnamen Zeugnis ablegen.

ÓGÁIN sieht diese «Amme» als eine Erdgöttin oder eine Beschützerin der Jagd an. Die Zerstückelung erinnert an den Osiris-Mythos oder an manche Mitteilung AD. E. JENSENS über den Hainuwele-Mythos.[153] Der Sinn solcher Zerstückelung und Verteilung über ein Land diente stets der Fruchtbarkeit der Erde oder der Regeneration der Wildbestände. Es wird berichtet, daß Finn einen seiner eigenen Söhne der Mongfhind genannten großen Erzieherin junger Krieger übergeben habe. Diese Mongfhind ist in einem Text des 11. Jahrhunderts Finns Ziehmutter; im 12. Jahrhundert ist sie zu Finns Gemahlin geworden und hat außerdem achthundert Krieger der Fianna großgezogen.

Während ihres Lebens in den Wäldern und unter der Obhut der Göttin der Natur und der Tiere kamen die jungen Männer ganz selbstverständlich in Berührung mit dem geistigen Untergrund dieser Mächte. Die Vertreter der Welt der Feen (die männlich und weiblich zu denken sind) lebten in den alten Grabhügeln, den *Cairn* oder *Sidhe.*[154] Sie traten oft in Gestalt von Tieren auf und lockten die Jäger in den Bezirk der Anderswelt. Am häufigsten erschienen sie als Rotwild, als Schwarzwild oder als Vögel, vor allem als Schwäne.

Man kann die Zeit, welche die jungen Männer in der Fianna verbrachten, als Jahre einer *Initiation* betrachten. Sie waren Wanderer in den Bergen und übten sich im Überleben in der Wildnis, in Jagd und Kampf. Sie lernten, sich in den Fährnissen des Diesseits und an den Grenzen zum Jenseits zurechtzufinden, und in der Regel gründeten sie erst nach diesen Wanderjahren eine eigene Familie.

Finns Hunde

Eine der Schwestern von Finns Mutter Muirne hieß *Tuirin.* Sie wird mit Jollan, einem Fianna-Häuptling, vermählt. Doch Jollan hat vorher eine lang währende Beziehung zu einer Angehörigen aus dem Sidh. Sie heißt *Oct Dealv,* die «Schönbusige». Als Jollan diese Fee zugunsten der sterblichen Frau verläßt, verwandelt sie sich in eine Botin Finns und erscheint auf des Häuptlings Burg. Sie lockt Tuirin heraus und verzaubert sie mit ihrer Haselrute in eine Hündin. Diese bringt sie zu einem Fergus Fionnliath, dem «Hellgrauen», dessen Dun nahe der Bucht von Galway im Westen liegt. Fergus ist für seine Hundefeindlichkeit bekannt, weil er Angst vor den Tieren hat. Auf diese Weise will sich die Fee an ihrer Rivalin rächen. Die arme Hündin zittert vor Entsetzen am ganzen Leib, als sie diesem Burgherren, angeblich in Finns Auftrag, zur Betreuung übergeben wird. Doch erstaunlicherweise gewinnt Fergus diesen Hund lieb und umsorgt ihn mit großer Zärtlichkeit.

Inzwischen hat Finn vom Schicksal der Schwester seiner Mutter erfahren. Er bedroht Jollan, er solle den Sidh der Oct Dealv aufsuchen und von dieser die Entzauberung der Tuirin erwirken. Dies gelingt nur auf die Weise, daß der abtrünnige Liebhaber der Fee ewige Treue gelobt, worauf sie der Hündin ihre menschliche Gestalt zurückgibt. Doch die beiden Hunde, die Tuirin inzwischen geboren hat, müssen in ihrer Tiergestalt verbleiben. Sie sind durch ihre Abstammung Finns Vettern ersten Grades und heißen *Bran* (der «Räuber» oder der «Rabe, der nach Wissen jagt») und *Sceolaing* (der «Bringer von Neuigkeiten»). Die Namen der beiden Hunde verweisen unmittelbar auf ihre funktionelle Verwandtschaft zu den Raben Odins in der germanischen Mythe. Finn nimmt diese Hunde zu sich, sie werden zu seinen unzertrennlichen Begleitern und Helfern auf allen seinen Wegen.

Schon der Name des Fergus, *Fionnliath,* verweist auf seine Verwandtschaft mit Finn, der stets als ausgesprochener Hundefreund geschildert wird. Der Liath («Graue») aber kann als eine Art Kehrseite des *nur* lichten Finn gesehen werden. Auf dem Umweg über Finns Mutter-Schwester wurde der hundefeindliche «graue» Schattenanteil des Sonnenhelden gezwungen, die hundegestaltige Tuirin zu lieben. Der treulose Jollan wird, so hat es den Anschein, lediglich als unfreiwilliger Helfer benutzt. Er muß den abgesetzten weiblichen Archetypus, die «Schönbusige», «ausgraben», also wieder ins männliche Bewußtsein zwingen, damit Tuirin aus ihrer erniedrigenden Hundegestalt erlöst wird – doch auf diesen verschlungenen Pfaden hat sich die Anderswelt Einlaß in die bewußte Welt verschafft. Der «andere Finn» (der «Graue») kann nun das Weibliche in tierischer Gestalt und in animalischer Weise lieben.

In der nächsten Sage hören wir von Finns eigener Anfälligkeit für das elfisch Verlockende einer Animagestalt aus der Anderswelt. Hätte er vorher nicht seine besten Kameraden in Gestalt seiner Lieblingshunde Bran und Sceolaing gewonnen, so wäre er dieser Begegnung schutzlos ausgeliefert.

Wenn man nicht nur Fergus-Fionnliath, sondern auch Jollan subjektstufig als Finns eigene Wesensanteile sieht, so wird es verständlich, wie wichtig es für das männliche Bewußtsein ist, seinen unbewußten Schattenanteilen zu begegnen (die hier Instinkt- und Treulosigkeit heißen), damit der Mann seine innere weibliche Seelenhälfte finden und kennen lernt, ohne sie zu schädigen. Die schönbusige Daelv hat sich in typisch keltischer Weise bei Finn angemeldet, nämlich auf den versteckten und verschlungenen Pfaden eines «Flechtbandmusters». Was damals noch relativ bewußtseinsnahe war, ist für den heutigen Menschen fast nicht mehr nachvollziehbar, weil es ins Unbewußte abgesunken ist.

Die Sage von Oisins Geburt und seiner Mutter Sadhbh (Saeve)[155]

Eines Tages jagt Finn nach einem Reh. Das Tier springt zwar sehr behende, aber nicht eigentlich schnell. Bran und Sceolaing sind dicht hinter ihm, und Finn rennt, so geschwind er kann, doch der Abstand verringert sich nicht. Endlich läßt sich das Reh in aller Ruhe auf einer abgelegenen Wiese nieder, und die Hunde benehmen sich ganz absonderlich. Anstatt das Wild anzugreifen, umspielen sie es mit eleganten Sprüngen, lecken es und reiben ihre Schnauzen an ihm. Den herbeieilenden Finn sieht das Tier mit solch liebevollen Augen an, daß er unfähig ist, es mit seinem Speer zu erlegen. So schließt auch er Freundschaft mit dem Reh und kehrt mit seinem lebenden Jagdwild und den Hunden nach Hause zurück.

Bei Nacht erscheint ihm das Reh in seiner wahren Gestalt: als Saeve, die Tochter des Bodbh Derg vom Sidh Slievenamon. Sie bittet Finn um seinen Schutz gegen den «Schwarzen Zauberer» (Fear Dorche), der sie gegen ihren Willen bedränge; ihre wahre Liebe gelte ihm, Finn.

Auch Finn liebt die schöne Fee bald über alles. Er will nicht mehr zur Jagd gehen, um ihre Gegenwart keinen Augenblick zu vermissen. Nur ungern begibt er sich auf einen notwendig gewordenen Feldzug gegen die ins Land eingebrochenen Dänen. (Nach einer anderen Version hatte Finn eine kriegerische Auseinandersetzung mit dem Clan Morna.) Als er in seine Burg zurückkommt, ist Saeve verschwunden. Seine Diener berichten ihm, daß in seiner Abwesenheit ein Mann mit zwei Hunden von ferne auf den Dun zugekommen sei, er habe Finn genau geglichen. Saeve sei ihm freudig entgegengelaufen, und da habe der Fremde sie mit einer Haselrute geschlagen und in ein Reh verwandelt. Das Tier habe dreimal vergeblich versucht, zur Burg zurückzufliehen, aber die Hunde hätten es dem Mann wieder zugetrieben, er sei dann mit den Tieren spurlos verschwunden.

Finn sucht sieben Jahre lang vergeblich nach Saeve. Auf seinen Streifzügen kommt er eines Tages zum *Ben Bulban,* einem alten Zauberberg, und dort benehmen sich seine Hunde wieder auffällig. Sie verteidigen im Dickicht des Waldes irgend etwas gegen die übrige Meute. Als Finn näher kommt, entdeckt er einen etwa siebenjährigen nackten Knaben. Die Hunde lecken ihm die Hände, und er zeigt keinerlei Furcht. Finn empfindet sofort tiefe Zuneigung zu dem Kind und nimmt es mit sich. Er nennt es *Oisin* («das kleine Kitz») – es ist sein Sohn, den Saeve geboren hat. Als der Knabe die menschliche Sprache erlernt hat, erzählt er seine Geschichte: Er wuchs in der Einsamkeit der Wälder auf und wurde liebevoll durch ein Reh versorgt, das von Zeit zu Zeit Besuch von einem «schwarzen Mann»[156] erhielt, der es zu überreden suchte, aber jeweils im Zorn von dannen ging. Zuletzt schlug er das Reh mit einer Haselrute, und es mußte ihm folgen. Der Junge wollte ihm nachlaufen, stand aber wie angewurzelt am Boden und vermochte sich nicht zu rühren. Schließlich schlief er vor Erschöpfung ein und erwachte erst durch das Gebell von Finns Hunden.

Die Zauberhöhle von Cesh Corran in Nord-Connacht[157]

Finn ist wieder einmal in der Einsamkeit der Wälder im Norden Irlands unterwegs. Ahnungslos hat er sich mit seinem glatzköpfigen Kameraden Conan auf dem Gipfel des Berges Conaran niedergelassen, um auf die übrige Fianna zu warten. Der Herrscher dieses Gebietes, Corran, aus dem Geschlecht der Tuatha Dé Danann, ist ihm nicht wohlgesonnen, doch Finn nimmt nichts Gefährliches wahr. Corran hat vier Töchter, die in der Verborgenheit einer Höhle ganz in der Nähe hausen. Da berührt der Elf Finns und Conans Augen, so daß sie drei dieser Weiber wahrnehmen können; das vierte ist gerade in den Bergen unterwegs. Diese drei Schwestern heißen Caevog, Cuillen und Jaran. Ihr Anblick ist fürchterlich. Sie haben pechschwarzes, struppiges Haar, rot unterlaufene Triefaugen, und aus ihren Mäulern ragen gelbe Hauer. Stachelige Schnauzbärte zieren ihre Oberlippen, und ihr ganzer Körper ist von rauhem Pelz bedeckt. An den Fingern tragen sie scharfe Krallen.

Finn und sein Begleiter entdecken plötzlich voll Staunen den Eingang der Höhle, vor dem Stechpalmen stehen, die linksläufig mit dem Garn umwickelt sind, das die drei Hexen spinnen. Als die Besucher nähertreten, um genauer sehen zu können, sind sie unversehens ins magische Garn geraten. Sie werden von einer tödlichen Müdigkeit befallen. Ihr Körper zittert, und alle Kraft und Tapferkeit sind dahin, sie sind gefangen wie Insekten im Spinnennetz. Die Hexen fesseln sie noch überdies mit magischen Knoten und schleppen sie dann ins Innere ihrer Höhle.

Als die übrigen Jäger der Fianna, auf der Suche nach ihrem Herrn, ankommen, ergreifen die Drei einen nach dem anderen, bis alle wehrlos am Boden liegen. Sie vermögen keinen Ton mehr von sich zu geben, nur die *Hunde,* die draußen geblieben sind, vollführen ein mörderisches Gebell. Die Weiber schicken sich schon an, ihre Gefangenen zu enthaupten, sehen aber vorher sicherheitshalber noch einmal vor der Höhle nach, ob sie auch sämtliche Männer gefangen hätten. Da kommt als letzter *Goll* mac Morna. Er trifft die Hexen außerhalb ihres Bannkreises an und kann deshalb mit ihnen kämpfen. Zwei von ihnen schlägt er mitten entzwei, die dritte fesselt er und läßt sie erst los, als sie die ganze Fianna wieder freigelassen hat. In diesem Augenblick erscheint die vierte der Schwestern, die fürchterliche Jarnach, die «Eiserne». Ganz in Eisen gepanzert und bewaffnet mit einer riesigen Keule, fordert sie Finn zum Einzelkampf heraus. Es war üblich, daß nicht der Anführer selber, sondern einer seiner Gefolgsleute sich einer solchen Herausforderung stellte. Doch Finns beste Kämpfer verzagen bei ihrem Anblick, selbst Oisin und dessen Sohn Oscar trauen sich diese Auseinandersetzung nicht zu. Als Finn sich anschickt, selber ins Treffen zu gehen, springt wieder Goll ein, obwohl er vom Kampf mit den anderen Riesinnen erschöpft ist. Nach heftigem Ringen trifft er Jarnach mit dem Schwert ins Herz, und sie stirbt. Die Fianna nimmt alle Schätze des Dun mit sich, und Finn überläßt seinem treuen Waffenbruder und Feind zum Dank seine Tochter Keva «mit der weißen Haut» zur Ehe.[158]

Von der Begegnung mit dem Schatten und der Differenzierung zwischen positiver und negativer Anima

Wenn man die beiden Sagen von Saeve und von der Zauberhöhle betrachtet, so ist es unerläßlich, sich selber auf die Begegnung mit der «Anderswelt» einzulassen.[159] Der Ausdruck «Anderswelt» bezeichnet treffend eine Welt, die «anders» ist als unsere rationale Wirklichkeit. Diese Welt ist *in* uns lebendig und begleitet uns ständig – halb oder ganz unbewußt. Die Anderswelt meint aber nicht unbedingt eine jenseitige Welt.

Saeve ist eine weibliche Gestalt dieser Anderswelt. Sie lockte den Jäger in Gestalt eines reizenden Rehes in ihr Revier. Die Spürhunde Finns erkannten sie sofort als «Verwandte», denn auch Bran und Sceolaing stammten ja zum Teil aus dieser Welt. Der liebevolle Blick des Wildes hinderte den «Jäger» daran, es einfach zur Strecke zu bringen (es «umzulegen», wie es heute in der Vulgärsprache ausgedrückt wird). Finn fühlte sich durch den liebevollen Ausdruck der zunächst in graziös-animalischer Gestalt auftauchenden Fee in seiner Seele angerührt, «beseeligt». Vielleicht hatte er dieses bewegende Gefühl bisher noch nie erlebt, er war wie verzaubert von der Schönheit und der Ausstrahlung dieser Frau aus der Anderswelt, und er stand in Gefahr, darüber die äußere Wirklichkeit und deren Notwendigkeiten zu vergessen.

Wie aus seiner Kindheit bekannt ist, wurde Finn die Weisheit bereits durch seinen göttlichen Vater mitgegeben. In keltischen Zeiten hatte das «Wissen», dessen Ambivalenz Finn in der Begegnung mit seinen alten Lehrern bewußt geworden war, stets etwas mit Magie zu tun. Indem Finn sich von diesen Lehrern trennte, nahm er zunächst Abstand von der *dunklen* Seite der Magie, die ihn dennoch latent weiter auf seinem Lebensweg begleitete. Auch den unkontrollierten Feuergeist hatte er bezwungen. Nun war er beseligt in seiner Liebe zu dieser reinen, makellosen Frau mit den sanften Rehaugen. Mit ihr fühlte er sich selber als der Reine, Lichte, seines Namens Würdige.

Saeve war jedoch gleichzeitig die Tochter eines von Finns «Feinden» aus der Anderswelt, der hier der «Rote» *(Derg)* heißt. Ob dieser Rote insgeheim etwas mit Aillén zu tun hatte, wissen wir nicht. Sicher ist nur, daß er nicht geneigt war, seine Tochter mit dem Lichthelden zu vermählen, sondern vielmehr mit dem «Schwarzen Zauberer», der dem bewußten Wesen des jungen Finn polar entgegengesetzt war.

Nun heißt es, daß die «Bösen Dänen» oder der finstere «Clan Morna» Finns Aufmerksamkeit erzwangen. Während er sich mit diesem äußeren Feind auseinandersetzte, fand der «Schwarze Magier» eine Lücke, durch die er in Finns häuslichen Bezirk eindringen konnte. Solange Saeve in Finns Dun lebte, hatte sie *menschliche* Gestalt, in der Nähe des Zauberers aber wurde sie wieder zum Reh, und er schlug sie in seinen Bann. Saeve selbst war auf den Zauber hereingefallen; sie mußte eine ihr unbewußte Anziehungskraft gespürt haben, die etwas mit ihrem eigenen negativen Animus zu tun hatte. Da ihr diese Gestalt in der Verkleidung Finns begegnete, nahm sie die Täuschung nicht wahr. Saeve, so können wir aus unserer heutigen Sicht deuten, hatte Finns Schattenseite, die in der Gestalt des «Schwarzen Magiers» auftrat, nicht wahrgenommen, weil Finns Schatten zu sehr mit ihrem eigenen negativen Animus verquickt war. Jetzt, als der Zauberer sie mit seinem Stab «berührte», erkannte sie einen Teil dieser Wahrheit, konnte ihm aber nicht mehr entkommen, so sehr sie sich dagegen wehrte.

Auch Finn hatte die negativen Möglichkeiten seiner Beziehung zu der sanften Saeve nicht erkannt. Er hatte zwar die «bösen Dänen» in der Außenwelt besiegt, doch was im eigenen «Haus» geschah, war ihm verborgen geblieben. Die Anima, das reine Reh, war ihm verlorengegangen, und er verfiel in tiefe Niedergeschlagenheit. Zwar begab er sich sofort auf die Suche nach der Entschwundenen, doch seine Streifzüge in den Wäldern waren wie ziellos und blieben lange

Zeit vergeblich. Aber endlich gelingt es seinen treuen *Hunden*, zwar nicht Saeve, aber die Frucht seiner Liebe zu ihr zu finden, den kleinen *Sohn*. Finn holte ihn aus dem Zauberbezirk des Ben Bulban heraus und nahm ihn mit sich nach Almhu. Beide, sowohl die Seelen-Frau wie auch der finstere Zauberer, waren treibende Kräfte auf Finns weiterem Weg.

Daß die Beziehung des Mannes zu seiner Anima und deren Integrierung viele Stufen durchläuft, wissen wir aus dem Alltag der psychologischen Praxis. Keine Stufe ist endgültig, und jeder einmal vollzogene Schritt kann wieder gefährdet werden, vor allem dann, wenn der Schatten nicht mit einbezogen wird. Es hat den Anschein, als sei Finn hier nicht genügend wachsam gewesen und habe sich in seiner Anima-Beseligung zu sehr durch «äußere Feinde» von der Auseinandersetzung mit seinen eigenen Möglichkeiten des «Schwarzen Zauberers», seines Schattens, ablenken lassen. Diesem Problem werden wir im weiteren Verlauf der Finnsage noch öfter begegnen.

Als Finn den Knaben gefunden hatte, fühlte er sich zutiefst getröstet. Große Liebe zu dem Kind ergriff ihn, und er nannte es das «Rehkitz» – eine Namengebung, die an seinen eigenen Kindernamen, das «Hirschkalb», erinnert. Als der kleine Oisin die menschliche Sprache erlernt hatte, konnte er erzählen, was geschehen war. Oisin ist nach der Sage derjenige, der dreihundert Jahre nach dem Ende der mythischen Zeit aus der Anderswelt zu dem Heiligen Patrick kam, um zu berichten, «wie es war», und die irischen Mönche schrieben dann auf, was ihnen aus «alten Zeiten» noch vernehmbar oder erinnerlich war. Wir kennen Oisin als den großen Barden, den Dichter, der *ausspricht*, was war und was ist, und der den Blick auch auf das öffnet, was die Zukunft bringen kann. Oisin, den Finn in der Begegnung mit seiner weiblichen Seelenhälfte gewann, ist nicht nur der reale Sohn, sondern etwas Neues, Männliches *in* Finn. Mit der Geburt und der Entdeckung Oisins in den Wäldern der eigenen Unbewußtheit hat Finn, symbolisch gesehen, die Möglichkeit erlangt, vom Wissenden zum Schauenden zu werden. Er hat eine neue Stufe der Weisheit in der Begegnung mit seiner Anima erlangt.

Für uns aber wird deutlich, daß die «Weisheit», die ein Mensch in seinem Leben nur in kleinen Stufen zu erringen vermag, mit rationalem Wissen unerreichbar ist, solange unsere eigenen Schattenseiten noch nach außen projiziert werden und unsere *innere* Seelenhälfte (Anima oder Animus) darüber vernachlässigt wird.

Es ist aufschlußreich zu sehen, daß sich Entsprechungen der innerseelischen Probleme, wie sie in *unserer* Zeit den Menschen beschäftigen, im zeitgeschichtlichen Brauchtum der Kelten erkennen lassen. Wir haben schon mehrfach erwähnt, daß im keltischen Kulturraum kein König herrschen konnte, der sich nicht zuvor mit der «*Weiblichen* Herrschaft» des Landes, der Mutter Erde, verbunden hatte – sei es in Gestalt einer weißen Stute, einer «häßlichen Alten» oder in anderen Verhüllungen.

Das sanfte Reh, dem Finn in Saeve begegnete, bedeutete für ihn eine symbolische Verbindung mit der ihm innewohnenden Anima. Auf der Stufe des archaischen Bewußtseins war dies eine Verbindung zur Anderswelt, die die Möglichkeit der Herrschaft über beide Welten in sich birgt, aber von Finn nicht voll wahrgenommen werden konnte. *Oisin,* Finns *inneres* Kind, «erwachte» durch das Gebell seiner «Hunde». Der «Schwarze Zauberer» zwang Finn auf den Weg zu seiner inneren «Saeve». Erst nachdem er sie in den Wäldern der Unbewußtheit gefunden und den Verlust der in die Außenwelt projizierten Anima angenommen hatte, konnte er die Frucht dieser Begegnung, das gemeinsam gezeugte *Kind,* finden und erkennen.

Nachdem Finn seiner Anima begegnet war, treffen wir ihn in der Sage von der *Zauberhöhle Cesh Corran* wieder, wo er mit der Schattenseite des Weiblichen befaßt ist. Wieder befindet er sich im Bergwald. Dort sitzt er mit seinem etwas zweifelhaften Gefährten *Conan,* einem Angehörigen der Fianna, der dazu neigt, viel zu reden, aber wenig zu tun. Wenn er einmal aktiv wird, so oft auf hinterhältige und destruktive Weise. Mit seiner blutleeren Besserwisserei kann er als das genaue Gegenteil von Finns instinktsicheren Hunden aufgefaßt werden. Es ist daher auch nicht verwunderlich, daß Finn in Gesellschaft seines Schatten-Gefährten Conan nichts von dem spürt, was «in der Luft» liegt: Einer seiner Feinde aus der Schicht jenseits des rationalen Bewußtseins lockt die beiden in das Zaubernetz des negativen, nämlich linksläufigen Garnes seiner «Töchter» und nötigt damit Finn zur Auseinandersetzung.

Stechpalmen (Ilex aquifolium) dienen im Volksbrauch zur Bannung böser Mächte und sollen auch den Blitzschlag abhalten.[160] Möglicherweise liegt in der Übersetzung eine Verwechslung mit dem *Stechapfel (Datura stramonium)* vor, der reichliche Beziehungen zum Hexenwesen aufweist. Der Genuß dieses Nachtschattengewächses ruft Sinnestäuschungen und Delirien hervor und soll in Indien und Amerika zur Erzeugung prophetischer Träume verwendet werden.[161]

Beide Gewächse dienten jedenfalls an den «Grenzen» des Bewußtseins entweder der Abwehr von Schaden oder der Wegbereitung in die Anderswelt, die in diesem Fall durch die Zauberhöhle repräsentiert wird und recht abstoßende, bedrohliche Möglichkeiten des Weiblichen enthüllt. Die drei Töchter des Corran verlocken die Männer keineswegs durch elfenhaft sanftes Wesen oder weibliche Schönheit wie Saeve. Sie wecken aber eine heftige Neugier, die näher sehen (erkennen) will, wie diese abscheulichen Geschöpfe, die Vertreterinnen des negativ Weiblichen und der negativen Anima, beschaffen sind. Kaum haben die Männer den unsichtbar magischen Kreis betreten, sind sie ins Garn gegangen. Die starken Helden liegen verzaubert und wie gelähmt vor Entsetzen am Boden. Sie haben nicht nur allen Mut und alle Kraft verloren, sondern auch die Möglichkeit, sich den Kameraden verständlich zu machen. Sie stehen in unmittelbarer Gefahr, angesichts dieser Unholdinnen «den Kopf zu verlieren». Nur die *Hunde* scheinen die Gefahr zu wittern und bleiben dem Bannkreis fern, ebenso der treue Feind-Freund Goll mac Morna, der schließlich den Kampf mit den Vertreterinnen der negativen Weiblichkeit aufnimmt und siegreich beendet.

Nachdem alle Ängste und Strapazen vorbei sind, dürfen die Fianna und ihr Anführer die «Schätze» ausräumen, welche die Zauberhöhle birgt, wobei vor allem das Schwert erwähnt wird, das Finn selber gewonnen hat. Er vermag aber diese Schätze nicht voll zu nutzen. Das Schwert könnte ihm im übertragenen Sinn helfen, zwischen seinem Ich und seinem Schatten, aber auch zwischen dem negativen und positiven Weiblichen zu unterscheiden. Zwar hat Goll, der Vertreter des früheren, jetzt verdunkelten kollektiven Fianna-Bewußtseins, seine Hilfsbereitschaft bis aufs äußerste unter Beweis gestellt. Er, der ältere und frühere Anführer der Fianna, stand den weiblichen Mächten der Vorzeit noch näher. Er kannte nicht nur ihre lichten, gütigen Eigenschaften, sondern auch ihre negativen Möglichkeiten. Darum war er als einziger fähig, die Hexen zu besiegen. Ob jedoch der Träger des positiven Bewußtseins, Finn, den Sinn des Geschehens voll begriffen hat, steht noch offen. Zwar überläßt er Goll seine Tochter Keva zur Ehe und bindet ihn dadurch stärker an sich und seinen Clan, doch eben in dieser Verbindung liegt schon der Keim für späteres Unheil verborgen.

Weitere Begegnungen mit der Anderswelt

Der schwierige Diener und sein widerspenstiges Pferd[162]

Finn und die Fianna erhalten einmal merkwürdigen Besuch von einem häßlichen Kerl, der einen widerspenstigen Klepper am Zügel führt. Er trägt dem Anführer für die Dauer eines Jahres seine Dienste an. Obwohl sich alle über ihn lustig machen, läßt sich Finn doch auf ein Gespräch mit dem sonderbaren Fremden ein, der sich selber wegen seines unberechenbar wilden und launischen Wesens einen «schwierigen Diener» nennt. Auf alle Fragen hinsichtlich seiner Fähigkeiten antwortet er nur: «Ich bin weder geschickt noch ungeschickt für die Arbeit. Ich habe nur eine Gabe, mit der ich prahlen kann: Ich bin der trägste Diener in der großen weiten Welt.» Und sein Pferd preist dieser *Gilla* (Knecht) mit den Worten: «Es gibt zwar mancherlei Torheiten, die zu diesem Pferd gehören..., aber die Torheit der Arbeit war ihm noch nie zu eigen.» Auch das Pferd scheint also seine Eigenheiten zu haben, und diese werden von Anfang an deutlich beschrieben. Dennoch läßt sich Finn ohne Zögern auf das Angebot seines neuen Dieners ein, der als erstes eine kräftige Mahlzeit für sich fordert. Inzwischen benimmt sich sein struppiges Pferd sehr ungesittet. Es springt mit sichtbarem Vergnügen auf die besonders gute Weide, auf der das Pferd des kahlen Conan grast, und setzt diesem mit Hufschlägen und Bissen zu. Der aufgebrachte Eigentümer schreit den Fremden an, seinen Gaul aus diesem Gehege zu entfernen, doch der rührt sich nicht. So bleibt dem kopfigen Conan nichts übrig, als selber aktiv zu werden, doch jeder Versuch, das Tier am Zügel an einen anderen Ort zu führen, mißlingt. So schwingt sich Conan auf den Klepper, um ihn als Reiter zu bezwingen. Das Roß aber bleibt unbewegt stehen. Schließlich erklimmen noch weitere dreizehn Kameraden den Rücken des Pferdes, um es anzutreiben. Der neue Diener aber steht lachend daneben und höhnt die «tapfere» Fianna wegen ihrer Unfähigkeit. Schließlich setzt der Gilla sich gemächlich in Richtung auf die südwestliche Küste Irlands in Bewegung. Sein Roß folgt ihm mit seinen vierzehn Reitern ebenso gemütlich, doch ehe sie sich dessen versehen, läuft der Kerl wie der Wind, und sein Tier folgt ihm in rasendem Galopp. Die vierzehn Männer sitzen wie angewachsen fest und rufen verzweifelt um Hilfe. Die übrige Fianna folgt dem gespenstischen Ritt, um ihren Freunden zu helfen. Einem besonders guten Läufer gelingt es sogar, den Schwanz des Pferdes zu packen, doch bleibt er daran hoffnungslos hängen. An der Küste angelangt, stürzen sich der Diener und sein Pferd mit Begeisterung in die Brandung und schwimmen mitsamt den Reitern westwärts ins Meer. Die Fianna steht noch ratlos am Ufer, als sich zwei Helfer nahen. Der eine kann mit wenigen Axthieben seetüchtige Schiffe zimmern, der andere vermag dem Flug einer Wildente zu folgen und ihre Fährte sicherzustellen. So springen alle in das Schiff und nehmen die weitere Verfolgung des «schwierigen Dieners» auf. Nach langer Fahrt erreichen sie eine Felseninsel, deren Klippen senkrecht aus dem Meer aufragen. Nur ein Hauptmann der Fianna, Diarmaid, ist in der Lage, dieses schroffe Gestade zu erklettern. Auf der Höhe der Insel angelangt, entdeckt er ein wunderbares Land und eine Quelle. Als er sich bückt, um von dem Wasser zu trinken, erscheint ein gewappneter Krieger, der ihn zum Kampf herausfordert. Drei Tage ringen sie unentschieden miteinander. Immer, wenn die Sonne sich zum Untergang neigt, springt der Krieger vor Diarmaids Augen ins Wasser und verschwindet. Am Ende des vierten Tages packt Diarmaid seinen Gegner und läßt sich mit ihm in die Tiefe des Brunnens reißen. Unterwegs schwinden ihm die Sinne. Doch als er wieder zu sich kommt, wird er in den Palast eines mächtigen Königs gebracht. Es ist der «Palast unter den Wogen».

Vom Fortgang der Sage gibt es verschiedene Fassungen. Die *erste* berichtet, daß der «schwierige Diener» der Herr des Palastes ist, der Diarmaid und die Fianna um ihre Hilfe gegen einen Rivalen der Anderswelt bittet. Die Fianna besiegt diesen Gegner, und Oscar,

Finns Enkel, erschlägt den Sohn des Gegenkönigs. Zum Lohn gewinnt er die Liebe der «weißarmigen Tochter» des besiegten Unterweltsherrschers. Plötzlich befindet sich die ganze Fianna wieder am heimatlichen Gestade, und es wird eine glänzende Hochzeit gefeiert.

Die *zweite* Version erzählt, wie die Fianna auf Umwegen ebenfalls zum «Land unter der Woge» kommt, wo der «schwierige Diener» wohnt. Er hat sich offenbar nur einen Spaß mit der berühmten Fianna erlaubt und verspricht nun die Wiedergutmachung der Schande, die er ihr angetan hat. Auf dem Rücken desselben Pferdes, das sie entführt hatte, haben nun alle Platz, und wie der Wind gelangen sie wieder an ihren Ausgangsort in Irland. Zur Sühne hängt diesmal die Gemahlin des Zauberdieners am Schweif des Rosses. Als sie angekommen sind, verschwinden Roß und Diener spurlos.

In der *dritten* Fassung[163] verwandelt sich der struppige Klepper in ein herrliches weißes Roß, der «Kerl» ist der Meeresgott Mannanaun. Das weiße Sonnenpferd verschwindet allabendlich im Meer und taucht morgens wieder aus dessen Fluten auf.

Nach einer weiteren Erzählung taucht Finn selber in die Fluten eines Sees unter. Sie wurde im 17. Jahrhundert aufgeschrieben, stammt aber sicher aus einer langen mündlichen Traditionskette.

Die Jagd von Slievegallion[164]

Das Geschehen spielt sich auf einem Bergmassiv in Ulster ab. Auf dem Gipfel des Berges Slievegallion befand sich der See Guillon. Hier war ein altes Zentrum der Zaubergeschichten um den versunkenen Götterstamm der Dé Danann. Finn befindet sich in den dortigen Wäldern auf der Jagd und verfolgt mit seinen Hunden ein Damkitz. An dem See auf dem Bergesgipfel trifft er zu seinem Erstaunen eine wunderschöne Dame. Sie klagt und weint sehr, weil ihr ein goldener Ring in den See gefallen ist. Sie beschwört Finn unter der Androhung von *geis*, ihr das Kleinod wieder zu holen. Finn springt ins Wasser, taucht unter und bringt den Ring ohne Schwierigkeiten an die Oberfläche. Es wird erzählt, daß entweder die Dame verschwunden ist oder daß sie ihm den Ring rasch aus der Hand nimmt, um dann selber im Wasser unterzutauchen. Finn aber bemerkt an sich eine bestürzende Veränderung. Er fühlt sich schwach und elend, kann am Ufer nicht mehr aufstehen und liegt da als ein hilfloser Greis. Seine Fianna findet ihn und kann zunächst nicht glauben, daß dieser Alte ihr geliebter Anführer sein soll. Nur flüsternd und mühsam kann er sich verständlich machen. Es wird sofort klar, daß die Dame die Tochter des Wunderschmiedes Cullan aus der Zeit der Dé Dannan ist, der in einem Feenhügel dieses Bezirkes haust. Die Fianna gräbt den Hügel auf, findet die Dame und zwingt sie, Finn einen Verjüngungstrunk zu reichen. Darauf erlangt er zwar seine alte Gestalt und Stärke zurück, aber seine Haare bleiben silberweiß.

Die Begegnung mit der Zeit und dem Alter

In der Sage von der Verfolgung des «schwierigen Dieners» kommen außer Finn noch zwei wichtige Gestalten vor: Conan und Diarmaid. Conan, der stets etwas Besonderes für sich in Anspruch nimmt, hat auch seinem Pferd die beste Weide reserviert. Als der sonderbare «Kerl» mit seiner struppigen Mähre ankommt, reißt Conan sein Lästermaul besonders weit auf; Finns Verhalten wirkt dagegen weise. Der «Kerl» macht ihn neugierig und fasziniert ihn, deshalb ist er bereit, ihn zuzulassen und seine Dienste anzunehmen. Der «Kerl» ist zweifellos *anders* als sämtliche Helden der Fianna, launisch und ebensowenig darauf bedacht, jede Minute mit nützlicher Arbeit oder mit sportlichen Hochleistungen zu erfüllen wie sein verkommenes Pferd.

Dieser plumpe Gaul mit seinen hervorstehenden Rippen nimmt sofort das Edelroß des eingebildeten Conan aufs Korn, verdrängt es und frißt ihm sein bestes Wohlstandsfutter vor der Nase weg. Mit Vernunft oder gar mit Dressur ist diesem alten Tier aus einem hinterweltlich-unzivilisierten Land nicht beizukommen. Der neue «Knecht» setzt diesem Verhalten noch die Krone auf, indem er die berühmte Fianna verhöhnt – wir hörten ja, welch hohe Leistungen die Voraussetzung für die Aufnahme in diese Elite junger Krieger waren. Sie waren hoch gebildet und an sportlicher Gewandtheit, Mut und Ausdauer tat es ihnen so schnell niemand gleich. Diese flinken, «dynamischen» Jungen sind dem alten Pferd gegenüber hilflos. Ihrer vierzehn (zweimal sieben) sind nicht in der Lage, es auch nur einen Schritt von der Stelle zu bewegen, obwohl das Leben doch mindestens im «Tempo 150» weiterrasen sollte. Das Monstrum von

Reittier demonstriert hartnäckig «verlorene Zeit», indem es einfach stehenbleibt. Das uralte Sonnenpferd, das seit dem Bestehen der Welt täglich aus den Wogen des Meeres aufsteigt und allabendlich dort wieder versinkt, führt dem «klugen» Conan und seinem Roß mitsamt der flinken Fianna vor Augen, wie sinnlos es ist, die Zeit durch ein beschleunigtes Tempo überwinden zu wollen. Der «schwierige Diener» aus dem Reich der Anderswelt bringt, in der Verkleidung eines «Schattens» der Fianna, jener Auslese junger Männer, die Unvollständigkeit ihrer Lebenseinstellung ins Bewußtsein. Der «Knecht» bewegt sich nun erst ganz langsam, dann aber mit Windeseile auf die Westküste zu, wo die Sonne untergeht und jeder bewußte Tag sein Ende findet. Und, als könnten sie das Ende der Zeit und den Untergang allen rationalen Bewußtseins im Schlaf und endlich im Tod nicht erwarten, rennt die übrige Fianna zur Grenze zwischen Wasser und Land, zwischen Bewußtheit und Unbewußtheit. Die vierzehn Männer aber, die auf dem Rücken des Pferdes wie angewachsen festsitzen, können gar nichts «machen». Sie erfahren ihre Ohnmacht, indem sie mit einer Geschwindigkeit fortgerissen werden, die sie sich nicht selber ausgesucht haben. Der Sog ist so groß wie die Ratlosigkeit.

Ein «Schiffsbauer» und sein Gehilfe, die Fährtenführer im Wegelosen, übernehmen die Dienste eines Charon, des Fährmannes in die jenseitige Welt, doch angesichts der schroffen Felsenküste der Insel im Meer beginnen die Probleme von neuem. Die Fianna hat sich zwar auf die Reise ins Ungewisse «jenseits des Meeres» eingelassen, aber die nun glücklich erreichte Insel lädt zu keiner Rast an sonnigen Stränden ein. Nur Diarmaid gelingt die halsbrecherische Kletterei über die Steilküste ins neue Land. Diarmaid ist Finns Hauptmann. Er gehört zu dem kleinen Kreis der Finn besonders Nahestehenden, und daher kann man annehmen, daß seine hervorstechenden Eigenschaften auch etwas mit Finns positivem Wesen zu tun haben. Sein Name bedeutet «der Neidlose». Zudem ist er auch willig und fähig, widerspenstiges Neuland zu entdecken, um der Beschaffenheit des Gefundenen «auf den Grund» zu gehen. Den ersten Teil der Nachtmeerfahrt der Kollektivseele der Fianna hatten sie mit vereinten Kräften bewältigt. Nun stößt Diarmaid als Einzelner weiter vor.

Er kämpft mit dem Wächter an der Grenze zum Zentrum des neu entdeckten Landes und wagt mit diesem den Sprung in die Tiefe eines Brunnenschachtes, der ihm zunächst das Bewußtsein raubt. Wer das «Land hinter den Wogen» betritt, weiß nie, ob er jemals wieder ins irdische Leben zurückkehren wird.

Diarmaid macht die Erfahrung, daß es auch im Land der angeblichen Glückseligkeit Spannungen gibt. Auch dort werden Machtkämpfe ausgetragen, in die die Menschen verflochten werden. «Irgendwie» gelangt auch die Fianna in das Land, wohin sich zunächst nur einer ihrer Anführer durchkämpfte.

«Irgendwie» kommen auch alle wieder heil auf die Grüne Insel, ihre irdische Heimat. Sie erwachen wie nach einem langen, eindrücklichen Traum. In solchen «großen Träumen» wird auch den Menschen unserer Gegenwart mitunter die Botschaft einer möglichen neuen Dimension ihres Lebens zuteil – und das sind Träume, die man sein Leben lang nie vergißt. Wir sind in unserer Traumerfahrung oft erstaunt, wie unendlich viel wir in einer nachweislich kurzen Zeit des Schlafens und Träumens erlebt haben. In Mythen und Märchen wähnt ein Mensch, nur «einen Tag und eine Nacht» in der Anderswelt zugebracht zu haben. Doch als er wieder «diesseits» ankommt, sind «hundert Jahre» vergangen. Alles ist seither anders geworden, und er findet sich nicht mehr zurecht. Die neue Sicht, die ihm zuteil wurde, hat wirklich alles verändert. Er wird mit der Relativität der Zeit konfrontiert, denn die Begegnung mit der Anderswelt verändert unser Zeitbewußtsein – ja, eine einzige Schrecksekunde kann unser ganzes Leben verändern. Ein Augenblick kann zur zeitlosen Ewigkeit werden, und vieles von dem, was vorher wichtig schien und dessen Wert mit der Stoppuhr meßbar war, versinkt ins Wesenlose.

Der häßliche Kerl und sein widerspenstiger Klepper verkörpern im Hinblick auf die Lebenszeit eines Menschen vielleicht etwas Ähnliches wie die «häßliche Alte» der keltischen Mythen, die sich nur dann zur jungen Königin verwandelt, wenn man sich liebevoll mit ihr abgibt.

In der Geschichte von dem «schwierigen Diener Zeit» kommt Finn das Verdienst zu, daß er sich auf die «Dienste» und damit auf die

«Lehre» dieser Gestalt eingelassen hat, aber den Weg, der wirklich weiterführt, ging nicht er, sondern Diarmaid. Noch konkreter wird die Botschaft der Zeit für Finn, als er mit seinem *Alter* und damit dem menschlichen Schicksal der Vergänglichkeit konfrontiert wird.

Die *Jagd von Slievegallion* zeigt Finn mit seinen Hunden wieder auf der Fährte eines Jungwildes. Am See unter dem Gipfel des Zauberberges hat sich das Damkitz in die Gestalt einer wunderschönen Frau verwandelt; wir werden an Finns Jugenderlebnis mit Saeve erinnert. Er ist sofort bereit, alles für diese Dame aus der Anderswelt zu tun. Sie klagt, daß ihr goldener Ring in den See gefallen sei. Das mag ein Fingerreif oder ein Halsring sein, der bekannte Torques, der den fürstlichen, wenn nicht gar den göttlichen Stand seiner Trägerin bezeugt.

Finn springt ins Wasser und taucht unter. Er findet den Ring und bringt ihn aus dem gewiß eiskalten See herauf. Sicher hat er seinen Lohn von der schönen Frau erwartet, doch diese entzieht sich und hält ihm den schmerzlichen Spiegel vor Augen: «Du bist ein alter Mann.»

Diese Ablehnung wegen seines Alters geht nicht spurlos an Finn vorüber und fordert eine Auseinandersetzung mit sich selbst. Zwar eilen die Jungmänner der Fianna zuhilfe und graben den Feenhügel auf – vielleicht hat den alten Anführer der Fianna wirklich noch einmal die aus den Tiefen der Vergangenheit ausgegrabene Jugenderinnerung an Saeve belebt und beschwingt –, aber die silberweißen Haare bleiben, und er steht vor der Frage, wie er mit der neuen Lebensstufe zurechtkommen wird. Das mag eine neu errungene Weisheit sein, wenn es ihm gelingt, sein Alter anzunehmen. Es könnte aber auch sein, daß er mit seinem irdischen Geschick von Alter, Gebrechlichkeit und Tod hadert und damit die Möglichkeit eines neuen Lebensinhaltes verscherzt. Die Botschaften, die uns aus der «Anderswelt» zukommen, tragen Aufforderungscharakter, aber es steht dem Menschen frei, sich auf die Ungewißheit neuer Lebensmöglichkeiten einzulassen oder nicht.

Finns Gefolgschaft und sein Gegenspieler Goll[165]

Finn ist in seiner frühen Jugend ein *Einzelner*, der seinen Weg durch Gefahren zum «Wissen» sucht und dabei den Feuergeist Aillén besiegt, der die Kultur seiner Zeit und die Burg des Hochkönigs bedroht hatte. Danach aber bildet sich um ihn eine Schar namentlich gekennzeichneter Gefährten und schließlich das Heer der Fianna, das aus dreitausend oder mehr Männern bestand. Es wäre lohnend, jeden einzelnen aus diesem Elitekreis um Finn näher zu betrachten, denn vielfach sind seine Kameraden so eng mit ihm verflochten, daß man sie als Repräsentanten seiner sehr widersprüchlichen Eigenschaften sehen kann. Denn so sehr die gälische Volkssage dazu neigt, ihren Lieblingshelden zu verherrlichen und ihn in dem seinem Namen gebührenden hellen Licht erstrahlen zu lassen, so werden doch immer wieder Schattenseiten deutlich, die vor allem die Gestalt des alternden Sehers verdunkeln.

Zum ständigen Kern der Fianna gehören vor allem *Oisin*, Finns Sohn, und *Oscar*, sein Enkel. Von Anfang an ist *Goll* mac Morna dabei, außerdem *Diarmaid*, der Neidlose, und *Conan*. Mit Finn sind diese sechs Kameraden, die sich gegenseitig mit ihren Fähigkeiten aushelfen und miteinander «durch die Welt» gehen. In Golls Gesellschaft befinden sich seine beiden Brüder: der ältere *Garadh*, der sich unrühmlich rüde gegen die Frauen der Fianna betrug, und der jüngere *Conan*, der Kahle, den ein *Lay* («Lied») des 15. Jahrhunderts den «Destruktiven» in der Fianna nennt.

Vor allen anderen aber durchzieht die Gestalt des *Goll mac Morna* die Finnsagen, und die Erzähler werden nicht müde, einerseits von einer nie endenden Rivalität zwischen Finn und Goll – zwischen dem Clan Basna und dem Clan Morna – zu berichten, andererseits aber das stets faire, verbindliche Verhalten Golls zu preisen.

Es wurde schon erwähnt, daß die Fianna ursprünglich von Morna aus Ost-Connacht angeführt wurde und daß nach dessen Tod Cumhall, der in Leinster ansässig war, den Oberbefehl übernahm. Nachdem Mornas Sohn Goll Cumhall, Finns Vater, erschlagen hatte, wurde Goll der Anführer der Truppe. Soweit sieht die Geschichte einfach nach einer Erbfehde zwischen zwei mächtigen Kriegerkasten aus. Doch sind sich die Gelehrten darüber einig, daß der mythische Finn nie als reale Person gelebte hat.[166] Auch die Gestalt des Goll ist eher eine polare Gegenseite des lichten Finn als eine historische Persönlichkeit.

Golls Vater Morna trug den Beinamen *Daire* oder *Derg*, «der Rote»[167]; das erinnert an den Feuergeist, den der junge Finn besiegt hatte. Außerdem trug Finns Erbfeind aus der Anderswelt, nämlich Daire, der Vater von Finns geliebter Gemahlin aus der Feenwelt, Saeve, der Mutter Oisins, den gleichen Namen. Man kann annehmen, daß die dunkle Gestalt, die Saeve entführte, im Auftrag ihres Vaters Daire handelte oder gar dieser selber war. Wenn diese Annahme stimmt, dann wird die Rivalität zwischen Finn und Goll noch einmal auf einer untergründigen Ebene verständlich, denn dann hängt der Clan Morna mit Finns Schattenproblematik zusammen, und von daher gesehen ist die Beziehung zwischen Finn und Goll vom Unbewußten her derartig verknäuelt, daß fast keine Lösung möglich erscheint.

Zunächst lernen wir Goll kennen als einen Mann, der *verlieren* kann, ohne sich selber untreu zu werden. Als der junge Finn den gefährlichen Aillén besiegt hatte und als Lohn dafür die Position seines Vaters Cumhall forderte, mußte Goll zurücktreten. Um stetige Feindseligkeiten zu vermeiden, stellte ihn der Hochkönig vor die Wahl, entweder in Verbannung zu gehen oder Finn den Treueeid zu leisten. Mit unüberbietbarem Charme trat nun Goll als erster auf Finn zu und legte seine Freundeshand in die seine. Auch wenn es später immer wieder zu Spannungen zwischen den beiden kam, so wahrte Goll doch stets seine Treue.

In auswegslos erscheinenden Situationen griff oft Goll als der nicht nur starke und überlegene, sondern auch unverbrüchlich treue Freund ein.

Sein Lobpreis ist in manchen Versen überliefert:[168]

Exquisite his form,
Auspicious his fortune,[169]
Not stronger is a river
Than his movement in battle.

oder

A friend without guile,
A fine red mouth,
His honour and his agility
And his fame is proclaimed.

Und dennoch wird der *Clan* Morna als rachsüchtig und als stets auf Finns Schädigung und Untergang bedacht geschildert. Der Name von Golls älterem Bruder *Garadh* hat die Bedeutung «Höhle»[170], und auch Golls Großvater trug diesen Namen. Ógáin vermutet wohl mit Recht, daß dieses Geschlecht mit dem «dunklen» Pol der Anderswelt zu tun hat. So wird auch verständlich, daß Goll in der Sage von der Höhle Cesh Corran nicht in das Zaubergarn der negativen Anderswelt geriet, weil er es kannte und wußte, wie er sich zu verhalten hatte. (Der Kampf fand außerhalb des Bannkreises statt.)

In Finns Jugendgeschichten werden die «Söhne Mornas» stets als eine gefährliche, finstere Widermacht dargestellt. Goll selber aber war fähig, sich dem rechtmäßigen Sieger zu unterstellen und ihm später jeden Freundschaftsdienst zu leisten, *trotz* des vollen Bewußtseins um die alte Gegnerschaft. *Conan* dagegen, Golls jüngerer Bruder, lebte die alte Feindschaft hinterhältig aus. Einerseits wird von Conan berichtet, daß er sehr aktiv werden konnte, wenn es darum ging, etliche von Finns Gefolgsleuten umzubringen, und daß er selbst Finn von hinten anfiel und ihn auf diese Weise derart beherrschte, daß er ihn zwingen konnte, mit ihm Frieden zu schließen und ihn in die Fianna aufzunehmen. Andererseits machen sich alle

Erzähler über diesen kahlköpfigen Dickwanst lustig, der stets nur giftige Kritik übt und geschwätzig ist, ohne selber etwas zu tun. Diese Eigenschaften scheint er erst entwickelt zu haben, seit er der Fianna angehörte. Er soll sogar Unglück über den eigenen Clan gebracht haben. Seine Fähigkeit, Feinde heimtückisch zu töten, indem er sie mit seinem bösen Blick durch die Finger ansah, verweist auf seine Verwandtschaft zur negativen Anderswelt.

Einen solchen undurchsichtigen Vertreter des Clan Morna finden wir also in Finns unmittelbarer Nähe. Er vertritt die gefährliche Rückseite des magischen Wissens aus der Tiefe der Wasser des Ursprungs, aus denen Finn getrunken hatte und aus denen der Lachs der Weisheit aufgetaucht war.

Goll, der gegensätzliche Freund, stand einundzwanzig Jahre lang in der Fianna hoch in Ehren und empfing bei allen Festen den «Heldenbissen», doch zuletzt flammte der alte Zwist wieder auf. Eine Überlieferung erzählt, der Anlaß sei gewesen, daß Garadh von einem Anführer desjenigen Fianna-Zweiges getötet wurde, den Oisin befehligte. Eine andere Version berichtet, daß Finn Fedhla, den Sohn aus der Ehe seiner Tochter Keva mit Goll, erschlagen habe. In diesem Fedhla tötete Finn seinen eigenen Enkel. Daraufhin habe sich Goll in seine westliche Heimat zurückgezogen, wo ihn Finn am Westufer des Flusses Shannon schlafend antraf. Mit gezücktem Schwert stand er lange über dem Freund-Feind, schlug aber nicht zu. Darüber erwachte Goll, und Finn forderte ihn zum Zweikampf auf. Als aber im gleichen Moment Golls Anhänger erschienen, so daß die Situation für Finn gefährlich wurde, war es Goll, der Finn auf die östliche Seite des Flusses zurückgeleitete. Goll zog sich in ein Felsennest zurück. Dort wurde er von der gesamten Fianna belagert. Nachdem er «neun Nächte» ohne Nahrung und aller Kräfte beraubt war, sprang ein Krieger der Fianna auf den Felsen hinüber und enthauptete Goll. Er legte den Kopf des Toten vor Finn nieder.

Mit Golls Haupt fiel der Adel einer fairen Gegnerschaft der kleinlichen Rachesucht und dem Neid zum Opfer. Was Goll in hochherziger Noblesse vollbracht hatte, dazu war der alternde Finn nicht mehr fähig. Als der «neidlose» junge Held Diarmaid, dem in Gestalt der Gráinne die Herrschaft zufallen sollte, an seiner Seite auftauchte, glitt Finn in einen unwürdigen Machtkampf ab. Finn hatte das, was in ihm «Goll» hieß, umgebracht, und es schlug in ihm in niederträchtige Gewalttätigkeit um. Er hatte das «Angebot» seines positiven (!) Schattenaspektes vertan, der ihm hätte zeigen können, wie unsere dunklen, im Unbewußten unkultiviert hausenden Eigenschaften integriert werden können, wenn wir ihnen selber in der Fairneß begegnen, in der Goll sich Finn näherte und sich in seinen Dienst zu stellen bereit war.

Von der negativen Wandlung des einst «lichten» Finn berichtet die Sage von Diarmaid und Gráinne.

Diarmaid und Gráinne[171]

Die Geschichte von Diarmaid und Gráinne gehört zu den beliebtesten und am weitesten verbreiteten Sagen in Irland. Alle keltischen Dichter und deren Nachfolger wurden durch diesen Stoff zu immer neuen Darstellungen angeregt. Die Dichtung hat ihr Vorbild in der Sage von Derdriu und den Uisnech-Söhnen im Norden Irlands.[172]

Der Name *Diarmaid* bedeutet der «Neidlose». Sein Beiname *Donn* bezieht sich auf seine braunen Locken.

Gráinnes Name bereitet Schwierigkeiten. LÖPELMANN behilft sich, indem er annimmt, der Name sei eine Entstellung von Grian, «Sonne». *Griannan* sei das «Sonnenhaus», «ein Bauwerk, das hoch über den Wall des Duns aufragt». «Es ist speziell für Frauen bestimmt und hat einen weiten Fernblick ins Land...» Nach dieser Darstellung hätte der Name Gráinnes etwa die Bedeutung von «Sonnenjungfrau». ÓGÁIN gibt eine andere Erklärung. Er übersetzt: «Gráinne heißt häßlich.» Demnach wird die ursprünglich häßliche Alte durch die Liebe eines jungen Mannes wieder zu einem schönen jungen Mädchen. Sie, und damit Gráinne, verkörpert die Herrschaft über das Land. Diese zweite Erklärung hat in vieler Hinsicht mehr für sich, sie macht vor allem die Rivalität zwischen Finn und Diarmaid, ja sogar zwischen Finn und dem König Cormac verständlicher, weil es nicht nur um eine Person, sondern um die Herrschaft des Landes geht.

Der Hergang der Sage sei in Kürze erzählt: Finn ist nicht mehr jung. Nach dem Tod seiner letzten Gemahlin Maighnis fühlt er sich vereinsamt und verfällt in immer größere Niedergeschlagenheit. Die Männer seiner Umgebung machen sich um seinen Zustand Sorgen.

Eines Tages treten sein Sohn Oisin und dessen Begleiter Diorraing an ihn mit dem Vorschlag heran, sich wieder zu verheiraten. Sie nennen ihm als geeignete Braut die Tochter des Königs Cormac, Gráinne. Finn hat zunächst Bedenken, einmal wegen seines Alters, zu dem das junge Mädchen nicht mehr paßt, sodann wegen der gespannten Beziehung zu Cormac. Daher schlagen ihm die beiden Krieger vor, daß sie zunächst ganz unverbindlich und nebenbei Erkundigungen einziehen wollen. Verweigere der Hochkönig die Verbindung, so bedeute das für Finn keine Kränkung.

Cormac, dem daran liegt, mit seinem Heerführer wieder in bessere Beziehung zu kommen, erklärt, er wolle seine Tochter selber entscheiden lassen, wie es dem keltischen Brauch entsprach. Er teilt ihr also mit, daß Oisin als Brautwerber gekommen sei, sagt aber nicht, für wen. Die Tochter nimmt an, daß es Oisin um die eigene Sache gehe und sagt gern zu, da sie schon viel Gutes von dem berühmten Kämpen gehört hat. Nun begibt sich Finn mit großem Gefolge selber auf den Weg nach Tara, um die Vermählung zu feiern. Während des Gastmahls sitzt Finn zur Rechten des Königs, links des Königs Gemahlin und Gráinne. Da wird die Braut hellhörig. Sie erkundigt sich nach den Namen der jüngeren Krieger der Fianna, insbesondere nach Oisin, der aber weiter entfernt sitzt. So begreift sie, daß er nicht ihr Bräutigam sein soll und daß Betrug im Spiel ist. Der dunkelhaarige Diarmaid gefällt ihr neben dem blonden Oisin besonders gut. Da beschließt sie, zur List zu greifen. Sie läßt einen prächtigen Humpen mit erlesenem Wein füllen, in den sie selber ein kräftiges Schlafmittel mischt. Mit diesem Ehrentrunk macht sie die Runde, zunächst bei Finn und ihrem Vater, danach bei fast allen anwesenden Männern. Nur für Oisin und Diarmaid reicht der Inhalt des Bechers nicht mehr. Nun trägt sie unverhohlen zunächst Oisin ihre Liebe an. Nachdem dieser wegen seiner Bindung an Finn ablehnt, bedrängt sie Diarmaid und belegt ihn mit *gesa* der Vernichtung, falls er ihren Antrag ablehne und nicht bereit sei, sie noch in derselben Nacht zu entführen. Das ist eine «klare» Situation. Selbst die nächsten Freunde, die noch wach sind, wissen keinen anderen Rat als den, daß der Bann Gráinnes mehr wiege als Diarmaids Verpflichtung zur Gefolgschaftstreue gegenüber Finn. So bleibt Diarmaid nichts anderes übrig, als seine

Zustimmung zu geben. Gráinne schlüpft durch eine kleine Pforte der Burg ins Freie, während Diarmaid es vorzieht, mit Hilfe seiner beiden Speere über den Wall zu springen.

Das Paar flieht nun, zunächst zu Fuß. Bald aber ermüdet Gráinne und bittet Diarmaid, sie zu tragen, was er entschieden ablehnt. Statt dessen kehrt er zur Burg zurück und holt dort Wagen und Pferde. Damit fahren sie in westlicher Richtung bis Athlone am Shannon. Sie durchschwimmen den Grenzfluß, und Diarmaid errichtet auf der Connachter Seite des Flusses im Wald eine Hütte und einen Verhau mit sieben Toren.

Inzwischen ist Finn erwacht und macht sich mit der Fianna zur Verfolgung auf. Oisin, der seinen Freund warnen will, schickt ihm den Hund Bran, und Diarmaid versteht die Botschaft. Doch er weigert sich, noch weiter zu fliehen. Gegen Abend erreicht die Fianna das Lager, und da es schon dunkelt, wird für den kommenden Morgen ein Einzelkampf zwischen Diarmaid und Finn vereinbart. Diarmaid aber provoziert Finn in einer für diesen unerträglichen Weise, indem er Gráinne vor aller Augen dreimal küßt, was bedeutet, daß er sie als Frau für sich in Besitz nimmt. Finn tobt und ruft ihm zu: «Das bezahlst du mit deinem Leben!»

Über Nacht hält sich Diarmaid wach. Da erscheint ihm sein Pflegevater Oengus, der Gott der Liebe, und bietet dem Paar an, es an die Boyne zu entführen. Diarmaid willigt nur für Gráinne ein, er selber will nicht feige fliehen. Als der Morgen graut, findet Diarmaid, daß sechs seiner Tore durch Freunde aus der Fianna besetzt sind, die ihm freies Geleit anbieten. Am siebten Tor aber steht Finn selber mit vierhundert französischen Söldnern. Da tut Diarmaid einen mächtigen Satz auf Finns Schultern, so daß dieser umfällt. Mit einem zweiten Sprung entkommt er über die Köpfe der Söldner hinweg und ist verschwunden, noch bevor Finn wieder zur Besinnung kommt. Er trifft sich wieder mit seiner Braut, und sie setzen ihre Flucht durch ganz Irland fort. Nirgends halten sie lange Rast. Eines Tages gesellt sich ein junger Mann zu ihnen, der sich Muadhán nennt und seine Dienste anbietet. Er trägt das erschöpfte Paar durch mehrere Flüsse und bringt sie endlich zu einer Höhle, wo sie einige Zeit Ruhe finden. Diese Höhle liegt über der Südwestküste des Landes in der Bucht von

Castlemaine. Von dort kann man zu den Inseln der Bucht hinübersehen. Eines Tages entdeckt Diarmaid, wie sich von dort her Schiffe nahen. Als sie landen, entsteigen ihnen drei Anführer und tausend Mann, die Finn gegen das flüchtige Paar gedungen hat. Sie führen drei gefährliche, giftige Kampfhunde mit sich. Diarmaid geht ihnen entgegen und gibt sich für einen Fischer aus, dem die Männer bereitwillig ihr Anliegen kundtun mit der Bitte, ihnen zu helfen. Diarmaid hält sie drei Tage damit auf, daß er ihnen Kunststücke vorführt und sie auffordert, sie nachzumachen. Zuerst rollt er auf einem Faß stehend mit großer Geschwindigkeit einen steilen Abhang herunter, dann springt er über einen aufrecht in die Erde gepflanzten Speer und über ein scharfes Schwert. Alle, die versuchen, diese Künste nachzuahmen, finden den Tod.

Der «Diener» hilft, die drei Kampfhunde zu besiegen, indem er dem ersten Hund ein winziges Hündchen in den Rachen springen läßt, das ihm das Herz aus dem Leibe reißt. Den zweiten erlegt Diarmaid mit dem Speer, und als der dritte zum Sprung auf Gráinne ansetzt, packt er ihn an den Hinterläufen in der Luft und zerschmettert ihn an einem Felsen. Endlich gibt sich Diarmaid am Eingang der Höhle seinen Gegnern zu erkennen. Es gelingt ihm, jeden der Anführer so zu verletzen, daß er bewegungsunfähig wird. Dann fesselt er sie mit Zauberknoten, die nur wenige von Finns Gefolgsleuten lösen können. Nun verläßt der Diener das Paar, das seine Flucht allein fortsetzt. Unterdessen findet Finn mit seinen Anhängern die Schiffsleute, doch niemand in der Fianna ist bereit, die Zauberknoten zu lösen. Selbst Oisin und Oscar verweigern den Dienst; so bleiben die Gefesselten liegen und verschmachten elend. Als Diarmaid mit Gráinne wieder einen Fluß überquert, berührt ein Spritzer des Wassers Gráinnes Oberschenkel, und sie bemerkt spöttisch: «Dieser Tropfen ist mutiger als du.» Diarmaid hat Gráinne wegen seiner Gefolgschaftstreue zu Finn noch immer nicht berührt, aber er versteht das Gleichnis.[173]

Finn hat nun die Spur des Paares verloren, und Diarmaid und Gráinne gelangen auf ihrem weiteren Fluchtweg in einen Hain. Dort stehen die *heiligen Ebereschenbäume* der Tuatha Dé Danann. Der Genuß der Beeren dieser Bäume verleiht Verjüngung und immerwährende Gesundheit. Der Bezirk wird von dem Riesen Searbhán bewacht.

Die Flüchtlinge verhandeln mit dem Riesen und erlangen von ihm die Genehmigung, in seinem Revier zu wohnen – unter der Bedingung, daß sie die Beeren der Bäume nicht anrühren.

Unterdessen suchen zwei Angehörige des Clan Morna, sich mit Finn auszusöhnen. Er sagt ihnen die Aufnahme in die Fianna unter der Voraussetzung zu, daß sie ihm entweder einige Beeren von den Ebereschen der Verjüngung oder den Kopf Diarmaids bringen. Der Riese kann nur mit seiner eigenen Keule verletzt oder erschlagen werden, insofern war es sinnlos, sich auf einen Kampf mit ihm einzulassen. Überdies hat er sein Lager im Wipfel eines der Bäume[174], es ist also aussichtslos, ihn zu überlisten und auf den Baum zu klettern, während er schläft. Als nun die beiden vom Clan Morna zu dem Garten kommen, treffen sie Diarmaid. Da sie ihn nicht kennen, erzählen sie ihm harmlos von ihrem Vorhaben. Gráinne, die schwanger ist, hört das Gespräch mit an und erfährt dabei anscheinend zum ersten Mal von der wunderbaren Eigenschaft der Beeren. Sie wird von heftigem Verlangen nach den verbotenen Früchten erfaßt und hat nur noch den einen Wunsch, von ihnen zu essen. Daraufhin entschließt sich Diarmaid zum Kampf mit dem Wächter. Es gelingt ihm, dem Riesen Searbhán die Keule zu entreißen und ihn damit zu erschlagen. Die Morna-Söhne müssen ihn begraben. Diarmaid aber steigt auf den Baum und holt einige Beeren herunter. Nach *Löpelmann* gibt er Gráinne von den Früchten zu essen, und sie überredet ihn, es ihr gleich zu tun. Bei *Ógáin* ist keine Rede davon, daß auch Diarmaid die Beeren ißt, doch das Paar wohnt und schläft von da an im Bett des Riesen auf dem Wipfel des Lebensbaumes.

Die Morna-Söhne erhalten ebenfalls Ebereschenbeeren für Finn. Doch als dieser an den Früchten riecht, merkt er sofort, daß nicht die Überbringer die Beeren gepflückt haben, sondern Diarmaid. Voll Zorn wirft er sie von sich. Nun weiß er wieder, wo sich das Paar aufhält, und macht sich sofort auf den Weg.

Als die Fianna am Fuß des Baumes ankommt, auf dem Diarmaid und Gráinne wohnen, versucht zunächst Oisin, den Vater durch ein Schachspiel von seinem Vorhaben abzulenken. Diarmaid hilft ihm von oben, indem er Beeren auf diejenigen Figuren fallen läßt, die Oisin ziehen soll. Auf diese Weise gewinnt der Sohn alle Spiele gegen den Vater. Doch schließlich verliert Diarmaid die Geduld und gibt Gráinne wiederum im Angesicht des eifersüchtigen Finn drei Küsse. Dieser tobt und fordert abermals Diarmaids Kopf. Als Finns Söldner beginnen, den Baum zu erklettern, greift der Gott der Jugend und der Liebe ein. Oengus erschlägt einen dieser Männer nach dem anderen. Er ergreift zuletzt Gráinne und entführt sie nach New Grange, und Diarmaid folgt den beiden, indem er seinen bewährten Stabhochsprung auf zwei Speeren über die ganze Fianna hinweg ausführt.[175]

Dann stiftet Oengus Frieden. Er bewegt den König Cormac, seine Tochter Gráinne feierlich mit Diarmaid zu vermählen und Finn zur Beschwichtigung seine jünger Tochter zu überlassen. Die Verfolgten erhalten endlich einen festen Wohnsitz und Ländereien zugewiesen, Rath Gráinne in Nord-Connacht. Dort leben sie in Frieden, und Gráinne bringt fünf Kinder zur Welt, eine Tochter und vier Söhne. Endlich schlägt sie ihrem Gemahl vor, den König und Finn zu einem großen Fest einzuladen, um damit zu bekunden, daß wirklich alle Feindschaft vergessen sei.

Doch kurz vor dem Fest erwacht Diarmaid bei Nacht vom Gebell fremder Hunde. Zunächst gelingt es seiner Gemahlin, ihn zu beruhigen, doch beim nächsten Mal, als schon der Morgen graut, macht sich der Herr des Dun auf den Weg. Er nimmt nur seinen leichten Jagdspeer, sein Messer und seinen Lieblingshund Mac Cuill mit sich, den «Sohn der Hasel».[176] Das Gebell kommt von dem Berg Ben Bulban. Dort trifft Diarmaid Finn an, der einsam auf einem Stein sitzt. Er begrüßt ihn nur knapp und stellt ihn dann zur Rede, was er in diesem Revier verloren habe, das der König ausdrücklich dem Herrn von Rath Gráinne zugesprochen hat. Finn erklärt, daß der Eber von Ben Bulban in sein Revier eingebrochen sei und dort großen Schaden angerichtet habe. Heute früh habe er schon fünfzig Krieger der Fianna getötet. Nun hätten seine Jäger das Tier verfolgt, und sie wollten ihm den Garaus machen. Diarmaid antwortet aufgebracht, davon hätte man ihn in Kenntnis setzen müssen, zumal er gewiß bei der Jagd geholfen hätte. Da klärt ihn Finn kühl lächelnd über sein Tabu auf: auf ihm ruhe ein Bann *(Geis)*, daß er keinen Eber jagen dürfe. Mit zynischer Genugtuung erzählt der Alte dem ahnungslosen jüngeren Mann dessen Jugendgeschichte. Damals befand sich Diarmaid gemeinsam mit einem Ziehbruder bei Oengus. Der andere Junge stammte aus niedrigerem Geschlecht, was den Vater Diarmaids ärgerte. So lockte er den «Rivalen» seines Sohnes zu sich, nahm ihn zwischen die Knie und zerquetschte ihm den Kopf. Der Vater des Getöteten forderte wütend, daß er mit Diarmaid das Gleiche tun dürfe, doch Oengus verhinderte diese Rache. Der gekränkte Vater verzauberte nun seinen toten Sohn in einen Eber und sprach über Diarmaid den Fluch aus, daß er nicht länger leben solle als dieser Eber. Und wenn es an der Zeit sei, so sollten sie sich gegenseitig umbringen. Trotz dieser düsteren Prophezeiung macht sich Diarmaid auf den Weg, den Finn ihm weist. Bald trifft er den Eber, der sich zunächst wütend auf seinen Hund stürzt und diesen beiseite schleudert. Dann greift er Diarmaid an. Dessen Waffen zerbrechen am Panzer des Untiers. Nach wütendem Kampf reißt der Eber seinem Gegner den Leib auf, und Diarmaid trifft das Tier mit letzter Kraft selber tödlich. So ist sein Schicksal erfüllt.[177]

Als Finn hinzukommt, erinnert ihn Diarmaid an seine Fähigkeit, mit einem Trunk aus seinen Händen tödlich Verwundete zu heilen. Diese Gabe hatte Finn empfangen, nachdem er die Weisheit des Salms an der Boyne erlangt hatte. Der tödlich Getroffene bittet Finn um diesen Trunk, zumal er ihm früher selber zweimal das Leben gerettet hatte. Doch Finn rührt sich nicht. Als die Angehörigen der Fianna hinzukommen, drängen sie ihren Anführer, seinem ehemaligen Hauptmann die mögliche Heilung zu gewähren. Langsam geht Finn zu einer nahen Quelle. Doch er läßt zweimal das Wasser zwischen den Fingern seiner Hände hindurchrieseln. Erst, als sein Enkel Oscar ihn wegen seiner Niedertracht zu erschlagen droht, bringt Finn das Wasser zu – einem Toten.

Oscar ist nur mit Mühe davon abzubringen, seinen Großvater zu enthaupten. Finn nimmt Diarmaids Hund an sich und will mit ihm entweichen, doch sein Sohn Oisin zwingt ihn zur Herausgabe des verwundeten Tieres. Er bringt es nach Rath Gráinne und teilt der Burgherrin den Tod ihres Gemahles mit. Als diese ihre Diener auf den Berg schickt, um den Leichnam zu holen, treffen sie den Gott Oengus an, der dabei ist, seinen Pflegesohn nach New Grange an der Boyne zu holen. Gráinne aber verteilt die Waffen Diarmaids an ihre Kinder, damit sie dereinst ihren Vater an Finn rächen können.

Die archaische Eifersucht und die Möglichkeit ihrer Wandlung in der persönlichen Liebe

Die Eifersucht hat ihre Wurzel an der Schwelle zwischen der ursprünglich noch fraglosen Einheit zwischen Mutter und Kind und der ersten Bewußtwerdung des Menschen.

Noch heute können wir beobachten, wie etwa Zwei- bis Dreijährige auf die Geburt jüngerer Geschwister reagieren, die sie aus ihrer bisherigen Position als kleine Prinzen oder Prinzessinnen vom «ersten Platz» in der Nähe vor allem der Mutter verdrängen. Die Reaktionen auf diese «Entthronung» sind genügend bekannt und müssen nicht ausführlich beschrieben werden.

Die Eifersucht stellt Besitzansprüche an andere Menschen. Sie ist der Ausdruck tiefer Verunsicherung und der Furcht, das zu verlieren, was einem Menschen das Gefühl gibt, für andere etwas wert zu sein. Weil die Eifersucht ihre Wurzel auf jener noch unsicheren Stufe des menschlichen Selbstbewußtseins hat, werden ihre Machtkämpfe auch unter Erwachsenen mit archaisch-primitiven Mitteln ausgefochten. Dies gilt gleichermaßen für die Vorrangkämpfe zwischen Männern in Beruf und Gesellschaft wie für die sprichwörtlichen «Szenen» der Frauen, wenn es um den «Vortritt» geht.

Die Rivalitätskämpfe zweier Männer um eine Frau wurden zur Zeit der Ritter mehr oder weniger rituell geregelt ausgetragen, aber noch im vorigen Jahrhundert in den damals üblichen Revolver-Duellen der Männer auf primitive Weise agiert. Angeblich ging es dabei um Liebe und «Ehre», in Wirklichkeit aber um sexuellen Besitz und das damit verbundene Gefühl der Macht. Nicht viel anders gingen und gehen eifersüchtige Frauen miteinander um, die sich gegenseitig «Gift geben könnten» und dies im übertragenen Sinn auch tun. Wenn sie ihr alleiniges «Anrecht» auf die Liebe eines Mannes reklamieren, so geht es dabei eben nicht um die Liebe, sondern um einen primitiven Besitzanspruch.

In einer früh-archaischen Lebensordnung kann man sich zwar sexuelle Vorrangkämpfe der Männer vorstellen, die den bekannten Bullenkämpfen im Tierrudel vergleichbar sind, aber noch keine eigentliche Eifersucht. Wenn ein Kampf zugunsten des Stärksten entschieden ist, fügt sich die Gemeinschaft in die neue Ordnung. Von Eifersucht kann man erst in differenzierteren Beziehungen sprechen, doch ist sie dort der Ausdruck einer mißverstandenen, noch unausgereiften Liebe. Denn, wie das Wort sagt, handelt es sich um eine *Sucht,* die heftig um den *Besitz* eines Menschen kämpft. Es scheint sich um ein Phänomen auf der *Schwelle* zwischen zwei Bewußtseinsebenen zu handeln, nämlich um das Verlangen, den magisch getönten Zustand einer alten Beziehungsform aus der frühen Kindheit oder aus einer kulturgeschichtlichen Vergangenheit in die Gestalt der Liebe zwischen erwachsenen Menschen hinüber zu «retten» – ein Versuch, der zum Scheitern verurteilt sein muß, denn unter einer verbindlichen Freundschaft oder unter einer reifen Liebesbeziehung stellt man sich heute kaum einen Machtkampf, sondern eine freiwillig gewählte Bindung vor.

Es soll nun versucht werden, am Beispiel des Konfliktes zwischen Finn und Diarmaid und der Art ihrer Beziehung zu Gráinne zu zeigen, wie die kollektiv getönte Form der Beziehung sich wandeln kann und wo im Verlauf der Sage – und im persönlichen Leben auch heutiger Menschen – die Ursache des Scheiterns einer Wandlung zur personalen Liebe gefunden werden kann. Natürlich ist es unmöglich, das gesamte Gebiet von Eifersucht und Rivalität in dem hier gesteckten Rahmen abzuhandeln. Ich beschränke mich auf die Sage, in welcher vor allem die männliche Seite des Problems zum Ausdruck kommt.

In *Finns* Beziehung zu Gráinne müssen zwei Gesichtspunkte unterschieden werden. Erstens verkörpert die Prinzessin der Sage die Herrschaft über Irland. Dies ist ein unpersönlicher, wenn nicht kollektiver Aspekt für Finn, den «König der Krieger», der ohne die Verbindung mit der Repräsentantin des Landes nicht herrschen kann. Zum zweiten aber versucht Finn in der Beziehung zu Gráinne, der jungen Königstochter, das für ihn schmerzliche Bewußtsein seines vorgeschrittenen Alters zu überspielen. Dies hat weniger mit seiner persönlichen Zuneigung zu diesem Mädchen als mit seinem Selbstwertgefühl zu tun, das ihn wie viele alternde Männer auch heute quält. Finn mußte sich mit zunehmendem Alter mit dem doppelten Nachlassen seiner Potestas auseinandersetzen, und das trieb ihn in eine verhärtete, einseitig männliche Haltung. Abgesehen von dieser allgemein-männlichen Problematik lebte Finn im stetigen Widerstreit zwischen einer alten, noch *magisch* orientierten Kulturepoche, in welcher es vorrangig um die Ausübung von Gewalt und Macht ging, mit deren Hilfe das noch unsichere männliche Selbstwertgefühl geschützt werden mußte, und einer neu auftauchenden, mehr rational betonten Männlichkeit.

Aber nicht nur ihre Altersstufe, auch ihr grundverschiedenes Wesen bestimmt den Konflikt zwischen dem alten Finn und dem jungen Diarmaid. Für Diarmaid, den «Neidlosen», spielte die Ausübung von Macht keine Rolle, ihn bedrängte kein Zweifel an seinem Wert als Mann. Der Konflikt zwischen dem Gesetz der männlichen Gefolgschaftstreue und dem Liebesverlangen der Frau bedrängte ihn hingegen heftig.

Beides, die Gefolgschaftstreue wie auch die noch durchaus magisch gefärbte Liebe der Gráinne, verlangten nach einer Lösung durch die Veränderung bisher gültiger Werte. Die noch ganz in der ehemals weiblich betonten Lebensordnung verhaftete Gráinne entfachte zwar den Zwist zwischen den beiden Männern, aber gleichzeitig verursachte sie gerade in dem Kampf der Männer das Ringen um eine neue Bewußtseinsebene.

Es ist nun erschütternd zu beobachten, wie im Verlauf der Finn-Sagen einer der letzten Vertreter einer hohen alten Kultur auf der Grenze zu einem rationaleren Bewußtsein über zwei Schwellen strauchelt, die Eifersucht und Alter heißen.

Finn, der im Sinne der *alten* Weltordnung «Weise», steht auf der Schwelle seines Alters vor der Frage, ob sein Leben auf dieser Stufe noch einen Sinn haben kann; seine Frau war gestorben. Es spricht für ihn, daß er um sie trauerte und sich nicht sofort nach einer neuen Gemahlin umsah, wie es für die jungen Mitglieder der Fianna selbstverständlich war. Er war verunsichert.

Er fürchtete die Kränkung einer Ablehnung, die ihm bescheinigen würde: Du bist zu alt. Er war zu alt, um noch einmal ein junges Mädchen an sich zu binden, zu alt auch, um weiterhin der elastisch-junge Anführer seiner Fianna zu bleiben, der er bisher gewesen war. So wurde er zum *Eiferer*, zu einem, der verbissen ein Ziel verfolgte, das ihm nicht mehr gemäß war. Zunächst erfuhr er den Spott der «Dame vom See». Nun aber erlebte er die heftige Ablehnung der Königstochter. Er wurde mit Diarmaid konfrontiert und verlor schließlich die Achtung der jungen Krieger. Sie hätten wahrscheinlich den Seher und Barden, der Finn ja auch war, als «Alten Weisen» ohne Frage akzeptiert, nicht aber einen alten Toren, der sich in kleinlicher Rachsucht und Neid auf die Jungen verzehrte. Finns Begegnung mit Diarmaid war für Finn eine Möglichkeit der Selbstbesinnung, die er verscherzte.

Der Sage folgend soll nun der gemeinsame Weg von Gráinne und Diarmaid näher betrachtet werden. Anders als Derdriu und die Uisnecht-Söhne, die jeweils im Gefolge von je 50 Männern und Frauen aufbrachen, begeben sich Gráinne und Diarmaid als Einzelne auf die Flucht vor ihrem eifersüchtigen Verfolger. Diarmaid war durch die Bannsprüche *(gesa)* der irischen Prinzessin in große Konflikte gestürzt worden, und man kann sich aus heutiger Sicht fragen, warum der junge Mann zu keiner eigenen Entscheidung zwischen dem Gebot der Gefolgschaftstreue und der durch eine Frau angedrohten «Schande» fähig war. Man kann den Eindruck gewinnen, daß es zunächst zwischen Gráinne und Diarmaid weniger um eine persönliche Beziehung als um eine noch in der alten Kultur verankerte unpersönliche Funktion zwischen Mann und Frau ging.

Zwar brachte die Frau den Mann auf den Weg, doch auch Diarmaid stellte klare Bedingungen, als die ermüdete Gráinne den Wunsch äußerte, er solle sie «auf Händen tragen». Er lehnte diese Forderung ab und besorgte lediglich ein Gespann aus dem Besitz des Königs Cormac. Letztlich aber zwang er die Frau, mit ihm den gleichen Weg unter die eigenen Füsse zu nehmen. Diarmaid beging keinen gewalttätigen Frauenraub, sondern gab dem Liebesverlangen des Mädchens nach. Nimmt man zudem an, daß Gráinne, subjektstufig gesehen, eine innere Seelenhälfte des Mannes verkörpert, dann war Diarmaids Entscheidung von hoher Bedeutung, denn er verwarf eine gesetzliche Pflicht zugunsten eines neuen Wertes, nämlich der Liebe, die er *in* sich zuließ und dann auch objektiv zu verwirklichen lernte.

Finn brachte alle seine Feinde um. Diarmaid dagegen lernte seine Gegner genau kennen, und wir können vermuten, daß es sich dabei nicht nur um äußere, sondern auch um innere Widersacher handelte. Die Kraft dazu verlieh ihm sein Pflege-Vater *Oengus*, der Gott nicht nur der Jugend, sondern auch der *Liebe* im weitesten Sinn des Wortes. Außer dem Riesen Searbhán (dem Ungeheuer von Lochlannach) und den giftigen Kampfhunden tötete Diarmaid niemanden. Das ist für die übliche keltische Kampfmoral ungewöhnlich. Es kann als eine Art von «Feindes-Liebe» aufgefaßt werden, wenn ein Mensch seinen Gegner nicht einfach «eliminieren» will, sondern zunächst einmal versucht, ihn kennen zu lernen, indem er sich auf ihn einläßt.

Diarmaid war als Pflegesohn des Oengus aufgewachsen, und mit ihm sein Milchbruder, der dann zum wilden Eber wurde. Man kann also vermuten, daß zunächst die animalische Seite Diarmaids umgebracht wurde. Aber sie war nicht tot, sondern nur verdrängt – und sie meldete sich am Zauberberg Ben Bulban erneut.

Zunächst jedoch lernte Diarmaid bei Oengus etwas, was ein Mann, der seinen ausschließlichen Wert als Krieger erlebt, noch nicht kennt. Ein Krieger der Fianna, und allen voran Finn, war hoch gebildet, aber es fehlte ihnen der «Liebesfleck», den Diarmaid auf der Stirne trug, sein «leuchtendes» Angesicht.[178] Meistens war dieses Zeichen durch seine Locken verdeckt, er wollte es nicht zur Schau tragen, aber es prägte sein Wesen.

Gewöhnlich wird der «Liebesfleck» einfach als Zeichen einer unwiderstehlichen sexuellen Anziehungskraft gedeutet. Das mag richtig sein, trifft aber nicht das Ganze. Diarmaids Pflegevater Oengus wird nirgends als Vertreter bloßer Triebhaftigkeit geschildert. Er umsorgt die ihm Anvertrauten hingebungsvoll mit der liebenden Fürsorge eines Vaters. In der Geschichte seiner eigenen Verliebtheit in Etain erlebt man ihn als einen, der die Verstrickung in menschliche Gefühle kennt und versteht. Dem Liebespaar hilft er in jeder Not. Gleichzeitig ist er aber der Gott von New Grange, der um die Geheimnisse von Tod und Verwandlung weiß, die so eng mit der Liebe verwoben sind. Diarmaid ist sein «Sohn», der stets als nobel und verantwortungsbewußt beschrieben wird. Er schüttelte die Bindung an Finn nicht einfach von sich, sondern bewahrte ihm lange Zeit die Treue, indem er Gráinne nicht anrührte.

Gráinnes Liebeserklärung an Diarmaid erscheint viel elementarer als seine Beziehung zu ihr. *Sie* handelte einerseits noch im Bewußtsein überkommener weiblicher Werte, die noch kollektiv getönt waren; andererseits aber erklärte sie sehr deutlich ihre eigene, persönliche Wahl. Diarmaid ließ sich viel mehr Zeit. Er tat zwar, was Gráinne forderte, und stand als Mann fraglos für sie ein, aber seine Liebesfähigkeit war differenzierter und weiter gespannt. Darum benötigte er Zeit und vorerst eine gewisse Distanz, obwohl sein verbindliches Wesen ungemein anziehend auf Frauen wirkte. Niemals verwechselte er die Liebe mit bloßer Sexualität.

Die beiden gingen miteinander einen schweren Weg, auf dem sie Gelegenheit hatten, sich genau kennenzulernen. Diarmaid kämpfte gegen die «giftigen Kampfhunde», die Finn ihm schickte, die aber in jedes Menschen Brust lauern. Den gefährlichsten dieser Hunde vermochte er gerade noch in der Luft bei den Beinen zu packen, als er schon auf Gráinne lossprang. Dabei leistete ihm ein geheimnisvoller Diener entscheidende Hilfe. Unauffällig gesellte er sich zu dem erschöpften Paar, bereitete Nahrung und Lager und stand bei Nacht auf Wache. Es liegt nahe, in ihm einen Helfer zu sehen, den Oengus schickte, solange es nottat. Danach war der Diener ebenso still verschwunden, wie er gekommen war. Er sorgte für eine kurze Erholungspause, ähnlich dem Sonnengott Lugh, der seinem Schützling CuChulinn beistand, als diesem die Kräfte zu versagen drohten.

Zwar wird nirgends ausgesprochen, daß Diarmaid aggressive Gefühle gegen Gráinne hegte, doch wäre es nicht verwunderlich, wenn nach all den Strapazen in der Erschöpfung die Wut in ihm aufgestiegen wäre – und die Frage: In welches Elend hat mich diese Frau gestürzt, und wie lange soll das noch dauern? Wäre ich bei Finn geblieben, dann hätte ich diese Entbehrungen der Flucht, die Verfolgung und das Gefühl, aus der geliebten Gemeinschaft der Fianna ausgestoßen zu sein, nicht erleben müssen! Und da, so können wir mit ihm «träumen», landeten die Schiffe mit den «giftigen Kampfhunden» – anscheinend von Finn geschickt, aber auch aus Diarmaids bisher unbewußten Phantasien entsprungen, die in der Erschöpfung in ihm aufstiegen. Hätte der Diener nicht den ersten der Kampfhunde besiegt, indem er ihm den kleinen Modellhund in den Rachen jagte, der ihn von innen zerstörte, so hätte vielleicht Diarmaid nicht mehr die Kraft aufgebracht, der anderen beiden Bestien aus dem Inneren seiner eigenen Brust Herr zu werden. Der Abgesandte des Gottes der Liebe aber half ihm die Verzweiflung zu überwinden, die so leicht in Wut und in unüberlegte Aggression umschlagen kann. Nach dieser Wende wurde der Bote aus der Anderswelt überflüssig, denn jetzt war das Fundament der Liebe zwischen den beiden Menschen stark genug, um auch leiblich vollzogen zu werden. Gráinne half dem Mann, seine letzte Hemmung wegen der Gefolgschaftstreue zu Finn fallen zu lassen.

Das Paar gelangte nun in den «Garten Eden», einen Hain der heiligen Ebereschenbäume, deren Früchte den Paradiesäpfeln des Alten Testaments zwar nicht gleichen, aber in der Bedeutung ähnlich sind.[179]

Diese Früchte vermitteln im keltischen Bereich noch nicht die «Erkenntnis» im Sinne von Gut und Böse, eher die Erkenntnis in der anderen Bedeutung des Wortes: der Erkenntnis der Frau durch den Mann.

Das Paar durfte in dem Garten so lange leben, als es bereit war, sich mit dem häßlichen Riesen zu vertragen. Dieser wachte darüber, daß die Menschen sich nicht an den Früchten vergriffen, die nur für die Götter bestimmt waren. Sofern sie sich an ihre menschlichen Grenzen hielten, durften sie im Land der Fülle und der Fruchtbarkeit leben, und Gráinne wurde schwanger.

Bald aber holte der Neid den Neidlosen ein. Finn schickte seine Abgesandten, die nicht ahnten, in welche Gefahr sie sich mit ihrem Auftrag begaben. Sie gehörten dem zwiespältigen Clan Morna an, Finns Widersachern, deren Versöhnungswunsch er mißtraute. Heimtückisch schickte er sie dahin, wo er hoffte, sie würden zugrundegehen. Doch unwissentlich brachten die Morna-Söhne gemeinsam mit Gráinne bei Diarmaid etwas in Gang, nicht ahnend, was sie taten. Gráinne gab den letzten Anstoß dafür, daß Diarmaid den Burgfrieden mit Searbhán Lochlannach brach. Er erschlug den Riesen ausdrücklich um seiner Liebe zu Gráinne willen, und das kann so gedeutet werden, daß er ein männliches Ungeheuer in der eigenen Brust besiegte, das bildlich gesehen über den Hain der heiligen Bäume wachte und darüber, daß die Gesetze der Tuatha Dé Danann, des Stammes der Großen Göttin, geachtet wurden, der Gebote einer vergangenen Zeit. So könnte der Wächter als eine Art «Über-Ich» gesehen werden, der mit der rohen Gewalt einer Keule seines Amtes waltete. Da erscheint es sinnvoll, daß Diarmaid ihn zu gegebener Zeit erschlug.

Freilich kann man in dem Riesen auch noch eine andere Instanz sehen: Er ist ein Riesen-Mann. Zur Zeit, da das männliche Bewußtsein erwachte und seiner Kraft inne wurde, war die Auseinandersetzung mit der großen, wilden Seite des Mannes für Diarmaid erforderlich. Diarmaids Stärke, so sagten wir schon, lag nicht in der rohen Gewalt, sondern in seiner Wendigkeit. Er, der Zögling des Oengus, befand sich auf einem anderen Weg. Der Gott der Liebe lehrt *keine* Machtkämpfe. Darum mußte Diarmaid den gewalttätigen Vertreter der Männlichkeit in sich niederschlagen, weil es für ihn dazu an der der Zeit war. Ja, er schickte sogar seinem Verfolger die Beeren der Verjüngung, der sie allerdings aus seiner Hand ablehnte. Gráinne aß von den Früchten, während von Diarmaid berichtet wird, daß er sie nicht zu sich nahm oder sich nur schwer dazu entschloß. Alle Überlieferungen sind sich jedoch darin einig, daß nun das Paar sein Lager in dem «Bett des Riesen» – mitten im Wipfel des Lebensbaumes – aufschlug.

Sie wurden nicht aus dem Garten der paradiesischen Freuden vertrieben, sondern nahmen ihn eine Zeitlang für sich in Besitz. In dem Bett des Riesen waren sie ausschließlich Nur-Mann und Nur-Frau, das heißt, voll in ihrer leiblichen Identität. Aber auch dieses notwendige Stadium konnte nicht von Dauer sein, denn die Auseinandersetzung mit der alten Lebensform stand noch aus. Sie fand symbolisch statt, in Form eines Brettspieles, des alten Schicksalsspieles der hellen und dunklen Steine, das Oisin, unterstützt durch Diarmaid, gegen seinen Vater spielte. Zur letzten Entscheidung gegen den alten

Finn trugen die Beeren bei, die Diarmaid als Kennzeichen auf die «richtigen» Steine Oisins fallen ließ.

Noch einmal setzte sich Diarmaid, wiederum mit Hilfe des Gottes, über Finn hinweg. Noch einmal gab er Gráinne die drei Küsse, dann wurden die beiden in den Bezirk von New Grange entrückt. Der Aufenthalt in diesem heiligen Bezirk bedeutet stets, daß etwas Altes stirbt, sich wandelt und neu geboren wird. Danach stiftete Oengus *Frieden*. Endlich durfte das Paar eine dauerhafte irdische Behausung beziehen.

Der Sitz von Rath Gráinne in Nord-Connacht, dem Herrschaftsbereich der alten frühkeltischen Gesellschaftsordnung, mutet symbolisch an. Das Paar hat nun miteinander seine Kinder, und es darf menschlich unter Menschen leben.

An dieser Stelle würde in einem Märchen der Schlußsatz stehen: «Dort lebten sie herrlich und in Freuden, und wenn sie nicht gestorben sind, so leben sie noch heute.» Die Sage aber nimmt ihren tragischen Verlauf, durch den unbarmherzig die menschliche und die kulturelle Wirklichkeit der damaligen Zeit aufgezeigt wird. Das von Gráinne vorgeschlagene Versöhnungsfest mißlang, weil Finn es vereitelte. Treffsicher provozierte er Diarmaids Tabu-Tier, den «wilden Eber», indem er ihm seine Jugendgeschichte erzählte. Damit zwang er den dazu völlig unvorbereiteten Diarmaid zur Auseinandersetzung mit seinem verzauberten, das heißt verdrängten wilden Bruder. Obwohl er in keiner Weise gerüstet war, beschloß der Neidlose trotzig, dennoch den Kampf gegen das Untier zu wagen. Es bleibt unklar, inwieweit der Eber nur der dunkle Bruder in des Helden eigener Brust war, oder ob er gleichzeitig ein Symbol vergangener, ungezügelter Macht seines Feindes Finn und damit auch einer kollektiven Kulturschicht war. Als das Unglück geschehen war, verweigerte Finn die liebevoll versöhnliche Heilung aus seinen Händen, zu der er fähig gewesen wäre.

Die Versöhnung, die Gráinne und Diarmaid kraft ihrer in New Grange gereiften Liebesfähigkeit angestrebt hatten, war mit dem alten Finn, war vielleicht in der damals sich ihrem Ende zuneigenden magischen Zeit der keltischen Kultur noch nicht möglich.

Es scheint, als habe Finn den Kampf mit dem «wilden Eber» an

Diarmaid delegiert, anstatt ihn selber auszutragen. Das bedeutet das Ende seiner Herrschaft als «König der Krieger», was symbolisch darin zum Ausdruck kommt, daß er vergeblich nach Diarmaids Hund Mac Cuill griff. Zwar ging Diarmaid in die endgültige Verwandlung nach New Grange ein, aber in der irdischen Wirklichkeit galt vorerst noch das archaische Gesetz der Rache.

Finns Ende

Die Zeit, in welcher Finn und seine Fianna ihre Aufgabe erfüllen konnten, war abgelaufen. Nach des Hochkönigs Cormac Tod wurde die Fianna zu einer Eigenmacht im Staat und forderte von Cairbry, Cormacs Nachfolger, unverschämte Vorrechte. Deshalb beschloß der neue Herrscher, mit Hilfe der Gaukönige Finns Macht zu brechen; der alte Zwist zwischen dem Clan Morna und dem Clan Basna kam ihm dabei zustatten. In der Schlacht von Gowra (Gabhra = Garristown, Co. Dublin) fiel die Entscheidung. Cairbry und Finns Enkel Oscar erschlugen sich gegenseitig. Die Fianna wurde zerschlagen.

Finns Tod wird in mehreren widersprüchlichen Varianten überliefert. Die mythologisch einleuchtendste dieser Versionen sei hier mitgeteilt.[180] Es wird erzählt, daß der junge Finn einst dazu kam, wie viele Freier um die Elfe Athmaith warben. Die Jünglinge sollten eine Schlucht überspringen, und daran scheiterten alle außer Finn, der mit seinem Stab mühelos hin und wieder zurück sprang. Nachdem er zum Lohn eine Nacht mit der Elfe verbracht hatte, belegte sie ihn mit *gesa*, daß er diesen Sprung jährlich zu wiederholen habe, bis zu seinem Todessprung.

Als Finn alt geworden ist, überredet ihn seine Fianna, in seiner Burg zu bleiben. Dort leisten ihm zunächst neun Männer Gesellschaft, doch nach und nach verläßt ihn einer nach dem anderen. Als der letzte verschwunden ist, erkennt Finn, daß sie in ihm den «Alten» meiden, und er beschließt, noch einmal den Sprung zu wagen und dabei zu prüfen, ob er noch lebensfähig sei. So begibt er sich an den Ausgangspunkt seiner Heldenlaufbahn, den Boyne-Fluß. Er spricht zu sich: «Dort ist mein Sprung.» Wir können offenlassen, ob man den «Sprung» real verstehen oder als seine Fähigkeit auffassen will, Lebensabgründe zu überwinden, wie so oft schon auf seinen Fahrten in die Anderswelt. Bei seiner Ankunft an der Schlucht reicht ihm eine alte Hexe ein Trinkhorn mit der Prophezeiung, daß er an diesem Trunk sterben werde. Wir können vermuten, daß sich hinter dieser Hexe noch einmal die alte, ewig junge Erinn verbirgt, die ihm den letzten Verwandlungstrunk reicht. Finn tut nun seinen Todessprung in die Tiefe. Dieser Sprung über den Abgrund kann nicht nur für Finn persönlich, sondern für den keltischen Menschen überhaupt als ein Versuch angesehen werden, den Riß zwischen zwei geistigen Welten zu überwinden.

Fischer sollen Finn gefunden haben, und einer von ihnen enthauptete ihn. Es waren Söhne aus dem feindlichen Geschlecht der Uirghriu.[181] Als sein Todesjahr wird 283 n. Chr. angegeben, ein sicherlich fiktives Datum. Ein Bericht aus dem 16. Jahrhundert besagt, daß Finn mit seinem bewaffneten Gefolge in einer verborgenen Höhle schläft und dort auf seine Wiedererweckung wartet, gleich dem Staufenkaiser Barbarossa im Kyffhäuser.

Wie das Göttergeschlecht der Tuatha Dé Danann, so bleibt der alte Finn unterirdisch in einer Höhle verborgen und latent weiter wirksam. Es wäre ein Unglück, wenn unsere Zeit versuchte, ihn in realer Gestalt wieder erwecken zu wollen, und wenn er in solcher Gestalt seine Herrschaft wieder anträte, ähnlich dem verzerrten «Germanen» Adolf Hitler. Aber es ist sinnvoll, um die ambivalenten Möglichkeiten unserer keltischen Vorfahren *in* uns zu wissen und darüber so *wachsam* zu sein wie einst der junge Finn gegenüber dem destruktiven Feuergeist Aillén.

Vierter Teil

Keltische Sagen aus Wales

Die Zweige des Mabinogi[182]

Vorbemerkung

Als *Mabinogi* wird eine Erzählung aus dem Pflichtrepertoire eines Bardenlehrlings bezeichnet (*Mabinogion* ist die Mehrzahl von *Mabinogi*); diesem Grundstock an auswendig gelernten Mythen fügte später der Meisterbarde beliebig viele weitere Stücke hinzu. Die vier Zweige des Mabinogi sind die ältesten Sagen, die wir aus dem Bereich von *Wales*, also dem Südwesten Englands, kennen. Sie sind deutlich christlich überformt. Während die irischen Mythen noch ganz unmittelbar keltischen und vorkeltischen Geist atmen und sich nicht scheuen, jegliche Grausamkeit und Übertreibung zu schildern, spricht aus den Mabinogion bereits eine beginnende ritterliche Kultur. Dennoch können wir unter dieser kultivierten Schicht der höfischen Umgangsformen noch Züge einer älteren Überlieferung wahrnehmen.

Manche Forscher vermuten, daß besonders in den Sagen aus Wales noch Reste der mündlich überlieferten druidischen Weisheit durchschimmern.[183] Soweit es sich dabei um den Kontakt und Austausch zwischen der realen und der Anderswelt handelt, sind uns diese Andeutungen auch in den irischen Sagen begegnet. In den walisischen Mythen treten sie noch deutlicher in Erscheinung. Besonders aber in den Erzählungen vom Kessel der Ceridwen und der Jagd auf den Königseber Twrch Trwyth sind noch Spuren enthalten, welche die alte Weisheit deutlicher erkennen lassen, und diese Weisheit geht uns heute erneut an.

Pwyll, Der Prinz von Dyved, und Rhiannon[184]

oder: Die kritische Begegnung zwischen oberem und unterem Bewußtsein

Diese Sage kann im Südwesten von Wales lokalisiert werden, in den heutigen Grafschaften von Carmarthen und Cardigan. Das ist ein sehr ungefährer Rahmen, denn eigentlich geht es nicht um die Geschichte dieses Landstriches, sondern um die Begegnung der zwei Welten, die sich auf der Erde in «Abred»[185] immer wieder treffen. Die Fairies, die jetzt in den «unteren Regionen» leben, kommen mit den Menschen in Berührung, die auf der Erdoberfläche wohnen.

Pwyll ist ein Prinz, also noch kein König. Zunächst ist noch keine Rede von seiner Frau, ohne die kein Herrscher regieren kann. *Prince* kann aber auch einen Fürsten im allgemeinen Wortsinn bezeichnen. Dieser Prinz begibt sich eines Tages auf die Jagd, und seine Hunde führen ihn auf eine merkwürdige Fährte. Offenbar verfolgen sie einen Rehbock, doch dieses Wild, so schließt Pwyll aus dem fremden Gebell, das er vernimmt, wird gleichzeitig auch von einer anderen Meute gejagt. Als er näher kommt, bemerkt er, daß die anderen Hunde weißes Fell und rote Ohren haben, ein untrügliches Zeichen für Tiere aus der «Anderswelt», aber im Eifer der Jagd achtet Pwyll nicht darauf. Er verscheucht die fremden Hunde, um seine eigene Meute auf den Bock zu hetzen.

Da naht sich der Herr dieser Jenseits-Hunde. Er ist ganz in Grau gekleidet und reitet eine große, hellgraue Stute, als sei er soeben aus dem Nebel hervorgekommen. Der Graue stellt den Prinzen wegen seiner Unverschämtheit, in einem fremden Revier die dort rechtmäßig jagenden Hunde zu verscheuchen, zur Rede. Er verweigert wegen dieser Unhöflichkeit seinen Namen und sagt nur: «Ich werde keine Rache nehmen, aber Ihr seid in Unehre...» In Unehre zu fallen war aber eine schlimmere Strafe als etwa eine hohe Buße an Geld oder Gütern.

Pwyll beeilt sich deshalb, um die Freundschaft des Unbekannten zu werben, und dieser nennt daraufhin seinen Namen: «Ich bin *Arawn* (Araun), ein König von *Annwn* (Annoon)» – also ein Herrscher der «unteren Welt». Diese untere Welt wird oft als Hades oder als Land des Todes interpretiert, was sicher nicht den vollen Sinn, zumindest aber nicht alles trifft, was in dieser Welt enthalten ist, in der eben nicht der Tod im Sinne eines Nicht-Seins, sondern ein höchst vielfältiges, aber andersartiges Leben herrscht. Es gibt in dieser unteren Region des Seins offenbar mehrere Herrscher, die sich gegenseitig bekämpfen. Einer von diesen heißt *Havgan*. Wie sich herausstellt, hatte Araun den Menschen Pwyll in seinen Jagdgrund gelockt, um ihn als Helfer gegen seinen Feind Havgan zu gewinnen. Dieser Havgan bleibt weitgehend anonym. Seine Erscheinung wird niemals geschildert, wie das sonst in der keltischen Erzählfreude geschieht. Er ist schwer zu fassen. Das zeigt sich an einer Eigenart, die Araun offenbar unbekannt war, als er ihm im Kampf begegnete. Man durfte nämlich diesem Gegner nur einen einzigen tödlichen Streich versetzen. Ließ man sich durch die inständigen Bitten des schwer Verwundeten erweichen, ihm dadurch großes Leiden zu ersparen, daß man ihm einen zweiten Todeshieb gab, so stand Havgan augenblicklich geheilt und stark wie zuvor wieder auf.

Havgan gehört zu den «Widersachern» der Schöpfung, was wohl *auch* aus der Tatsache hervorgeht, daß er niemals *ganz* besiegbar ist, sondern immer nur für einen Tag. (Dieser Umstand erinnert an den ägyptischen Widersacher Apophys, der jede Nacht neu besiegt werden muß, damit sich die Schöpfung erneuern kann. Ähnlich verhält es sich mit den griechischen oder germanischen Mächten des Chaos, die, im Tartaros gefesselt, nur darauf warten, sich erneut gegen die Schöpfung zu erheben.)

Offenbar hat man nur *einmal* die Chance, einer so schillernden Gestalt wie Havgan siegreich zu begegnen. Daher ist Araun auf Hilfe angewiesen. Daß ein mächtiger Geister-König den Beistand eines sterblichen Menschen sucht, ist uns schon mehrfach begegnet; auch CuChulinn und Finn wurden um solche Hilfe gebeten. Die Welt der

«Jenseitigen» vermag ohne die Verbindung zum «Diesseits» nicht zu leben, und ebenso selbstverständlich wirken die Fairies hilfreich oder störend in die oberirdischen Schicksale hinein. Die *Geister* benötigen Hilfe durch die Leiblichkeit der Menschen, die *Menschen* erfahren den Sinn ihrer Existenz erst durch die Begegnung mit den Geistern. Beides gehört in «Abred» zusammen.

Im Fortgang der Geschichte tauschen nun Araun und Pwyll für ein Jahr ihre Gestalt und ihren Wirkungsbereich. Araun verwaltet Pwylls Reich, Pwyll dagegen das Land des Unterweltherrschers. Die Untergebenen bemerken nichts vom Tausch der Gestalten ihrer Herrscher, doch die Wirkung der Befruchtung der Erde durch den Reichtum der unteren Welt wird am Gedeihen der Felder und des Viehs und an der Fruchtbarkeit der Frauen deutlich. Während der Herrschaft des Araun geht es gerecht und überall ohne ernsten Streit zu.

Auch Pwyll tut in der unteren Welt sein Bestes, ja, er erweist Araun seine besondere Treue dadurch, daß er zwar mit dessen Gemahlin im gleichen Bett schläft, sie aber nicht anrührt. Die Art dieser Schilderung erscheint allerdings ganz und gar unkeltisch. Im keltischen Bereich gab es keine «eheliche Treue» im Sinne des christlichen Gebotes. Es handelt sich hier ziemlich sicher um eine spätere Überarbeitung der Sage im Sinne der christlichen Ritterlichkeit. Der Sinn dieser «Enthaltsamkeit» scheint viel eher der zu sein, daß es in der unteren Welt keine Fruchtbarkeit im irdischen Sinn gibt. Um fruchtbar werden zu können, muß die «Unterwelt» oder die Geisterwelt ins Irdische eintauchen. Der Unterweltsherrscher dagegen benötigt die Hilfe der sterblichen Menschen für eine geistige Auseinandersetzung, und diese findet zur festgelegten Zeit statt, genau ein Jahr nach der Begegnung zwischen Araun und Pwyll. Am vereinbarten Ort treffen sich die Heere der Unterirdischen mit ihren Anführern, Havgan und Pwyll, der Araun vertritt, und dieser Ort ist nach alter keltischer Tradition eine *Furt*, ein Ort des *Überganges* an einem Fluß. Der Anführer des feindlichen Heeres, Havgan[186], fordert den vermeintlichen Araun zum Zweikampf um die Herrschaft heraus. In dieser Erzählung kämpfen sie nach Art der späteren Ritter zu Pferd und mit Lanzen; die keltischen Helden waren Wagenkämpfer. Pwyll besiegt den Gegner des Araun. Der Besiegte mag als unfruchtbarer Teil des Unterweltherrschers verstanden werden, wahrscheinlich aber auch als ein Schattenanteil des Prinzen Pwyll, der diese Auseinandersetzung bestehen muß, um danach selber ein fruchtspendender Herrscher in seinem irdischen Reich werden zu können. Pwyll gibt seines Gegners Flehen um Gnade nicht nach. Havgan tritt sterbend von seiner Herrschaft ab, und sein Gefolge huldigt Pwyll-Araun.

Danach treffen sich Pwyll und Araun und tauschen wieder ihre Gestalten. Jeder war in die Haut des anderen geschlüpft und hatte dabei Wesentliches gewonnen. Pwyll trug seither den Ehrentitel eines «Oberhauptes von Annoon». Das heißt nicht, daß er nun der Herrscher der anderen Welt ist, sondern nur, daß er daran Anteil hat. Er ist jetzt ein Herrscher über zwei Welten – und vielleicht hat er erst danach die Fähigkeit erworben, sich auch mit einer *Königin* zu vermählen, ohne die er ja auf Erden nicht regieren kann.

Diese Königin tritt auf echt keltische Weise in Erscheinung: Eines Tages erfährt Pwyll anläßlich eines Festes von seinen Männern, daß sich ganz in ihrer Nähe ein *Wunderhügel* befinde, der «Mound of Arberth» genannt wurde. Solche Erhebungen waren als Hügelgräber nicht nur Wohnsitze der Feen, sondern es wurde auf ihnen auch Recht gesprochen, das streng an die Überlieferung der Vorzeit gebunden war. Pwyll erfährt, daß derjenige, der sich auf diesem Hügel niederläßt, entweder Wunden durch Schwerthiebe empfangen oder ein Wunder erleben würde. Wir können noch hinzufügen, daß dieses Fest wahrscheinlich am 1. Mai (Beltene) oder am 1. November (Samuin) stattfand, also zu einer Zeit, in der sich die Feenhügel öffneten und die Schranken zwischen den beiden Dimensionen des Seins aufgehoben waren.

Als Pwyll mit seiner Gefolgschaft auf dem Hügel von Arberth sitzt, braucht er nicht lange zu warten, denn alsbald erscheint auf dem Weg unterhalb des Hügels eine *Schimmelreiterin*. Ihr Pferd ist von strahlend reinem Weiß, und sie selber trägt Kleider aus leuchtendem Gold. Dieses Bild erinnert an die Gestalt des alten (vorkeltischen) Sonnengottes als Schimmelreiter, der männlich oder weiblich – «Vater und Mutter» – zugleich sein konnte.[187] Zwar wird von keinen roten Ohren des Pferdes berichtet, doch ist der jenseitige Charakter von Roß und Reiterin von vornherein offenkundig.

Pwyll schickt einen Boten, der ihren Namen erkunden soll, doch der Versuch scheitert an zwei aufeinanderfolgenden Tagen daran, daß sich der Abstand zwischen der anscheinend gemächlich Reitenden und dem ihr auf dem schnellsten Pferd nachjagenden Boten nie verringert. Das ändert sich auch nicht, als Pwyll ihr selber nachsetzt, der Abstand wird sogar noch größer als zuvor. Endlich ruft er sie an: «Mädchen, im Namen dessen, den ihr am meisten liebt, wartet auf mich!»[188] Diese Anrede tut sofort ihre Wirkung, denn die Liebe einer Frau wiegt so schwer wie die Ehre des Mannes. Die Reiterin vermag dem Anruf nicht zu widerstehen, denn es ist der Anruf des Mannes, auf den sie gewartet hat. Sie will nicht verfolgt und gejagt werden, schon gar nicht von irgendwelchen Stellvertretern, sondern sie fordert die *Bitte* und das «Zauberwort» von dem, um dessen Willen sie gekommen ist. Sie wartet auf Pwyll und nennt auf seine Frage bereitwillig ihren Namen: «Ich bin *Rhiannon,* die Tochter des Heveydd-Hên.» *Hên* heißt «der Alte», «Grauhaarige». Man kann sich fragen, ob dieser «Graue» etwas mit Pwylls unterirdischem Antipoden Araun zu tun hat.

Rhiannon, die Tochter dieses «alten Grauen», lüftet ihren Schleier und erklärt Pwyll ihre Liebe. Sie läßt ihn wissen, daß «man» ihr gegen ihren Willen einen anderen Gatten aufzuzwingen suche. Nun sei sie gekommen, um Pwyll zu fragen, ob er sich für sie entscheiden wolle und ob er ihr helfen könne. Pwyll erwidert ihre Liebe, und sie vereinbaren, daß er sich in einem Jahr zu einem großen Fest in Heveydds Palast einfinden solle.

Als Pwyll zur vereinbarten Zeit ankommt, findet er zu seinen Ehren ein glänzendes Fest ausgerichtet. Er erhält seinen Platz zwischen dem Schwiegervater und seiner Braut Rhiannon, doch plötzlich erscheint ein großer junger Mann mit kastanienbraunen Haaren. Er ist ganz in Seide gekleidet, und Pwyll lädt ihn ein, unter den Gästen Platz zu nehmen. Der Fremde lehnt jedoch die Einladung mit der Begründung ab, er komme als Freier mit einem bestimmten Auftrag. Er sagt: «Ich komme, um eine Wohltat zu erbitten.» Da es bei solchen Festen üblich war, keine Bitte abzuschlagen, sondern großzügig Geschenke zu verteilen, antwortet Pwyll: «Was immer Ihr auch erbittet, sofern es in meiner Macht liegt, soll Euer Wunsch erfüllt sein.»

Auf diese Zusage hin ruft der Bittsteller die ganze Tafelrunde zu Zeugen an, daß ihm ein Wunsch freistehe – und dies bedeutet für Pwyll die Verpflichtung, diesen Wunsch zu erfüllen. Der Wunsch lautet: «Ich wünsche mir, daß Ihr Eure Braut Rhiannon, die ich selber vor allen liebe, an mich abtretet.» Das verschlägt Pwyll die Sprache, und Rhiannon bricht schließlich das Schweigen mit den passenden Worten:

«Ja, schweigt nur, solange Ihr wollt. Nie machte ein Mann schlechteren Gebrauch von seinem Verstand als Ihr!» Sie eröffnet Pwyll, daß der Fremde *Gwawl* heißt und derjenige ist, den sie als Freier abgelehnt habe. «Da Ihr ihm aber Euer Wort gegeben habt, muß ich nun wohl oder übel in die Hochzeit mit ihm einwilligen, wenn nicht Schande über Euch kommen soll.»

Als Pwyll aufbraust, flüstert sie ihm zu, auf welche Weise sie Gwawl zu überlisten gedenke. Und da dieser sogleich von Pwyll fordert, daß auch das in Gang befindliche Fest an ihn abgetreten werde, ist es wiederum Rhiannon, die erklärt, dies sei unmöglich, weil Pwyll dazu keine Befugnis habe. «Denn es ist Sitte, daß die Braut das Bankett ausrichtet.» So muß sich Gwawl nochmals zwölf Monate gedulden.

Es wird mit Pwyll verabredet, er solle nach dieser Frist als Bettler erscheinen, Rhiannon werde ihm zuvor einen kleinen Sack geben, der die Eigenschaft hat, daß er nie voll wird. So solle Pwyll vor Gwawl erscheinen und darum bitten, daß der Sack mit Speisen gefüllt werde. Da das aber nicht gelingen könne, solle er den Bräutigam bitten, in den Sack zu steigen, den Inhalt mit den Füßen festzutreten und die Worte zu sprechen: «Jetzt ist es genug, Sack.»

So geschieht es, und im rechten Augenblick bindet Pwyll den Sack zu. Auf sein Hornsignal stürmen seine hundert Ritter in den Saal, die draußen im Garten gewartet haben. Alle schlagen auf den Sack ein, und sie verkünden, in dem Sack befinde sich ein *Dachs* und man spiele jetzt ein neu erfundenes Spiel mit dem Namen «Dachs im Sack».[189] Der englische Ausdruck für «Dachs» ist *badger*, und dieses Wort hat doppelte Bedeutung. Es heißt sowohl «Dachs» als auch «plagen, peinigen».

Der ungebetene Freier wird also in den Sack der Plagen und der Peinigung gesteckt und darin windelweich geprügelt, bis er um sein Leben fleht. Er wird begnadigt unter der Bedingung, daß er Verzicht auf das Mädchen leiste und schwöre, daß er keine Rache nehmen werde.[190]

Die *Hochzeit zwischen Pwyll und Rhiannon* wird nun mit aller Pracht gefeiert, und das Paar zieht in Pwylls Reich nach Dyved, doch der Kindersegen läßt auf sich warten. Deshalb drängen nach zwei Jahren die Gefolgsleute ihren König, er solle sich eine andere Frau suchen, damit die Herrschaft durch einen Erben gesichert werde. (Dies ist wiederum ein unkeltischer Zug der Sage. Die Keltenfürsten wurden durch Wahl bestimmt und nicht durch eine patrilineare Erbfolge.) Pwyll bittet noch um ein Jahr Frist, seine Frau bringt den ersehnten Knaben zur Welt, doch auf unerklärliche Weise verschwindet das Kind in der ersten Nacht. Die Wächterinnen der Wöchnerin bekommen es wegen ihrer mangelhaften Aufmerksamkeit mit der Angst zu tun. Deshalb beschließen sie, der schlafenden Mutter die Hände und den Mund mit dem Blut eines Welpen zu beschmieren. Die Knochen legen sie ihr aufs Bett und behaupten, sie hätte in unglaublicher Raserei ihr Kind getötet und verschlungen. Zu sechst seien sie außerstande gewesen, die Mutter zu bändigen.

Daraufhin wird von Pwyll abermals verlangt, er solle seine Frau verstoßen. Aber er weigert sich mit der Begründung, sie habe ein Kind geboren und damit den Beweis erbracht, daß sie als Königin imstande sei, zur Fruchtbarkeit des Landes beizutragen. Doch «hat sie Böses getan, so soll sie dafür bestraft werden.» Als Buße wird ihr bestimmt, daß sie sieben Jahre lang jeden Morgen bei dem Stein sitzen müsse, an dem man im Hof die Pferde anzubinden pflegte. Jedem Ankömmling solle sie erzählen, warum sie hier sei, und ihm dann anbieten, ihn auf dem Rücken ins Haus zu tragen.

Nun befand sich unter den Gefolgsleuten Pwylls ein Ritter mit Namen *Teirnon*. Er war der *Herr unter den Wäldern* in Gwent. Dies kann zwar eine Landschaftsbezeichnung sein, aber alte Gewand-Namen sagen oft etwas über den Charakter dieser Gegend aus: «Unter den Wäldern» meint einen Grenzbezirk zwischen der oberen und der unteren Welt. Dieser Teirnon nun besitzt eine wunderschöne Stute, die jährlich in der ersten Mainacht fohlt, doch nie bekommt er das Fohlen zu Gesicht, weil es immer am Morgen spurlos verschwunden ist. So beschließt er, das nächste Mal bewaffnet zu wachen, um den Dieb stellen zu können – und es ist die gleiche Nacht, in welcher auch Rhiannon ihren Sohn gebiert. Die Stute bringt wieder ein ungewöhnlich großes und schönes Fohlen zur Welt, aber Teirnon hat kaum Zeit, es zu betrachten, als er schon ein fürchterliches Poltern vernimmt. Eine gewaltige Klaue greift durch das Fenster, packt das Fohlen und ist im Begriff, es hinauszuzerren. Da springt Teirnon hinzu und schlägt den Klauenarm bis zum Ellenbogen ab; ob es ein männlicher oder weiblicher Arm war, wird nicht berichtet. Draußen ertönt ein grauenerregendes Gebrüll, Teirnon springt beherzt vor den Stall, um den Dieb zu verfolgen, doch es herrscht rabenschwarze Nacht, und er muß seine Absicht aufgeben. Als er zurückkommt, bemerkt er auf der Schwelle seiner Tür ein Bündel: da liegt in Windeln gewickelt und in einen seidenen Mantel eingehüllt ein neugeborener Knabe. Er bringt ihn seiner Frau, die ihn liebevoll aufnimmt, denn sie haben selber keine Kinder. So ziehen sie den kleinen Findling als ihren eigenen Sohn auf und geben ihm den Namen *Gwri*[191] (Guri) – «Goldhaar».[192]

Das Kind wächst erstaunlich schnell heran. Mit einem Jahr ist es so kräftig wie ein Dreijähriger und nach zwei Jahren wie ein Sechsjähriger. Mit vier Jahren balgt sich der Knabe bereits mit den Stalljungen darum, wer das Wasser für die Pferde vom Brunnen holen dürfe. Da beschließen die Zieheltern, daß es jetzt an der Zeit sei, ihm ein eigenes Pferd zu geben, und man reitet das Fohlen zu, das mit ihm in der gleichen Nacht geboren ist.

Unterdessen erfährt Teirnon von Rhiannons Mißgeschick, und ihm fällt eine große Ähnlichkeit zwischen Gwri und Pwyll auf. Daher beschließen die Zieheltern, den Jungen zu Pwyll zu schicken. Bei seiner Ankunft wird der Knabe sofort als Rhiannons und Pwylls Sohn erkannt, und damit findet die Strafe seiner Mutter nach vier Jahren ihr Ende. Erleichtert ruft sie aus: «So sind meine Ängste und Nöte vorbei!» Damit hat sie ihrem Sohn seinen neuen Namen gegeben; von nun an heißt er *Pryderi*.[193] Nach seines Vaters Tod heiratet Pryderi Kigva, die Tochter des *Gwyn*[194], und wird selber König im Lande.

Welche Bewandtnis hat es mit Pwyll, mit Rhiannon und mit Pryderi? *Pwyll*, so hörten wir, ließ sich durch die gute Spürnase seiner Hunde und durch den «Zauber» des Herrn der unteren Welt an deren Grenzen führen. Diese Welt «unter den Hügeln» oder «jenseits des Meeres» war ein Bereich, der kompensatorisch zur Welt «auf der Erde» (und damit zu «Abred») gehörte, dem Schauplatz der menschlichen Geschicke. Pwyll läßt sich auf diese Dimension der Anderswelt ein und bewirkt damit gleichzeitig, daß die Fruchtbarkeit der unteren Welt auf der Erde wirksam werden kann. Er erringt den in diesem Augenblick möglichen Sieg über Havgan, den negativen Pol, den tödlichen Aspekt der Unterwelt. Havgan tritt seine Herrschaft an Araun ab, und als Folge dieses Sieges erscheint Rhiannon. Der Sieg über den todbringenden Vertreter der Welt «unter den Hügeln» kann auch als Überwindung einer Gefahr aufgefaßt werden, die durch eine allzu starke Fixierung des gegenwärtigen Bewußtseins an die Vergangenheit zur Verhärtung von Brauchtum, Recht, Religion und Lebensordnung führen kann. Insofern die keltische Kultur den Übergang von einem vorher herrschenden Matriarchat zum Patriarchat kennzeichnet, kann man Havgan aber auch als den Vertreter eines männlichen Kollektivschattens sehen, der den negativen Anteil des neu auflebenden männlichen Rechtsbewußtseins verkörpert, das zum Beispiel durch die Gefolgsmänner Pwylls dargestellt wird, als sie einen männlichen Thronerben fordern.

Pwyll selber, der den Kampf mit Havgan bestand, weigert sich nach Kräften, dem Rat seiner Gefährten zu folgen und seine geliebte Rhiannon einfach zu verstoßen, nur weil sie den nach der männlichen Rechtsordnung erwünschten Erbprinzen nicht sofort zur Welt bringen kann – oder weil er auf unerklärliche Weise wieder verschwindet. Der König befindet sich in einem Konflikt zwischen seiner Erfahrung in der unteren Welt – mit Rhiannon, die ihm deutlich genug die Grenzen seiner männlichen Möglichkeiten aufzeigte – und den Forderungen des Patriarchats. So entscheidet er sich für einen Kompromiß: Rhiannon wird nicht verstoßen, aber für ihr vermeintliches Vergehen bestraft.

Rhiannon wird im keltischen Bereich des Festlandes *Epona* genannt. Epona war eine Pferdegöttin, die stets reitend dargestellt wurde und deren Kult die römischen Legionäre auf ihre Weise übernahmen. Ihr inselkeltischer Name Rhiannon aber wird von *Rigantona* abgeleitet, «große Königin»[195]. Sie gehört zu den keltischen Fruchtbarkeitsgöttinnen und hat ihren Ursprung wahrscheinlich in der Schicht der Tuatha Dé Danann. Man darf sie im Zusammenhang mit Eriu und den «drei Königinnen» sehen, die als Gemahlinnen die drei Funktionen des Königtums – die Herrschaft, den Kampf und die Fruchtbarkeit der Erde – verkörpern. Im festländischen Bereich werden diese drei Göttinnen als *Matronae* dargestellt, deren Attribut ein Korb mit Früchten des Feldes oder ein Kind ist. Rhiannon kann in mancher Hinsicht auch als die keltische *Persephone* bezeichnet werden, doch das keltische Jenseitsreich ist keineswegs ein trauriges Schattenland, sondern ein «Land der Glückseligen» ein Land ohne Alter, Kummer und Tod, dessen Bewohner vom Gesang der Vögel der Rhiannon erfreut werden, durch den Tote zum Leben erweckt und Lebende in einen erquickenden Schlaf versenkt werden.

Pwyll, der schon dem männlich betonten Stamm der letzten keltischen Einwanderer unter Mil angehörte, stellte sich zunächst im Umgang mit der Welt der weiblichen Fruchtbarkeit denkbar ungeschickt an. Er mußte als erstes lernen, die Schimmelreiterin nicht einfach wie ein Jagdwild zu verfolgen, sondern sie persönlich anzureden und zu *bitten.* Als nächstes mußte er sich von ihr den Vorwurf gefallen lassen, von den Möglichkeiten seines männlichen Verstandes denkbar schlechten Gebrauch gemacht zu haben. In seiner Verliebtheit ist dieser Mann zunächst vom *Bild* der Geliebten (der Anima) derart besessen, daß er für die äußeren Realitäten blind wird. Dies zeigt sich in der Sage darin, daß Pwyll überhaupt nicht auf die Idee kommt, daß es einen Rivalen geben könnte, obwohl Rhiannon ihn ausdrücklich auf die bedrohliche Existenz Gwawls aufmerksam gemacht hatte. Wenn wir die Geschichte auf der *Subjektstufe* betrachten, dann übernimmt in dieser Not der männlichen Verblendung Rhiannon die Funktion der hilfreichen Anima. Durch ihren Rat wird der Gegner überlistet und vorläufig ausgeschaltet.

Nun herrschten Pwyll und seine Gemahlin zunächst glücklich, bis in der Nacht des 1. Mai das Unglück hereinbrach. Das große *Fest von Beltene,* das an diesem Tag gefeiert wurde, war nach dem keltischen Kalender der Tag des siegreichen Aufstiegs der Sonne. Man versuchte in Spiel und Wettkampf goldene Bälle so hoch wie möglich in die Luft zu schleudern, um diesem Geschehen Ausdruck zu verleihen oder es noch zu unterstützen.[196] Rhiannon gebar in dieser Nacht ihr Heldenkind, das durch sein Goldhaar und die gleichzeitige Geburt des Sonnenpferdes als jung erstandener Sonnengott erkennbar ist (ähnlich dem irischen CuChulinn.) Doch nach Sonnenkind und -pferd greift eine Hand aus der Finsternis, die offenbar zu den Gestalten um den Widersacher der Schöpfung, Cythraul, zu zählen ist. Aus der Sage von der Jagd auf den Eber Twrch Trwth geht hervor, daß die Klaue, die da nach dem Kind und dem Pferd griff, eine weibliche war und zu einer negativen Muttergöttin gehörte.[197] Dank der Wachsamkeit des Grenzhüters, des «Herrn unter den Wäldern», Teirnon, wurden Pferd und Knabe zwar dem Widersacher entrissen und wuchsen heran, doch hatte in der Zwischenzeit die unreflektierte Ratio der Männerwelt gesiegt und Rhiannon verurteilt, ohne ihr selber Gehör zu schenken; freilich hat die weibliche Ängstlichkeit in Gestalt der verräterischen Mägde zur Verurteilung der Königin mit beigetragen. Diese Tatsache kann ein Hinweis auf ein in der Krise befindliches weibliches Selbstbewußtsein in der Zeit des keltischen Umbruchs sein. Das weibliche Bewußtsein wurde in Angst, Bedrängnis und Erniedrigung gezwungen; als der junge Sonnenprinz mit dem Goldhaar den Irrtum ausräumte, wurde Rhiannon zwar wieder in ihre alten Rechte als Königin eingesetzt, doch es widerfuhr ihr keinerlei Rehabilitation von seiten der Männerwelt. Es geschah deshalb wie unabsichtlich, daß der Sonnenknabe seinen zweiten Namen durch die ersten Worte empfing, die seine Mutter in seiner Gegenwart aussprach: nun sind Angst und Drangsal (Pryderi) zu Ende. Der strahlende Gwri Goldhaar trägt von nun an den Schicksalsnamen *Pryderi*, zum Zeichen, daß der Mensch des neu erwachten männlichen Bewußtseins in Zwiespalt und Angst gestoßen wird – wie Adam, nachdem er die Frucht vom Baum der Erkenntnis gegessen hatte. Denn er wußte nun nicht nur um Gut und Böse, sondern erkannte Eva[198] als die weibliche Hälfte des Menschseins. Damit erwachte in ihm ein neues, erst volles Bewußtsein, und dieses ist «doppelt». Dem paradiesischen Eins-Sein war damit ein Ende bereitet, der Mensch lebt von nun an «in Angst und Nöten».[199]

Die Geschicke Pryderis

Im zweiten und dritten Zweig des Mabinogi wird Pryderis weiteres Schicksal geschildert. Aus diesen Erzählungen sollen nur zwei Bilder beleuchtet werden. Die eine dieser Sagen handelt von Branwen, die zweite von Math und davon, wie dieser den Pryderi seiner Schweineherde beraubte.

Die erste Geschichte erzählt, wie Pryderi mit dem Oberkönig der Briten, *Bran*, nach Irland zog, um dort das Geschick von dessen Schwester *Branwen* zu rächen. Ihr war in Irland ein ähnliches Unrecht widerfahren wie Rhiannon in Wales.[200]

Aufgrund eines Verrats blieben die Iren in diesem Kampf die Sieger. Von den Briten entkamen nur sieben Männer und der zu Tode verwundete König Bran. Unter diesen sieben Überlebenden, die auf dem Umweg über eine lange Jenseitsreise wieder in die Heimat gelangten, befanden sich auch Pryderi und ein Bruder des Bran, der Manawydan hieß. Da sich inzwischen der Angehörige eines Nebenzweiges des Königshauses *(Cassawallawn)* der Herrschaft bemächtigt hatte, versank Manawydan in tiefe Niedergeschlagenheit.

Pryderi verfügte aber noch über seine Länder in Wales, wo seine Mutter Rhiannon lebte, und er beschloß aus alter Treue zu Bran, dessen Bruder Manawydan mit seiner Mutter zu verheiraten. Auf diese Weise wurde Manawydan wiederum mit der Fruchtbarkeit des Landes verbunden, die durch Rhiannon verkörpert wurde.

Bald nach der Vermählung zwischen Manawydan und Rhiannon kommt jedoch ein neues Übel über das Land. Als Pryderi mit seiner Mutter Rhiannon auf dem schon bekannten Hügel von Arberth sitzt, senkt sich plötzlich undurchdringlicher Nebel über das ganze Land, eine Bewußtseinsverdunkelung, die, wie sich später herausstellt, durch einen Zauber verursacht wurde. Dieser Zauber kam von einem Freund des als «Dachs im Sack» geschädigten Gwawl, des Rivalen von Pryderis Vater Pwyll. Als der Nebel sich endlich verzieht, erscheint das ganze Land entvölkert. Niemand ist mehr da, nicht einmal Tiere sind mehr vorhanden. Darauf beschließen Pryderi und Manawydan, ins Britannische Reich[201] abzuwandern und dort ihr Glück als Handwerker[202] zu versuchen (also sich eine neue Existenzform zu schaffen), doch in Britannien gibt es auch andere geschickte Handwerker, und die Tatsache, daß die beiden Fremdlinge bessere Waren herstellen, erregt soviel Neid, daß sie schließlich wieder nach Wales zurückkehren. In Wirklichkeit handelte es sich um die Rivalität magischer Fähigkeiten.

Nachdem dann auch noch Pryderi und Rhiannon in Gefangenschaft der Unterwelt geraten, beschafft Manawydan einen Sack voll Weizen, er versucht also, neue Fruchtbarkeit aus dem Land der Briten in sein Gebiet zu bringen. Seine ganze Ernte, die prächtig heranreift, wird aber durch ein Heer von Mäusen vernichtet – verwandelte «Unterirdische», die sich erneut für die Gwawl angetane Erniedrigung rächen sollten. Nur mit Hilfe seines noch stärkeren Zaubers gelingt es Manawydan, den Oberzauberer der Unterwelt dazu zu zwingen, die Verwünschungen über das Land aufzuheben. Wieder setzen sich die irdische und die unterirdische Welt auf der magischen Stufe auseinander – kein gutes Fundament für ein sich ergänzendes Leben miteinander. Das stellt sich in der *zweiten* Erzählung heraus, die im vierten Zweig des Mabinogi berichtet wird.

Pryderi herrscht wieder in seinem Land. Er besitzt eine große Kostbarkeit, nämlich eine *Schweineherde*, die sein Vater Pwyll einst als Dank von dem Unterweltsherrscher Araun erhalten hatte. Sonst gab es auf der Erde noch nirgends diese fruchtbaren Unterweltstiere.

Durch Verrat und Zauber wird nun Pryderi die Schweineherde geraubt, und im Zweikampf gegen *Gwydyon*, den Vertreter einer neuen Bewußtseinsqualität, findet Pryderi den Tod. Gwydyon war ein Sohn des *Dôn*, des keltischen Totengottes. Ein altes Gesetz des Lebendigen scheint zu fordern, daß an der Grenze zu einer neuen Bewußtseinsstufe der letzte Vertreter des alten Sonnen-Bewußtseins sterben muß, und so mußte auch Pryderi, der Sohn der geängstigten Rhiannon, der einst Gwri Goldhaar hieß, vergehen.

Gwydyon, Arianrhod und Llew Llaw Gyffes

oder: Die Verwandlung durch viele Gestalten[203]

In den Sagen des vierten Zweiges des Mabinogi wird die mehrfache Geburt und Verwandlung von Llew Llaw Gyffes geschildert, der halb der irdischen und halb der «anderen» Seite der Wirklichkeit angehört und sich mit diesen beiden Seiten auseinandersetzen muß. Alle diese Berichte sind mit keltischer Erzählfreude ausgeschmückt und so ineinander verwoben, daß man beim ersten Lesen dieser Sagen Mühe hat, den roten Faden zu finden.

Zu Beginn des vierten Zweiges des Mabinogi wurde von Pryderis Tod berichtet. Danach folgt die Sage von *Math*, einem Bruder der Muttergöttin Dana, und seiner Fußhalterin. In dieser Sage gebiert Arianrhod einen neuen Sonnengott, Llew Llaw Gyffes, dessen Vater der Gott der Wissenschaften ist und Gwydyon heißt.

Math wird als ein irdischer König vorgestellt, der auch ein Unterweltsgott ist, welcher Reichtum (also Fruchtbarkeit der Erde) vermittelt und etwa mit dem griechischen Pluto verglichen werden kann. Dieser Math hat die schöne *Goewin* zur *Fußhalterin*. Er kann nur sein, «wenn er seinen Fuß auf die Spalte setzte, die zwischen den Schenkeln einer Jungfrau klafft». In dieser sehr deutlichen Symbolsprache kommt zum Ausdruck, was uns schon in vielen Varianten begegnet ist: daß nämlich keine männliche Herrschaft denkbar ist, die sich nicht immer wieder aufs Neue mit der Jungfräulichkeit der Erde des Landes verbindet. Goewin konnte ihre wichtige Funktion nur solange ausüben, als sie Jungfrau blieb. Wenn man dieses Bild auf den im keltischen Kalender so wichtigen «Anfang» am 1. Mai bezieht, so wird die symbolische Befruchtung der jungfräulichen Erde, die ein gesegnetes Jahr garantiert, noch klarer erkennbar.

Nun hat Math zwei Neffen, die Söhne seiner Schwester Dana.[204] Einer dieser Söhne, *Gwydyon*, entspricht dem irischen Lugh.[205] Gwydyon ist als Mensch ein Hirte, Seher und Astronom. Als Gott vertritt er die Wissenschaften und das Licht des Bewußtseins.[206] Sein Bruder *Gilvaethwy* scheint mehr oder weniger der menschliche Zwilling des Gottes zu sein. Jedenfalls verwalten diese beiden Brüder das Reich für ihren Oheim Math, der seine Position bei Goewin nur in dringenden Kriegsfällen verlassen durfte.

Diesen Kriegsfall führen die Neffen herbei, um Math von Goewin fortzulocken, weil sich Gilvaethwy in das Mädchen verliebt hat, doch an seines Bruders Stelle vergewaltigt Gwydyon die Schöne, die nun nicht mehr als Fußhalterin ihren Dienst tun kann. Math heiratet sie, die jetzt keine symbolische Funktion mehr hat, sondern diejenige einer realen Königin. Seine Neffen aber bestraft der König damit, daß er sie für drei Jahre in Tiere verzaubert. Sie müssen zuerst als Hirsch und Hirschkuh ein Hirschkalb zur Welt bringen und bei Math abliefern, dann als Eber und Sau ein Ferkel, zuletzt als Wolf und Wölfin einen Welpen. Erst nachdem dieser Sühnedienst geleistet ist, durch den der neue «Sonnengott» in die irdische Sphäre der animalischen Fruchtbarkeit gezwungen wurde, kann sich Math nach einer neuen Fußhalterin umsehen. Gwydyon und Gilvaethwy, die ihre menschliche Gestalt zurückerlangt haben, schlagen Math nun ihre Schwester *Arianrhod* vor, und Math unterzieht das Mädchen einer Eignungsprüfung. Arianrhods Eltern waren Beli und Dana, ein todbringender Vater und eine gute Muttergöttin. Arianrhod ist durch einen silbernen Kreis als Mondgöttin gekennzeichnet; ROBERT V. RANKE-GRAVES übersetzt ihren Namen mit «Silber-Rad».

Arianrhod ist auch eine Göttin der Morgendämmerung, der Morgenstern und eine Liebesgöttin. Sie erscheint also für die Rolle der jungfräulichen Fußhalterin besonders geeignet, doch liegt es im Wesen einer «Venus», daß sie nicht ewig Jungfrau bleibt. Sie ist beides zugleich, Jungfrau und Gebärerin, ebenso wie die in ihren Phasen wechselnde Mondgöttin und wie die stets erneut jungfräuliche Erdgöttin, welche die Fruchtbarkeit des Landes garantiert.

Als nun Math Arianrhod auf die Probe stellt, indem er sie über seinen Zauberstab steigen läßt, zeigt sich unter ihr zunächst ein pausbäckiger Junge mit gelbem Haar, und als Arianrhod fluchtartig den Raum verläßt, liegt da noch ein zweites Kind, das Gwydyon sofort ergreift und in einer Kiste verschwinden läßt, die am Fußende seines Bettes steht. Das geht so schnell, daß kein Mensch zu erkennen vermag, ob es ein Junge oder ein Mädchen ist, wie das Kind überhaupt aussieht und ob es schon richtig ausgetragen ist.

Das erste Kind ist ein blonder Junge, er entzieht sich der ihm zugedachten christlichen Taufe, indem er plötzlich in einen See entschwindet und darin schwimmt wie ein Fisch im Wasser. Daraufhin nennt man den ins Reich der Unbewußtheit (oder der Vorbewußtheit) Entschlüpften *Dylan*, «Sohn der Wellen».

Das zweite Kind brütet Gwydyon in seinem Bett und in der «Kiste» aus, einem zweiten Mutterleib, ähnlich wie Zeus den kleinen Dionysos in seinem Schenkel austrug.[207] Als dann Gwydyon eines Morgens das Kind in der Kiste schreien hört, öffnet er sie eilends und hebt das nun lebensfähige, zum zweiten Mal geborene Kind heraus. Es ist ebenfalls ein Junge, der ihm aus den Falten des Tuches seine Arme entgegenstreckt. Gwydyon erkennt ihn als seinen Sohn mit Arianrhod an.

Merkwürdig erscheint, daß Gwydyon eigentlich Maths erste Fußhalterin, Goewin, vergewaltigt hatte. Arianrhod scheint wohl nur eine andere Erscheinungsform Goewins, eine andere «Phase» der Monden-Morgenstern-Göttin zu sein.

Im weiteren Verlauf der Geschichte wird uns Arianrhod als eine recht boshafte Frau geschildert, die in Zorn gerät, wenn Gwydyon ihr den Sohn vorführt, weil dadurch ihre «Schande» offenbar wird. Allerdings scheint diese Episode eher eine späte, christliche Interpolation zu sein, denn diese Art der «Moral» paßt nicht ins keltische Weltbild. Denkbar ist daher, daß der Zorn dieser Mutter ein Protest der Entehrten ist, der ihr Kind vorzeitig entrissen wurde.

Da der Junge bisher noch keinen Namen hat, belegt sie ihn «aus Rache» mit dem Schicksalsspruch *(geis)*, «daß er nie einen Namen bekommen soll, es sei denn, er empfinge ihn von mir». Dieser Satz klingt so, als verweigere die Mutter den Namen und müsse zur Namensgebung erst überlistet werden. Im Keltischen war es aber üblich, daß ein Kind seinen Namen nach den ersten Worten empfing, die seine Mutter zu ihm sprach. Nun überlistet Gwydyon Arianrhod, indem er mit seinem Sohn – als Schuhmacher mit seinem Gehilfen verkleidet – unter der Burg der Mutter Arianrhod auftaucht. Als sie den Fremden zum Maßnehmen ihrer Schuhe besucht, schießt der blonde Junge nach einem Vogel, den er mit seinem Pfeil genau zwischen Sehnen und Knochen seines Beines trifft und damit an den Schiffsmast heftet, auf dem er sich niedergelassen hat. Bewundernd ruft Arianrhod aus: «Wahrlich, dieser blondhaarige Junge zielt mit sicherer Hand.»[208] Damit hatte der Knabe durch die Worte der Mutter seinen Namen empfangen, er hieß fortan *Llew Llaw Gyffes*, und dies entspricht dem irischen Sonnengott *Lugh* («der mit der langen», also geschickt zielenden «Hand»).

Wessen Sohn der kleine *Dylan* war, der in den Wogen der unbewußten Schicht verschwand, wissen wir nicht, jedenfalls ist er ein Zwillingsbruder des Sonnengottes. Vielleicht kann man in ihm den nächtlichen Anteil der Tagessonne sehen, der am Abend in den Wogen des Meeres untertaucht und am Morgen von dort wieder emporsteigt. Vielleicht ist Dylan auch ein Kind einer vergangenen oder einer noch nicht greifbaren zukünftigen Bewußtseinsstufe, die vorerst in die «untere Welt» hinabtaucht, während der junge Sonnengott in der sichtbaren Welt ein neu aufgehendes, mehr männlich betontes Bewußtsein verkörpert. Sein Vater vertritt ja das Licht der «Wissenschaften» und der handwerklichen Künste. Das bedeutet zur damaligen Zeit einerseits mehr Rationalität, auf der anderen Seite aber auch starke magische Fähigkeiten, über die vor allem die Schmiede verfügten. Beides ist zu dieser Zeit noch nicht klar getrennt.

Angeblich wieder im Zorn verdammt Arianrhod ihren Sohn als nächstes dazu, daß er nie Männerwaffen tragen dürfe, «es sei denn, ich gäbe sie ihm». Auch hierzu wird sie überlistet. Aus anderen Erzählungen (CuChulinn und Scathach) wissen wir allerdings, daß in frühkeltischer Zeit durchaus der Brauch bestand, daß ein Held seine Waffen und die Kunst ihrer Handhabung aus weiblicher Hand empfing. Es war also ganz in Ordnung, daß Llew Llaw Gyffes von der Mutter gerüstet wurde, nur für das spätere christliche Bewußtsein erschien diese Vorstellung absurd. Freilich könnte man die geschilderten Ereignisse auch noch von einem anderen Blickwinkel her betrachten und annehmen, daß das in den Hintergrund verdrängte alte weibliche Prinzip sich rächte, indem es seine Gaben verweigerte. Erst durch List wurde die beleidigte Göttin dennoch gezwungen, dem Mann zu geben, was ihm zu seiner Männlichkeit fehlte. – Im einen oder anderen Sinn der Betrachtung kann auch das *dritte* Tabu *(geis)* verstanden werden, das die Mutter über den Sohn verhängt, nämlich «daß dieser junge Mann nie eine Frau bekommt, die zu den Weibern gehört, die auf der Erde wohnen». Llew konnte also nur eine «unirdische» Frau haben, vielleicht aus der Welt der Geister der Vorzeit oder aus irgendeinem anderen Stoff. Diese Frau für den jungen Llew Llaw zaubern nun zwei Männer, Math (Pluto) und Gwydyon, der Zauberer und «Wissenschaftler». Aus den Blüten des Eichbaumes, des Ginsters, der Gänseblümchen und der Lilien entsteht ein *Blumenmädchen* der männlichen Phantasie, das *Blodeuwedd* genannt wird. Dieser Name hat eine doppelte Bedeutung: einerseits sind *Blodeu* die Blumen, andererseits ist *Blodeuwedd* die Eule.[209] Dieses wunderschöne Mädchen ist von vornherein durch ihre zwiespältigen Anlagen gekennzeichnet.

Zunächst lebt das Paar glücklich und geliebt von allen Menschen miteinander. Doch eines Tages, als der junge Ehemann seinen Großvater Math besucht, findet sich ein fremder Jäger ein, der spät abends vor der Burg um ein Nachtlager bittet. Er und die Burgherrin verlieben sich, und sie sinnen gemeinsam darauf, wie sie Llew Llaw aus dem Wege räumen könnten. Das ist nicht leicht, doch durch eine als Fürsorge getarnte List erkundet Blodeuwedd von ihrem Mann, wie er zu töten wäre. Er verrät ihr: «Ich kann nicht erschlagen werden *in* einem Haus, noch *außerhalb* eines Hauses, nicht zu Pferde und nicht zu Fuß.» Llew Llaw war also in einer irdischen Behausung unangreifbar, aber auch im Freien, wenn seine Füße auf der Mutter Erde standen, oder wenn er auf seinem instinktsicheren Reittier saß. (Auch der griechische Riese Antaios konnte erst überwunden werden, als es Herakles gelang, ihn von der mütterlichen Erde zu trennen, die ihm seine Kraft verlieh.)

Soweit die Macht des mütterlichen Segens reichte, war Llew unverwundbar, doch dieser Segen war nicht vollständig. Nach der Namensverleihung und der männlichen Bewaffnung fehlte noch der Segen über die Ehe, denn nicht nur nach keltischen Brauch war ein Mann im Leben untauglich, in dessen Ehe nicht etwas von der symbolischen Verbindung mit der heimatlichen Erde enthalten war. Die sprichwörtlich «böse Schwiegermutter» beweist noch heute, wie notwendig es für einen Mann ist, daß seine Mutter seine Frau bejaht. Insofern hatte Arianrhod ihren Sohn verstoßen, und deshalb konnte seine Frau keine Erden-Frau nach dem Muster der «Großen Mutter» sein, wie es damals selbstverständlich war, sondern sie war eine Animagestalt der männlichen Phantasie. Llew, so könnte man auf der heutigen Bewußtseinsstufe interpretieren, hatte kritiklos das weibliche Idealbild seiner Väter übernommen, weil ihm die Beziehung zu seiner leiblichen Mutter fehlte. Ein Ausdruck für die frühe Verstoßung ihres Kindes könnte die vermutete Frühgeburt sein. Das Kind wurde wie ein «Retortenbaby» in der väterlichen «Kiste» noch vollends ausgebrütet. Ein «Homunculus» ist ein reines Geist-Menschlein, das in der äußeren Wirklichkeit noch nicht lebensfähig ist. Zwar gaben sich der Vater Gwydyon und der Großonkel (oder Großvater) Math alle Mühe, dem Knaben und schließlich dem jungen Mann auch an weiblicher Fürsorge und Wärme das angedeihen zu lassen, was er benötigte. Da aber das «Blumenmädchen» zu unirdisch und daher zu substanzlos war, konnte der ursprüngliche Mangel nie ganz aufgewogen werden.

Dies sind Erwägungen der *heutigen* Entwicklungspsychologie, die auf heutige reale Menschenkinder zutreffen. Gleichzeitig muß uns aber bewußt bleiben, daß der Mythos ein geistiges Kollektivgeschehen schildert: die langsame Inkarnation eines neuen menschlichen Bewußtseins, das noch um sein Lebensrecht zu kämpfen hat und entsprechend gefährdet ist.

Llew Llaw, der junge Sonnengott in irdischer Gestalt, verrät nun das Geheimnis, wie er getötet werden kann: mit einem Speer, an dem ein Mann ein Jahr lang geschnitzt hat, wobei er seine Arbeit nur fortsetzen darf, «wenn die Opfer am Sonntag dargebracht werden». Er muß also die alten heidnischen, vorchristlichen Überlieferungen gegen das christliche Brauchtum durchsetzen. Die dritte, für seine Verwundbarkeit nötige Bedingung lautet: «Wenn einer ein Bad errichtet neben einem Fluß und fügt ein Dach über einen Kessel und bringt einen Ziegenbock und legt ihn neben den Kessel, und ich setze einen Fuß auf den Rücken des Ziegenbockes, den anderen auf den Rand des Kessels, und es trifft mich jemand in diesem Augenblick und stößt zu, dann werde ich sterben müssen.»

Die geschilderte Position erscheint auf den ersten Blick absurd, doch seine Frau bittet ihn, ihr die Bedingungen für seine Verwundbarkeit auch vorzuführen; das Dach über dem Badekessel deutet ein Haus an und ist doch keines, der Kessel ist ein weiblich-mütterlich betontes Gefäß. Llew steigt in das warme Wasser, in dem sich noch heute jeder Mensch wohlig gelöst fühlt, wie er es im Fruchtwasser des Mutterleibes erlebt haben mag. Dann entsteigt Llew wieder dem Bad, setzt den einen Fuß auf den Rand des Kessels und bleibt also noch in Kontakt mit dem mütterlichen Element, ohne direkt die Erde zu berühren, auf der er sicheren Stand gehabt hätte. Den anderen Fuß setzt er auf den Vertreter einer primitiv-männlichen Triebhaftigkeit, den Ziegenbock. Diese Lage ist alles andere als stabil, und in jenem unsicheren, labilen Gleichgewicht ist er verwundbar. Er steht weder auf seiner weiblichen, noch auf seiner männlichen Grundlage sicher. Während er seiner Gemahlin dies alles vorführt, schleudert sein Rivale den kunstgerecht geschnitzten und obendrein noch vergifteten Speer auf den Wehrlosen. Der Speer trifft Llew in die Seite und bleibt in seinem Körper stecken. Augenblicklich verwandelt sich der Getroffene in einen *Adler*. Er stößt einen furchtbaren Schrei aus und ward seither nicht mehr gesehen.

Nachdem der rechtmäßige Herr des Landes verschwunden ist, ergreift der Rivale die Herrschaft, die ihm durch seine Verbindung mit der Herrin des Landes zusteht. Math und Gwydyon lassen den Sohn allerdings nicht im Stich. Llew ist nicht der Sohn seiner *Mutter*, sondern der Sohn des *Vaters*, der sich um sein Kind kümmert, wie auch Lugh sich CuChulinns annahm. Gwydyon begibt sich auf die Suche nach dem Entrückten und kommt an den *Grenzen* seines Landes zu einem Vasallen, in dessen Schweineherde sich eine absonderliche *Sau* befindet. Das Tier brennt jeden Morgen, wenn der Pferch geöffnet wird, durch. «Sie rennt fort, und keiner weiß, wo sie bleibt.» Es ist, «als ob die Erde sie verschluckt hätte».

Gwydyon beschließt, der Sau zu folgen. Sie macht an einem Wasserlauf unter einer großen Eiche halt und beginnt zu äsen. Bei näherem Zusehen bemerkt er, daß sie vewesendes Fleisch frißt. Es fällt von einem Adler herab, der sich im Geäst des Baumes von Zeit zu Zeit schüttelt. Gwydyon spürt, daß der Adler Llew sein müsse. Als er seine Zauberstrophen zu singen beginnt, läßt sich der Vogel immer tiefer hernieder und setzt sich schließlich auf seines Vaters Knie. Durch die Berührung mit seinem Zauberstab verleiht Gwydyon dem Adler wieder seine menschliche Gestalt. Llew besteht nur noch aus Haut und Knochen und ist nahe daran, seinen irdischen Leib zu verlieren. Durch die Kunst der Ärzte gelingt es, ihn im Lauf eines Jahres wieder herzustellen. Nun fordert er seinen Rivalen zum Kampf. Er setzt sich männlich mit ihm auseinander und durchbohrt ihn mit seinem Speer an der gleichen Stelle, an der er selber getroffen worden war. Blodeuwedd aber wird zur Strafe in eine Eule verwandelt – das Blumenmädchen lebt in seiner Schattengestalt weiter.

Betrachten wir noch einmal die Bilder der letzten Szenen der Erzählung. Llew Llaw war soeben einem Bad in dem mütterlichen Gefäß entstiegen, also aus der Welt des Weiblichen aufgetaucht, und wir sahen ihn im labilen Gleichgewicht mit einem Fuß auf dem Rand des Kessels stehen, mit dem anderen auf dem Vertreter einer noch unkultivierten Männlichkeit. Er stand auf einer Grenze, in einer Grenzsituation der Bewußtwerdung. Er war noch unsicher und daher leicht verwundbar. Das mütterliche Element trug ihn nicht mehr. Seine angebliche Gemahlin war ein substanzloses «Blumenmädchen», das mit der erdhaften Königin des Landes aus früheren Zeiten nichts mehr zu tun hatte. Sie war keiner Belastung gewachsen und verriet das Männliche ohne Bedenken. Deshalb mußte Llew eine weitere Verwandlung durchlaufen, bevor er im Sinne des neuen männlich betonten Bewußtseins zum Herrscher fähig wurde.

Die Verwandlung in einen *Adler* liegt nahe, denn dieser ist ein altbekannter Sonnenvogel, der oft die Sonne selber verkörpert. Zudem findet sich in der Ahnenreihe Llews die adlergestaltige Göttermutter Dana. Sie vertritt die Generation der Götter vor Llew, die in Irland Tuatha Dé Danann heißen. Insofern könnte man annehmen, daß er durch seine Verwandlung in die Gestalt dieser weiblich betonten

Kultur der Vorzeit eingehen muß, doch der Adler ist krank und dem endgültigen Tod nahe.[210]

Daß Llew sich bereits in einer anderen Dimension des Seins befindet, wird durch den Bericht über die *Sau* deutlich. Wir erwähnten schon, daß die Schweine ein Geschenk des Unterweltsherrschers an Pryderi waren, sie gehören also auch im keltischen Bereich der Unterwelt an. Von der Sau unseres Mythos wird erzählt, daß es war, «als ob die Erde sie verschluckt hätte». Sie ist im Bereich des Unsichtbaren verschwunden. Als Gwydyon sie entdeckt, befindet sie sich, so können wir annehmen, an dem Grenzfluß zur unteren Welt, wo der todkranke Weltenadler in der (Welten-)Eiche sitzt. Die Sau frißt begierig das Fleisch, das von der Wunde des Adlers zu Boden fällt. Nun ist die Sau (das Schwein) nicht nur ein Unterweltstier, sondern auch ein Symbol der animalischen, mütterlichen Fruchtbarkeit. Begierig verschlingt sie das verwesende Fleisch aus der Wunde des Adlers, was wiederum auf die Riten früher Kulturen verweist, die Adolf Jensen beschreibt. Unter anderem berichtet er von dem peruanischen Stamm der Tschudi, die noch nach ihrer Christianisierung am Tage des Heiligen Antonio ein Zeremonial aufführten, das deutlich aus früheren Zeiten stammte: Die mit Knüppeln bewaffneten Männer bildeten zwei Parteien, die aufeinander losgingen. Sobald einer mit zerschlagenem Kopf niederfiel, war das Ziel erreicht. Die Frauen stürzten sich auf den Blutenden, sammelten das Blut und schabten es sorgfältig mit Messern von dem Toten ab. Sie verwahrten es, da man Menschenblut benötigte, um es auf den Äckern zu vergraben und dadurch eine sichere Ernte zu gewährleisten. Das Blut von Menschen oder von Opfertieren und deren Überreste dienten der symbolischen Befruchtung der Äcker.

Der Text unserer spät aufgezeichneten Sage schildert den Vorgang so, als sei der junge Sonnengott Llew Llaw Gyffes hinterlistig getötet worden. Nach dem, was wir von den Riten früherer Kulturen wissen, könnte dahinter aber durchaus ein alter Opferbrauch stehen, denn in sorglosem Vertrauen zeigt Llew seiner Gemahlin selber an, wie er getötet werden kann – was auf eine Instanz in ihm hindeutet, die mit dem Opfer einverstanden ist. An der Grenze zwischen beiden Welten tropfen Fleisch und Blut des Verwundeten zur Erde. Die Vermutung, daß auf diese Weise das beleidigte mütterliche Element wieder versöhnt wird, liegt nahe.

Arianrhod ist als Mond- und Morgenstern-Göttin ursprünglich eine positive, lebensfördernde Gestalt. Da sie als solche nicht mehr in Ehren gehalten wird, tritt sie nun in ihrem negativen Aspekt als *verschlingende Sau* auf. Mit dem Fleisch Llew Llaws verschlingt sie das, was als neues Sonnen-Bewußtsein auf die Erde kam, aber durch seine mangelnde Verbindung mit der mütterlichen Tradition im irdischen Sinn noch nicht voll lebensfähig war (die «guten Ärzte» der Sage geben für die Wandlung lediglich eine rational akzeptable Erklärung ab). Der eigentliche «Geburtshelfer» ist zum zweiten Mal der väterliche Gwydyon. Llew Llaw benötigte eine dreifache Geburt, um auf der Erde lebensfähig zu werden.

Im Rückblick sehen wir, wie der Wert des Weiblich-Mütterlichen verachtet wurde.[211] Solche Verachtung konstellierte die «negative Mutter». Die Männerwelt sucht nun nach einem Ersatz, aber das «Blumenmädchen», das ihre Phantasie gebiert, ist eine falsche Anima und hält nicht stand. Ein Opfer und ein Verrat werden nötig. Die verschlingende Muttersau frißt das Opfer (Fleisch und Blut). Nach dem Durchgang durch die Todesmutter wird eine neue Form der Existenz möglich.

Die Sage von Culhwch und Olwen und die Jagd nach dem Eber Twrch Trwyth[212]

oder: Von der Integrierung des Alten in ein neues Bewußtsein

In der walisischen Überlieferung ist die Sage von der Jagd nach den Kostbarkeiten des Twrch Trwyth[213] der einzige Mythos, in dem der berühmte König *Arthur* in Erscheinung tritt, um dessen Herkunft und Wirkungsbereich sich die Britische Insel und die Bretagne streiten. *Heinrich Zimmer* vertritt die Ansicht, daß die arthurische Sage um das Jahr 1070 von Britannien nach Wales gebracht worden sei, wo die Geschichten der Tafelrunde dieses Königs vorher unbekannt waren, doch der Kern der Mythe reicht weiter zurück.

Nach *Rollestone* muß man zwei Gestalten unterscheiden, die später zu einer verschmolzen. Dies ist zunächst der *historische Arthur* des 5. Jahrhunderts, der sich zum Oberhaupt einer Widerstandsbewegung gegen die Sachsen machte. Bereits 600 n. Chr. besang ihn ein Barde mit Namen *Aneurin*, und um 900 nennt ihn der Mönch *Nennius* (aus Bangor) als den *dux bellorum*, einen Anführer zum Kampf. Diese historische Gestalt vermischte sich dann mit dem *keltischen Gott Artaius*. Vermutlich handelt es sich in der walisischen Arthur-Sage von Culhwich und Olwen um diese verschollene Göttergestalt (die in Irland unbekannt ist).[214]

Der Sagentext handelt von der Werbung Culhwchs um Olwen, die Tochter des Riesen Ysbaddadden, und von den Bedingungen, die dieser alte «Hauptriese» stellt.

Die Vorgeschichte erzählt von Kilydd, einem «guten Volksführer» oder «freundlichen Mann», der mit *Goleuddydd*, dem «Licht des Tages» – einer weiblichen Sonnengottheit –, vermählt ist. Während sie schwanger ist, verwirrt sich ihr Verstand, und sie irrt unbehaust umher. Doch als die Zeit der Entbindung naht, ist sie wieder ganz orientiert und steigt hinauf ins Gebirge zu der Stelle, an der ein Schweinehirt seine Herde weidet. Erschreckt durch den Anblick der Tiere setzen bei Goleuddydd die Wehen ein, und sie gebiert ihren Sohn in einer Kuhle, in der sich die Schweine suhlen. Deshalb nennt man das Kind Culhwch (*Hwch* bedeutet «Schwein», *Kil* ist der «Koben», die «Suhle»).[215] Der Knabe ist von edler Abstammung, sein Cousin ist Arthur. Dem Brauch der Zeit entsprechend wird der Säugling einer Amme übergeben. Seine Mutter aber wird krank und bittet auf dem Sterbelager ihren Mann: «Wenn du wieder heiratest, so achte darauf, daß unserem Sohn dadurch kein Unheil geschieht. Nimm erst dann wieder eine Frau, wenn auf meinem Grab ein Dornenstrauch mit zwei Trieben wächst.» Gleichzeitig gibt sie jedoch einem «Lehrer» (einem Barden) den Befehl, ihr Grab jeden Morgen von allen Pflanzen säubern zu lassen, damit nichts darauf wachse.

Zunächst ist festzuhalten, daß die alte Sonnengöttin in Verwirrung geriet, als sie das Wachsen neuen Lebens in sich spürte. Ohne Orientierung irrte sie umher, offenbar war ihre Bleibe auf der Erde zu dieser Zeit nicht mehr recht gewährleistet; es ist die Zeit, in welcher Rhiannon mißhandelt wurde, weil ihr Kind Pryderi abhanden gekommen war. Das Leben der Nachkommenschaft war nicht mehr gesichert. Als sie ihre Stunde nahen spürte, stellte sich bei Goleuddydd wieder die alte Instinktsicherheit ein. Sie begab sich dorthin, wo die Tiere weiden, deren Fruchtbarkeit mit der Unterwelt in Beziehung steht. Dort, in einer Schweinekuhle, kam das Kind sofort in Berührung mit der animalisch-weiblichen Fruchtbarkeit der Erde. Nachdem nun die primäre Geborgenheit des Kindes garantiert war, starb die Mutter.

Soviel bekannt ist, pflanzten die Kelten niemals Bäume oder Sträucher zum Gedenken der Toten, wie es die Germanen taten, vielmehr setzte man einen *Stein.* Noch heute ist es auf den irischen Friedhöfen Sitte, daß man ein Grab säuberlich von allem «Unkraut» freihält; rund herum wächst Gras. Gras, Heide, Stechginster und andere stachelige Gebüsche der Hügel überziehen schließlich jene Gräber, die nicht mehr gepflegt werden. Solange noch die Generation lebt, die die Toten kannte und ihrer gedenkt, sind die Gräber mit Kies, möglichst mit Quarz bedeckt. Wenn einmal «Gras darüber wächst», ist das Gedenken erloschen, und erst dann kann neues Leben in Gestalt der Pflanzen wachsen. Dies mag eine Erklärung dafür sein, warum das Grab der Königin täglich von allen Pflanzen gesäubert werden sollte. Der Auftrag kann zweierlei bedeuten: Solange du noch an mich denkst, sollst du keine andere Frau nehmen; für den Sohn, der noch klein war, würde dann eine Stiefmutter eine «Verletzung» bedeuten. Aber wenn auf dem Grab ein «Dornenstrauch mit zwei Köpfen» (Trieben) gewachsen ist, dann ist es an der Zeit, dann ist der Platz für eine zweite Frau frei.

Am Ende des siebten Jahres nach dem Tod Goleuddydds und der Geburt des Kindes sieht der Vater eines Tages nach, und er findet auf dem Grab den Dornenstrauch mit zwei Trieben. Darauf fragt er seine Gefolgsleute, ob niemand eine passende Frau für ihn kenne. Sehr schnell wird eine solche gefunden, nur leider ist sie mit einem anderen König verheiratet. Das kümmert allerdings niemanden – mit vereinten Kräften erschlägt man diesen hinderlichen König Dogded. Der «Freier» eignet sich dessen Besitztum und damit auch dessen Frau und Tochter an. Diese beiden Frauen bleiben in der Sage anonym, die Frau ist zum persönlichen «Besitztum» des Mannes geworden, und das bedeutet eine grundlegende Änderung, gemessen an den alten keltischen Bräuchen. Die wirkliche Mutter des Culhwch gehörte noch der alten Tradition an. Die Position der neuen Königin weist auf ein verändertes, rein männlich orientiertes Rechtsbewußtsein hin.

Zunächst hält der Vater seinen Sohn vor der Stiefmutter verborgen. Doch als sie danach fragt, bekommt sie sogleich den Jungen vorgestellt – und sie hat nichts Eiligeres zu tun, als ihm ihre eigene Tochter zur Ehe anzutragen. Sie versucht also insgeheim, die alte Ordnung wieder herzustellen.

Culhwch ist in Verlegenheit und redet sich zunächst damit heraus, daß er noch zu jung zum Heiraten sei. Doch da trifft ihn ein Schicksalsspruch *(geis)* der beleidigten Stiefmutter: er solle niemals eine Frau berühren, bis er nicht *Olwen*, die Tochter des Hauptriesen *Ysbaddadden* gewonnen habe. Mit dieser Auflage hofft sie, ihn ins sichere Verderben zu schicken, denn von einer Werbung um Olwen war noch kein Freier lebend zurückgekehrt.

Nun geschieht etwas Seltsames: Der schüchterne Culhwch, der eben noch erklärt hatte, er sei zu jung zum Heiraten, wird rot bis hinter die Ohren, obgleich er dieses Mädchen Olwen noch nie gesehen hat. Anscheinend hat die «böse» Stiefmutter in dem Knaben ein Bild geweckt, das tief in ihm verborgen bereit lag und das, so wird später deutlich, mit seiner Mutter Goleuddydd zu tun hat. Der Vater bemerkt den Zustand seines Sohnes, der ihm auf seine Frage hin seine Sehnsucht gesteht. Der Vater weiß sofort einen guten Rat. Er sagt zu seinem Sohn: «Arthur ist dein Verwandter. Geh zu ihm, laß dir das Haar schneiden und bitte dir das Mädchen von ihm aus.» Er stattet Culhwch prächtig aus. Bei seinem Aufbruch trägt er einen viereckigen purpurnen Mantel, an dessen Ecken je ein Apfel aus rotem Gold hängt, und jeder dieser Äpfel ist hundert Kühe wert, während die übrige Ausrüstung mehr als dreihundert Kühe gekostet hatte. Die Währungseinheit war also noch die mütterliche Kuh!

Als der Jüngling stolz auf seiner grauen Stute und in Begleitung seiner behenden Windhunde daherstürmt, ist es bitter kalt. Die Wintersonnenwende ist eben überschritten, und nach dem christlichen Kalender zählt man den 1. Januar. Am Hof Arthurs will der Türhüter Culhwch zunächst nicht einlassen, mit der Begründung: «Das Messer steckt im Fleisch, der Trunk bleibt im Horn, und es herrscht deswegen große Verwirrung in Arthurs Halle... Außer einem König oder einem Handwerker, der seine Geschicklichkeit mit einbringt, darf keiner herein.» Zur Kunst eines Handwerkers gehörte damals nicht nur Geschicklichkeit und Erfindungsgabe, sondern auch Magie. «Handwerker» formten die jeweils «Neue Welt».

Auch aus einer irischen Sage ist die Situation der Stagnation wohlbekannt. Dort wird die Ankunft des jungen Sonnengottes Lugh vor der Burg des Vertreters des alten, krank gewordenen Sonnengottes Nuada mit der silbernen Hand geschildert. Auch dort herrschte Verwirrung, und man beriet sich, wie man mit den Mächten der Finsternis (den Fomori) fertig werden könnte. Erst als Lugh sich als omnipotenter Handwerker auswies, fand er Einlaß und wurde alsbald zum Retter in der Not. Als neues Sonnen-Bewußtsein trat er nun die Herrschaft an.

Bei Culhwchs Ankunft stockte ebenfalls alles, und keiner hatte

Lust, etwas zu essen oder zu trinken. Das Sonnenlicht war fern, man sah keine rechte Aufgabe vor sich, man steckte in einer Depression der langen Nächte, in denen man das nur zögernd zunehmende Sonnenlicht noch nicht wahrnehmen kann. Doch Culhwch, der diese Situation antrifft, vertritt kein Handwerk, wie es gefordert war. Er kommt zwar dahergestürmt wie ein junger Sonnengott, aber eigentlich hat er nichts zu bieten als seine Drohungen. Er verkündet: Wenn ihr mich nicht sofort einlaßt, dann «werde ich vor diesem Tor drei Rufe ausstoßen», die man im ganzen Land hören soll und die zur sofortigen Unfruchtbarkeit aller Frauen führen werden! Seine Worte drohen eine winterliche Todesstarre an, und das wirkt. Der Türhüter begibt sich eilig in die Halle und schildert den jungen Abkömmling mit dem Ausdruck höchster Bewunderung: «Nie ist mir einer begegnet, der mit dem zu vergleichen wäre, welcher jetzt vor der Türe steht.» Da wird ihm befohlen, den Fremdling ohne Verzug einzulassen.

Nun reitet Culhwch in die Königshalle. Nur kurz begrüßt er den König Arthur und lehnt alle Angebote der Gastfreundschaft ab. Ohne Umschweife äußert er seinen Wunsch: «Ich will, daß du mir eine Gunst gewährst, eine Bitte unbedingt erfüllst...» – wenn nicht, «so werde ich Verwünschungen über dich in alle Winde schreien!» Der junge Bursche benimmt sich wie ein recht ungehobelter Tor, doch erstaunlicherweise läßt sich Arthur auf ihn ein. Er sagt Culhwch die Erfüllung seiner Bitte zu, sofern sie nicht seinen persönlichen Besitz oder seine Gemahlin Guiniver betreffe und sofern es überhaupt im Bereich seiner Möglichkeiten liege. Darauf äußert der Junge kurz und prägnant seinen Wunsch: «Ich möchte, daß du meinen Scheitel segnest.» Dieser Segen bestand in dem Brauch des *ersten Haarschnittes*. Darauf nimmt Arthur einen goldenen Kamm und eine Schere mit silbernen Griffen, er schneidet Culhwch die Haare und spricht: «Ich fühle eine Regung in meinem Herzen für dich... wer bist du?» Als die Verwandtschaft offenbar ist, bekräftigt Arthur noch einmal: «Nenne nur deine Wünsche, ich will versuchen, sie zu erfüllen.»

Der erste Haarschnitt war ein Initiationsritus, durch den ein Jüngling in die Gesellschaft der erwachsenen Männer aufgenommen wurde. Derjenige, der den Schritt vollzog, wurde für den Initianden zu einer Art Taufpaten. Als älterer Mann übernahm er die Aufgabe, dem Jungen ins Leben hineinzuhelfen, indem er ihm die Gebräuche der Erwachsenen und des Stammes erklärte. Für den Jungen bedeutete die Schur ein Opfer, einen Teil-Tod. Wir wissen aus anderen Mythen (zum Beispiel aus der CuChulinn-Sage), daß es eine große Schande bedeutete, wenn einem Mann mit einem Schwerthieb gegen seinen Willen das Haupthaar abgeschoren wurde. Bei den Griechen gehörte es zum Opferritus, daß dem zu schlachtenden Tier vorher die Stirnhaare abgeschnitten wurden, als Zeichen dafür, daß dieses Tier dem Gott zum Opfer geweiht war. Wenn also Culhwch den König Arthur um den ersten Haarschnitt bat, dann bedeutet das, daß er den König als den anerkannte, der ihm künftig die Richtschnur seines Lebens spannen soll und dafür die Maßstäbe setzt.

Arthur vertritt zwar in den Anfangszeiten der Sage noch das alte Keltentum, doch später steht er für die Ideale einer neuen, männlich betonten Kultur, die zum mittelalterlichen Rittertum überleitete. Für einen Ritter der Tafelrunde des Königs Arthur wäre es unmöglich gewesen, sich so zu benehmen, wie es Culhwchs Vater bei seiner zweiten «Brautwerbung» tat. Das Recht des Stärkeren, jene Primitivstufe männlicher Herrschaft, galt an Arthurs Hof nicht mehr. Frauen wurden beschützt, und ein im fairen Kampf besiegter Gegner, der um Gnade bat, wurde geschont und in Ehren entlassen. Die Zeit der Kopfjägerei war vorbei.

Obwohl sich Culhwch bei seiner Ankunft noch reichlich ungehobelt benahm, ahnte doch offenbar der König, daß dieser Junge etwas in Bewegung bringen könne, was zu dieser Zeit stagnierte. Auch hatte sich Culhwch mit seiner Bitte um den ersten Haarschnitt mit den neuen Maßstäben der arthurischen Kultur einverstanden erklärt, und man setzte Hoffnung auf ihn.

Nun war nach altkeltischer Sitte die Bitte um die Gewährung einer Gunst unbedingt verpflichtend. Als Culhwch auf Arthurs Frage, was er sich wünsche, äußerte: «Ich erbitte von dir Olwen, die Tochter des Hauptriesen Ysbaddadden zur Frau», da hatte Arthur gar keine andere Wahl als den Versuch zu unternehmen, diesen Wunsch zu erfüllen. Das war freilich nicht leicht, denn zunächst wußte kein

Mensch, ob und wo es diese Olwen und die Behausung des genannten Riesen gab. Arthur schickt daher zunächst seine Kundschafter aus, die ein ganzes Jahr lang erfolglos suchen. Als sie ohne Ergebnis zurückkehren, ist die Geduld des jungen Draufgängers erschöpft, und er richtet die unwilligen Worte an Arthur: «Jedem ist gewährt worden, was er sich gewünscht hat, aber mir mangelt immer noch das, wonach ich verlangte. Ich scheide, und mit mir geht deine Ehre!»

An dieser Stelle ist man versucht zu fragen: Warum begibt sich dieser anspruchsvolle junge Mann nicht selber auf die Suchwanderung? Wenn man die Geschichte auf der Objektebene betrachtet, dann ist diese Frage berechtigt. Aber bereits *John Layard* machte den Vorschlag, alle Gestalten der Erzählung auf der Subjektstufe zu betrachten, also als Wesensanteile des Helden selber.[216] Unter dieser Voraussetzung verkörpert der Held selber das «Ego», Arthur einen wohl noch kollektiven Teil des Selbst und dessen großes Gefolge alle nötigen Hilfsfunktionen. Die bewußte Instanz ist also unwillig, weil sich nichts bewegt. Nach wie vor scheint «das Messer im Fleisch zu stecken», der Anstoß, nach neuen, noch unbekannten Werten zu suchen, ist noch nicht erfolgt.

Zunächst treten nun die Hilfs-Funktionen in Aktion, an ihrer Spitze der Seneschall *Kai*, der hier, im Gegensatz zur späteren Sage, als ein Mann mit großer Durchhaltekraft geschildert wird. Er vermochte neun Tage und Nächte unter Wasser den Atem anzuhalten, und ebenso lang konnte er ohne Schlaf auskommen. Er war also jemand, der der unbewußten Welt (unter Wasser) und der Finsternis der Nacht durch sein waches Bewußtsein ungewöhnlich starken Widerstand zu bieten vermochte. Alsbald fanden sich noch weitere vier Gefährten ein. Davon konnte einer besonders schnell laufen; ein anderer (Gwyrhyr) kannte alle Sprachen; ein weiterer guter Läufer, mit Namen Bedwyr, kam hinzu und endlich einer mit Namen *Menw*, der «Geistvolle», «den Sinn Spürende», «Intelligente»[217], der die Gabe besaß zu zaubern, so daß alle Gefährten für Feinde unsichtbar wurden, selber aber alles wahrnehmen konnten. Mit Culhwch waren es «Sechse, die durch die ganze Welt kommen».[218] Das «Ich» hat in diesem Augenblick selber die Verantwortung für sein Glück übernommen, was ohne Culhwchs vorangegangenen Zorn wahrscheinlich noch lange nicht geschehen wäre.

Diese Sechserschaft macht sich nun auf die Wanderung, und da entdecken sie erstaunlich bald eine Burg, «das schönste Schloß auf der ganzen Welt», doch schien es zunächst ein Luftschloß zu sein, wie alle «jenseitigen» Dinge. Die Gruppe reitet zwei Tage lang auf das Gebäude zu, ohne ihm im mindesten näher zu kommen. Am dritten Tag endlich erblicken sie eine große Schafherde mit ihrem Hirten. Dieser Mann ist riesengroß, und in seiner Nähe hält sich eine furchterregende Dogge auf, die «größer ist als eine neunjährige Stute». Der Schäfer heißt *Custenhin* und ist der Bruder des Riesen Ysbaddadden, mit dem er wegen Streitereien um seinen Besitz in Unfrieden lebt. Custenhin genießt keinen guten Ruf, denn er tötet jeden Menschen, der ihm begegnet, indem er ihn mit seinem feurigen Atem anbläst. Menw aber bezaubert den Riesen mitsamt seinem Hund, und Kai kann sich ihm gemeinsam mit dem Dolmetscher Gwyrhyr nähern, um mit ihm zu sprechen. Dies war eine neue Art, mit einem Feind umzugehen. Indem sie mit ihm ins Gespräch kommen, erfahren die beiden Männer den Namen des Schäfers, von seiner Beziehung zu seinem Bruder und von seiner nicht glücklichen Ehe mit einer anonym bleibenden Frau. «Außer meinem Weib schmerzt mich keine Wunde», so schildert er sie. Er scheint einigermaßen unter ihrem Pantoffel zu stehen, denn als ihm Culhwch einen goldenen Ring schenkt, liefert er diesen sofort bei seiner Frau ab und erzählt ihr zunächst eine Lügengeschichte über die Herkunft des Kleinodes. Doch die Frau sagt ihm auf den Kopf zu, das könne nicht stimmen, sie wolle die Leiche am Meeresstrand sehen, der ihr Gemahl angeblich den Ring abgenommen habe. Auf diese Weise erfährt sie Culhwchs Namen und Ansinnen. Es stellt sich heraus, daß sie eine Schwester seiner Mutter Goleuddydd ist. So freut sie sich zwar, ihren Neffen zu sehen, doch gleichzeitig ist sie bekümmert, weil von der Werbung um Olwen noch niemand mit dem Leben davongekommen ist.

Wir erhalten einen lebhaften Eindruck von der «Riesen-Herzlichkeit» dieser Frau, wenn es heißt, daß Kai ihr in dem Augenblick, als sie ihn zur Begrüßung umarmen will, vorsorglich einen großen Holzprügel zwischen die Arme klemmt, der unter ihrem Druck sofort zersplittert. Dieses Weib ist also die Schwester von Culhwchs Mutter, die «der lichte Tag» genannt wurde. Offenbar war der «schwesterliche» Aspekt der Goleuddydd eine etwas gewalttätig festhaltende Mütterlichkeit! Dazu hatte sie allerdings auch einigen Anlaß, denn wir erfahren, daß der Riese Yabaddadden schon dreiundzwanzig ihrer Kinder umgebracht hatte. Deshalb hält sie den vierundzwanzigsten Sohn vorsorglich in einer großen Holzkiste neben ihrem Herd unter Verschluß. Dieser Sohn, *Goreu,* ist ein Bursche mit gelb-lockigem Haar, und er darf nur manchmal aus der Truhe herausspringen, wenn seine Mutter es ihm erlaubt. Mit Culhwchs Erscheinen verändert sich aber etwas im Leben dieses noch ungeschorenen Jungen. Er unterstellt sich der Obhut Kais und heißt später «der Beste unter allen Männern». Damit ist er dem Schutz seiner zurückhaltenden Mutter entschlüpft.

Custenhins Weib rät ihrem Neffen aus großer Besorgnis von der Werbung bei Ysbaddadden dringend ab, doch schließlich wird – dank der Überredungskunst der Sechserschaft – die Tochter des Riesen zu einem Besuch eingeladen. *Olwen* erscheint, «gekleidet in ein flammend rotes Gewand. Um den Hals trägt sie einen Reifen aus Gold, verziert mit Edelsteinen». Dieser Reifen ist der keltische Torques, der auf die Zeit einer noch geltenden weiblichen Vorherrschaft und auf göttliche Eigenschaften seiner Trägerin verweist.[219] Olwens Haare «sind gelber als die Blüten des Ginster, ihre Haut ist weißer als Meerschaum. Ihre Augen blicken kühn wie die eines Falken, ihre Brüste sind weißer als die Brust eines weißen Schwanes, ihre Wangen sind röter als ein Fuchsfell», und jeder, der sie anschaut, ist sofort über alle Maßen in sie verliebt. Wo immer sie ihren Fuß hinsetzt, blühen sogleich vier *weiße Kleeblätter* auf, und aus diesem Grund heißt sie auch Olwen, was so viel bedeutet wie «die weiße Spur».

Die «Weiße Spur», kann als «Mond» oder «Mond-Mädchen» gedeutet werden.[220] Außerdem ist sie als «weiße Frau» eine Vertreterin der Anderswelt, wie die Schimmelreiterin Rhiannon oder die Gemahlin des Königs Arthur Gwenhyfer (oder Guiniver), deren Name «das weiße Phantom» bedeutet.[221]

Die Erscheinung Olwens ist so berückend, daß sich jeder Mann sofort in sie verlieben muß – sie war also eine Variante der zunächst unpersönlichen, archetypischen Liebesgöttin Rhiannon. Ihre göttliche Natur wird durch den Torques betont, ihre Zugehörigkeit zur «Anderswelt» durch die «weiße Spur», die unter ihren Füßen aufblüht. Die Blütenspur der Kleeblätter weist außerdem auf eine Frühlings- und Fruchtbarkeitsgöttin hin.[222] Alle diese Eigenschaften hängen mit dem Mond und dessen Einfluß auf die Lebensvorgänge zusammen. Die «Jenseitsnatur» Olwens macht gleichzeitig deutlich, daß sie nicht der äußeren, sondern einer *inneren* Wirklichkeit angehört. Insofern eignet sie sich vorzüglich als Bildmuster für die Anima des Mannes.

Als nun Culhwch Olwen begegnet und ihr unumwunden seine Liebe erklärt und sie bittet: «Komm fort mit mir», sagt ihm das Mädchen, dies sei nicht so einfach möglich: «Ich habe meinem Vater versprochen, nicht zu gehen, ohne daß er es weiß. Sein Leben wird nämlich zu Ende sein am Tag meiner Hochzeit.»[223] Sie rät ihm aber, dennoch zu Ysbaddadden zu gehen, ihn um ihre Hand zu bitten und auf alle unmöglichen Bedingungen, die er stellen würde, nur zu antworten: «Das ist mir ein Leichtes zu erfüllen.» Und: «Wenn du ihm nichts versprichst, wirst du mich nicht bekommen, und du wirst froh sein können, wenn du mit deinem Leben davonkommst», so belehrt sie ihn.

Mit diesem Ratschlag versehen begibt sich Culhwch zum Haupt-Riesen Ysbaddadden. Er dringt mit seinen Gefährten in die Burg ein, indem sie die Türsteher an neun Toren mitsamt deren neun Doggen so rasch umbringen, daß sie keinen Laut mehr von sich geben können. Danach treten sie unangemeldet in die Halle des Burgherren ein, begrüßen ihn sehr kurz und bringen dann ohne weiteres ihre Werbung vor. Sie fallen dem Riesen buchstäblich mit der Tür ins Haus. Der Riese, der durch seine Diener erst einmal mühsam – mit Hilfe von Gabelzinken – seine Augenlider aufheben lassen muß (wie der irische Balor), verschiebt seine Antwort auf den nächsten Tag. Doch als die ungebetenen Gäste sich zum Gehen wenden, schleudert er ihnen einen seiner *Stein*-Speere nach. Der schnelle Bedwyr aber fängt die Waffe auf, wirft sie zurück und trifft damit die Kniescheibe des Riesen. Entsprechende Flüche auf den «verdammten Schwiegersohn» begleiten die Werber hinaus.

Am nächsten Tag erklärt Olwens Vater, er müsse erst die «vier *Großmütter*» und noch «vier *Urgroßmütter*» seiner Tochter um Rat fragen. Diese «Großen Mütter» haben offenbar im Reich des Riesen ein gewichtiges Wort mitzureden, was wiederum auf die Zeit eines angestammten Matriarchats verweist, und dieser – oder einer noch früheren Zeit – gehören auch die steinernen Wurfgeschosse an, die der Unhold gleich einem Kyklopen nach den Menschen schleudert. Diesmal fängt Menw, der sich unsichtbar machen konnte, den Speer auf. Das zurückgeworfene Geschoß trifft den Riesen in die Brust – doch wieder stirbt er nicht, sondern flucht nur den Menschen. Beim dritten Besuch wünscht der künftige Schwiegervater seinen Schwiegersohn nicht nur genauer zu *sehen*, sondern er läßt sich auf ein Gespräch mit ihm ein. Sie sitzen sich gegenüber, Aug in Auge. Der Riese will den Menschen kennenlernen – und der junge Held ahnt vielleicht, daß er in dem Riesen einen Anteil seiner eigenen, noch archaisch-undifferenzierten Männlichkeit vor sich hat.

Ysbaddadden nennt nun die Bedingungen, unter welchen er bereit ist, seine Tochter und damit sein eigenes Leben herzugeben. Er stellt vierzig Aufgaben, und bei jeder Aufgabe fügt er hinzu: «Das wird dir nicht gelingen», doch ebenso unbeirrt antwortet Culhwch: «Es wird mir ein Leichtes sein, selbst wenn du es nicht für möglich hältst.»

Culhwch hatte in der Begegnung mit der Tochter des Riesen schon das Urbild seiner Anima gefunden, deren Rat er blindlings vertraute und die ihm den Mut zur Begegnung mit dem Riesen gab. Olwen als Mond-Göttin verkörperte die nächtliche Entsprechung zu Culhwchs Sonnen-Mutter Goleuddyd. Da diese Mutter ihn bei seiner Geburt sofort dem Schlamm einer Schweinekuhle, also einer bergenden Erdhöhle, anvertraute, gewann er durch diese «zweite Geburt» ein unerschütterliches, zunächst noch unreflektiertes Selbstvertrauen. Außerdem gab es neben der verläßlichen Mutter und der neu entdeckten Anima noch den König Arthur, der ihm als Patengeschenk die Vermittlung seiner ersehnten *realen* Braut – die Olwen ja auch ist – versprach. Für die Begegnung des kleinen Menschen mit den Riesen der Vorzeit gilt in allen Mythen und Märchen die *List* als wichtiges Hilfsmittel, wenn nicht als einzige Waffe, die zum Sieg verhelfen kann. Auch von dieser Möglichkeit macht Culhwch mit seiner auf den ersten Blick großmäulig klingenden Erklärung Gebrauch, daß es ihm «ein Leichtes» sein werde, die unmöglich erscheinenden Aufgaben zu bewältigen. Dank all dieser Hilfen konnte sich Culhwch getrost auf die «unmöglichen» Bedingungen des Riesen einlassen.

Diese Bedingungen waren ihrem Inhalt und ihrer Anzahl nach «unendlich» viele und schwer zu erfüllende Aufgaben. Jede sollte die Unmöglichkeit der nächsten beweisen. Im Zentrum aller Forderungen aber stand die Gewinnung der Kostbarkeiten, die ein Eber zwischen seinen Ohren trägt. Im Laufe der Zeit wurden aus dem einen Eber zwei Tiere, die ihrem Wesen gemäß aber zuletzt wieder in einen zusammenfallen. Der erste Eber hieß *Ysgithyrwyn Penbaedd*, «der Haupteber». Er besaß einen Stoßzahn, der dem lebenden Tier abgebrochen werden mußte. Der Riese benötigte ihn, weil er sich damit «rasieren» wollte. *Layard* vermutet, daß es sich eigentlich um ein Einhorn handelte. Die Existenz dieses Fabeltieres galt bis ins 17. Jahrhundert hinein als gesichert; der Schreiber unserer Sage muß diese Erzählungen gekannt haben. Das als unzähmbar geltende Tier war schon im alten China seit dem Jahr 2697 v. Chr. bekannt und geisterte seither durch indische und andere Mythen. Die Berühmtheit des Einhorns hatte nicht nur mit der Heilkraft seines Horns oder mit dem Karfunkelstein zu tun, der unter dem Horn verborgen liegen sollte, sondern auch mit dem Wesen des Tieres. Seiner Stärke und Wildheit wegen konnte es nicht gejagt werden und wurde daher zum Inbild unbezwingbarer Kraft im Guten wie im Bösen.[224]

Wir können also annehmen, daß das Bild des «Hauptebers» unserer Sage sich mit den Vorstellungen über das Einhorn vermischte. Für unseren Zusammenhang ist von Bedeutung, daß aus dem Horn oder Stoßzahn eines wilden Tieres ein Instrument verfertigt werden sollte, das der Haar- und Bartpflege diente, das also ein zur unordentlichen Struppigkeit neigendes männliches Merkmal «trimmen» und in eine akzeptable Form bringen sollte, sei es durch Schaben oder durch Kämmen.[225]

Der *zweite* Eber hieß *Twrch Trwyth*. *Twrch* bedeutet «Eber», *Trwyth* ist ein «König». Dieser zweite Eber ist ein *Königseber*. Der Mönch, der die Sage aufschrieb, fügte erklärend hinzu, daß der Eber früher ein König gewesen sei, der wegen seiner Missetaten in ein Tier verwandelt wurde.[226] Auch dieser Eber ist also, ähnlich dem Riesen, der Vertreter einer undifferenziert gewalttätigen Männlichkeit. Bei der Jagd auf den Königseber geht es nicht darum, ihn zu töten, sondern darum, die Kostbarkeiten, die er «zwischen seinen beiden Ohren trägt», zu gewinnen, nämlich den Kamm und eine Schere. Zwischen den Ohren des Ebers sitzen seine Stirnhaare, die in der Jägersprache als «Kamm» bezeichnet werden.[227] Der Schreiber der Sage stellte sich darunter anscheinend einen realen Kamm vor, zu dem noch die Schere oder das Messer kommen mußte, damit ein Haarschnitt möglich wurde. Anscheinend wurde hier zweierlei vermengt, zum einen das kamm- oder messerartige Instrument des Hauptebers, und zum anderen ein Opfergedanke, der sich mit dem Haarschnitt verband. Dazu paßt es, daß am Schluß der Sage kein Unterschied mehr zwischen den beiden Ebern gemacht wird.

Als letzte Bedingung hatte der Riese Ysbaddadden noch erklärt, das ganze Werk sei hinfällig, wenn es nicht durch die Gewinnung des Blutes der schwarzen Hexe vollendet werde, die als Tochter der «weißen» Hexe bezeichnet wurde.

Über den Eber

Wir wenden uns noch einmal dem Eber zu. Sein Name «Königseber», seine Vergangenheit als gewalttätiger Mann und sein messerscharfer Stoßzahn wurden bereits erwähnt. Der Eber taucht in vielen Sagen als Durchgangsstufe von Verwandlungen auf, die ein Mensch nach seinem Tod zu durchlaufen hat, so etwa in der Sage von Tuan Mac Cairill. Er erscheint ferner als Banner-Tier und als Helmzier der Angelsachsen.[228] Zu dieser Zeit verkörperte der Eber die Macht und Stoßkraft des Königs. Eine Abbildung des Banner-Tieres aus dem keltischen Kulturraum ist auf einem Relief des Silberkessels von Gundestrup zu sehen. Der germanische Mythos kennt das Tier als den goldborstigen Eber des Himmelsgottes Freyr, Gullinbursti, der über den Himmel rennt und selbst in der finsteren Nacht sein Licht verbreitet[229], es heißt sogar, daß der Eber «wie eine Goldkugel in der fernen Höhe dahinrollt». Er kann daher auch als Sonnentier betrachtet werden.[230] Im griechischen Sagenkreis erscheint er als der das Land verheerende Kaledonische Eber.[231] Bei den Ägyptern nimmt der finstere Widersacher der Schöpfung, Seth, in der Spätzeit die Gestalt eines Ebers an.

Es gehört zu den Urerfahrungen der Menschheit, daß die Sonne als goldborstiger Eber, als Sonnenfalke oder als Sonnenroß jeden Morgen aus den Tiefen der Nacht emporsteigt und am Abend wieder dorthin versinkt. Die Bewußtseins-Sonne einer vergangenen Zeit verdunkelt sich aber, wenn ihre Frist abgelaufen ist. Dann versinkt sie in die Dämmerung der Unbewußtheit und wird dort häufig nur noch als finstere, böse oder unreine Gestalt wahrgenommen. Diese Wesen geistern durch unsere Träume und Phantasien, meistens recht gewalttätig und unkultiviert, und sie werden deshalb als Kollektivschatten männlicher oder weiblicher Prägung erlebt. Zu dieser Schicht gehört zweifelsohne der Eber Twrch Trwyth. Es geht nicht darum, ihn zu töten. Er läßt sich nicht aus der Welt schaffen, sondern er wird, wie der ägyptische Seth oder Apophys, «jede Nacht erneut» zum Gegner jedes Menschen, der um eine höhere Bewußtseinsebene ringt – um jene Bewußtseins-Sonne, die jetzt, zu dieser Zeit, an diesem Tag, in dieser bestimmten Phase eines Menschenlebens oder einer Kultur aufgeht.

Keltischer Eber, Bronze, um 100 v. Chr.

Doch stets taucht ein neues Licht aus dem Alten, Vergehenden auf. Deshalb ist es nicht nur wichtig, sich im Kampf mit dieser archaisch-dunklen Schicht unseres Wesens auseinanderzusetzen, vielmehr ist es von ebenso großer Bedeutung, die «Schätze» zu entdekken, deren Träger der «wilde Eber» (oder beispielsweise der «wilde Mann» im *Märchen vom Eisenhans*) ist.

Der Stoßzahn, diese gefährlich scharfe Waffe des Ebers (oder des Einhorns), soll ausdrücklich der Bartpflege des Riesen dienen. Der Bart ist ein männliches Merkmal. Wenn er ungepflegt und struppig ist, so ist dies ein Ausdruck des «wilden Mannes» mit all seinen unentwirrten positiven und negativen Kräften. Ysbaddadden will seinen Bart «trimmen», also in eine gute Form bringen. Eine glatte Rasur kannten erst die Kelten der Eisenzeit, sicher noch nicht die Proto-Kelten oder deren Vorgänger, zu denen die Riesen zählen. Das Instrument zur Bändigung seines struppigen Bartes kann ausgerechnet nur einem wilden Eber entrissen werden. Dieses Tier der unkultivierten männlichen Kraft und Aggression liefert selber das «Messer», mit dessen Hilfe diese Wildheit «beschnitten» und geordnet werden kann.

Nicht anders steht es um den *Kamm* und die *Schere* zwischen den Ohren des Königsebers; diese Gegenstände sitzen genau dort, wo die Borsten des Tieres am struppigsten sind, auf dem Scheitel zwischen den Ohren. Der Zauberer Menw, der während der Verfolgungsjagd versuchte, in Gestalt eines Vogels auf das Untier hinabzustoßen und so die Kostbarkeiten zwischen den Ohren zu erhaschen – dieser Menw wurde durch eine einzige dieser Borsten, die giftig waren, so schwer verletzt, daß er nie wieder ganz gesund wurde.

Es liegt nahe, bei Kamm und Schere auch an die Instrumente des Königs Arthur zu denken, mit denen er den Initiationshaarschnitt an Culhwch vollzog. Bei diesem ersten Haarschnitt fallen die Kinderlocken des ehemaligen «Struwel-Kopfes» einer geordneten, gepflegten Frisur zum Opfer, und es ist verständlich, daß viele kleine Buben bei einer solchen ersten «Beschneidung» ihrer noch ungezügelten Lebenskraft ein mörderisches Geschrei erheben. Culhwch gehört einer Kulturschicht an, die jenes Opfer des «Wildwuchses» mit Eintritt der Pubertät freiwillig leistete und sich den «Beschneider» zum

«Paten» erkor, zum geistigen Führer in die volle männliche Erwachsenheit hinein.

Weshalb der Riese Ysbaddadden Kamm und Schere zu seiner Bartbeschneidung haben wollte, läßt sich erst vom Schluß der Sage her ganz verstehen. Zunächst zum Verlauf der Eberjagd.

Der Königseber tritt nicht allein auf. Er hat seine sieben Jungen bei sich. Zwei derselben werden namentlich erwähnt; einer heißt «Totschläger», der andere «Silberborste». Vor der Jagd begibt sich Culhwch wieder zu seinem Paten Arthur, um ihm Bericht zu erstatten, denn eine der Bedingungen, die der Riese zum Gelingen der Jagd gestellt hatte, war, daß Arthur persönlich daran mitwirken müsse. Erstaunlich freilich ist, daß Culhwch selber, also das «Ich» des Helden, an der Jagd nicht mehr beteiligt ist, dazu ist das persönliche «Ich» offenbar noch nicht imstande. Also wird Arthur aktiv der Vertreter eines kollektiv-männlichen «Selbst» dieser Kulturschicht.

König Arthur bricht mit fast allen Rittern seiner Tafelrunde auf, zu deren Verstärkung sich noch die Könige von Irland und Frankreich gesellen. Offenbar war die Jagd ein gesamt-keltisches Unternehmen. Man benötigte besondere Waffen, besondere Spürhunde und vor allem einen besonderen Jäger. All diese Hilfskräfte tun sich zusammen. Der «König» führt zwar die Jagd zeitweise selber an, berät sich aber immer wieder mit seinen «Gefährten». Alle Möglichkeiten des «Selbst», so könnte man sagen, sind nicht nur wach geworden, sondern stehen in beständigem Austausch untereinander, während das «Ich» abwesend erscheint. Es war vergleichsweise ähnlich wie bei den germanischen Berserkern. Wenn ein solcher Mann vom «Berserkergang» überkommen wurde, dann schlief der Mensch irgendwo und durfte auf keinen Fall geweckt werden, während sein «Folgegeist» in Gestalt eines Bären oder Wolfes mit der Stärke von zwölf Männern in vorderster Schlachtreihe kämpfte. Wäre das «Ich» geweckt worden und mit seinem rationalen Verstand aktiv geworden, so wäre die ganze Unternehmung zusammengebrochen.[232]

Der Königseber durchrast, während er verfolgt wird, mit seinen «Kindern» die ganze keltische Welt und richtet furchtbare Verwüstungen an. Er verheert große Teile Irlands, wo ihn weder die Iren noch Arthurs Mannschaft zu bewältigen vermögen. Arthur kämpft neun Tage allein mit dem Untier. Da beschließt er, einen neuen Versuch zu machen, indem er den sprachkundigen Gwyrhyr beauftragt, mit dem Eber ein *Gespräch* zu beginnen. Der Abgesandte fliegt als Vogel auf einen Baum über der Höhle des Tieres und fordert Twrch Trwyth auf herauszukommen. Der Eber schickt als Stellvertreter lediglich seinen Sohn Silberborste und teilt durch diesen mit, daß er zu keiner Verhandlung bereit sei und lebend seine Kostbarkeiten nicht preisgeben werde. Weiterhin läßt er verkünden: «Morgen brechen wir auf, um Arthurs Land zu verwüsten.»

Die Wildschweine schwimmen nun von Irland übers Meer nach Wales. Das Kernland des Königs ist unmittelbar von der Vernichtung bedroht, und das bedeutet auch die Gefährdung des ganzen Ringens um eine neue Kultur- und Bewußtseinsstufe.

In Wales angelangt, stellt sich der Eber zum Kampf und tötet viele Männer des Königs, der ihm gefolgt war. Doch dann ist er plötzlich *verschwunden*. Nach längerer Zeit taucht er aus seiner offenbar notwendigen Erholungsphase (oder nach dem tödlichen Schrecken) wieder im Bewußtsein seiner Verfolger auf. Nur Arthur selber bekommt ihn lange nicht mehr zu sehen. Während Twrch Trwyth weiter wütet, werden fünf seiner Kinder getötet. Die zwei größten, der Totschläger und Silberborste, suchen eigene Wege und können überwunden werden. Der Königseber bleibt allein übrig. Als ihm Arthur erneut begegnet, ist er versucht, die Verfolgung aufzugeben, weil sie zu viele seiner tapfersten Männer schon das Leben gekostet hat. Mit Mühe halten ihn seine Gefolgsleute von dem Versuch eines neuen Zweikampfes ab. Alle wollen sich für den Erfolg einsetzen. Ein Mann aber, den Ysbaddadden ausdrücklich als unentbehrlich genannt hatte, muß zuerst gefunden werden. Es handelt sich um *Mabon, den Sohn der Modron.*[233] Modron ist eine Erscheinungsform der «Großen Mutter». Der Sohn *Mabon* galt im gallischen Bereich als «Apollon», der «Große Sohn der Großen Mutter». Im inselkeltischen Bereich ist Modron wesensgleich mit Rhiannon, der Mutter des Pryderi. Mabon wurde in der dritten Nacht nach seiner Geburt geraubt, und seither wußte niemand, ob er noch lebte oder wo er sich aufhielt. So war es zur *Vollendung der Eberjagd* zunächst dringend nötig, Mabon zu suchen.

Man fragte alle uralten Tiere der Welt, ob sie etwas von ihm wüßten. Die *Schwarzdrossel* von Kilgwri wußte es nicht, und auch nicht der *Rehbock* von Rheddenvre, der schon viele alte Wälder heranwachsen sah. Die *Eule* vom Tal Cawlwyd verwies auf den noch älteren *Adler* von Gwernabwy, und dieser wiederum auf den *Lachs* Llyn Llyw. Die Eule nannte diesen *a kind of creative God made before me*[234]. Er ist also so etwas wie ein Schöpfergott der Urzeit, der in den Tiefen des Wassers und des Unbewußten lebt. Dieser Lachs endlich weiß um die Existenz Mabons in Caer Loyw, dem *glossy castle*[235], dem heutigen Gloucester. Dort bestand ein altes keltisches Kultzentrum, ein Wohnsitz der «Hexen», die junge Helden zunächst in ihre Geheimnisse einweihten, dann aber von diesen überwunden werden mußten, um nicht als Gefangene in der Gewalt der Frauen bleiben zu müssen.[236] Ein ähnliches Schicksal bedrohte auch den irischen Cu-Chulinn im Land der Aife.

Das Glossy Castle war ein Glasschloß[237], ein Jenseitsort im Reich der Großen Mutter des Lebens und des Todes. Dort stand ein alter Hagedorn[238], der bis ins 17. Jahrhundert das Zentrum heidnischer Gebräuche war. In Caer Loyw nun befindet sich, so wird erzählt, ein entsetzliches Gefängnis, wo man lautes Jammern und Stöhnen hört, und Kai und Gwyrhyr erfahren auf ihre Frage, daß hier Mabon als Gefangener furchtbare Qualen erleiden müsse; Mabon war ein Gefangener der negativen Großen Mutter.

Pryderi war es nach seiner Geburt ähnlich ergangen. Die Klaue, die nach dem Fohlen des Teirnon griff, wurde nur dank dessen Wachsamkeit abgehauen, und Pryderi wurde durch ihn vor der gleichen Gefangenschaft im Reich der Todesmutter bewahrt. Mabon hatte lange auf seine Erlösung warten müssen, die ihm nun endlich durch den König Arthur zuteil wurde.[239]

Wenn wir in Mabon-Maponos die gleichen Eigenschaften sehen können wie die Menschen der Antike, die ihn mit Apollon verglichen, dann erscheint er tatsächlich besonders geeignet, im Kampf gegen Twrch Trwyth eine entscheidende Rolle zu spielen – ähnlich dem Gott Apollon, den wir auf dem Tympanon des Zeustempels von Olympia in souveräner Gebärde den Mächten des Chaos gebieten sehen.

Die Annahme ist sicher nicht falsch, daß auch der Eber Twrch Trwyth nicht nur einen männlichen Kollektivschatten, sondern einen Gegner der neuen Schöpfung darstellt, gegen den Maponos-Apollon zum Kampf antritt.

Nach Mabons Befreiung gelingt es endlich, den Eber in einen Fluß zu stoßen und ihn im Wasser von vielen Seiten gleichzeitig zu bedrängen. In diesem Fluß gelingt es Mabon, auf seiner Stute reitend, dem um sich schlagenden Eber das «Rasiermesser» (den Stoßzahn oder das magische Einhorn) zu rauben. Von der anderen Seite naht sich der wilde Kyledyr und greift nach der Schere.

Man kann fragen, was in diesem Kampf Mabon mit Culhwch selber zu tun hat. Mabon kannte die Qualen der Unfreiheit im Bann der negativen Mutter, und gerade er entreißt dem Eber die scharfe Waffe, den Stoßzahn oder «Rasierer», der zur Kultivierung der männlichen Aggression dienen soll. Culhwch war ja bisher nicht durch höfisches Auftreten aufgefallen. Er, der seine Mutter früh verloren hatte, erlebte bei ihr zwar noch die allererste Geborgenheit, die zur Stärkung seines späteren männlichen Selbstbewußtseins erforderlich war, aber er hatte auch die bedrohliche Gestalt der ihn verlassenden Todes-Mutter kennengelernt. Erst als «Mabon-Culhwch» aus der Gefangenschaft der Todesmutter befreit war, konnte er die Führung des Geschehens übernehmen und den Eber seiner tödlichen Waffe berauben, die nun eine die wilde Männlichkeit bezähmende Funktion übernehmen sollte.

Die «Schere» ergriff ein anderer «wilder» Anteil des Helden, letztlich aber erfüllen Schere und Messer die gleiche Funktion, und ursprünglich waren sie wohl *ein* Gegenstand.

Mit dem *Kamm* vermochte Twrch Trwyth vorerst zu entkommen, und doch war es wichtig, auch diesen Gegenstand noch zu erringen. Dieser Kamm war sicherlich kein realer Kamm, den man zum Haarschnitt benötigt, sondern es waren die als «Kamm» bezeichneten Stirnhaare des Ebers, die zwischen seinen Ohren stehen. Diese Haare müssen dem Tier genommen werden, um das Opfer zu vollenden, um das es letztlich geht. Es heißt im Sagentext, daß es endlich gelang, dem Tier nach schwerem Kampf in Cornwall den Kamm zu entreißen. Wie das geschah, bleibt unbekannt. Darauf sei der Eber «ins tiefe Meer hinausgetrieben. Wohin er geschwommen ist, weiß keiner zu berichten.» Geopfert verschwand er im großen Meer der kollektiven Unbewußtheit.

Die Funktion der schwarzen Hexe

Zu allerletzt mußte noch das *Blut der schwarzen Hexe* gewonnen werden, damit alle Bedingungen des Riesen erfüllt waren und Culhwch mit seiner Braut Olwen zusammenleben durfte. Die schwarze Hexe wird «Tochter der weißen Hexe» genannt. Die weiße Hexe war eine positive weibliche Macht der Vorzeit, deren Zeit als lebenspendende Große Mutter (in Gestalt der Rhiannon, Branwen oder Goleudydd) abgelaufen war. So erschien sie nun als ihr negatives, schwarzes Gegenbild. Mit ihr mußte Arthur persönlich den Kampf aufnehmen.

Bei diesem Kampf zeigt sich sehr deutlich, wie die negativ weiblichen und männlichen Schattenseiten sich gegenseitig hervorrufen. Die «Gefährten» bestehen zunächst darauf, daß Arthur nicht persönlich in diesen Kampf eintrete, doch nachdem die Hexe vier seiner Männer «halbtot mit Tritten und Knüffen aus ihrer Höhle trieb», wird er so zornig, daß er zum Eingang der Grotte stürzt und mit seinem Dolch Carnwannan («weißer Griff») die Hexe zerstückelt. Ihr Blut wird durch Prydain aus Cadw aufgefangen und warm verwahrt. Mit Cadw ist der Norden Britanniens gemeint, also Schottland, das ehemalige Gebiet der *Pikten*, eines vorkeltischen Stammes, in dem rein matrilinieares Recht herrschte. Sie waren durch ihre besondere Grausamkeit bekannt und gehörten noch ganz der «alten Welt» an, die hier besiegt wurde.

Prydain hütet das Blut der Hexe, und mit diesem Behältnis ziehen alle zu Ysbaddadden. Sie zeigen ihm das Blut, und dann vollzieht der Mann aus Cadw die Rasur an Ysbaddadden mit archaischer Grausamkeit: Er schabt den Bart samt «Haut und Fleisch bis auf die Knochen, und beide Ohren schnitt er mit ab». Der Riese wird skalpiert, geschunden und «zerstückelt». Man schlägt ihm auch noch den Kopf ab, wie es bei den Menschenopfern geschah, die *Adolf Jensen* als notwendige Voraussetzung für das Gedeihen von Pflanzen, Mensch und Vieh im Ritus archaischer Völker beschreibt[240] und deren Sinn Mircea Eliade erläutert: «Eines der spezifischen Merkmale der schamanischen Initiation ist neben der Zerstückelung des Kandidaten seine Skelettierung ... Wir haben es hier mit einer sehr alten religiösen Vorstellung zu tun, die den Jägerkulturen eigentümlich ist: der *Knochen* symbolisiert die letzte Wurzel des animalischen Lebens ... Vom Knochen aus werden die Tiere und die Menschen wiedergeboren.»[241]

Der «Riesen-Schatten» und das «Schatten-Weib» *(Scathach)* müssen sterben, die Erde muß ihr warmes, Leben spendendes Blut trinken, um erneut fruchtbar zu werden – in der «Heiligen Hochzeit» zwischen Culhwich und Olwen, zwischen «Sonne» und «Mond», den Lichtern des Tages und der Nacht. Aus dieser Hochzeit soll neues Leben und ein neues Bewußtsein entspringen.

Der alte Riese Ysbaddadden ist aber nicht nur ein gewalttätiger Kerl aus vergangenen Zeiten, sondern auch ein Träger der Weisheit jener Epoche, die noch genau darum weiß, daß kein neues Leben ohne den Tod möglich ist. Er macht es Culhwich nicht leicht, aber letztlich teilt er selber die Voraussetzungen mit, unter denen er geopfert werden kann und muß. Daß Ysbaddadden sich vor seinem Tod «rasieren» will, bedeutet wohl, daß er sich selber für seinen Opfertod vorbereiten möchte. Er will damit das Gleiche an sich tun, was Culwch durch seinen «Paten» Arthur verrichten ließ und was dem Eber gegen seinen Willen widerfuhr, als ihm die Kammhaare zwischen den Ohren entrissen wurden. Stufenweise gehören der Eber Twrch Trwyth, der Riese Ysbaddadden und der Mensch Culhwch zusammen, sie verkörpern Bewußtwerdungsschritte von der animalischen Aggression über den «wilden Mann» zu dem Menschen, der sich freiwillig dem Kult der «Beschneidung» seiner männlichen Wildheit unterzieht. Was von dem Riesen der Vorzeit übrig bleibt, ist nicht nur sein Blut, das befruchtend in die Erde sickert, sondern auch seine Tochter Olwen, die als Mond- und Frühlingsgöttin das Leben fördert und die alte Weisheit vom Werden und Vergehen in den «weißen Spuren» des Mondlichtes und der Mondphasen weitergibt. Als nächtliche Sonne vertritt Olwen außerdem das Erbe von Culhwchs guter Mutter Goleuddydd, dem weiblichen Tageslicht. Dieses Erbe lebt in Culhwch als Bild seiner Anima weiter.

Die *schwarze Hexe*, deren Blut gemeinsam mit jenem des Riesen fließen mußte, hat, das sahen wir schon, etwas mit der positiven Trägerin allen Lebens zu tun, und zwar durch ihre Abstammung von der «weißen Hexe», der weißen Göttin, die Leben hervorbringt und es hegt. Danach aber wird sie zur schwarzen Todes-Mutter, die besiegt werden muß, damit sie sich wieder verjüngen kann. Das ist der Sinn aller Heroenkämpfe gegen die verschlingenden, verheerenden «Drachen». Zwar taucht diese schwarze Hexe in unserer Sage nur als Randerscheinung auf, doch sie hat als weibliches Gegenstück zum Eber und dem Riesen eine nicht übersehbare, wichtige Funktion. Würde *nur* der männliche Schatten besiegt und geopfert, so wäre das «Werk» unvollständig. So wie Riese *und* Hexe sterben und in die Verwandlung eingehen, so gehören auch Culhwch und Olwen zusammen. Beide gemeinsam verkörpern ein neues Bewußtsein, und beide tragen die «Spur» vergangener Kulturwerte in sich. Riese und Eber werden durch Culhwch mit Hilfe des Königs Arthur, des befreiten göttlichen Mabon und nicht zuletzt Olwens integriert. Die Sehnsucht nach der guten, lichten, aber gestorbenen Mutter Goleuddydd und die schwarze Todeshexe transzendieren zur Animagestalt als Olwen. So sieht es von der männlichen Seite her aus. Olwen könnte aber nicht zur neuen, segenspendenden Braut des Helden werden, wenn sie nicht stillschweigend die böse Hexe in sich verwandelt hätte. Dazu verhalfen ihr der männliche Gegenpol ihres gewalttätigen Riesenvaters und König Arthur, indem er die Hexe zerstückelte und damit erst wandlungsfähig machte.

Der keltische Kessel

Die Herkunft des Kessels

Schon oft war bisher vom Kessel die Rede. Er ist ein zentrales Symbol, das in vielen Sagen vorkommt. Seine sich wandelnde Funktion ist wie ein Indikator der Bewußtseinsschritte der Menschen innerhalb der keltischen Kultur. Der Kessel kommt aus der Anderswelt auf die Erde, verschwindet unter der Erde, taucht neu wieder auf und wandert von einem Land in ein anderes. Seine Funktion als Spender der Fülle, als Vermittler von Wandlung und schließlich von «Wissen» ist jeweils symbolisch zu verstehen. Sobald die Symbolik mit äußeren Realitäten verwechselt wird, verweigert der Kessel seine Gaben. Dann zerspringt er und entschwindet den Menschen.

Zunächst wenden wir uns noch einmal zusammenfassend und ergänzend den Sagen zu, die über die Herkunft des Kessels berichten. Es wurde schon erzählt, daß die Götterfamilie der Tuatha Dé Danann «aus dem Himmel» nach Irland kam. Aus «vier Städten», so wird später berichtet, seien sie gekommen, und aus jedem dieser mythisch-jenseitigen Orte oder Inseln soll das Volk der Adlergöttin eine Wissenschaft, ein Handwerk oder eine Zauberkunst mitgebracht haben, dazu den unerschöpflichen Kessel des Dagda. Einstmals, als die Tuatha Dé Danann die Erde beherrschten, lebte man in paradiesischer Fülle. Eine einzige Kuh versorgte ganz Irland mit Milch, und der große Kessel des Dagda speiste das Volk und wurde niemals leer. Doch dann brach das Geschlecht der Kyklopen herein, das in der irischen Sage Fomori (Fomoroig) heißt. Sie stahlen die Kuh und den

Kessel der Fülle und zwangen die Tuatha Dé Danann in ihren Dienst. Die Fomori wußten jedoch mit dem Kessel nichts Rechtes anzufangen, weil es bei ihnen kein Holz gab und sie folglich kein Feuer entzünden konnten, um etwas in dem Kessel zu kochen; er stand nutzlos in dem sterilen Bereich des Unterweltsherrschers, des bösen Balor, und auf der Erde war die Zeit der unbegrenzten Fülle vorbei.

Da trat *Cian,* ein Sohn des Wunderarztes Cian Cecht, eine Reise in die Unterwelt an, um zunächst die Wunderkuh zurückzugewinnen. Bei dieser Gelegenheit zeugte er heimlich mit *Ethlenn,* der Tochter Balors, einen Sohn, obwohl Balor seine Tochter unter strenger Bewachung in einem Turm verschlossen hielt. Das Kind war der junge Sonnengott Lugh, der später den Tuatha Dé Danann zum Sieg über die Fomori verhalf. Zwar wird es nirgends ausgesprochen, doch man kann vermuten, daß die Zeugung des Lichtkindes im Reich der Finsternis mit dem Kessel in Zusammenhang steht, der sich im unterirdischen Raum befand und insgeheim das neue Leben und Bewußtsein förderte.

Nach dieser ersten Sage kam der Kessel zunächst mit der Mutter aller Götter «vom Himmel» oder aus einem jenseitigen Land «hinter den Wogen» nach Irland und wurde dann ins Reich unter der Erde verschleppt. In einer zweiten Herkunftssage, der Erzählung von *Branwen,* der Tochter Llyrs, tauchte der Kessel aus einem unbestimmten Bereich der Erde auf. Diese Sage wird im zweiten Zweig des Mabinogi wiedergegeben, also in einer Erzählung aus Wales[242], die schon im ersten Teil (S. 59 f.) im Zusammenhang mit dem Kopfkult erwähnt wurde. Sie soll nun im Hinblick auf den Keltischen Kessel noch einmal ausführlich dargestellt und besprochen werden.

Der irische König *Matholwch,* so wird berichtet, freite in Britannien um *Branwen,* die Schwester des britischen Ur-Königs *Bran.* Bei der Werbung des irischen Königs wurde durch einen übelgesinnten Bruder Brans mit Namen *Ev-Nissyen* («der Streitsüchtige») eine Missetat an den Pferden der Iren verübt. Er verstümmelte die Tiere, und das war für den Brautwerber und sein Volk eine schwere Beleidigung. Um diesen Frevel zu sühnen, leistete Bran nicht nur vollen Ersatz, sondern er schenkte Matholwch zusätzlich noch einen Wunderkessel, dessen Funktion er zwar kannte, über dessen Herkunft er aber

Eine Funktion des Keltischen Kessels war die Erneuerung des Lebens. Auf dem Helm des vierten Kriegers (von rechts unten) ist außerdem ein Eber als Wappentier oder Feldzeichen erkennbar. Silberkessel von Gundestrup.

nichts wußte. Zu seinem Erstaunen wußte aber der Ire über die Herkunft des Kessels Bescheid und er erzählte die folgende Geschichte.

«An einem Tage jagte ich in Iwerddon in Irland und kam zu einer Anhöhe über dem See, den man den See des Kessels nennt. Da sah ich aus dem See aufsteigen einen großen Mann mit roten Haaren, einen Kessel auf dem Rücken. Er war von übermäßigem Wuchse und dem Aussehen eines Übeltäters. Sein Weib aber, das hinter ihm kam, war von zweifacher Größe...» Im Gespräch mit dem unheimlichen Paar erfuhr Matholwch, daß das Riesenweib schwanger sei und in sechs Wochen einen Krieger in voller Rüstung zur Welt bringen werde. Die beiden gehörten sichtlich einem Geschlecht der Vorzeit an, das auf dem Grunde des Sees oder unter der Erde hauste. Nun treten sie mitsamt dem Kessel geisterhaft aus der Tiefe ins Bewußtsein der Menschen, und das Weib, das durch seine Größe das Übergewicht hat, wird einen Krieger in voller Rüstung hervorbringen, also wahrscheinlich einen Vertreter der mit dem eigentlichen Keltentum einbrechenden Eisenzeit. Zunächst wird das Paar von Matholwch gastlich aufgenommen, doch schon nach einem Jahr werden diese Riesen-Menschen aufsässig, und sie kränken die jetzigen Bewohner der irischen Erde, wo immer es möglich ist. Man wird sie nicht los. Da beschließt das Volk, ihnen ein großes Haus aus Eisen zu bauen, sie darin zu bewirten und betrunken zu machen und dann zu verbrennen, aber der Versuch mißlingt, weil das Paar aus den glühenden Wänden ausbricht; nur die Kinder verbrennen. Danach nimmt der Mann den Kessel wieder auf den Rücken und watet mit seinem Weib durch die irische See nach England. Dort schenken sie König Bran den Kessel.

Da Matholwch über die Funktion des Kessels nichts weißt, erklärt nun Bran, welche Bewandtnis es mit diesem Wundergefäß hat: «Wird dir heute ein Mann erschlagen, wirf ihn hinein, und morgen wird er so unversehrt wie je sein, das eine ausgenommen, daß er ohne Sprache sein wird.»

Die Iren reisen nun mit Branwen und dem Kessel zurück in ihre Heimat, doch sie vergessen die Schmach nicht, die ihren Pferden angetan worden war, und deshalb rächen sie sich an Branwen, der ein ähnliches Schicksal widerfährt wie Rhiannon. Branwen gelingt es, ihrem Bruder eine Nachricht zu übermitteln, und daraufhin ziehen die Briten nach Irland, um Branwen zu rächen. Während dieses Krieges hat Bran sein Geschenk bitter zu bereuen, denn nun werfen die Iren ihre Toten in den Kessel und haben sie am nächsten Tag wieder als Kämpfer zur Verfügung. Da spricht der Urheber all des Übels, Ev-Nissyen, in seinem Herzen: «Wehe mir, daß durch meine Ursache die Männer der Insel der Starken (Britannien) also vernichtet werden. Schande über mich, wenn ich keine Rettung finde.» Er legt sich mitten unter die Leichen der Iren und wird mit ihnen in den Kessel der Wiedergeburt geworfen. «Sodann streckte er sich im Kessel mit solcher Gewalt, daß der Kessel in vier Stücke sprang und auch seine Brust zerbarst.»

Wir halten fest, daß eines Tages ein Riesenkerl mit seinem doppelt so großen Weib aus den Tiefen eines Sees aufstieg und den Kessel ans Licht brachte. Er hatte «das Aussehen eines Übeltäters», und die geharnischten Kinder seiner Frau zeigten, daß diese Riesen der Vorwelt in der Welt der jetzigen Menschen nur Unfrieden stifteten und von allen als «Belästigung» empfunden wurden. Man weiß nicht, wie die Beleidigungen aussahen, die sie den Menschen zufügten, es genügte, daß sie «anders» waren. Schon ihre neugeborenen Kinder strotzten von Eisen. Die Menschen hatten Angst vor ihnen und fühlten sich durch ihre bloße Gegenwart «verletzt», wenn nicht tödlich bedroht.

Es war keine Rede davon, daß die Riesen etwa den Kessel aufstellten und die Leute speisten. Offensichtlich hatte der Kessel seine Funktion verändert, seit er durch Raub in die Tiefe der Welt des Todes gelangt war. Ob das Riesenpaar der Welt der Tuatha Dé Danann angehörte, die seit der Ankunft der Goidelen in den Untergrund der steinzeitlichen Gräber getaucht waren, oder ob es gar zwei Vertreter der Fomori waren, die den Kessel wieder ans Licht brachten, bleibt ungewiß. Als Vertreter einer grauen Vorzeit wurden sie aber als «böse», als «Übeltäter» empfunden, und mit dem Kessel konnte zunächst niemand mehr etwas anfangen, weil sich seine Funktion gewandelt hatte. Nach ihrer Wanderung durch das Meer schenkte das Paar dem sagenhaften Gottkönig der Briten, Bran, den Kessel. Bran heißt in den Sagentexten «der Gesegnete», und er galt als großer

Weiser. Ihm vermittelten die Riesen die neue Weisheit, die sich mit dem Gefäß verband, das die Toten aufnahm und in neuer Gestalt wieder ins Leben entließ.

Dieser Vorgang ist uns auf einem Relief des Silberkessels von Gundestrup überliefert, der jetzt in Kopenhagen ausgestellt ist. Man sieht auf dieser Darstellung, wie in der unteren Bildzeile eine Schar von Männern von rechts nach links auf einen Kessel zugeht. Vor dem Kessel steht eine riesige Gestalt, die die Männer packt und kopfüber in den Kessel steckt. In der oberen Bildzeile reiten diese Männer dann von links nach rechts wieder stolz bewaffnet ins Leben und in den Kampf zurück. Dieses Bild zeigt natürlich kein real gemeintes Geschehen, sondern einen symbolischen Vorgang, eine bildliche Darstellung der druidischen Lehre von der Unsterblichkeit und Wiedergeburt des Menschen. Sie besagt, daß kein neues Leben und keine neue Bewußtseinsstufe ohne den vorherigen Durchgang durch den Tod möglich ist. Der Mensch erkennt die Grenzen seines Lebens, seine Sterblichkeit und Unvollkommenheit und gleichzeitig die neuen Möglichkeiten seiner seelischen Wandlung. Diese Lehre, die die Iren vielleicht vergessen hatten, brachte ihnen Bran mit der Mitteilung über die verwandelte und verwandelnde Funktion des Kessels. Die Iren verstanden diese Botschaft jedoch wörtlich und mißbrauchten sie. Da tat der streitsüchtige Bruder des Bran – wie es heißt, in einer Anwandlung von Reue – das Richtige. Indem er den Kessel zersprengte, brachte er sich selber zum Opfer. Der Kessel der Verwandlung hatte unter den Menschen *dieser* Zeit keinen Platz mehr, weil seine Funktion nicht mehr verstanden wurde.

Es gibt noch andere Varianten des keltischen Kessels, und eine davon verknüpt sich mit dem walisischen Barden Talyessin. Diese Sage wurde zwar erst im 17. Jahrhundert aufgeschrieben, doch stammt die Erzählung sicher aus früherer Zeit, was vor allem aus denjenigen Teilen geschlossen wird, die in Versform überliefert sind. Außerdem zeigen die Berichte über Talyessins Geburt nochmals, wie tief der Glaube an wiederholte Geburten und Verwandlungen nach dem Tod des Menschen in der keltischen Kultur verwurzelt war.

Der Kessel der Ceridwen und der Barde Talyessin

oder: Vom Gift und Heil des Wissens

Ceridwen[243] galt ursprünglich als eine walisische Naturgöttin, die wegen ihrer Schönheit berühmt war.[244] In der hier wiedergegebenen Sage aus der Sammlung der Mabinogion ist sie die Gattin des Fürsten Voel. Mit ihm hatte sie zwei wohlgeratene Kinder und einen überaus häßlichen Sohn mit Namen Avaggdu. Um dessen unschönem Aussehen ein Gegengewicht zu schaffen, beschließt die Mutter, die hier als Hexe erscheint, in einem Kessel einen Zaubertrank der Inspiration und des Wissens zu brauen. Mit großer Kunst sucht sie – vergleichbar der griechischen Medea – alle zauberkräftigen Kräuter in der jeweils günstigsten Jahres- und Tageszeit zusammen. Damit das Feuer unter dem Kessel ständig brenne, stellt sie den blinden Morda an. Außerdem ist es wichtig, daß das Gebräu für die Zeit eines Jahres und eines Tages[245] nicht nur gleichmäßig kocht, sondern auch umgerührt wird. Die Rolle des Umrührers übernimmt der Knabe *Gwion Bach*.

Niemand außer der Hexe weiß, daß nach Beendigung des Opus in der ganzen Brühe nur drei Tropfen des gewünschten Weisheitselixiers enthalten sein würden, alles andere ist Gift. Kurz vor Ablauf des Jahres spritzen dem Knaben Gwion drei Tropfen aus der Brühe an einen Finger. Um das heftige Brennen zu lindern, steckt er den Finger in den Mund – wie Finn, der als Knabe den Lachs der Weisheit für seinen Lehrer zu braten hatte. Beide erlangten dadurch eine Weisheit, die ihnen von den Auftraggebern nicht zugedacht war.

Finn trank nach einer anderen Version die Weisheit im Inneren eines Feenhügels aus einer Quelle.[246] Die Quelle der Weisheit und der dichterischen Inspiration ist, sowohl als Brunnen wie auch als Kessel, weiblicher Natur.[247]

Für Gwion Bach bedeutet die neu gewonnene Hellsichtigkeit, daß er schleunigst die Flucht ergreifen muß, denn er begreift, daß Ceridwen nun ihn, da er ihre Kostbarkeit vor ihrem Sohn erlangt hat, mit allen Mitteln zu verderben suchen würde. Der Kessel der Ceridwen zerbirst. Die Brühe läuft aus und verseucht einen Bach, aus welchem die Pferde eines gewissen Gwyddno trinken; die Pferde sterben an dem Gift. Ceridwen aber verfolgt den flüchtenden Gwion, der sich nacheinander in einen Hasen, einen Fisch, einen Vogel und schließlich in ein Weizenkorn verwandelt, das sich in einem Kornhaufen versteckt. Aber die Hexe, die sich in eine schwarze Henne verwandelt hatte, frißt es – und sie wird schwanger. Als das Kind geboren ist, steckt sie es in einen Ledersack, bindet ihn zu und wirft ihn ins Wasser. Dort treibt der Sack drei Tage umher. Das Kind wird am 29. April geboren. Am 1. Mai, dem Tag von Beltene, bleibt der Sack mit dem Neugeborenen in der Fischreuse des Gwyddno hängen. Dieser Gwyddno nun hat einen Sohn, einen Pechvogel, dem nichts gelingt. Deshalb beschließt der Vater, dem Jüngling den Lachsfang des 1. Mai zu überlassen, weil an diesem Tag die Beute von jeher besonders reich zu sein pflegte. Doch *Elphin*, der Glücklose, fängt an der Reuse keinen einzigen Fisch. Er zieht nur einen alten Ledersack aus dem Wasser und öffnet ihn. Da werden Kopf und Stirne des Kindes sichtbar, und von der Stirne geht ein strahlendes Licht aus. Da ruft Elphin freudig aus: «Seht, was für eine schöne Stirne er hat! Er soll Talyessin heißen.» Die verheißenen Lachse im Wert von hundert Pfund hat Elphin allerdings nicht gefangen. So legt er das Kind zwar behutsam, aber doch über sein Mißgeschick klagend, hinter sich auf den Sattel seines Pferdes und reitet weinend nach Hause. Da fängt das Neugeborene hinter ihm an zu sprechen, und diese Trostverse waren das erste Gedicht des zukünftigen Barden:

> ... zwar bin ich klein und schwach
> jetzt auf dem schaumbedeckten Meeresstrand,
> doch am Tag der Not werde ich dir
> bessere Dienste leisten als dreihundert Lachse.
> Elphin, laß dich's nicht verdrießen.
> Erscheine ich auch winzig klein in diesem Beutel,

liegt mein Wert doch auf der Zunge.
Solang ich dich schütze
brauchst du dich vor nichts zu fürchten.[248]

Talyessin hielt sein Wort und befreite später Elphin mitsamt seiner Frau aus großer Not.

Der Barde Talyessin sang seine im keltischen Raum berühmten Lieder über die Vergangenheit und die Zukunft. In diesen Liedern tat er kund, daß er überall dabei war, daß er alle wichtigen Weltereignisse miterlebte und daß er auch in der Zukunft allgegenwärtig sein werde. Hinter diesen Gesängen steckt in verschlüsselter Form die druidische Aussage über die Gestalt des Dreiköpfigen, dessen Weisheit darauf beruht, daß er Vergangenheit, Gegenwart und Zukunft gleichzeitig im Blick hat. Wie schon berichtet, wurde das druidische Wissen nur mündlich weitergegeben. Manches aus den später unter dem Namen Talyessin aufgeschriebenen, schwer zugänglichen Texten mag darauf hinweisen, daß die Schreiber der Spätzeit sie nicht mehr recht verstanden und dann verkehrt auf- und abschrieben.

Einige mir besonders wichtig erscheinende Gesänge gebe ich im Ausschnitt wieder.[249]

Über sich selbst singt Talyessin:

... Meine Heimat ist die Region der Sommersterne ...[250]
Ich war mit dem Herrn der Welt in der obersten Sphäre,
mit Luzifer in den Tiefen der Hölle ...
Ich war am Hof des Dôn[251] vor der Geburt des Gwydyon ...
Ich war drei Zeitalter im Gefängnis der Arianrhod ...
Ich wurde weise aus dem Kessel der Ceridwen ...
Ich werde sein bis zum Tag des Untergangs auf Erden.
Und keiner weiß, ob mein Körper Fisch oder Fleisch ist.[252]

Neun Monate lag ich im Schoß
der häßlichen alten Ceridwen.
Früher war ich der kleine Gwion,
jetzt bin ich Talyessin.

In anderen Versen schildert er den Werdegang der Menschheit «seit der Schöpfung». Beim Lesen der folgenden Zeilen jedoch, die sich wahrscheinlich auf die Invasion der germanischen Angeln und Sachsen nach Britannien beziehen, kann uns in der Erinnerung an unsere jüngste Vergangenheit heute noch ein Grausen überkommen:

Eine sich ringelnde Schlange
Stolz und gnadenlos,
mit goldenen Schwingen,
so kommt sie aus Deutschland...

Talyessin schildert nun seinen Fluchtweg vor der ihn verfolgenden Ceridwen, seine Angst vor dem Verschlungenwerden und die Verwandlung in alle Tiergestalten, mit denen er sich identifizierte (ähnlich dem Tuan Mac Cairill in seinen Verwandlungen oder Amergin bei der Ankunft der Milanesier in Irland). Talyessin singt:

...Ich floh mit Eifer, ich floh wie ein Fisch.
Ich floh als Krähe und fand kein Nest,
Ich floh wie ein Reh...
Ich floh wie ein Wolf...
Ich floh wie ein Fuchs...
Ich floh wie ein Eichhörnchen...
Ich floh wie ein Bulle...
Ich floh wie ein Eber.
Ich floh wie ein Eisen im glühenden Feuer,
Ich floh als Speerspitze...
Ich floh als weißes Weizenkorn...

Dreimal bin ich geboren worden
und es war elend für jemanden
all das Wissen, das sich in meiner Brust versammelt,
sich nicht anzueignen.

Gwion war dazu ausersehen, für den häßlichen, unbedarften Sohn der alten Naturgöttin Ceridwen einen Weisheitstrunk zu rühren, der diesem Sohn der «Großen Mutter» offenbar etwas von dem alten Wissen vermitteln sollte, das aus vielen Gaben der Natur zusammengebraut wurde. Über die Hand, die vielleicht unbewußt danach greift, gelangen die Weisheitstropfen aber in den Mund eines «tumben Toren», der dadurch zum Träger eines neuen Bewußtseins wird. Der Sohn der zur Hexe degradierten Göttin geht leer aus. Der junge Gwion begreift als erstes: Ich muß fort von hier, so schnell wie ein Hase.

Der neue Inhalt des Weisheitskessels spendete weder nährenden Haferbrei noch die tröstliche Zuversicht auf eine problemlose Wandlung durch den Tod zu neuem Leben. Seine Medizin der Weisheit war aus einer Flut von Gift destilliert. Die Tropfen der Erkenntis jagtem dem jungen Gwion eine panische Angst ein. (Wenn wir heute als kritische Leser etwa die «Rote Liste» unserer Arzneimittel oder die Wirkungsweise unserer Hilfsmittel im Gartenbau studieren, so kann uns ein ähnlicher Schrecken überkommen angesichts von so viel tödlichem Gift, in das die wenigen Tropfen des Heilmittels eingebunden sind.)

Bei Gwion geht es noch um mehr als um solche realen Einsichten. Der Schrecken über die Gefahren, die das «Wissen» nach dem Genuß der Frucht vom Baum der Erkenntnis für uns mit sich bringt, fährt ihm buchstäblich in die Glieder. Er rennt um sein Leben, so schnell wie ein Hase, wie ein Fisch im Wasser oder wie ein Vogel in der Luft – stets eingeholt von der Furie, die hinter ihm herjagt und ihm das Unrechtmäßige seines Wissens in die Beine treibt.

Was hat den verängstigten Gwion wohl veranlaßt, sich zuletzt als Weizenkorn zwischen anderen Körnern zu verbergen? Es war sicherlich nicht nur die Hoffnung, in dieser unpersönlichen Gestalt und in dem undifferenzierten Haufen nicht aufzufallen. Vielmehr mag es eine Art vorbewußten «Wissens» jedes Saatkornes gewesen sein, das in die Erde fällt «und stirbt und ruht»[253], um nach Beendigung der winterlichen Nacht erneut zu sprießen. Und so gelangte Gwion in den Leib der häßlichen alten Ceridwen, jener abstoßenden Alten, die durch alle keltischen Sagen geistert und stets die Herrschaft des Landes, die Mutter Erde, bedeutet, sofern sich ein junger Prinz dazu überwindet, sich mit ihr einzulassen. Unter diesen jungen

Männern gibt es keinen einzigen, der nicht vorher seinen Ekel oder seine Todesangst überwinden muß. Danach aber wird die Alte erneut zur *virgo partitura,* der Jungfrau, die gebären wird – die in Chartres bis zur französischen Revolution verehrt wurde.[254]

Als das Kind geboren war, ging Ceridwen nicht freundlich mit ihm um. Zwar tötete sie es nicht, aber sie steckte es sofort in einen neuen «Uterus» und warf es ins Wasser, wo es ohne weiteres hätte ertrinken können. Der Knabe sollte noch nicht zur Person werden, er sollte noch einmal ins Element der kollektiven Unbewußtheit untertauchen (wie einst Llew Llaw Gyffes) – und niemand konnte wissen, ob er überleben würde.

Drei Tage verschwindet alle Mond-Monate der Mond. Dahinter kann sich ebenso ein Mond-Mythos verbergen wie die Nachtmeerfahrt eines Sonnenkindes, des Trägers eines neuen Bewußtseins. Im christlichen Glaubensbekenntnis kommt etwas Vergleichbares zum Ausdruck in dem Satz: «Niedergefahren zur Hölle, am dritten Tage wieder auferstanden von den Toten.» Eine Vielzahl von Initiationsriten hat ebenfalls das Sterben und die Neugeburt in eine andere Bewußtseinsschicht zum Inhalt. Auch der ursprüngliche christliche Taufritus, bei welchem der Täufling *ganz* untergetaucht wurde, gehört in diesen Zusammenhang.

Deutlich wird die Neugeburt des kleinen Gwion geschildert, als sein Kopf aus dem Lederbeutel auftaucht. Die «leuchtende Stirn» deutet sogleich auf besondere geistige Qualitäten des Kindes hin, das nun Talyessin genannt wird.

Nun enthält der Text eine kleine, an sich unauffällige Stelle, in der es heißt, daß der Vater des glücklosen Elphin der Besitzer der Pferde war, die an der giftigen Brühe aus dem zersprungenen Kessel der Ceridwen gestorben waren. Wir sind heute versucht, diesen Bericht erst einmal wörtlich zu nehmen, und wenn wir das im Hinblick auf «unsere Pferde» im übertragenen Sinn des Wortes tun, so sind wir auf keiner verkehrten Spur. Damals bedeuteten Pferde einen großen Reichtum. Außerdem stehen sie in der psychologischen Bildersprache für Tiere, die dem Menschen besonders nahe stehen und über einen sehr feinen Instinkt verfügen. Sie können Gefahren oft sicherer wahrnehmen als der Reiter, und sie finden auch im dichtesten Nebel zurück in den bergenden Stall. Diese Tiere waren dem Vater des Elphin vor neun Monaten zugrunde gegangen, ihr Instinkt hatte versagt, als sie das Gift tranken. Die Instinktsicherheit der väterlichen Pferde fehlte nun auch seinem Sohn.

Der Knabe Gwion aber hatte nicht das verheerende Gift, sondern die daraus destillierten Weisheitstropfen zu sich genommen, deren Qualität nicht nur in rationalem Wissen, sondern auch in dem das Wissen zur Weisheit ergänzenden Instinkt bestand. So bedeutete der Fund des Ledersackes mit dem wiedergeborenen Gwion-Talyessin für Elphin eine wesentliche Ergänzung seiner selbst. Talyessin sagte von sich, er sei «dreimal geboren»: einmal als Gwion-Bach, das zweite Mal als Kind der Naturgöttin Ceridwen und zuletzt aus den Fluten des Meeres und dem Lederbeutel, und das geschah am 1. Mai, dem Fest von *Beltene*. An diesem Tag wurde die Neugeburt der Sonne aus der finsteren Winternacht gefeiert. Nach allem, was man über dieses Fest weiß, war Beltene als Fest der Auferstehung des Lebens mit dem christlichen Osterfest vergleichbar.

Mir scheint, daß wir heute erneut an der Stelle stehen, an welcher einst der Knabe Gwion-Bach so tödlich erschrak. Wer wollte leugnen, daß uns durch die Forschungsarbeit der Chemiker und Physiker in den letzten vierzig bis fünfzig Jahren umwälzende neue Erkenntnisse zugänglich wurden? Überall rauchen die Schlote der Chemiewerke und Atommeiler. Man kann erstaunlich viel «machen». Wir sind nicht weit entfernt vom Retortenbaby und von der Lenkung fraglich-wünschenswerter Eigenschaften des Menschen durch die Gentechnik.

Überall brodeln die Giftkessel der modernen Alchemie, und immer mehr Menschen lernen eine heilsame Angst vor dem Preis der drei Weisheitstropfen. Die Giftbrühe läuft nach allen Seiten über. Sie vergiftet unsere Gewässer und unsere Erde. Aus der Luft kommen verderbliche Strahlen auf uns hernieder, welche die Dummen vorerst noch wegleugnen können, weil sie nur mit Spezialinstrumenten registrierbar sind. Tausende rühren noch sorglos in dem großen Giftkessel unserer technischen Errungenschaften. Das Gift schwappt aus den Waschmaschinen, spritzt aus den Spraydosen, qualmt aus Autos, aus Motoren und aus Industrieschloten. Doch wenn jemand von den drei Tropfen wirklicher Erkenntnis getroffen wurde, dann kann ihn die nackte Angst packen. Viele versuchen zunächst zu fliehen oder den Kopf in den Sand zu stecken, doch es hilft nichts mehr. Das alte Bewußtsein von der «gütigen Mutter Natur, die alles spendet, alles aushält und wieder gutmacht», muß sterben. Ihre Kraft ist erschöpft, weil sie mißhandelt und mißachtet wurde, und sie wurde zur Todesmutter, die Gwion in Gestalt der schwarzen Henne auffraß, und er wußte nicht, ob das nicht sein endgültiger Tod sein würde.

Doch dann tauchte er neu auf, «dreimal geboren», dreimal in seinem Bewußtsein gewandelt. Der ihn fand, der unglückliche Elphin, sah auf dieser Welt kein Ziel mehr vor sich. Die «Pferde» seines Vaters und damit auch seine eigenen guten Instinkte, vor allem aber sein Wohlstand waren an dem schrecklichen Gift gestorben. Mutlos wollte er sich von den Lachsreusen seines Vaters wieder davonmachen. Selbst der glückverheißende 1. Mai hatte ihm keinen Reichtum beschert, nur einen häßlichen Ledersack. Da ertönte aus jenem wertlosen Ledersack plötzlich eine tröstende Stimme: «Zwar bin ich klein und schwach … aber solange ich dich beschütze, brauchst du dich nicht zu fürchten.»

Dieser Talyessin mit der leuchtenden Stirn hat mit den Tropfen aus dem Giftkessel die Erfahrung der ganzen bisherigen Menschheitsentwicklung in sich aufgenommen. Von Anbeginn der Welt war er «dabei», hat er alle Himmel und Höllen des Menschenmöglichen erlebt. Er verniedlicht kein Gift, er weiß um die tödlichen Fähigkeiten des Homo sapiens. Er weiß, daß kein Mensch davor ausweichen kann, sich das Wissen anzueignen, «das sich in meiner Brust versammelt». Er weiß auch, daß der Kessel bersten und die Welt vergiften wird. Er rät niemandem, tatenlos zuzusehen, aber er gibt ein Beispiel, indem er seine eigene Existenz aufgibt – und das heißt für uns alle, daß wir uns fragen sollten, was an unseren Errungenschaften wirklich das Leben lohnt. Talyessin ist kein Held wie etwa CuChulinn, er leidet Todesängste. Darum kann der, der die schwarze Todesmutter schließlich transzendierte, auch überzeugend sagen:

«Fürchte dich nicht.»

Talyessin – so erfahren wir später – war im Umkreis der Gralssage ein Meisterschüler des bretonischen Zauberers *Merlin;* dort wird er oft Thelgessin genannt.[255] Er scheint weitgehend mit diesem *alten Weisen* aus der arthurischen Sage identisch zu sein, der dann – vorerst – im Dickicht eines Waldes verschwunden ist.

Varianten des keltischen Kessels[256]

Einige Varianten des keltischen Kessels seien noch kurz erwähnt. Von einem Besuch, den sterbliche Menschen mitunter der Anderswelt abstatteten, brachte der König *Cormac* seinen *Becher der Wahrheit* mit, der jeweils zersprang, wenn in seiner Gegenwart eine Lüge ausgesprochen wurde, und der sich durch wahre Worte wieder zusammenfügte. Dieser Becher war ein Geschenk des Jenseitsgottes Manannaun. Er stammte aus dem Land ohne Sorgen, ohne Alter, Krankheit und Tod – dem Land der reinen Freude. Dort gab es auch einen *Kessel der Wahrheit,* der seine Speisen nur für Würdige gar kochte. Ein anderer, der Seefahrer *Tadg,* brachte von jenen Inseln eine grüne *Schale* mit, in welcher sich Wasser in Wein verwandelte, und *Maeldun* erlebte auf der achtundzwanzigsten Station seiner Jenseitsreise den See der Verjüngung, in dem der Weltenadler sich erneuerte.

Die Erinnerung an den keltischen Wunderkessel wurde schließlich in eine glückselige «Anderswelt» verlagert, nachdem der Kessel des Dagda in der Unterwelt versunken, der Kessel der Wiedergeburt zersprengt und der Inhalt des Kessels der Ceridwen ausgelaufen war. Die drei Weisheitstropfen aus jenem letzteren Kessel gingen aber nicht verloren, denn merkwürdigerweise tauchte das Wundergefäß Jahrhunderte später wieder auf: in der mittelalterlichen Dichtung von den Rittern der Tafelrunde, die sich um König Arthur versammelten, und in der für diesen Zyklus zentralen Legende vom Heiligen Gral.

Ausblick auf die Grals-Sage

Die Gralslegende hat viele Wurzeln, eine davon im Osten, wie ROBERT DE BORON berichtet.[257] Dieser Zweig der Sage erzählt von Joseph von Arimathia, der das Blut Jesu im Kelch des letzten Abendmahls aufgefangen und verwahrt haben soll. Joseph hörte eine Stimme aus oder über dem Gefäß, die ihm den Befehl erteilte, den Kelch seinem Schwager *Bron* zu übergeben und ihn damit ins Abendland zu senden. Bron heißt «der reiche Fischer», weil sein Sohn Alain einen großen Fisch gefangen hatte, mit dem er seine ganze Sippe speisen konnte. Seither heißen alle späteren Gralskönige die «Fischer-Könige»[258]. Bron wird auch *Hebron* genannt, was in die judäische Landschaft bei Bethlehem als seine Heimat verweist.

Der Enkel des Fischerkönigs sollte später *Galaad* (oder Galahad) sein. Er war der dritte und letzte Träger des Gefäßes, das dann «der Gral» genannt wurde. Dieser Galahad war ein Sohn des Ritters Lancelot und Elaines, der Tochter des Fischerkönigs; hinter Elaine (oder Elen) scheint sich die keltische Göttin Rhiannon zu verbergen. Der Vater des Mädchens heißt in dieser Fassung Pelleas (oder Pelles), und er wird mit dem kymrischen Pryderi in Zusammenhang gebracht, der seinerseits ein Gefolgsmann oder Nachkomme des britischen Urkönigs Bran war.

Damit sind wir bei der zweiten, der keltischen Wurzel der Sage angelangt. Der keltische Kessel war, so hörten wir bereits, endgültig von der Erde verschwunden. Aber wohin ist er gekommen, nachdem er zersprungen war?

Die Gralssage lokalisiert den *Montsalwatsch*, den Berg des Heils, in einem See, der mitten in einem tiefen Wald versteckt lag. Dort befand sich die Gralsburg und in ihr das wunderbare Gefäß, das den seiner würdigen Rittern jegliche Nahrung spendete. Sein Anblick heilte außerdem Kranke, und in seiner Gegenwart gab es keinen Tod. Allerdings konnte niemand mit Absicht und Willen dorthin gelangen. Parzival und Galahad wurden berufen. Gawan, ein anderer Ritter der Tafelrunde des Königs Arthur, wollte einst sein Pferd mit Gewalt auf einen anderen, vermeintlich richtigen Weg lenken, aber sein Pferd wußte es besser und ging den Weg zur Gralsburg.[259]

Wald und Wasser, die alten Symbole für die Welt der Unbewußtheit, verweisen uns in unsere eigene *Innenwelt.* Die Sage erzählt, daß sich die ganze Ritterschaft des Königs Arthur auf die Suche nach dem ersehnten Gral begab; sie alle sind uns schon in der Mythe von Culhwch und Olwen begegnet. Nun gab es in der Tafelrunde einen Sessel, der stets leer blieb, er befand sich zwischen den Plätzen von Parzival und Bors (oder Bohort). Dieser Platz wurde auf Anweisung *Merlins,* des alten Zauberers und Ratgebers des Königs Arthur, freigehalten für einen Menschen, der ohne Makel wäre. Er hieß der «Gefährliche Sitz», denn einmal hatte sich ein Unberufener darauf niederlassen wollen, worauf sich die Erde auftat und ihn verschlang. Da erschien eines Tages ein junger Knappe, der sich zu aller Erstaunen ohne weiteres zu jenem Sitz begab und dort Platz nahm. Dies war Galahad, der Sohn des Lancelot. Als nun Galahad den letzten Platz an Arthurs Tafelrunde eingenommen hatte, ertönte ein Donnerschlag, und es kam ein Licht über alle, das «siebenmal heller war als die Sonne». Alle sahen den mit weißer Seide verhüllten Gral, und vor jedem Ritter erschien sein Lieblingsgericht. Danach verschwand der Glanz. Alle saßen wie gebannt. Als erster gewann Gawan, der Neffe des Königs, die Sprache zurück. Er wußte, daß nun der Gral zu wandern beginne und daß es höchstes Glück bedeuten würde, ihn zu finden und *unverhüllt* zu schauen.

Ein blinder Sänger, der gerade an den Hof kam, verkündete, daß drei Ritter der Tafelrunde die Ausersehenen seien, doch vorher hätten sie besondere Prüfungen zu bestehen. Das war am Pfingsttag. Jeder der Ritter legte ein Gelübde ab, daß er nicht zurückkehren wolle, bevor er den Gral gefunden habe, und damit brachen sie auf, ähnlich wie in der Culhwch-Sage. Nur eines war anders: Bei der Eberjagd war der König der maßgebende Anführer, hier, beim Aufbruch zur Gralssuche, begleitete er seine Getreuen nur bis zur Grenze seiner Burg Camelot. Dort schickte ihn sein Neffe Gawan zurück mit der merkwürdigen Begründung: «... da Ihr keiner von den Unseren seid, so ist es an der Zeit, daß Ihr heimreitet nach Camelot.» Nach herzlicher Umarmung verabschiedeten sich alle von ihrem König und zogen ihre eigenen Wege. Diesmal trennte sich die «Bruderschaft» von dem Träger des obersten «väterlichen» Bewußtseins. Die «Söhne» suchten ihren Weg in eigener Verantwortung.

Sie ritten in *westlicher* Richtung. Sie ahnten, daß der Weg «gegen Abend» führt. Zwar waren sie alle noch jung und auf äußere Abenteuer bedacht, aber «gegen Abend», auf dem Weg zur zweiten Lebenshälfte, leuchtete ihnen die Vision einer inneren Kostbarkeit auf, die nicht im «Draußen» zu finden war, sondern nur in der Verborgenheit zwischen Wasser und Wald, im Westen der untergehenden Sonne. Dort, wo das Tagesgestirn in die Anderswelt untertaucht und wo alles auf die Wachheit der *inneren* Sinne ankommt, lag das Ziel ihrer Suche.

Stellvertretend für alle anderen sei angedeutet, wie es Lancelot, Bors, Gawan, Parzival und Galahad auf dieser Suche erging. Drei dieser Ritter versagten, obwohl sie das Ziel erreichten. Gawan und Lancelot schliefen im entscheidenden Augenblick vor Übermüdung ein; der dritte, Bors, hielt das Licht des unverhüllten Gral nicht aus und erblindete für eine Nacht und einen Tag. Merkwürdig ergeht es jedoch Parzival und Galahad. Beide wurden zu Erwählten des Gral, aber *Galahad* ist fast vergessen, obwohl oder gerade weil er so fehlerfrei war. *Parzival* hingegen bewegt die Gemüter der Menschen bis in unsere Tage, vor allem dank der Dichtung WOLFRAMs VON ESCHENBACH. Er geriet nie ganz in Vergessenheit, weil uns in ihm ein menschliches Schicksal begegnet, das uns trotz mancher zeitgeschichtlich bedingter Schwierigkeiten des Verstehens anrührt, als sei es unser eigenes.

Aus der Sicht der analytischen Psychologie haben EMMA JUNG und MARIE LOUISE VON FRANZ der Gralssage eine Abhandlung gewidmet.[260] Mit großer Gründlichkeit untersuchen sie die Geschichte des Gral und seine Funktion, des Gefäßes, das nach manchen Überlieferungen der Kelch des letzten Abendmahles war, das

Jesu mit seinen Jüngern feierte, desselben Gefäßes, in dem das Blut des Gekreuzigten durch Joseph von Arimathia aufgefangen wurde und das dann seine Wanderung in die westliche Welt antrat. Im Westen Europas trafen sich christliche Legende und keltische Überlieferung in einer Welt der aufblühenden ritterlichen Kultur des Mittelalters und der gleichzeitig aufkommenden *alchemistischen* Geheimlehren.

Das *alchemistische Opus*, so entdeckte C. G. JUNG[261], ist ein Symbol innerseelischer Wandlung, eines Prozesses, den letztlich kein Mensch «machen» kann. Der Ritterschaft der Tafelrunde erschien der Gral zunächst in seiner Primitivstufe als Spender guter Speisen und Getränke. Nur wenige von ihnen durchlebten auf ihren mühsamen Wegen den Wandlungsprozeß, der den Blick *nach innen* wendet.

Auf dieser Wanderung befinden sich noch heute alle Suchenden, doch sind wir noch weit entfernt von der Weisheit jener drei Tropfen, die uns dazu verhelfen könnten, die innere Erfahrung in Einklang zu bringen mit der Beziehung zu unseren Mitmenschen und zum richtigen *Handeln* im Umgang mit unserer vergifteten und zerstörten Umwelt. Das Geheimnis des keltischen Kessels und des heiligen Gral fällt nach aller notwendigen, aber vergeblichen Mühe nur dem zu, der in der Ver-Zweiflung an allem «Machbaren» gelernt hat loszulassen. Parzival, der in Trotz und Zorn um den Gral hatte kämpfen wollen, gab schließlich alle Hoffnung auf und ließ seinem Pferd die Zügel. Sein «Pferd» trug ihn zu dem alten Einsiedler, dem weisen Trevrizent, und danach noch lange Zeit scheinbar hierhin und dorthin. Als der über allem vergeblichen Bemühen Resignierte dann endlich durch die Gralsbotin zum Gralskönig berufen wird, erzählt Parzival den anwesenden Rittern in Arthurs Tafelrunde, was ihm einst der Einsiedler über den Gral gesagt hatte:

dâz den grâl ze keinen zîten
niemen möht erstrîten,
wan der von gote ist dar benant.
kein strît möht in erwerben
vil liut liez dô verderben
nâch dem grâle gewerbes list;
dâvon er noch verborgen ist.[262]

Anmerkungen

1 Aus der Zeit zwischen 1880 und 1920 liegen verläßliche Übertragungen der alten Texte vor. Zu erwähnen ist das zwölfbändige Werk von D'ARBOIS JUBAINVILLE, *Cours de Littérature celtique*, Paris 1883; E. WINDISCH, *Die Altirische Heldensage*, Leipzig 1905; J. POKORNY, *Altkeltische Dichtungen*, Bern 1944. Diese Werke sind sämtlich vergriffen und nur in Bibliotheken zugänglich. RUDOLF THURNEYSEN plante eine Gesamtausgabe der irischen Sagen, kam aber über die *Irische Helden- und Königssage aus dem Ulster-Kreis* nicht hinaus. Dieser Band mit seinen ausführlichen Kommentaren wurde im Verlag Georg Olms, Hildesheim 1980, neu gedruckt. Am Ende des 18. Jahrhunderts setzte eine neo-keltische Interessenwelle ein, in deren Zug zum Teil phantasievolle Neufassungen alter Texte erschienen, zum Teil auch regelrechte Fälschungen, unter denen sich vor allem der angeblich «originalkeltische» Text des *Ossian* von MAC PHERSON großer Beliebtheit erfreute.

2 HEKATAIOS VON MILET (540–480 v. Chr.); APOLLONIOS VON RHODOS (3. Jahrhundert v. Chr.), Argonautica; DIODOROS SICULUS (um 60 v.–20 n. Chr.), *Universalgeschichte*, Buch V; STRABO (ca. 64–25 v. Chr.), *Geographica*, Lib. 1–10; VARRO (116–51 v. Chr.) *Kultaltertümer;* LIVIUS (ca. 59 v.–17 n. Chr.) *Geschichte Roms;* JULIUS CAESAR (100–44 v. Chr.). In *Der Gallische Krieg* beschreibt er viele Gewohnheiten der Festlandkelten.

3 JOHN SHARKEY, *Die Keltische Welt*, Frankfurt 1982, S. 5.

4 ROBERT V. RANKE-GRAVES (*Die Weiße Göttin*, Reinbek 1980, S. 68) beschreibt eine Wanderbewegung, die um das Jahr 2000 in Gang kam: Invasoren von Nordosten und Südosten vertrieben einen Bund handeltreibender Stämme aus der Ägäis, die zum einen Teil direkt nach Norden ausweichend, zum anderen Teil nach Westen und über Nordafrika und Spanien die britischen Inseln und Irland erreichten. Der Autor gibt außerdem eine ausführliche Schilderung der protokeltischen und keltischen Invasionen (S. 60 f.).

5 DE VRIES, *Keltische Religion*, S. 5.

6 SPINDLER, *Die Frühen Kelten*, S. 15 ff. u. S. 42.

[7] LIVIUS lebte ca. 59 v.–17 n. Chr. in Rom.

[8] Zur Sprachentwicklung kann Genaueres bei DE VRIES (S. 107) nachgelesen werden. Die «PS»-Aussprache bestimmter Laute gilt für England und Wales im Kymrischen, die «QS»-Aussprache für das Gälische in Irland.

[9] JAN FILIP, *Die Keltische Zivilisation und ihr Erbe*, S. 37.

[10] JULIUS CAESAR, *De Bello Gallico VI*.

[11] Abb. bei JACQUES MOREAU, *Die Welt der Kelten*, Taf. 29; FILIP S. 27; Time Life S. 123.

[12] MOREAU, *Die Welt der Kelten*, S. 31.

[13] JULIUS CAESAR, *De Bello Gallico VI*, S. 19.

[14] SPINDLER, *Die frühen Kelten*, S. 260.

[15] DIODOROS SICULUS (um 60 v.–20 n. Chr.), *Universalgeschichte V* (zitiert nach MOREAU, S. 71).

[16] STRABO, zitiert nach MOREAU, S. 71.

[17] CAESAR, *De Bello Gallico VI*.

[18] *Bild* Time Life, S. 59, 91, 112.

[19] *Bild* des Gundestrup-Kessels (aus RUDOLF GROSSE, *Der Silberkessel von Gundestrup*, S. 299/300).

[20] SEUMAS MAC MANUS, *The Story of the Irish Race*, S. 54; *Book of Leinster*.

[21] POSEIDONIOS, Stoiker, 135–51 v. Chr.

[22] STRABO verfaßte seine *historischen Kommentare* zwischen 27 und 7 v. Chr., seine *geographischen Kommentare* um 18 n. Chr.

[23] VARRO, 116–51 v. Chr.

[24] PHILIPP II. VON MAZEDONIEN, 379–336 v. Chr.

[25] In seinem inhaltsreichen Buch (*Das geheime Wissen der Kelten*, Freiburg 1976) unternimmt LANCELOT LENGYEL den Versuch, jeden dieser Kringel zu entschlüsseln und auf seinen Symbolgehalt zu untersuchen. Ich sehe mich vorerst außerstande, das zu überprüfen oder nachzuvollziehen, denn die Deutung auch der spätkeltischen Ornamentik ist ein äußerst schwieriges Unterfangen. Die meisten Forscher sagen dazu ehrlicherweise: Wir wissen es nicht.

[26] Einzelheiten können bei DE VRIES, S. 20, und bei MOREAU, S. 103, nachgelesen werden.

[27] JEAN JACQUES HATT hat in dem *Katalog* der großen Keltenausstellung in Hallein 1980 die Darstellung dieser Götter übernommen, der ich im wesentlichen folge (S. 53 ff.).

[28] DE VRIES, S. 223. ROLLESTONE, *Myths and Legends*, S. 85.

[29] Gelegentlich wird Teutates auch mit einem Hammer dargestellt, auch ithyphallisch, sogar tri-phallisch. Dann rückt er in die Nähe des Hammer-Gottes *Sucellos* und des germanischen Thor.

[30] Darüber berichtet CICERO im Jahre 39 v. Chr.

[31] DE VRIES, S. 106.
[32] HATT, *Hallein-Katalog*, S. 53.
[33] MOREAU, Tafel 74/75, und DUVAL, *Die Kelten*, S. 227.
[34] WOLFGANG HEILIGENDORFF, *Der keltische Matronenkultus*, Leipzig 1934.
[35] DE VRIES, S. 205, und Time Life, S. 87.
[36] JULIUS CAESAR, *De Bello Gallico VI*, 14, 2–3.
[37] DE VRIES, S. 214.
[38] JEAN MARKALE, *Die Druiden*, S. 137 f.
[39] *Falken-Handbuch der Heilkräuter*, S. 162.
[40] *Die Lehren der Druiden*, herausgegeben und übersetzt von J. A. WILLIAMS für die M. S. Society, zitiert nach ROLLESTONE, S. 332.
[41] Die Wiedergabe der Aufzeichnungen des LLEWLLYN SION kann in ROLLESTONES *Myths and Legends of the Celtic Race*, S. 332 ff. nachgelesen werden.
[42] V. RANKE-GRAVES, Die Weiße Göttin, S. 32.
[43] Über die Art seiner Ausgrabung und Restaurierung gibt es Meinungsverschiedenheiten. Wichtig aber ist die Tatsache, daß die Topographie unverändert belassen wurde.
[44] HANS HARTMANN, *Totenkult in Irland*.
[45] DE VRIES, *Keltische Religion*, S. 131 ff.
[46] THURNEYSEN, *Sagen*, S. 77 ff.
[47] THURNEYSEN, *Sagen*, S. 78.
[48] DIODOROS SICULUS, *Universalgeschichte V*, 28, 4–5, zitiert nach JACQUES MOREAU, *Die Welt der Kelten*, S. 111, und DE VRIES, S. 221, sowie *dtv-Lexikon der Antike*, «Literatur» (Bd. 2), S. 9.
[49] Mircea Eliade weist ebenfalls darauf hin, daß nicht nur nach der griechisch-lateinischen Auffassung der Kopf der Sitz der Seele und der ihr innewohnenden Göttlichkeit war, sondern daß diese Auffassung «aus einer älteren Epoche, vielleicht sogar aus vorgeschichtlicher Zeit stammt». (M. Eliade, Das Mysterium der Wiedergeburt – Versuch über einige Initiationstypen, S. 163. (Inselverlag 1988).
[50] Die hier im Hinblick auf den Kopfkult besprochene Sage wird im Vierten Teil (S. 301) unter dem Aspekt des Keltischen Kessels nochmals behandelt.
[51] JAMES STEPHENS, *«Finn der Held»*, S. 119.
[52] *Märchen aus Wales*, S. 12 ff.
[53] DE VRIES, S. 242, und YOUNG, *Celtica I*, S. 74 f.
[54] LÖPELMANN, *Erinn*, S. 111.
[55] Bei den Iren gab es, wie in China, Assam, Borneo und bei den alten Iberern den Brauch des «Männer-Kindbettes», der Couvade. Bei der Geburt eines Kindes legte sich auch der Vater ins Wochenbett (Gsänger, S. 201). Ähnliches berichtet die Malerin Paula Modersohn-Becker in ihren Briefen und Tage-

buchblättern (Worpswede, 1932). Bei diesem Brauch könnte es sich um einen Versuch der Männer handeln, sich mit der weiblichen Fruchtbarkeit zu identifizieren, indem sie die Schwäche des Kindbettes imitieren.

56 LÖPELMANN, *Erinn*, S. 439.

57 DE VRIES, S. 242 f.

58 Bericht bei DE VRIES, S. 243.

59 HARTMANN, *Totenkult*, S. 95.

60 Literatur: T. W. ROLLESTONE, *Myths and Legends* (1911 u. 1985), S. 96 ff., und HETMANN, *Die Reise in die Anderswelt*, S. 19 ff.

61 HETMANN, *Anderswelt*, S. 65–76.

62 HETMANN, *Anderswelt*, S. 214, *fo* = «unter», *mor* = «groß».

63 HETMANN, *Anderswelt*, S. 66.

64 Die Meinungen einzelner Forscher gehen im Hinblick auf die Einwanderungstheorien weit auseinander. So ist T. W. ROLLESTONE geneigt, alle Hinweise auf eine bestimmte Herkunft der Goidelen «aus Spanien» ausschließlich mythisch zu deuten im Sinne von «weit her» oder «aus dem Land des Todes» (S. 102).

65 V. RANKE-GRAVES (*Die Weiße Göttin*, S. 150), bringt dagegen die Milanesier mit einer großen Nord-West-Wanderung aus der Ägäis in Zusammenhang und bezweifelt daher die Zeitangabe ihrer Ankunft in Irland im 2. Jahrhunder v. Chr.; vielmehr läßt er sie um 1015 die Insel erreichen.

66 STEPHENS, *Finn der Held*, S. 11–26.

67 Vielleicht handelte es sich bei dieser «Sintflut» um die atlantische Katastrophe.

68 ROLLESTONE, *Myths and Legends*, S. 105.

69 V. RANKE-GRAVES, *Die Weiße Göttin*, S. 54.

70 Ó'RAHILLY, S. 326.

71 ROLLESTONE, *Myths and Legends*, S. 105 f.

72 Ó'RAHILLY, S. 326, S. 469 f.

73 DE VRIES, S. 149.

74 SHARKEY, *Keltische Welt*, S. 9.

85 ROLLESTONE, *Myths*, S. 110 ff.; DE VRIES, S. 52 f., YOUNG, *Celtica I*, S. 37 ff.

86 *Mac Cecht* ist der «Sohn der Pflugschar».

87 Nach anderen Überlieferungen sind es drei Kinder. Sie werden durch Balors Diener alle ins Wasser geworfen, aber eine Druidin rettet den einen, Lugh, und bringt ihn zu Cian, der ihn dem Gobinu als Ziehvater überläßt. Dort lernt er alle Künste. Anschließend entrücken ihn die Tuatha Dé Danann ins Land der Jugend zu Manannaun (ROLLESTONE, S. 111 ff.). Von dort kommt er schließlich an den Hof des Nuada.
Der Lichtgott Lugh ist, wie der Zwischenkönig Brass ein Enkel des Gottes

der Finsternis, Balor. Brass bringt als Versöhnungsgabe die Fruchtbarkeit der Felder, Lugh eine neue Bewußtseinsstufe zu den Menschen.

[78] DE VRIES, S. 52 u. S. 129.

[79] Lugh verbindet sich mit seiner Nährmutter Tailtu, der Erde.

[80] V. RANKE-GRAVES, S. 358.

[81] DE VRIES, S. 229 f.

[82] HELCK-OTTO, *Wörterbuch der Ägyptologie*, S. 102.

[83] *Der kleine Pauly*, 4, S. 1509.

[84] *dtv-Lexikon der Antike*, «Religion» (Bd. 1), S. 99 f.

[85] Der Februar war in Rom der Monat der rituellen weiblichen Reinigung. *Febris* war die römische Göttin des Fiebers. Ein Februum ist jedes Mittel, das der rituellen Reinigung dient *(dtv-Lexikon der Antike)*.

[86] *Der kleine Pauly*, Bd. 2, S. 1274 f.

[87] HARTMANN, S. 67.

[88] HETMANN, *Anderswelt*, S. 20 ff. ROLLESTONE, *Myths*, S. 130.

[89] DE VRIES, S. 128, 143, 154 ff.

[90] Nicht alle Speere wurden aus Haselholz gefertigt. Aber es ist überliefert, daß ein Bewerber um die Aufnahme in die Elitetruppe der Fianna sich mit einem nur armlangen Haselstecken gegen alle Angriffe verteidigen mußte. Der Name «Sohn der Hasel» weist des weiteren darauf hin, daß der Kriegerkönig mehr sein mußte als nur ein tüchtiger Kämpfer, denn die Haselnüsse waren die Früchte der Weisheit (vgl. Teil III über Finn).

[91] HETMANN, *Anderswelt*, S. 20 f.

[92] YOUNG, *Celtica I*, S. 74.

[93] HETMANN, *Anderswelt*, S. 23, oder LANCELOT LENGYEL, *Das Geheime Wissen der Kelten*, S. 250.

[94] Nach HETMANN, *Anderswelt*, S. 24 (sprachlich von mir überarbeitet).

[95] THURNEYSEN, *Sagen*, S. 81–84.

[96] SEUMAS MAC MANUS: *The Story of the Celtic Race*, 1975, S. 40–44.

[97] HETMANN, S. 25.

[98] LÖPELMANN, *Erinn*, S. 266 ff.

[99] THURNEYSEN, *Die Irische Helden- und Königssage*, S. 598 ff. Nach THURNEYSEN stammt die Sprache der ältesten Etain-Sage aus dem 9. Jahrhundert, obwohl die schriftliche Fixierung erst im 11. Jahrhundert erfolgte.

[100] LÖPELMANN, *Erinn*, S. 430.

[101] Der Ort liegt in der Nähe des heutigen Ardagh in der Landschaft Longford. THURNEYSEN, *Helden- und Königssage*, S. 52.

[102] Von diesem Eochaid Airem (oder Fedlech) wird angenommen, er habe zu Beginn des 1. nachchristlichen Jahrhunderts gelebt, (LÖPELMANN, *Erinn*, S. 473).

103 THURNEYSEN, *Helden- und Königssage*, S. 324 f.

104 THURNEYSEN, *Sagen*, S. 16–27.

105 Das irische Wort *geis* wird am besten mit «tabu» übersetzt.

106 Als Quellen dienten mir vor allem die Erzählungen aus LÖPELMANNS Sammlung *Erinn*, S. 453 ff., *Die Irische Götter- und Heldensage* von THURNEYSEN, S. 268 ff., die HEIMERAN-Ausgabe der *Sage vom Rinderraub*, S. 5 ff., und die Sammlung irischer Mythen von ROLLESTONE, S. 181 ff.

107 Welche Bewandtnis es mit dem «Spiegler» hat, ist mir unbekannt. Er könnte z. B. zur Blendung der Feinde gedient haben, so wie es Kinder heute noch mit Vergnügen tun, um andere Leute zu irritieren.

108 Die Nechta ist einer der Quellflüsse der Boyne und gleichzeitig eine Flußgöttin.

109 Zur Initiation der Kwakiutl-Gesellschaft der Kannibalen gehört eine kultische Raserei und deren «Zähmung» in einem Tauchbad. Die Erhitzung der «Heiligen Wut» des Initianden muß gekühlt werden, damit er kein Unheil anrichtet. – Wie bei den skandinavischen Berserkern «äußert sich die Assimilation der heiligen Kraft durch eine übermäßige Erhitzung des Körpers: extreme Hitze ist eines der charakteristischen Merkmale der Magier, Schamanen, Krieger und Mystiker». (M. Eliade, Mysterium der Wiedergeburt, S. 123 und 129. (Frankfurt, 1988).

110 LÖPELMANN, *Erinn*, S. 117.

111 Quelle: THURNEYSEN, S. 378, 380 ff. Diese Sage wurde wahrscheinlich im 8. Jahrhundert erstmals aufgezeichnet. Es gibt drei Fassungen: I ist eine erste Umarbeitung aus dem 11. Jahrhundert, II eine Erweiterung aus dem 12. Jahrhundert, III ist aus I und II zusammengestellt.

112 THURNEYSEN, *Heldensage* S. 385 f.

113 HEIMERAN, *Rinderraub*, S. 49.

114 Das Motiv der «Gefährlichen Brücke» spielt in vielen Mythen eine Rolle. In der iranischen Theologie heißt sie *al Sirat* und führt über die Mitte der Hölle, «dünn wie ein Haar und scharf wie ein Schermesser». Bei den Germanen verbindet die Brücke «Bifroest» die Welt der Götter mit jener der Menschen. Bifroest heißt *Zitterrost* und meint den Regenbogen, also eine Brücke, die mit irdischen Füßen nicht betretbar ist. Vgl. auch E. T. REIMBOLD, *Die Brücke als Symbol*.

115 Diese Brücke oder das Seil sind Bilder für den Übergang auf dem Weg zu einem transzendentalen Ziel. – Alle genannten «Prüfungen» sprechen davon, daß der Initiand «sterben» muß im Hinblick auf alles, was ihm bisher selbstverständlich war. Im Durchgang durch seelische Teil-Tode leuchten in kritischen Augenblicken auch Menschen unserer Tage neue geistige Zusammenhänge auf, die ihr Lebensgefühl von grundauf verändern und bisher Unbeachtetes in neuem Licht erscheinen lassen.

116 SCHMEIL, *Tierkunde*, S. 174: Der Lachssprung kann bis 3 m hoch und 6 m weit sein. Nicht selten verletzen sich die Tiere am Gestein und gehen an den Folgen der Verletzung zugrunde.

117 Im Totenkult wurde der Eibenbaum als Repräsentant immerwährenden Grünens und Lebens, gleichzeitig aber wegen seiner Giftigkeit verehrt. Ferner galt die Eibe aber auch als zauberkräftiger Schutz gegen böse Geister. Wenn man die Zweige kreuzweise vor den Eingang steckte, vermochten keine Dämonen einzudringen. In der Volksheilkunde wurde die Eibe als Mittel gegen die Tollwut verwendet (BÄCHTHOLD–STÄUBLI, *Handwörterbuch des deutschen Aberglaubens*, II, S. 645). CAESAR berichtet in seinem *Gallischen Krieg* (VI, 31) von einem König der Belger folgendes: «Catuvolcus... war wegen seines Alters den Anstrengungen des Krieges nicht mehr gewachsen... und vergiftete sich mit dem Saft der Eibe.» HARALD NIELSEN schreibt: «Man mischte der letzten Mahlzeit eine Beerenreibe der Eibe bei. Der Baum diente oftmals auch als Opferbaum, an dem man künstliche Glieder aufhängte, um das wirkliche, erkrankte Glied zu kurieren.» (*Giftpflanzen der Heimat*, S. 29). Früher verwendete man die Eibenbeeren, vor allem deren Samen und die Nadeln, als Abtreibungsmittel, oft mit tödlichem Ausgang. Die «Hexensalbe» des Mittelalters enthielt Bestandteile der Eibe. V. RANKE-GRAVES zitiert SHAKESPEARES *Macbeth*, wo «Hekates Kessel Schnitzel aus Eibenholz, geschnitten bei Mondfinsternis» enthielt (*Die Weiße Göttin*, S. 226). V. RANKE-GRAVES berichtet weiter von der irischen Eibe (S. 227), sie sei «der Zauber des Wissens und das Rad des Königs». Das «Rad des Königs» weist auf dessen Auf- und Abstieg mit dem Sonnenlauf als Jahreskönig hin. Diese Mitteilungen über die Eigenschaften der Eibe bestätigen, daß der Baum mit den Geheimnissen um Tod und Leben, die Scathach ihren «Söhnen» und zuletzt auch CuChulinn mitteilt, eng verwoben war.

118 Das Motiv des Inzests taucht sowohl in der buddhistischen, wie auch in der westlich alchemistischen Literatur auf. «In der alchemistischen Arbeit des Feuers... (lernen die Adepten) ... von neuem in die Gebärmutter einzugehen, damit sie ihre wahre Natur wieder herstellen und ihr Lebensschicksal erneuern», – oder: «Der Schüler muß in den Schoß seiner Mutter zurückkehren oder sogar ihr beiwohnen». (M. Eliade, Mysterium der Wiedergeburt, S. 106). Erklärend fügt Eliade hinzu: «Natürlich symbolisiert die Mutter die Natur in ihrem Urzustand der prima materia der Alchemisten» (S. 107). – In die Sprache der Tiefenpsychologie übertragen, hat hier Cuchulinn die eigentliche Prüfung des Oidipus zu bestehen, und *er* versteht diese archaische Bildersprache.

119 Der Keltologe THOMAS F. Ó'RAHILLY deutet *bolgos* als «leuchtend», «blitzend». Nach ihm ist CuChulinns Todeswaffe, der Gae Bolga, ein Speer des

«leuchtenden Gottes», des Lichtgottes. Er bringt diesen Speer in Zusammenhang mit dem Blitz- oder Donnerkeil des Zeus oder Thor (THOMAS F. Ó'RAHILLY, *Early Irish History and Mythology,* S. 52). Und in der Tat ist der Blitzstrahl tödlich, wenn er einen Menschen trifft, aber er wirkt gleichzeitig befruchtend auf die Erde; das kann symbolisch gesehen werden oder real, wenn der Blitz die Spannung in der Atmosphäre gelöst hat und der befruchtende Regen auf die Erde niederströmt. Im Zusammenhang mit CuChulinn bleibt vorerst die Frage offen, warum dieses Mordinstrument nur mit der Zehengabel gefaßt und geschleudert und warum diese Technik nur unter Wasser wirkungsvoll angewandt werden kann (vgl. Teil III).

120 ROLLESTONE, S. 189; LÖPELMANN, *Erinn,* S. 225 f.; HEIMERAN, S. 54 f.; THURNEYSEN, *Königs- und Heldensage,* S. 391 f.

121 BÄCHTHOLD-STÄUBLI, IV, S. 1197–1209.

122 Quelle: HEIMERAN, *Der Rinderraub,* München 1976. *Tain* ist der «Raub», *Bo* bedeutet «Rind».

123 Die Königin Mebd (Maeve) war mit jedem König Irlands vermählt, sie war also keine reale, sondern eine mythische Gestalt, die letztlich wieder die Herrschaft über den Boden des Landes verkörperte. Das ist auch mit ihrem Angebot an Fiachna gemeint, dem Eigentümer des Großen Stieres Donn, dem sie «die Gunst ihrer Schenkel» anbot (DE VRIES, S. 130). Das Grabmal der Königin Maeve auf dem Berg Knocknarea über der Sligo Bay ist bisher noch nicht erforscht, angeblich weil die Bevölkerung Böses befürchtet, wenn der Cairn der einstigen Feenkönigin Mebd angetastet würde (V. RANKE-GRAVES, S. 120).

124 Insofern gehört der Stier einerseits in das nordöstliche Ulster, andererseits in die «Mitte» Irlands (Mide), wo der Sitz des Hochkönigs war.

125 Die Herkunft des Stammes der Galiōnin ist unsicher. Nach O'RAHILLY (S. 16, 22, 393) sind sie ein Zweig der Lagin, der Leinsterer, die um 500 v. Chr. auf die Insel kamen, während die Ankunft der Goidelen im 1. Jahrhundert v. Chr. anzusetzen ist. O'RAHILLY und ROLLESTONE nehmen an, daß sie ein vorkeltischer Stamm waren, der über Spanien nach Irland gelangte. Ihren Namen haben die Galiōnin von der großen Anzahl der leichten Wurfspieße, die sie mit sich führten, sie wurden als tüchtige Krieger hoch geschätzt. Es ist denkbar, daß die Galiōnin ein Zweig der spanischen Galizier sind, die schon mit griechischem und römischem Gedankengut in Berührung gekommen waren. Danach sind sie Vertreter der neuen männlichen Rationalität, die der Königin Maeve in ihrem Heer verdächtig und gefährlich erscheinen mußten.

126 Ein Frettchen ist eine gezähmte Art Marder.

127 Nach einer anderen Version benutzt die Kriegsgöttin Morrigan die Gelegen-

heit seiner Schwächung und seines Wunddurstes, indem sie sich ihm in Gestalt eines einäugigen alten Weibes nähert. Dieses melkt vor seinen Augen eine dreieutrige Kuh. CuChulinn bittet sie um einen Trunk Milch aus der ersten Zitze und bedankt sich mit den Worten: «Heil sei der Spenderin!» Da ist das Auge geheilt, das er mit seinem Speer zerstört hatte. Beim zweiten Trunk und Heilswunsch ist der zertretene Kopf des «Aales» wieder hergestellt und beim dritten Trunk das zerschlagene Bein des «Wolfes». Die Wunden, die CuChulinn geschlagen hatte, konnten nur durch ihn selber wieder geheilt werden.

128 FRANK TEICHMANN, *Der Mensch und sein Tempel. Megalithkultur,* S. 29 und S. 35.

129 HEIMERAN, *Rinderraub,* S. 214 f.

130 HEIMERAN, *Rinderraub,* S. 223.

131 Nach einer anderen Version fällt CuChulinn nach der Klage um Fer-Diad in eine tödliche Ohnmacht. Das feindliche Heer bricht in Ulster ein. CuChulinn wird von seinen Freunden in seine Burg Murtheimne getragen. Seine elfischen Verwandten, die Dé Dananns, bringen magische Heilkräuter.

132 LÖPELMANN, *Erinn,* S. 450.

133 THURNEYSEN, *Königs- und Heldensage,* S. 219.

134 Diese Muttergottheit und ihre Tochter Finnabair, ihre positive Zukunft, sind Eines. «Finnabair» bedeutet «das schöne» oder «das weiße Gespenst», also die Weiße Göttin in ihrer uralten und ewig jungen Gestalt, die sich hier grollend zurückzieht (vgl. H. BIRKHAN, *Keltische Erzählungen vom Kaiser Arthur,* I, S. 289).

135 Vgl. MANFRED LURKER, *Wörterbuch der Symbolik,* S. 306 f.

136 Quelle: THURNEYSEN, *Helden- und Königssage,* «Der Tod von Aifes Einzigem», S. 404–412.

137 Quelle: THURNEYSEN, ebd., S. 413–426, und *Sagen,* S. 88–114.

138 Dieser Oengus ist der Bruder Fanns.

139 THURNEYSEN, *Sagen,* S. 96 f.

140 THURNEYSEN, *Sagen,* S. 106 f.

141 C. G. JUNG nannte dieses gezielte Phantasieren die «Aktive Imagination», *Gesammelte Werke,* Bd. 6, 8, 12.

142 Quelle: THURNEYSEN, *Helden- und Königssage,* S. 547–571.

143 Wie seinem Sohn Conlai, nachdem er durch den Gae Bolga seines Vaters tödlich getroffen worden war.

144 V. RANKE-GRAVES, S. 192 f.

145 THURNEYSEN, *Helden- und Königssage,* S. 633–652, «Die Zerstörung der Halle von Ua Derga».

146 Als Quellen dienten mir in erster Linie DÁITHI ÓH ÓGÁIN, *Fionn mac Cum-*

haill; T. W. ROLLESTONE, *Myths and Legends of the Celtic Race;* MARTIN LÖPELMANN, *Erinn. Keltische Sagen aus Irland;* JAMES STEPHENS, *Fionn, der Held.* Übertragen von Ida Friederike Görres.

147 *Mor* heißt «groß», *find* heißt «blond».

148 KUNO MEYER, *Fiannaigecht XXIII.*

149 I. CLARUS, *Odysseus und Oidipus.*

150 Es sei angemerkt, daß z. B. der junge Parzival diese weibliche Ausstattung entbehren mußte.

151 Die Germanen sprachen in diesem Zusammenhang von der «Hamingia» des Menschen, seiner symbolischen Haut, die ihm wie ein magischer Schutz mit auf den Lebensweg gegeben wird. (Ström-Biezais, «Germanische und Baltische Religion, S. 178. Kohlhammer, Stuttgart 1975).

152 Als Ausgleich für seine einseitige Wissenschaft in der eintönig-grauen Studierstube verspricht Mephisto dem Dr. Faust eine «gefällige», lustvolle Sinnlichkeit, für die der Verzweifelte und Selbstmordgefährdete besonders empfänglich ist. Mephistos Helfer singen Faust in den Schlaf, und damit befindet er sich fürs erste in des Teufels Gewalt.

153 ADOLF E. JENSEN, *Die getötete Gottheit,* S. 46 ff.

154 Ein *Sidh* ist sowohl die Behausung (der «Hügel») der Feen als auch die Bezeichnung für die Feen selber, die man *Sidhe* nennt (V. RANKE-GRAVES, *Die Weiße Göttin,* S. 118).

155 STEPHENS, *Fionn, der Held,* S. 74–87.

156 Nach ÓGÁINS Angabe (S. 335 und 154 f.) war Oisins Mutter die Tochter von Finns Feind aus der Anderswelt, Dearg, «dem Roten». Mit diesem Dearg ist wahrscheinlich der Stammvater des «Roten Zweiges» aus Ulster gemeint, was die Feindschaft erklären kann.

157 Der Erzählung der Zauberhöhle von Cesh Corran lege ich den Text von JAMES STEPHENS, *Fionn, der Held,* S. 119 ff., zugrunde.

158 ÓGÁIN berichtet noch, daß Finn sein Schwert von einem Zauberschmied Lon erhielt, der es in der Höhle von Cesh-Corran geschmiedet hatte. Das Schwert trägt den Namen «Mac Luin», Sohn des Lon (ÓGÁIN, S. 206).

159 Der Ausdruck «Anderswelt» stammt von HETMANN, *Die Reise in die Anderswelt.*

160 BÄCHTHOLD-STÄUBLI, *Handbuch des Deutschen Aberglaubens,* VIII, S. 362.

161 BÄCHTHOLD-STÄUBLI, VIII, S. 360. Die Verwechslung der Stechpalme mit dem Stechapfel ist um so wahrscheinlicher, weil der Ilex erst im 16. Jahrhundert auf die britischen Inseln eingeführt wurde, also lange nach der Entstehung der Sage von Cesh Corran (V. RANKE-GRAVES, S. 209).

162 ROLLESTONE, S. 292–295; ÓGÁIN, S. 228–232; YOUNG-BENNING, *Keltische Heldensagen, S. 99–115.*

[163] YOUNG-BENNING.

[164] ROLLESTONE, S. 278–281, *Transaction* der *Ossianic Society;* ÓGÁIN, S. 290 u. S. 23.

[165] ÓGÁIN, S. 141 und S. 160–164.

[166] ROLLESTONE, S. 252; ÓGÁIN, S. 4.

[167] ÓGÁIN, S. 14.

[168] ÓGÁIN, S. 164.

[169] «günstig seine Sterne»

[170] ÓGÁIN, S. 165.

[171] LÖPELMANN, *Erinn,* S. 327–365; ÓGÁIN, S. 166–176.

[172] LÖPELMANN (*Erinn,* S. 481) datiert die Sage von Diarmaid und Gráinne ins 9. Jahrhundert, ÓGÁIN hundert Jahre später. Ihre schriftliche Gestalt bekam sie allerdings erst im 15. Jahrhundert (ÓGÁIN, S. 170, 337, 351).

[173] Eine von LÖPELMANN wiedergegebene Version (*Erinn,* S. 343 f.) enthält noch ein Zwischenspiel: Finn begab sich voller Wut zu der «Hexe vom schwarzen Berg», die auch Deirdre, «die Toberin», genannt wird (S. 482). Sie gewährte ihm Hilfe, indem sie einen «grünen Jäger» mit den drei schon erwähnten Kampfhunden schickte. Nachdem diese auf die beschriebene Weise erlegt wurden, zog sich Finn grollend nach Almhu zurück.

[174] In manchen Versionen ist es ein einziger, in anderen sind es mehrere heilige Bäume.

[175] LÖPELMANN berichtet von einer weiteren Geschichte mit der Hexe vom schwarzen Berg, deren Hilfe Finn erbittet.

[176] Der Name des Hundes verweist auf die Gestalt des «Königs der Krieger», Cuill, den «Sohn der Hasel». Der «König der Krieger» hieß in Irland bis dahin Finn, der nun aber durch Diarmaid abgelöst wird.

[177] ÓGÁIN (S. 175 f.) verweist auf eine mögliche Parallele zwischen Diarmaid und Adonis: Auch letzterer wurde durch einen Eber getötet.

[178] Von *Diarmaid* wird oft erzählt, er habe einen «strahlenden Gesichtsausdruck» gehabt, dessen Verdichtung der Liebesfleck auf seiner Stirne gewesen sein mag. Er ist stets der Ehrenhafte, Lautere, fast wider Willen (?) Liebende, und er erlangt die Beeren vom Baum der Verjüngung, die Finn begehrte. Einst war *Finn* der junge, lichte Held, der die Weisheit aus den Wassern der Tiefe erhalten hatte und die gefährliche Gegenseite des Lichtes, den zerstörerischen Feuergeist Aillén, besiegte. Diarmaid stirbt *jung* in der Auseinandersetzung mit seinem Tabu-Tier, dem ungezügelten wilden Eber. Finn wird alt und im Alter töricht, neidisch und rachsüchtig. Der Kampf um Gráinne ist wohl letztlich jener um die Herrschaft des Landes, die in der «häßlichen», dann aber strahlend schönen Göttin verkörpert ist.

[179] Neben zahlreichen Bedeutungen wird ein Ebereschenzweig im Volksbrauch

auch als «Lebensrute» benützt; viele Beeren des Baumes sagen zudem reichen Kindersegen voraus. (BÄCHTHOLD-STÄUBLI II, S. 526f.).

180 ÓGÁIN, S. 109, S. 116.

181 Angehörige des Clan Uirghriu kämpften in der Schlacht von Castleknock gegen Finns Vater Cumhall (Ogáin, S. 85), vgl. S. 186.

182 Die Erzählungen des *Mabinogi* liegen in einer Aufzeichnung aus dem 14. Jahrhundert schriftlich vor (*The Red Book of Hergest*, ROLLESTONE, S. 344). Vermutlich aber haben diese Geschichten ihre Gestalt schon im 10. oder 11. Jahrhundert erhalten.

183 ROLLESTONE, S. 332; vgl. Teil I, S. 41–44.

184 Meine Erzählung orientiert sich an der Übersetzung von MARTIN BUBER *Die vier Zweige des Mabinogi* (erster Zweig), und an HETMANN, *Märchen aus Wales*.

185 Vgl. Teil I, S. 43.

186 V. RANKE-GRAVES sieht in der Gestalt des Havgan einen Vertreter der Tuatha Dé Danann, also der alten weiblichen Ordnung, und in Arawn den Herrscher der neuen «Britischen Unterwelt». Den Namen *Arawn* deutet er als «Beredtsamkeit», wohl im Sinne des männlichen Intellekts (Die Weiße Göttin, S. 54).

187 HARTMANN, *Totenkult*, S. 70.

188 HETHMANN, *Märchen aus Wales*, S. 14ff.

189 ROLLESTONE, S. 362.

190 Diese Rache ließ der Gedemütigte später durch einen Freund ausführen; vgl. «Geschichte von der Mäuseplage in Pwylls Reich», in: HETHMANN, *Märchen aus Wales*, S. 51.

191 Gwri (Gwalt) wird später zu Gawan.

192 LOOMIS, *Wales and Arthurian Legends*, S. 35f. und S. 154.

193 *Pryderi* bedeutet «Angst» (*Märchen aus Wales*, S. 25 und S. 255).

194 Der kymrische Gwyn entspricht dem irischen Sonnengott Lugh.

295 DE VRIES, *Keltische Religion*, S. 126.

196 HARTMANN, *Totenkult*, S. 71–76.

197 Vgl. Teil IV, S. 298.

198 im Hebräischen heißt *Hava* «Erde».

199 Der Name *Pryderi* wird zu Peredur und Parzival, «dem Zweifler» (WHITMONT, S. 188 und S. 294).

200 Bran und Branwen waren Kinder des kymrischen Meeres- und Jenseitsgottes Llŷr, der dem irischen Manannaun entspricht.

201 Britannien und Wales waren damals zwei verschiedene Herrschaftsbereiche.

202 Die «Handwerker» waren damals gleichzeitig Vertreter der Dichtkunst und

hatten eine besondere Beziehung zur Anderswelt und zur Magie (vgl. III. Teil, S. 185).

203 *Märchen aus Wales,* S. 53 ff., und M. BUBER, S. 87 ff.

204 Dana war mit Beli verheiratet, einem negativen Totengott, der in Irland Balor heißt.

205 V. RANKE-GRAVES vermutet in Gwydyon einen Gott der belgischen Stämme, die um 400 v. Chr. in Britannien einfielen (*Die weiße Göttin,* S. 355).

206 DE VRIES, S. 55 f.

207 Auch der kleine Talyessin der Ceridwen-Sage machte in einem Ledersack seine zweite Reife bis zur Geburt durch.

208 Llew bedeutet «mit sicherer Hand» (*Märchen aus Wales,* S.» 360).

209 *Märchen aus Wales,* S. 73 und S. 259.

210 Auf seiner Reise in die Anderswelt gelangt der irische Seefahrer Maildun auf eine Insel mit einem Zaubersee. Dort erleben die Reisenden, wie sich ein riesiger alter und erschöpfter Adler verjüngt. Er frißt die Früchte von dem Ast eines Baumes, den er von weither mitgebracht hatte (wahrscheinlich war es ein Ebereschenast). Er und noch andere, etwas jüngere Vögel speien die Kerne der Beeren in den See, der sich davon blutrot färbt. Die anderen Vögel reißen dem Adler das Gefieder heraus, und er stürzt sich zu einem Bad in den See. Danach wirkt er wieder jung und kräftig und fliegt von dannen. (F. HETMANN, *Die Reise in die Anderswelt,* S. 255 f.). In dieser Erzählung handelt es sich um einen Welten-Adler. Bei Llews Verwandlung kann man auch an den Sonnen-Adler oder an einen Seelenvogel denken.

211 Diese Verachtung des Weiblichen findet auch in der Vergewaltigung der Goewin-Arianrhod ihren Ausdruck.

212 *Märchen aus Wales,* S 74 ff.

213 Culhwch wird «Culuich», Twrch Trwyth lautet «Turch Truyth».

214 ROLLESTONE, S. 343.

215 *Märchen aus Wales,* S. 260.

216 LAYARD, *«A Celtic Quest».*

217 LAYARD, S. 243.

218 GRIMM, *Kinder und Hausmärchen,* Nr. 71.

219 Nach JACQUES MOREAU trugen ursprünglich nur Frauen den Torques, und zwar in der frühen Latène-Zeit. Etwa ab 300 v. Chr. trugen ihn die Krieger und männlichen Fürsten (*Die Welt der Kelten,* S. 72 f.). PAUL MARIE DUVAL erwähnt, daß der Torques von keltischen Gottheiten getragen wurde (*Die Kelten,* S. 324).

220 *Märchen aus Wales,* S. 260;LAYARD, S. 20 u. S. 48.

221 LAYARD, S. 240.

222 Es hatte also einen Grund, warum der junge Vertreter der neu aufsteigenden

Sonne so stürmisch diese Braut begehrte, ohne welche die winterliche Starre nie aufgehört hätte.

223 Ysbaddadden ist unter diesen Gesichtspunkten ein Vertreter des Winters, der den germanischen Reifriesen nahesteht.

224 Das Horn des Einhorns war eine große Kostbarkeit, weil man annahm, daß es jegliches Gift unschädlich machen könne. Das Gewicht des Horns wurde mit dem Zehnfachen an Gold aufgewogen, und als MARTIN LUTHER 1546 tödlich erkrankt war, schabte sein Freund, der Markgraf ALBRECHT VON MANSFELD persönlich zwei Löffel Einhornpulver, um den Freund zu retten. Das durch Männer unbezwingbare Monstrum wurde in der Gegenwart einer reinen Jungfrau, der es den Kopf zum Zeichen der unbefleckten Empfängnis in den Schoß legte, sofort zahm. Auf diese Weise konnte es leicht überwältigt werden (vgl. HEINRICH UND MARGARETHE SCHMIDT, *Die vergessene Bildersprache christlicher Kunst*).

225 Vor der Entdeckung des Eisens wurden messerähnliche Instrumente aus Feuerstein oder hartem Horn zur Haarpflege verwendet.

226 Im Volksglauben wird häufig von Schweinen oder Ebern berichtet, die früher Menschen waren und zur Strafe für ihre Missetaten in Tiere verwandelt wurden (BÄCHTHOLD-STÄUBLI, Bd. II, S. 519, Bd. VII, S. 1474).

227 Der Kamm des Ebers verläuft zwar über seinen ganzen Rücken, doch stellen sich die Stirnborsten bei Erregung des Tieres besonders markant auf.

228 WOLFGANG GOLTHER, *Handbuch der germanischen Mythologie*, S. 224.

229 ULF DIEDERICHS, *Germanische Götterlehre*, S. 169 und S. 189.

230 LEOPOLD WEBER, *Asgard*, S. 43.

231 Der kaledonische Eber wurde von sämtlichen Heroen Griechenlands außer Herakles gejagt. Den erymanthischen Eber, der ebenfalls das Land verwüstete, fing Herakles in der vierten seiner Taten lebendig und brachte ihn dem erschrockenen König Erysteus (KERÉNYI, *Heroen der Griechen*, S. 129 und S. 169).

232 MARTIN NINCK, *Wodan und der Germanische Schicksalsglaube*, S. 45.

233 HETMANN sieht in Modron eine männliche Gestalt und nennt Mabon den «Sohn des Modron» (*Märchen aus Wales*, S. 88). Dies beruht wahrscheinlich auf einem Druckfehler.

234 «Eine Art Schöpfergott, der vor mir geschaffen wurde.»

235 Etwa: «glänzendes Schloß».

236 LAYARD, S. 242.

237 In den keltischen Sagen gibt es zahlreiche «gläserne Schlösser», die alle «Gefängnisse» waren und der Anderswelt zugehörten. So war König Arthur in der Burg von Oeth und Anoeth gefangen. Seine Seele soll seit seinem Tod in Caer Wydr, dem gläsernen Schloß von Glastonbury wohnen. Gwion-Ta-

lyessin sagt von sich: «Ich war drei Epochen im Schloß (Gefängnis) der Arianrhod», und auch das gläserne Wunderschloß, das Gefängnis der Frauen in der Gawan-Episode in WOLFRAM VON ESCHENBACHS *Parzival* gehört zu diesen «Gefängnissen» der Anderswelt. VON RANKE-GRAVES bringt die gläsernen «Spiralschlösser», die die Eigenschaft haben, sich zu drehen, mit den jungsteinzeitlichen Labyrinthen und den in Britannien heute noch üblichen Labyrinth-Tänzen in Zusammenhang. In diesem Ritus wird die Sonne aus der Gefangenschaft des winterlichen Labyrinths befreit (*Die weiße Göttin,* S. 125 und S. 128).

238 Der Weißdorn in Glastonbury (Somerset) galt als Abkömmling eines Stabes, den Joseph von Arimathia dort in die Erde steckte und der sich in jeder Christnacht mit Blüten bedeckt. In Frankreich und Deutschland wird der Weißdorn den Mädchen von ihren Burschen als «Maie» zum 1. Mai gesteckt (BÄCHTHOLD-STÄUBLI, *Handbuch des deutschen Aberglaubens,* IX, S. 445). VON RANKE-GRAVES berichtet von einem orgiastischen Gebrauch der Weißdornblüten im Mai (*Die Weiße Göttin,* S. 446).

239 Auch von Gwydyon, dem kymrischen «Lugh», wird erzählt, daß er in dem Gefängnis von *Caer sidi,* also einem Gefängnis der Feen, war und dort die Gabe der Dichtung erlangte (de Vries, S. 55).

240 ADOLF E. JENSEN, *Die getötete Gottheit,* S. 139.

241 MIRCEA ELIADE: *Mysterium der Wiedergeburt,* S. 174 f.

242 Ich folge der Übersetzung von MARTIN BUBER, *Die vier Zweige des Mabinogi,* S. 50 ff. und S. 60.

243 V. RANKE-GRAVES erklärt den Namen der Ceridwen aus *cerd,* «die Zunahme», und *wen,* «weiß». Er schließt daraus auf den zunehmenden Mond (*Die Weiße Göttin,* S. 29, 76, 220, 529). Bei den walisischen Barden galt Ceridwen als Getreide-Göttin, gelegentlich auch als weiße Sau-Göttin.

244 *Märchen aus Wales,* S. 267.

245 «Ein Jahr und ein Tag» verweist auf einen alten Mondkalender mit 13 Mondmonaten zu je 28 Tagen. Wenn man dazu einen Schalttag zählte, kam man auf die 365 Tage des Sonnenjahres.

246 ÓH ÓGÁIN, *Fionn mac Cumhaill,* S. 17.

247 Die Germanen kannten den Bierkessel der Inspiration.

248 *Märchen aus Wales,* S. 126.

249 Die Texte der Lieder des Talyessin finden sich in der Sammlung *Märchen aus Wales.*

250 Mit den «Sommersternen» ist der Sternhimmel des Südens gemeint.

251 Dôn ist der Unterweltsgott.

252 «Weder Fisch noch Fleisch» war auch der ins Wasser entschlüpfte Zwillingsbruder des Llew Llaw, der sich auf diese Weise den Schwierigkeiten einer

Inkarnation des «Sonnen-Bewußtseins» entzog. Dieser Dylan entspricht entweder dem Aspekt der «nächtlichen Sonne» oder dem weiblich betonten «Mond-Bewußtsein».

253 C. F. MEYER, «Säer-Spruch», in *Sämtliche Werke* (Knaurs Klassiker, S. 814).

254 RICHTER, *Chartres*, S. 12.

255 EMMA JUNG/MARIE LOUISE V. FRANZ, *«Die Gralslegende in psychologischer Sicht*, S. 372.

256 HETMANN, *Die Reise in die Anderswelt.*

257 ROBERT DE BORON, *Die Geschichte des Heiligen Gral.*

258 SCHIRMER, *Lancelot und Ginevra*, S. 203.

259 CHRÉTIEN DE TROYES, *Gauwain sucht den Gral*, S. 162.

260 Vgl. Anm. 255.

261 C. G. JUNG, *Gesammelte Werke*, Bd. XII, z. B. S. 317–323.

262 Mittelhochdeutscher Text des *Parzival* von WOLFRAM VON ESCHENBACH. Die wörtliche Übersetzung bereitet auch den Experten Schwierigkeiten, deshalb soll hier darauf verzichtet werden. Stattdessen sei der Inhalt der Verse versuchsweise im möglichen Sinn unserer heutigen Sprache wiedergegeben: Das Geheimnis des «Gral» und des keltischen Kessels läßt sich weder durch besondere Leistung im Wettkampf oder gar im Krieg erringen, schon gar nicht käuflich erwerben. An solchen Versuchen ist schon mancher gescheitert. Deshalb ist der Gral in die innerseelische «Verborgenheit» entschwunden und kann nur von dem gefunden werden, der dazu «berufen» wird. Die Gralsbotin bescheinigt Parzival zuletzt: «Du hast die Ruhe der Seele erkämpft und des Lebens Freude in Sorge *erharrt.*» (WOLFRAM VON ESCHENBACH, *Parzival*, XV, 782/29 f.)

Literaturverzeichnis

Lexikon der Antike, München 1970 (dtv).

ARBOIS D'JUBAINVILLE: *Cours de Littérature celtique.* Paris 1883.

BÄCHTHOLD-STÄUBLI, H.: *Handwörterbuch des deutschen Aberglaubens.* De Gruyter, Leipzig 1929.

BIRKHAN, H.: *Keltische Erzählungen vom Kaiser Arthur,* I, Graz 1985.

BORON, ROBERT DE: *Die Geschichte des Heiligen Gral.* Aus dem Altfranzösischen übersetzt von Konrad Sandkühler. Verlag Freies Geistesleben, Stuttgart 1958.

BUBER, MARTIN: *Die vier Zweige des Mabinogi.* Insel, Leipzig 1922.

CAESAR, JULIUS: *De bello gallico.* Reclam, Stuttgart 1974.

CHRÉTIEN DE TROYES: *Gauwein sucht den Gral.* Übersetzt von Konrad Sandkühler. Verlag Freies Geistesleben, Stuttgart 1959.

CLARUS, INGEBORG: *Odysseus und Oidipus.* Bonz, Stuttgart, 1986.

DIEDERICHS, ULF: *Germanische Götterlehre.* Diederichs, Köln 1984.

DUVAL, PAUL-MARIE: *Die Kelten.* C. H. Beck, München 1978.

ELIADE, MIRCEA: *Das Mysterium der Wiedergeburt – Versuch über einige Initiationstypen.* Insel, Frankfurt 1988.

ESCHENBACH, WOLFRAM VON: *Parzival.* Wissenschaftliche Buchgesellschaft, Darmstadt 1963.

FILIP, JAN: *Die keltische Zivilisation und ihr Erbe.* Prag 1961.

GOLTHER, WOLFGANG: *Handbuch der germanischen Mythologie.* Magnus, Stuttgart (Nachdruck der Ausgabe von 1908).

GRIMM, BRÜDER: *Die Kinder- und Hausmärchen.* Göttingen 1850.

GROSSE, RUDOLF: *Der Silberkessel von Gundestrup.* Dornach 1983.

GSÄNGER, HANS: *Das Heidnische Irland,* Freiburg 1969.

HARTMANN, HANS: *Der Totenkult in Irland.* Verlag Carl Winter, Heidelberg 1952.

HATT, JEAN-JACQUES: *Die Kelten in Mitteleuropa.* Salzburg 1980.

– : *Kelten und Galloromanen.* Nagel, Genf 1970.

HEILIGENDORFF, WOLFGANG: *Der keltische Matronenkultus.* Mac Kenna, Leipzig 1934.

HELCK-OTTO: *Wörterbuch der Ägyptologie*. Harrassowitz, Wiesbaden 1970.
HETMANN, FREDERIK: *Die Reise in die Anderswelt*. Diederichs, Köln 1981.
– (Hrsg.):*Märchen aus Wales*. Diederichs, Köln 1982.
JENSEN, ADOLF E.: *Die getötete Gottheit*. Kohlhammer, Stuttgart 1966.
JUNG, CARL GUSTAV: *Gesammelte Werke*, Bd. 6, 8, 12. Walter, Olten und Freiburg 1971 ff.
JUNG, EMMA, VON FRANZ, MARIE LOUISE: *Die Gralslegende in psychologischer Sicht*. Rascher, Zürich 1960 (Walter, Olten und Freiburg 1980).
KERÉNYI, KARL: *Die Heroen der Griechen*. Darmstadt 1959.
LAYARD, JOHN: *A Celtic Quest*. Spring Publications, Dallas (Texas) 1985.
LEIBOLD, GERHARD: *Heilkräuter*. Falken, Niedernhausen/Ts. 1980.
LENGYEL, LANCELOT: *Das geheime Wissen der Kelten*. Bauer, Freiburg 1976.
LÖPELMANN, MARTIN: *Erinn. Keltische Sagen aus Irland*. Diederichs, Köln 1977.
LOOMIS, ROGER S.: *Wales and Arthurian Legends*. University of Wales Press, Cardiff 1956.
LURKER, MANFRED: *Wörterbuch der Symbolik*. Kröner, Stuttgart 1985.
MARKALE, JEAN: *Die Druiden*. Dianus-Trikont, München 1985.
MEYER, CONRAD FERDINAND: *«Säerspruch»*, Knaurs Klassiker, München 1952.
MEYER, KUNO: *Fiannaigecht XXIII*. Dublin 1910.
MOREAU, JACQUES: *Die Welt der Kelten*. Phaidon, Stuttgart 1965.
NIELSEN, HARALD: *Giftpflanzen der Heimat*. Kosmos-Franckh, Stuttgart 1979.
NINCK, MARTIN: *Wodan und der germanische Schicksalsglaube*. Wissenschaftliche Buchgesellschaft, Darmstadt 1967.
NORTON-TAYLOR, DUNCAN: *Die Kelten*. Time Life-Verlag 1978.
Ó ÓGÁIN, DÁITHI: *Fionn mac Cumhaill*. Gill and Macmillan, Dublin 1984.
PAULY: *Der kleine Pauly. Lexikon der Antike*. München 1979.
POKORNY, JULIUS: *Altkeltische Dichtung*. Bern 1944.
Ó RAHILLY, THOMAS F.: *Early Irish History and Mythology*. Dublin 1974.
RANKE-GRAVES, ROBERT VON: *Die Weiße Göttin*. Rowohlt, Reinbek 1980.
REIMBOLD, ERNST THOMAS: *Die Brücke als Symbol*. Symbolon-Jahrbuch, Köln 1972.
Rinderraub, Der: Übersetzt nach Thomas Kinsella von Susanne Schaup. Heimeran, München 1976.
RICHTER, GOTTFRIED: *Chartres*. Urachhaus, Stuttgart 1982.
ROLLESTONE, T. W.: *Myths and Legends of the Celtic Race*. Constable, London 1985.
–: *The High Deeds of Finn*. New York 1973.
SCHIRMER, RUTH: *Lancelot und Ginevra*. Manesse, Zürich 1961.
SCHMEIL: *Tierkunde*. Quelle und Meyer, Heidelberg 1974.
SCHMIDT, HEINRICH UND MARGARETE: *Die vergessene Bildersprache christlicher Kunst*. München 1981.

SEUMAS MAC MANUS: *The Story of the Celtic Race.* 1975.

SHARKEY, JOHN: *Die keltische Welt.* Insel, Frankfurt 1982.

SPINDLER, KONRAD: *Die frühen Kelten.* Reclam, Stuttgart 1983.

STEPHENS, JAMES: *Fionn, der Held.* Übertragen von Ida Friederike Görres. Mellinger, Stuttgart 1981.

SQUIRE, CHARLES: *Celtic Myth and Legend.* Newcastle 1975.

TEICHMANN, FRANK: *Der Mensch und sein Tempel. Megalith-Kultur.* Urachhaus, Stuttgart 1983.

THURNEYSEN, RUDOLF: *Die irische Helden- und Königssage.* Georg Olms, Hildesheim 1980.

–: *Keltische Sagen aus dem alten Irland.* Wiesbaden 1984.

VRIES, JAN DE: *Keltische Religion.* Kohlhammer, Stuttgart 1961.

WEBER, LEOPOLD: *Asgard.* Stuttgart 1920.

WINDISCH, ERNST: *Die altirische Heldensage.* Leipzig 1905.

WITHMONT: *Die Rückkehr der Göttin.* Kösel, München 1989.

YOUNG, ELLA: *CELTICA I–III.* Mellinger, Stuttgart 1956.